KB132261

부족의 시대

Le temps des tribus
by Michel Maffesoli

부족의 시대

포스트모던 사회에서 개인주의의 쇠퇴

미셸 마페졸리 지음 | 박정호·신지은 옮김

문학동네

라파엘, 사라마리,
에마뉘엘, 가브리엘에게

차례

일러두기

1. 이 책은 Michel Maffesoli, *Le temps des tribus* (La Table Ronde, 2000)을 완역한 것이다.
2. 원서의 주註는 책 뒤에 미주로 실었다. 본문 하단의 각주는 역주이고, 본문 중간의 [ ]는 역자의 첨언이다. 원서의 강조 부분은 고딕체로 표시했다.
3. 단행본과 잡지는 『 』로, 시詩와 논문 등은 「 」로 표시했다.

제3판 서문
말들을 찾아내기

"증거가 무너질 때마다 시인은 미래의 축포祝砲로 답한다."

르네 샤르

1. 젊은 시원주의

시대는 흥미롭기 마련이다. 좌우간 시대의 격변을 즐겨 관찰하는 사람들에게는 그렇다. 그 전체 모습은 매우 단순하다. 우리는 강렬한 변동에 휩싸인 모든 시기에 그 모습을 찾아볼 수 있다. 한편에는 사회의 주인들, 즉 말하고 실행할 권력을 지닌 사람들이 있다. 그들은 자신들에게 친숙한 표현수단과 여타 '의사결정 기관' 안에서 만족해한다. 그들은 교구의 주보를 통해 서로 응답하면서 무엇보다 먼저 중요한 뉴스거리인 부고란부터 챙겨본다. 다른 한편에는 다소 아노미적인, 어쨌거나 무질서한 야생의 삶이 있다. 사람들 절대다수의 삶이 바로 그렇다. 간단히 말해서 문화적, 종교적, 사회적, 경제적 형태로 제도화된 권력pouvoir이 한편에 있고, 그에 맞선 제도화하는 역능puissance이 다른 한편에 존재한다.

분명 이 이분법은 너무 단정적이어서 세심하게 다듬을 필요가 있다. 그러나 때로는 '망치를 들고 철학'해야 한다. 우리가 묘사한 이 캐리커처가 쓸모없지는 않은데, 왜냐하면 그 덕분에 우리는 너무도 자명해서 사람들이 좀처럼 의식하지 않는 사실들에 주의를 기울일 수 있기 때문이다. 이 자명한 사실을 솔직하게 말해보자. 왕은 벌거벗었다. 왕의 마지막 화신化身이자 모든 권력을 휘어잡은 '68'세대, 이 현대의 엘리트는 이제 자신 말고는 아무것도 '대표'하지 못한다. 68세대는 더이상 그들을 인정하지 않는 사회적 현실로부터 말 그대로 추상화되었다.

자신의 영혼을 한 끼분의 식사에 팔아넘겼기에,* 68세대는 다소 의식적으로 신경질을 냈다가 침울해지고 마침내 자신이 아무짝에도 쓸모없는 존재라는 사실을 알아차리게 된다. 이 세대는 자신에게 권력을 가져다준 철학-정치의 처방들을 되풀이하는 데 만족한다. 19세기에 막 완성되었던 이 처방들은 이제 그 타당성이 분명하지 않다. 공화국, 시민, 민주주의의 처방들. 우리는 그 주문呪文의 목록을 길게 나열할 수 있다. 이 주문은 무엇을 해야 좋은지, 무엇이 바람직한지를 지겹도록 되뇌는 사유, 즉 순응주의에 빠진 채 도덕적 훈계를 일삼는 '독단적 사유pensée unique' 속에서 절정을 이룬다. 바로 이 '당위'의 논리 위에서 경찰, 판사, 졸고 있는 사제가 내는 분노와 역정이 성립한다. 그들은 자신들의 입장에서, 때때로 자신들의 입장과 반대로, 타인들의 행복이 이루어지길 원한다. 아니 원하고 있다고 주장한다.

신경이 날카롭고 침울한 그들은 아름다운 꿈을 배반했다. 자신들이 야유를 보냈던 공증인들을 대신해서 그들 스스로 공증인이 되고 말았다. 이 세상을 책임지고 구해내겠다는 명목 아래, 세상을 있는 그대로보다 훨씬 더 비참하게 바라보는 기획의 흔해빠진 메커니즘이 바로 여기서 생겨난다. 기사와 방송, 책을 통해 매번 '평범한 사람들'에게 훈계를 일삼는 늙은 불평분자들 때문에

* 허기진 에사오가 동생 야곱이 끓인 죽을 먹기 위해 장자권長子權을 동생에게 팔았다는 성서의 일화에서 따온 말. 『창세기』 25장 29~34절.

이 세계는 정말 비참해질지도 모른다. 그들은 평범한 사람들에게 자신들처럼 되지 말라고, 즉 새로 획득한 상징적 혹은 물질적 특권에 관심을 쏟아붓는 악인惡人이 되지 말라고 훈계한다.

"객관성도, 주관성도 없다." 죄르지 루카치는 저널리스트들을 그런 존재로 정의했다. 이 정의는 확실히 현대의 엘리트 전체에게 적용될 수 있다. 바로 이것이 엘리트들을 현실로부터 추상화하고 뿌리뽑히게 만드는 것이다. 또한 그들의 교만과 냉소주의의 근거이기도 하다. 높은 사회적 지위를 차지한 '고매한 인간들'은 상투적인 사고를 퍼뜨리고 선의나 그밖의 '도덕주의' 따위를 불러일으키는 온갖 일을 행한다. 평범한 이들에 의한 통치가 시시하다는 것은 이제 자명한 사실이 되었다. 성공 뒤에는 실패가 찾아오기 마련이며, 기존의 지식을 지지하는 사람들은 곧 추락하고 말 것이다. 그러니 작금의 사태가 흘러가도록 그냥 내버려두자.

그러나 지금 시대가 무엇인지 알려줄 수 있는 말들, 그것도 될 수 있으면 가장 덜 부정확한 말들을 찾는 것, 매 시대마다 나타나는 이 창조적 작업에 동참하는 일은 무익하지 않을 것이다.

우리 시대를 말하기 위한 말들을 찾아내기. 바로 이것이 지난 30년간 내가 품어왔던 야망이자 포부였다. 일부에서 은밀하게 혹은 공공연하게 드러냈던 적의와 침묵의 모반에 맞서면서, 나는 이 일에 줄곧 전념해왔다. 그들은 스스로 무시하고 부정하고 반박하던 것을 이제는 다시 책임지겠다면서 궁여지책으로 살아가는 사기꾼들이다. 디오니소스적 쾌락주의로 상징화되는 일상과 그 의례rituel들, 집단적 열정과 감정, 스펙터클 속에서 펼쳐지는 육체와 명상적 즐거움의 중요성, 현대적 노마디즘의 재생, 바로 이 모든 것이 포스트모던적 부족주의의 행렬을 이룬다.

이 모든 것이 유행하지 않았던 15년 전, 나는 사회관계의 변화를 특징짓기 위해 '부족tribu'이라는 은유를 제안했다. 이 용어는 이제 광범위하게 사용된다. 외부의 용병들이 이 용어를 탈취

해갔다. 몇몇 지식인은—종종 그 사람이 그 사람이지만—이 용어를 나름의 방식대로 중요하게 다루는가 하면, 저널리스트들은 이 용어를 분별없이 사용한다. 그들은 그렇게 하지 않을 수 없다. 좋든 싫든 부족주의의 현실이 명명백백하게 드러나고 있으니 말이다. 그것은 특별한 지리적 환경에 국한되지 않는 불가피한 현실이 되었다.(그러므로 이 책이 영어, 스페인어, 포르투갈어, 이탈리아어, 독일어, 일본어로 번역 출판된 것은 우연이 아니다.) 이 점을 다시 한번 생각해봐야 한다.

이 책『부족의 시대』는 바로 그러한 현실을 파헤치고자 한다. 나는 이 책의 분석이 타당하고 미래 전망에도 도움이 되기를, 다시 말해 사회적 삶 속에서 태동하고 있는 가치들에 부합하고 이제 막 시작된 어떤 추세를 보여주기를 원한다. 그렇다. 부족주의는 모든 영역에서 향후 몇십 년간 지배적 가치가 될 것이다. 그렇기 때문에 에밀 뒤르켐의 표현을 빌리자면, 부족주의의 '본질적 특성들'을 도출할 필요가 있다. 나는 이 '본질적essentiel'이라는 말을, 그 어원에 가장 가까운 뜻으로, 즉 영구적 흔적을 남길 가능성이 있는 것으로 이해한다.

이 일은 성급하게 이루어질 수 없다. 나는 내 모든 책에서 두 가지 장애물을 피하려고 애썼다. 모든 시대 지식인의 권력을 보장해주는 지나친 복잡함, 그리고 일부 저널리즘이 중시하는 겉만 신속하게 훑는 피상성이다. 부족주의가 근본적 경향이라면, 이런저런 상황에만 신경쓰는 사회학을 넘어서, 지속할 수 있는 사고를 창안해야만 한다.

여기에 진짜 역설이 있다. 개념의 확실성을 갖추지 않은 '말들'을 가지고 어떤 확실한 방향을 가리키기. 아마도 이 역설을 받아들이고 체험할 줄 알아야 할 것이다. 중언부언하며 끝없이 19세기의 주문呪文을 되풀이하기보다는 은유, 유비, 이미지에 만족하는 법을 배워야 한다. 그것들은 모호하긴 해도 '있는 그대로의 것',

이제 막 태어나고 있는 것을 언급하는 데 쓰일 수 있는 가장 덜 나쁜 방법들에 해당한다. 사실 민주주의적인 혹은 공화주의적인 '노래 부르기'는 쉽다. 그것은 자신이 사회를 '책임진다'고 느끼는 대부분의 지식인, 저널리스트, 정치인, 사회활동가, 그밖의 고매한 정신을 가진 사람들이 전념했던 일이다. 상황이 어떻든 간에, 중심인물이 누구든 간에, 그들은 시민, 공화국, 국가, 사회계약, 자유, 시민사회, 기획과 같은 말들만 되풀이할 뿐이다. 이 말들은 명예롭고 심지어 대단히 매력적이기까지 하다. 그렇다. 하지만 정치적인 것, 심지어 사회적인 것에도 관심이 없는 대다수 젊은이에게는 그저 화성에서 온 말일 뿐이다. 이 점에서 투표 거부는 재현의 메커니즘이 실제 체험된 것과 더이상 아무런 관련이 없다는 사실을 잘 보여준다.

(신화에는 중복된 표현, 창작품에는 '강박관념'이 내재해 있긴 하지만) 나는 반복을 피하기 위해 새로운 '말들'을 두 가지 중대한 기본 축을 통해 종합하려고 한다. 한 축은 부족주의의 '구식이면서' 동시에 '젊은' 측면을 강조하고, 다른 한 축은 부족주의의 공동체적 차원 및 개인 개념의 포화를 강조한다. 이 두 축이 포스트모던 부족주의의 두 뿌리를 이룬다. 따라서 근원적 사유가 중시해야 하는 것은 바로 이 두 축이다.

기성 사상가들의 추한 얼굴을 경계하자. 그들이 건드린 모든 것은 더러워진다. 내가 '일상적 지식'이라 불렀던 것에 가볍게 가담하는 편이 더 낫다. 일상적 지식은 틈에 대한 지식이다. 말들과 사물들 안에 있는 틈. 어떤 경우 참된 지식은 움직임 속에, 살아가고 있는 것의 끓어오르고 떨리는 측면 속에 있다. 바로 거기에 약간의 진리가, 즉 우리가 희망할 수 있는 어렴풋한 진리가 둥지를 틀고 있다. 이 역설 안에 어떤 참된 지적 요구가 있다. 그것은 시대정신과 만나고 집합적 꿈을 진지하게 받아들일 줄 알면서도 결코 이 꿈을 이론적 편견의 속박에 가두지 않는 요구이다.

베르그송이 보여준 것처럼, 모든 창조적 사유의 근저에는 언제나 직관이 자리잡고 있다. 게다가 창조적 사유는 주어진 시대의 창조적 직관과 일치할 때 창조적 사유로 간주될 수 있다. 내 기억에 따르면, 직관이란 어떤 개인, 어떤 상황 혹은 어떤 사회 전체의 고유한 에너지를 아주 가까이에서 볼 수 있는 '내적 통찰력'이다. 내가 행한 모든 분석에서 작동하는 직관은 사회성의 역능puissance sociétale[1]에 대한 직관이다. 나는 이것을 사회성socialité,* 지하의 중심성centralité souterraine이라 불렀다. 사실 어떻게 부르는가는 중요하지 않다. 문제는 권력에 앞서 존재하며 다양한 권력 형태의 기초를 이루는 이 내적 힘에 주의를 기울이는 것이다. 바로 이 '힘'이 현대의 신新부족주의에서 작동하는 것처럼 보인다. '로고스의 원리'가 지배한 이후, 즉 기계적이며 예측 가능한 이성의 원리, 도구적이며 완전히 공리적인 이성의 원리가 지배한 이후, 우리는 '에로스의 원리'가 되돌아오고 있음을 목도한다. 아폴론과 디오니소스의 영원한 투쟁!

이런 의미에서 정치적, 경제적, 사회적 현상이기에 앞서 부족주의는 문화적 현상이다. 진정한 정신적 혁명. 가공되지 않은 원시적이며 천연의 삶이 안겨주는 희열을 강조하는 감정의 혁명. 또한 시원주의archaïsme를 고양시키는 혁명이기도 한데, 시원주의에는 무언가 근본적이고 구조적이며 일차적인 것이 담겨 있기 때문이다. 뒤에서 밝히겠지만, 이 모든 것은 오늘날 권력을 쥔 사람들 특유의 합리주의적 혹은 보편주의적 가치와는 너무나도 상반된 것이다.

* 저자가 이 책에서 전개하는 사회학적 논의의 맥락을 고려해 socialité는 '사회성', sociétal은 '사회성의', social은 '사회적', le social은 '사회적인 것', sociabilité는 '사교성'으로 옮긴다. 여기서 sociétal은 모더니티의 기계적 구조와 개인들 간의 합리적 계약관계를 지칭하는 social과 혼동해서는 안 된다. 이에 관해서는 뒤의 해설 참고.

판타지의 반란, 다양한 형태의 흥분* 상태, 현대의 수많은 소란스러운 사태가 뚜렷하게 예증하는 잡다한 감각의 뒤섞임, 이 모든 것의 기원에는 확실히 천연의 가치들이 자리잡고 있다. 편견에 사로잡힌 채 자기 관점에서 나온 진리만을 고집하는 성실성으로는 이 모든 것을 생각해볼 수 없다. 오직 '사태 그 자체'에서 출발할 때만 부족주의가 지닌 천연natif의 측면을 사고할 수 있다. 하이데거의 현상학적 성찰이 수많은 사례를 통해 보여주었듯, 진리란 거기에 이미 존재하는 것을 열어 보여주는 개시 속에 거주한다.

나는 종종 고양된 시원주의의 회귀를 포스트모더니티의 특징으로 규정할 수 있다고 말해왔다. 이는 분명 사회 관찰자들의 진보주의적 감성에 타격을 주는 말이다. 사회복지의 원인이며 결과인 진보, 즉 단호한 선형적 진보의 뒤를 이어, 이제 '부족의 시대'를 특징짓는 일종의 '퇴보'가 나타나고 있다. 여기서도 역시, 단순히 퇴행으로 치부할 수 없는 이 사태를 묘사할 수 있는 적절한 말을 찾아야만 한다. 이에 대해 우리는 태곳적 가치가 기술 발전과 결합하면서 나선 형태로 회귀하는 현상을 나타내는 용어인 '레그레디앙스régrédience'(M. 카제나브)를 언급할 수 있다.[2] 나는 또다른 용어인 '엥그레ingrés'를 제안하고자 한다. 이 단어는 신新라틴어, 스페인어, 이탈리아어, 포르투갈어에서 찾아볼 수 있는 단어의 형상을 본떠, 목적 없는 길과 끝나지 않는 행진이 존재한다는 사실을 강조한다. 앞으로 나아가지progressa 않고 들어가기ingressa. 현대의 부족들은 바로 이 점을 중요하게 여기는 것 같다. 그들은 도달해야 할 목적도, 실현해야 할 경제적, 정치적, 사회적 기획도 만들지 않는다. 그들은 단지 함께 있다는 즐거움 '속에 들어가기',

* effervescence. 뒤르켐의 『종교생활의 원초적 형태』에 따르면, 개인과 집단을 평상시와 다르게 행동하고 사고하도록 이끄는 강력한 사회적 에너지의 효과를 가리킨다. '흥분' '열광' '들썩거림' '들끓음' 등의 의미를 지니나, 이 책에서는 '흥분'으로 통일한다.

순간의 강렬함 '속에 들어가기', 있는 그대로 세상의 쾌락 '속에 들어가기'를 선호한다.

퇴행régression의 원칙에 기반을 둔 치료요법을 생각해보자. 내가 막 제안한 의미론적 교정과 더불어 사회적 삶과 관련된 동일한 치료법을 예상할 수 있지 않겠는가? 『전도서』에서도 "강물은 떠났던 곳으로 돌아가서 다시 흘러내리는 것"(『전도서』 1장 7절)이라고 말한다. 사회의 새로운 재생에 도움을 주는 '회귀ingression'의 태도는 문명의 수준에서도 종종 나타난다. 그것은 집단무의식 속에 완전히 잠기도록 우리를 자극한다. 그렇기에 공동의 판타지, 몽환적 경험, 유희적 행사 등을 중요하게 다루어야 한다. 이런 것들을 통해 우리 사회는 자신을 인간 본성의 원형적 토대에 결부시키는 것이 무엇인지 다시 말하게 된다.

테크노음악과 도시의 퍼레이드 혹은 '레이브파티rave party'에 반대하는 이들은 아마도 이러한 생각에 놀라지 않을 수 없을 것이다. 그런데 이 모든 집단적 히스테리 속에는 플라톤의 상기想起 과정과 연관시켜 생각해봐야 할 무언가가 있다. 재생에 동반하는 상기. 그것은 바로 천연의 것, 야만스러운 것, 부족적인 것이다. 이 모두는 기원을 말하고 또 말한다. 그리하여 경직화되고 부르주아화되며 제도화되려는 경향성을 지닌 무언가에 다시 생기를 불어넣는다. 이런 의미에서, 오늘날 시원적인 것으로의 회귀를 보여주는 많은 현상은 대개 생기로 강하게 충전되어 있다.

내가 자주 언급했듯, 생기론vitalisme은 음악의 흥분 속에서, 광고의 창조성 속에서, 성적 아노미 속에서, 자연으로의 회귀 속에서, 생태주의 속에서, 그리고 털, 피부, 기분, 냄새의 들끓음 속에서, 다시 말해 인간 안에 있는 동물적인 것을 상기시키는 모든 것 속에서 발견할 수 있다. 삶을 야생화하기! 바로 여기에 기원, 원천, 원시적인 것, 야만적인 것 모두를 전면에 드러내는 포스트모더니티의 본질적 역설이 있다. 따라서 원천에 대한 신뢰는, 늘 의식적으로 그러진 않더라도 다소 노화된 사회체에 다시 활력을 불어넣는다. 이 신뢰가 앞날을 보장한다. 이런 점에서 부족주의는 역동적인 뿌리내림을 표현한다.

시원주의와 생기의 결합, 여기에 이 책의 핵심 열쇠가 있다. 이는 또한 포스트모더니티의 핵심 역설이기도 하다. 비록 암시적으로 언급할 수밖에 없지만, 우리는 여기서 '영원한 아이puer aeternus'의 신화를 다시 발견한다. 우리는 특정 문화 속에서 활동하는 영원한 아이, 이 늙은 유아를 다시 발견한다. 단지 신상명세상의 문제가 아니라는 점에서 나는 이 젊음을 신화 혹은 상징적 형상이라 부르고자 한다. 젊은 세대가 극단적인 방식으로 이러한 유희적 가치들을 체험하는 것은 확실하다. 그런데 이 가치들은 어떤 전염 과정을 통해 이제 사회체 전체에 스며들고 있다.

더이상 부족주의를 경험적으로 반박할 수 없다. 그런데 나에 대한 일부 비판자들은 부족주의를 특정 연령대, 즉 연장된 사춘기에만 해당되는 사실로 간주했다. 이런 생각은 패러다임의 근본적 변화가 일어나고 있다는 점을 여전히 부인한다. 젊은이처럼 말하기, 젊게 차려입기, 몸단장, 사회적 히스테리는 폭넓게 공유되어 있다. 누구나 저마다 나이, 계급, 신분에 상관없이 '영원한 아이'의 형상에 어느 정도 전염되어 있다. 한마디로 말해, 가부장적이고 수직적인 구조가 수평적이고 우애로운 구조로 대체되는 것처럼 보인다. 유대-기독교적 모델과 그 이후 근대적 모델 특유의 영웅적 문화는 능동적 개인이라는 개념, '자신의 주인'이자 자신을 지배하면서 자연을 지배하는 그런 개인 개념에 의존해왔다. 근대의 성인이란 바로 이 영웅주의의 완성된 표현이다. 질베르 뒤랑은 이 개인 개념에서 "서구를 구성하는 문화적 원형"[3]의 낡은 모습을 보았다.

포스트모던 부족의 비非능동적 생기를 가리키는 데 적합한 말을 또 찾아봐야 한다. 어느 정도 유희적이면서 어느 정도 아노미적인 '영원한 아이'의 생기 말이다. 기 드보르의 표현을 빌리자면, 기존 질서에 다소 위협을 가하는 이 '경이로운 무위無爲'는 아방가르드, 보헤미안, 자발적인 주변인(혹은 열외자)들로 이루어진 몇몇 집단에만 관여해왔다. 그러나 지금은 더이상 그렇지 않다. 집단을 이루며 타자 속에서 자신을 망각하는 체험을 위해서라면 무엇이든지 좋다. 디오니소스라는 영원한 아이와 그가 활기를 불어넣는 바쿠스제가 바로 그런 완성된 사례이다.

알랭 페생은 투르드프랑스Tour de France와 그 경기가 펼쳐지는 산들을 떠올리면서 "어린 시절로 거슬러올라간다"고 말했다. 이는 적절한 표현이며, 일반적으로 스포츠 경쟁의 상상계가 지닌 특성도 잘 짚어내는 말이다. 스포츠 경쟁은 다소 바로크적인 방식으로 판타지, 꿈, 함께-한다는 기쁨, 공유된 유희를 운반한다. '거슬러올라감'은 오늘날 펼쳐지는 시끌벅적한 온갖 소란에도 적용될 수 있다. 사실 이러한 소란은 수평적 관계 맺음의 즐거움, 형제애라는 감정, 전前개인적 융합의 노스탤지어를 나타내는 부족의 계승일 뿐이다.

나는 온갖 '도덕주의자들'이 내는 날카로운 쇳소리를 듣는다. 나는 구별하기 힘든 온갖 학파를 만들면서 '아버지의 법'을 내세우는 정신분석학자들을 본다. 어쩌면 그들은 틀리지 않았을 것이다. '영원한 아이'는 어느 정도 비도덕적이기 때문이다. 게다가 때때로 이 아이는 확실히 반도덕적이기도 하다. 그러나 이 반도덕주의는 흥분 속에서 주동자 모두를 강하게 결속시킨다는 점에서 윤리적일 수 있다. '어린 시절로 거슬러올라가기'는 결코 개인적인 사안이 아니다. 그것은 문화를 만든다. 타자성과의 또다른 관계를 부추긴다. 여기서 타자는 이웃일 수도 있고 자연일 수도 있다. 이때 맺어진 관계는 더이상 영웅적 관계가 아니다. 그것은 그 자체로서의 타자성을 있는 그대로 받아들이는 관계에 해당한다. 이 '늙은 아이'는 누구나 인정할 수밖에 없는 관용과 너그러움을 지닌다. 모든 종류의 신념, 기획, 어느 정도 강요된 목적의 저편에, 그리고 그것들을 넘어서, 삶과 그 소진될 수 없는 풍요로움이, 목적과 용도 없는 삶이, 즉 삶 그 자체가 있다는 것을 체화된 지식으로 '아는' 인류의 태곳적 기억 안에서 이 관용과 너그러움은 자기 힘을 길어낸다.

간단히 말해서, 유대-기독교의 본질은 '신국神國Cité de Dieu'을 향한 어마어마한 갈망이다. 이 신국이 엄밀한 의미의 천국이든 완전무결한 사회이든 문제가 달라지진 않는다. 이 종교적 및/혹은 정치-도덕적 갈망은 강하고 합리적인 성인을 행위자로 요구했다. 포스트모던 신부족주의가 파산시킨 것은 바로 이 문화적 원형이다. 신부족주의의 행위자는 '영원한 아이'이다. 이 아이는 자신의 행위, 존재 방식, 음악, 육체의 전시를 통해서 무엇보다도 존재하는 것에 대한 변함없는 신뢰를 재확인한다.

이러한 신뢰가 정치적이고 경제적인, 혹은 사회적인 현상태를 그대로 수용하는 것이라고 생각해서는 안 된다. 결코 그렇지 않다. 나는 디오니소스와 부족주의, 그리고 노마디즘 사이에 어떤 구조적 결속이 있음을 확인했다. 그것은 온갖 아노미적인 것, 존재가 지닌 이교도적이며 유희적이며 무질서한 측면을 강조하는 모든 것이다. 지나치게 합리화된 우리 사회, 그렇기에 살균된 사회, 필사적으로 모든 위험을 막아내려는 사회, 바로 그러한 사회 속으로 야만스러운 것이 되돌아온다. 바로 그것이 부족주의의 의미다.

게다가 우리는 야만의 회귀를, 조금이라도 그 의미를 깊이 이해할 수 있다면, 불행한 사태로 치부할 수 없다. 프레데리크 르플레의 말을 떠올려보자. "완전무결한 사회는 '작은 야만인들'의 침입에 늘 굴복하고 마는데, 이 야만인들은 인간 본성이 지닌 모든 나쁜 본능을 쉬지 않고 다시 불러온다." 이 야만을 어떻게 도덕적으로 호명할 것인가에 대한 질문은 제쳐두기로 하자. 그것은 아무런 관심도 일으키지 않는다. 반대로, 르플레가 말한 이 현상이 여전히 반복되고 있다는 사실이 중요하다. 그 현상을 통해 우리는 지나치게 제도화된 것의 바로 그 한복판에 생기 있는 힘이 되돌아오는 것을 보게 된다. 르플레가 말한 '작은 야만인들', 샤를 푸리에가 언급한 '작은 무리'는 오늘날 교외의 '불량배들' 혹은 '교양 없는 거친 아이들'을 상기시킨다. 우리는 이 아이들을 통해, 굶어 죽지 않는 대신 권태로워 죽을 지경이 된 장소를 '도시Cité'[4]라 이름붙이는 것이 합당하지 않다는 것을 기억한다.

너무도 합리화된 사회적인 것으로 인해 발생한 존재론적 쇠약에 맞서, 도시의 부족들은 공감의 사회성이 절박하게 필요하다고 강조한다. 감정과 정서의 공유. 나는 모든 함께-하기의 토대인 '교류commerce'가 단지 재화의 교환만 의미하지 않는다는 점을 상기시키고자 한다. 그것은 '관념들의 교류'이자 '애정에 찬 교류'를 뜻하기도 한다. 좀더 인류학적인 용어로 말하자면, 그것은 중요한 이행, 즉 '폴리스Polis'에서 '티아소스Thiasos'[디오니소스의 추종자들]로의 이행, 정치적 질서에서 혼동의 질서로의 이행이 발생하는 계기들을 관찰할 수 있는 순간이다. 『부족의 시대』가 묘사하고자 하는 것이 바로 이 이행이다. 우리는 근대적 보편주의, 계몽주의의 보편주의, 승리를 구가하는 서양의 보편주의에서 멀리 떨어져 있다. 이 보편주의란 사실상 특수한 자민족중심주의의 일반화일 뿐이다. 세계의 조그마한 지역의 가치들이 모두에게 유효한 모델처럼 확대 적용된 것이다. 부족주의는 경험적으로 어떤 장소에 대한 소속감, 그리고 어떤 집단에 대한 소속감이 중요하다는 점을 상기시켜준다. 이 소속감은 모든 사회적 삶의 본질적 토대이다.

2. 공동체적 이상

포스트모던 신부족주의의 또다른 열쇠 혹은 '본질적 특성'은 바로 사회성의 공동체적 차원이다. 우리 시대의 두드러진 특징을 개인과 개인주의에서 찾을 수 있다는 주장이 흔한 만큼 이 점을 강조하는 것은 중요하다. 이런 주장 속에서도 현실과 동떨어져 있는 지식인의 징후가 드러난다. 지식인은 자기만의 가치를 사회 전체에 투사할 따름이다. 사정이 그와는 정반대라는 점을 확신하기 위해서라면, 내가 종종 언급했던 유행, 모방 본능, 온갖 종류의 군집 충동, 다양한 집합적 히스테리, 혼을 빼놓는 음악, 스포츠, 종교적 열광의 중요성을 살펴보는 것만으로도 충분하다.

그런데 흥미롭게도 바로 그 지식인이 시대정신에 사로잡힌 채 무의식적으로 강건한 부족주의를 실천하고 있다. 이를 잘 보여주는 사례는 대학 세계에서 찾아볼 수 있다. 대학 세계는 여러 부족으로 구성되어 있고, 각각의 부족은 자신의 시조 영웅을 중심으로 결집한다. 부족들은 서로를 마음껏 부인하고 배제하고 경멸하고 낙인찍는다. 그 세계에서 무리의 냄새를 갖고 있지 못한 이들은 반드시 배척되고 만다.

언론의 경우도 다를 바 없다. 언론은 감탄할 만한 관례에 따라 세기의 '바로 그' 사상가, 시대를 대표하는 '바로 그' 세대, 불멸의 작가, 천재적 예술가 등 끝없이 나열할 수 있는 인명 명부를 주기적으로 찾아낸다. 여기에는 교훈적이고 흥미롭고 놀라운 사실이 있다. 언론은 복잡한 타이틀로 장관 부인의 시적 재능이나 대통령 딸의 철학적 독창성을, 단지 그녀들이 대통령의 딸이며 장관의 부인이라는 이유만으로 높이 평가한다. 그녀들의 작업이 가치가 있든 없든 별로 중요하지 않다. 그녀들을 축복하면서 미디어 부족은 이 축복이 안겨다줄 몇 가지 이점을 차후에 챙길 수 있는 기회를 바라본다. 공화국의 가치는 어디에 있는가? 부패한 국가의 가치라면 모를까!

이러한 사례들을 통해, 우리는 연줄의 역할과 인맥의 중대한 영향력을 보게 된다. 요약하자면, 이렇게 '드러난 사실들' 속에서 주관적 차원은 더이상 논증할 만한 것이 못된다. 동족결혼의 과정은 매우 빈번하게 '미디어통치-미천함médiacratie-médiocrité'의 관계를 정당화한다. 사람들은 아직 이 관계의 중요성을 가늠하지 못한다. 사실 '교구의 주보'라는 표현은—우리는 여론을 생산한다는 언론에 이 표현을 계속 적용하고 있다—불량배나 마피아의 세계에 못지않은 부족적 현실을 표출하고 있을 뿐이다.

근대성의 토대 구실을 했던 정치의 세계, 조합syndicat의 세계에 대해 무엇을 말해야 할까. 그 안에서 발생하는 파벌과 그 하위 파벌, 분파와 또다른 사상의 결사체들을 보건대, 동질성에 기반을 둔 이 조직들은 사실 산산조각난 것이나 다름없다. 이 세계에서도 어쩔 수 없이 부족주의가 패권을 차지한다. 좌파와 우파가 뒤섞이는 가운데 서로 다투는 부족들의 정치가 우위를 점한다. 다른 부족을 물리치고 복종시키고 혹은 소수화하기 위해서라면 어떤 수단이든 다 좋다는 식이다. 이 가차없는 투쟁에서 이념적 차이란 그저 사소한 것에 불과하거나 애초부터 아예 존재하지 않았던 것이나 다름없다. 정작 중요한 것은 일신상의 문제들과 지도자에 대한 충성심이다. 바로 이것이 탐나는 자리에 도달할 길을 열어주는 소속감을 불러일으킨다. 지도자가 카리스마를 지녔든 아니면 평범한 인물이든 중요하지 않다. 진부한 표현을 빌리자면, '나는 아무개 씨 밑에 있다는 것', 그걸로 끝이다. 다시 말해 지도자에게 종속된 채 모든 점에서 그의 지시를 따르기만 하면 된다.

여담으로 다음과 같은 점을 지적해두자. 바로 이 정치인들이 종속, 복종, 비판 정신의 무력화와 같은 동기를 숨기면서 '파벌에 반대하는' 입법을 제안한다는 사실은 무척이나 흥미롭다. 이것이 정치적 부족주의의 토대에 놓여 있는 것이다. 융의 분석대로라면, 이 '반파벌주의' 법안은 우리를 둘러싸고 있는 '그림자'를 외부로 투사하는 방식에 해당한다. 어떤 가치들을 악마화하거나 해가 된다고 여기면서 그들은 바로 그 가치가 자신의 것이라는 사실을 부정한다. 사실 정치적 파벌과 부족은 소속감이라는 동일한 구조를 가지고 있다.

대학, 언론, 정치, 조합…… 이런 목록은 계속 이어질 수 있다. 행정, 결사체, 조직, 사회사업, 경영자, 교회 등. 부족이 만들어지는 과정은 사회제도 전체를 전염시켰다. 성적 취향, 학연, 친밀한 관계, 철학적 혹은 종교적 선호에 따라, 과거 사회망을 구성했던 인맥, 연줄, 그밖의 여러 형태의 상호부조가 자리를 잡는다. 뒤에서 논하겠지만, 그것은 여러 형태의 정서, 감정, 감흥이 다양한 형태로 본질적 역할을 수행하는 '네트워크들의 네트워크Réseau des réseaux'이다. 그것이 좋은 것인지 나쁜 것인지는 중요하지 않다. 그보다는 다음과 같은 점을 인정하는 편이 낫다. 즉 합리적으로 사유되고 조직된 사회적인 것과는 반대로, 사회성은 그럭저럭 서로 어울리고 적응하고 조화를 이루려 애쓰는 작은 부족들의 집결에 지나지 않는다. 이질화, 가치의 다신교, 홀로그램 구조, '양립 가능한 모순'의 논리, 프랙탈 형태*의 조직화, 부족의 집결을 어떻게 표현하는가는 중요하지 않다. 확실한 것은 더이상 개인으로부터는 사회적 삶이 성립하지 않는다는 점이다. 사람들이 그 자체로 지켜내고자 하는 사회계약과 시민성 혹은 대의민주주의의 토대인 위세 등등하고 고독한 바로 그 개인 말이다. 사회적 삶은 무엇보다도 감정적, 융합적, 군집적 성격을 지닌다. 군집성이라는 말이 분명 놀랍게 들리겠지만 이 말의 뜻을 숙고해보는 것이 좋을 것이다.

사실 앞서 열거한 모든 제도 속에서 부족주의는 어느 정도 '감추어진 채로' 통용된다. 그런데도 부족주의는 거의 언제나 부인

* 프랙탈fractal은 단순한 구조가 끝없이 반복되어 전체를 이루는 현상을 가리킨다.

되고 있다. 부족주의를 기술하면서 내가 논쟁적 태도를 보인 까닭은 바로 그 때문이다. 따라서 '자기 똥에 코를 박게' 하는 것은 부족주의를 실행에 옮기는 사람들을 위한 효과적인 교육 방법이 될 수 있다. 그것은 아이들을 혼내는 방식이지만 때로는 그런 사람들을 위해서도 유용하게 쓰일 수 있다. 위선적으로 보편주의의 미덕을 반복해서 가르치기보다는, 그들 자신이 부족의 구성원이며 그렇게 행동한다는 것을 인정하는 편이 더 낫다. 우리는 상황이 명확해지는 데서 이득을 취하는 법이다. 자유로운 사유와 개인의 비판적 사고는 현대의 강력한 가치들로 볼 수 없다. 사유와 행위는 무엇보다도 종족적 특성을 지닌다. 바로 여기에 패러다임의 거대한 전환이 놓여 있다.

실제로 내가 들었던 모든 사례, 우리의 일상생활을 구성하는 수많은 사례 속에서, 개인과 그 이론적 지지대인 이론적 개인주의는 더이상 통용되지 않는다. 모든 서구 이론 체계의 근본 요소들은 강한 의미에서 포화상태에 이르렀다. '부족의 시대'는 이러한 포화상태를 폭로한다. 그것이 포스트모던 '시원주의'가 우리에게 가르쳐주는 교훈이다. 모든 영역에서 공동체적 열정이 다시 활기를 얻고 있다. 우리는 이 열정에 저항할 수 있고 분노할 수 있고 또 그것을 부인할 수도 있다. 이 열정으로부터 우리 자신을 지켜낼 수도 있다. 하지만 그것은 중요하지 않다. 우리를 타인에게 떠미는 경향, 타인을 모방하게 만드는 경향이 바로 거기에 있다. 그것은 세계의 유행이 된다. 즉 내가 사유한다고 믿는 곳에서 타인이 나를 사유하며, 내가 자율적이라고 믿는 곳에서 나는 타율적으로 행동한다.

사실상 이 또한 '디오니소스적인 것'의 앙갚음이며 사회적 삶의 에로틱한 분위기이자, '일상적 근접성'이 가지는 중요한 측면이다. 여기서 관건은 '영원한 아이'의 신화이다. 오르테가 이 가세트가 말했던 어떤 '분위기의 명령impératif atmosphérique'이 칸트의 도덕적, 적극적, 합리적 정언명령의 뒤를 잇는다. 분위기의 지상명령은 미학적 분위기로 이해할 수 있는데, 이 분위기 안에서 중요한 것은 오직 초개인적, 집단적, 더 나아가 우주적 차원뿐이다.

이것이 주체의 포화상태, 대중적 주관성, 내가 '집단적 나르시시즘'이라고 불렀던 것, 그리고 집단적 '근원Urgrund'의 여러 형태를 가리킨다. 다시 말해 모든 함께-하기의 밑바닥, 혹은 복수 형태의 밑바닥들이다. 그것은 함께-하기의 지지대이자 그 기초 자산에 해당한다.

바로 거기에 부족주의의 철학적 핵심이 있다. 반드시 그것을 기억해둬야 한다. 왜냐하면 그 사회적 결과들은 여전히 예상 밖의 것이기 때문이다. 질베르 시몽동의 분석에 기대어 나는 중요한 문제가 '하나 이상인 것'이라고 말하려 한다. 그것은 각자를 일종의 전前개인적인 것에 합류시킨다. 이제 세계와 개인은 더이상 (오귀스트 콩트가 도식화했고 좋든 싫든 그뒤를 이은 다양한 사회학적 체계의 밑바탕이 된) '하나로의 환원reductio ad unum'으로부터 사유될 수 없다. 그 대신 주술적 참여participation의 메커니즘을 다시 취해야 한다. 타인들에의 참여(부족주의), 세계에의 참여(주술), 자연에의 참여(생태학). 이 각각의 경우 정신의 성벽 안에, 범할 수 없는 성적, 이념적, 직업적 정체성 안에 갇히는 것은 더이상 문제가 되지 않는다. 반대로 개방성, 역동성, 이타성, 무한에의 갈증을 강조하는 자아의 상실과 소모, 그리고 그밖의 여러 손실의 과정이 문제가 된다.

부족주의는 서구를 특징지었던 실체론적 도식, 즉 존재, 신, 국가, 제도들, 개인과 같이 모든 분석의 토대였던 실체들의 도식에 대한 전쟁 선포이다. 좋든 싫든, 의식하든 그렇지 않든, 존재론이 그 도식의 출발점이다. 간단히 말해서 단지 지속적이고 안정적이고 견고한 것만이 주의를 끈다. 그리고 그 마지막 화신은 개인이다. 개인은 현대의 신神이고, 정체성은 그의 표현 방식이다.

그러나 이러한 토대에 의존하지 않는 여러 문화가 있다. 이 문화들은 동양으로 넘어갔고, 동양은 그 문화들을 밟고 지나갔다. 이는 단순한 말장난이 아니다. 주위로 확장되고 있는 서양의 동양화東洋化는 우리의 일상을 전염시키고 있다.[5] 종교적이거나 철학적인 혼합주의, 입고 먹는 방식, 신체의 테크닉 등, 이 모든 것은 개체발생ontogenèse의 범주에 속한다. 아마도 그것은 우리가 문제삼았던 '하나 이상인 것'이며, '영원한 아이'의 회귀이자 현재의 중요성을 강조하는 방식일 것이다. 그것은 사람과 사물의 무상함에 근거를 두는 지속의 한 가지 형식, 변화의 역동성, 상황의 우세함을 나타낸다.

여기서 여러 사회학적 결과를 낳게 될, 개인으로부터 사람personne으로의 이행이 중요하게 부각된다. 개인이 계약관계의 기능을 수행하는 항구적 정체성을 지녔다면, 사람은 정감적 부족 안에서 여러 가지 역할을 수행한다. 이러한 이행은 전前개인적인 무언가를 주술적으로 분유分有하고 있다는 사실, 혹은 우리가 단지 집단무의식의 틀 속에서만 존재한다는 사실을 일컫는다.

이제 에고 코기토ego cogito[나는 사유한다]의 주권은 더이상 받아들여지지 않는다. 합리적으로 조절된 사회계약의 자발적 행위자인 시민처럼, 행동하는 주체 역시 똑같은 운명을 겪는다. 초월적 신의 화신인 주체와 이성의 보편주의는 지역적이며 특수하고 상황에 맞는 이성들과 정서들에 자리를 양보한다. 간단히 말해, 이제 우위를 점하는 것은 더이상 뇌의 수직성이 아니라 그 온전함 안에서 사람의 깨어남이다. 내가 이미 『영원한 순간』이라는 책에서 지적했듯, 그것은 '복부의 사유'에 호소한다. 복부의 사유는 감각, 열정, 공통 감정 등을 참작할 줄 아는 사유이다.

이런 관점에서 보면, 자연(자연적 자연, 인간적 자연, 사회적 자연) 안에 뿌리내리고 있는 기쁨, 즐거움, 고통의 원형적 토대가 있음을 알 수 있다. 유대-기독교도, 그후에 나타난 부르주아주의도 완전히 없애지 못한 '수목樹木의 영혼âme de brousse'(카를 융)이 다시 울리는 것이다. 이 영혼은 아스팔트 정글인 도시뿐 아니라 숲속의 빈터—그곳에서 '레이브파티'를 벌이는 테크노 부족들은 극단적인 방식으로 황홀경* 속에서 인간을 빚어냈던 진흙을 다진다—에서도 다시 힘과 생기를 얻고 있다. 우리는 포스트모던 부족주의의 핵심에 다가서 있다. 인간humain 안에 있는 부식토humus와 비슷한 것에 일차적으로, 근원적으로 동화되기.

감각과 부식토, 육체를 중시하는 태도는 오늘날 많은 문화권에서 흔히 보는 현상이다. 그러므로 우리 눈 아래 펼쳐지는 새로운 천년이 일부에서 예언했던 파국으로 치닫지는 않을 것이다. 오히려 이 새로운 천년은 급작스럽게도 한 시대의 종말, 즉 개인의 우월성에서 출발해 조직된 사회의 종말을 가리킨다. 그 개인은 자기 역사의 주인 노릇을 할 수 있는 개인, 그러므로 자신과 똑같은 특성을 지닌 다른 개인들과 함께 세계의 역사를 만들 수 있는 그런 개인을 뜻한다. 여기에 피할 수 없는 운명의 반격이 있는데, 이 반격은 공동체의 반격과 연관되어 있다.

공동체적 운명, 운명의 공동체, 바로 이것이 부족주의의 '발톱'이다. 이는 분명 공포를 불러일으킨다. 왜냐하면 우리는 근대가 시작된 이래 확립되었던 사회의 역학에 길들여졌기 때문이다. 이 공포로 인해 주변에서 파국론이 일어나고 부족주의는 야만적인 것의 회귀로 간주된다. 그러나 한편으론 이 야만이 종종 장기간의 동족결혼으로 쇠약해지고 활기를 잃어버린 사회를 재생시켰다. 어떻게 공동체의 이상이 사회의 이상보다 더 해롭다고 말할 수 있겠는가? 어쨌든 우리는 야만이 인간의 온기溫氣를 유발하는 계기라고 주장할 수 있다. 근접성은 정서를 강화시킨다. 부족

* extase. 라틴어 어원은 ekstasis로, 외부를 뜻하는 ek와 상태를 의미하는 stasis가 합해진 말이다. 따라서 황홀경은 나의 외부로 나가 있는 상태를 가리킨다.

주의가 보여주는 우애의 수평적 인간관계는 내가 '사회적 에로틱함'이라 불렀던 것의 원인이자 결과이다.

팔꿈치를 맞대고, 새로운 형태의 연대성과 관대함을 발견하고, 구호활동을 실행에 옮기는 것, 바로 이것이 함께 진동하는 계기, 함께 살아간다는 즐거움을 목청껏 표현하는 계기에 해당한다. 젊은 세대 사이에서 널리 쓰이는 사소한 표현으로 돌려 말하자면, 그것은 '자신을 터뜨리는s'éclater' 계기다. 개인의 강력한 정체성이 끝났다는 사실을 강조한다는 점에서는 적절한 표현이다. 음악의 흥분, 스포츠의 히스테리, 종교적 열기 속에서뿐 아니라, 타인에 대한 구호활동 혹은 정치적 폭발 속에서 우리는 자신을 터뜨린다.

아마도 사람들은 이러한 폭발을 성급하게 정치적이라고 규정하면서 신경을 곤두세울 것이다. 실상 정치적 논리, 그렇기에 근대적 논리라 부를 수 있는 것 안에서는 모든 것이 프로그래밍되어 있다. 거기서 행위는, 예측된 것은 아닐지라도 적어도 사전에 준비된, 전략적이고 전술적인 과정에 포함되어 있다. 이러한 논리와는 정반대로, 현대 사회의 폭발은 급작스럽게 폭력적으로 발생한다. 또한 이 폭발은 한시적이다. 여기서 이 폭발을 분석하기보다는, 그것이 극단적인 방식으로 열정의 역할과 공유된 감정의 중요성을 표현한다는 점만 지적하도록 하자. 이 표현 방식은 일종의 연출인데, 그 주인공은 의식적으로 행위하는 합리적인 개인이라기보다 공동체적 연극성의 틀 속에서 그렇게 연극적으로 하나의 역할을 수행하는 사람이다.

분별력을 갖춘 이들은 '공동체적 이상'[6]의 중요성을 드러내고자 애써왔다. 그 공동체적 이상이 오늘날 되살아나고 있다. 공동체적 이상의 부활을 부정하거나 악마화하기보다는 그것이 다양하게 요동치는 모습에 동참하는 편이 더 나을 것이다. 공동체적 이상의 부활을 가브리엘 타르드가 말한 '정신적 공동체들'의 부활로 보든 바슐라르를 따라 '우주적 나르시시즘'의 부활로 보든, 확실한 것은 개인들을 포함하면서 동시에 개인들을 훨씬 뛰어넘는 무언가가 다시 살아나고 있다는 점이다. 그것은 감정의 전염과 팽창에 근거를 두며, 특수한 뿌리내림에서 시작해 우주적 연결 안으로 통합된다. 현대 철학 고유의 추상적 보편주의와는 반대로, 부족주의는 주술적 참여, 다양한 상호작용, 사람과 사물과의 조화로 이루어진 복잡한 과정을 작동시킨다. 이 부글거림bouillonnement이 시대를 그토록 매력 있게 해주는 것이다!

실제로 라이프니츠가 권고했듯, 그리고 라이프니츠 자신이 그러했듯, '어떤 것도 경멸하지 않는' 정신이 중요하다. 무엇보다 태동하는 것들을 경멸해서는 안 된다. 우리 사회를 만드는 것은 편견과 편집증적 사고, 그리고 여러 도덕적 속단 저편에 있는 바로 이 태동하는 것들이다. 규범적 판단과는 거리가 먼 그 같은 정신으로, 사물 자체로 되돌아가는 법을 배워야 한다. 현상학적 격언의 지혜(사태 그 자체로!zu den Sachen selbst)에 힘입어 우리는 현상의 내적 논리와 그 내밀한 본질을 포착할 수 있다. 포스트모던 부족주의에 관해서도 마찬가지다. 내가 자주 언급했듯, 좋든 싫든 이 부족들은 거기에 있다.

부족들의 복잡성, 부족들이 서로 얽혀 있는 양상을 분석하기 위해서는 복잡한 접근방식이 요구된다. 그렇기에 이 책은 유기적 구성방식을 취하며(그러길 바란다), 같은 이유로 이 책은 연속적 퇴적물들로 이루어져 있다. 부족주의의 본질적 특성, 소속감, 수평적 연결망의 형성, 감성적 공생관계, 전염의 과정 등 이 모든 것이 퇴적을 일으킨다. 바로 이런 점이 이 책의 질서 혹은 내적 근거라 할 수 있다.

그러나 앞서 말한 모든 것을 알기 위해서라면, 혹은 조금이라도 이해하기 위해서라면, 아빌라의 테레사가 짓궂게 말했던 '이야기를 모은 나무 전체'는 전혀 도움이 되지 않는다. 우리도 모든 경향과 변이를 한데 모은 이론적 체계의 나무라고 말할 수 있을 것이다. 그렇기에 가급적이면 가장 덜 부정확한 '말들을 찾아내기', 그것도 집단적 과업으로 찾아내는 일이 중요하다. 어떤 연구 방법, 어떤 '연구 현장' 혹은 어떤 조사 따위가 뭐 그리 대수인가! 그런 것들은 지식의 회계원이나 관리자, 그리고 여타 '조금씩 천천히 생각하는 사람들pense-petit'에게 넘겨주자. 패러다임의 변화가 발생하면, 역설적으로 밑바닥을 캐는 법과 사물의 표면에 집중하는 법을 알아야 한다. 그것이 내가 서두에서 밝힌 급진적 사유에 해당한다. 뿌리 덕분에 이루어진 성장을 더 잘 이해하기 위해서 뿌리를 탐지하는 것 말이다. 이는 관찰하는 즐거움을 위해서든 행동하는 즐거움을 위해서든 각자의 취향에 따라 다르게 이루어질 것이다.

어쨌든 침울한 정신의 소유자들 앞에서 말하건대, 내가 스승들과 경험을 통해 배운 것은 관대한 가르침이다. 내가 학생들에게 전하고자 하는 바도 그런 가르침이다. 라이너 마리아 릴케가 너무도 아름답게 말했듯,

> 버드나무의 뿌리를 아는 자가,
> 더욱 능란하게 버드나무 가지를 휘게 하는 법.
> —『오르페우스에게 바치는 소네트』 1부 6절

사물 자체가 있는 그대로의 제 모습을 우리에게 가르쳐준다. 그리고 사물을 올바르게 사고하는 일은 매우 빈번히, 규범적인 사고에 맞설 것을 요구한다.

서두에서 밝혔듯, 이는 고통 없이 이루어지지 않는다. 먼 바다로 나아가기 위해 기성의 이론들이 내세우는 침묵의 확실성에서 벗어나는 일은 언제나 고통스럽다. 마찬가지로 뿌리를 찾기 위해 땅을 파는 일은 힘겨운 노력을 요구한다. 나는 그 길을 택했다.

이제 이 노력에 동참하는 일은 독자의 몫이다. 반복하건대, 선험적 판단, 선입견이 없어야 한다. 그렇게 되면 놀라운 부족적 모방 속에서 타자성과의 관계를 달리 생각하는 법 혹은 달리 체험하는 법을 보게 될 것이다. 이러한 노력을 통해 삶이란 기어코 지속된다는 감정을 갖게 될 것이다. 이 생기生氣는 좋건 싫건 현대적 부족이 떠맡고 있다. 그것이 나로 하여금 가여운 원숭이짓을, 가엾고 고매한 '인간 품성hommerie'을 측은하게 바라보는 구경꾼으로 만들었다.

레샬프 세르비에르에서
2000년 7월 21일

서론을 대신하여

1. 유의사항

분위기ambiance라는 단어가 줄곧 이 책에 등장하므로, 이 말을 착상하게끔 해준 분위기에 관해 몇 마디 덧붙이는 것이 좋겠다.

나는 사보나롤라에게 영감을 받아 먼젓번 책을 쓰기 시작했다. 지금 내가 떠올리는 인물은 마키아벨리다. 나는 마키아벨리가 말한 '공공장소의 사유'를 참조하고자 한다. 이 책을 읽는 사람, 그리고 읽을 줄 아는 사람은 긴 호흡을 요구하는 성찰을 계속 따라가게 된다. 그 성찰은 역능, 사회성, 일상, 상상계 같은 개념들을 통해 근대가 끝나가는 지금 우리 사회의 평범한 삶을 그 심원에서 지탱하고 있는 것에 귀를 기울인다. 지금 제시한 이 푯말들 덕분에 우리는 뱃머리를 문화 쪽으로 확실하게 돌릴 수 있다. 문화는 엄밀한 의미에서 이해해야 한다. 지금 이 문화가 경제-정치적 항로보다 더 중시되고 있다. 내가 다양한 의례, 평범한 삶, 이중성, 외양의 유희, 집합적 감성, 운명, 간단히 말해서 디오니소스적 주제를 강조했을 때, 사람들은 비웃음으로 화답했다. 그런데 최근의 많은 분석에서 이 주제는 빠짐없이 다양한 방식으로 다뤄지고 있다. 당연한 일이다. 사상사는 지적 모방이나 선험적 자기 정당화 말고도 그저 널리 쓰인다는 이유만으로 확증되는 정당성도 존재한다는 점을 보여준다. 어떤 이들은 이미 축적된 지식을 관리하는 반면, 다른 어떤 이들은 그 어원적 의미에서 '발명한다.' 즉 존재하지만 쉽사리 분별할 수 없는 것을 두드러지게 드러낸다.

그러나 지금 당장 승리를 외칠 필요는 없다. 이런 분별력은 쉽게 얻어지지 않는 법이다. 사회학은 근엄한 정신에 지배받고 있다. 근엄함을 드러내는 일은 분명 필요하다. 하지만 그런 태도가 때로는 치명적인 결과를 낳을 수 있다. 게다가 흥미롭게도 근엄한 정신은 잘난 체하는 경망스러운 태도와 잘 어울리기도 한다. 막스 베버가 말한 기술관료주의적 사고의 '톱니바퀴'와 '복지부동' 사이에 중대한 차이가 있을까? 이러한 무관심은 베버(또는 다른 여러 학자)가 오래전 널리 확산시켰던 사유에서 그 진의를 공제하고 남은 나머지에서 이득을 취하고 있다. 사실 기술관료주의적 사고와 무관심은 서로를 강화한다. 이 둘이 서로 아첨을 떨면서 공공연한 행복을 누린다는 점에 주목해야 한다. 그렇다고 해서 남들처럼 우리도 무기력하고 다소 무지한 시대를 비방해야만 할까? 나는 그런 쉬운 방도를 택하지 않을 것이다. 그것은 시간에 쫓기는 신문기자를 위해 일부러 바보짓을 하는 것이나 마찬가지다. 어쨌든 그런 비방 역시 사회적으로 주어진 것에 속한다. 그런데 어떤 사람들은 다른 야심을 품고 있다. 그 야심은 스스로 사유하고자 하는 욕망을 지닌 이들에게, 그리고 이런저런 책과 분석 속에서 자신만의 생각이 출현하도록 해주는 조언과 발판을 찾는 이들에게 말을 건네고자 한다. 이 야망을 천진난만하고 거만하다고 단정할 수 있을까? 아마도 시간이 판결해줄 것이다. 그리고 사려 깊은 몇몇 사람만이 가까스로 그 판결의 결과를 예측할 수 있을 것이다.

이제 이 책의 야심이 무엇인지 이해했으리라. 당파와 파벌, 체계의 바깥에서 몽테뉴가 말했던 '인간 품성hommerie', 바로 자신의 운명이기도 한 그 품성을 사고하려는 사람들에게 잘못된 단순함이나 불필요한 복잡함 없이 신비스럽게 말을 거는 것, 그것이 이 책의 야심이다. 앞으로 다가올 표류의 여정은 사유의 대담한 행로를 향해 마음대로 발을 내딛을 것을 요구하기 때문에, 이 사람들은 당연히 자유로운 정신의 소유자들이다. 자유롭게 부유하는 지식인Freischwebende Intelligentia. 이 길의 전망은 아마도 위험해 보이겠지만, 우리의 모험에 그만한 가치를 부여한 이들에게는 분명 흥미롭게 느껴질 것이다. 단적으로 말해, 나는 바타유가 말했듯 "도망치고 잠들고 싶어하는, 멍하고 무력한 정신을 지닌 사람들에게 흥미를 주는 읽기 쉬운"(『전집』 8권, 583쪽) 책을 쓸 의도는 조금도 갖고 있지 않다.

중요한 것은 마음의 상태가 아니라 분명한 내용을 밝히는 것이다. 왜냐하면 이 책은 학계의 전통적 분할을 지키지 않았기 때문이다. 당연히 이 책은 학계의 전통적 분할이 안겨다주기 마련인 지적 안도감을 허용하지 않는다. 이러한 위반을 요구하는 것이 이 책의 목적이다. 실제로 사회적 존재가 좀처럼 개념적 분할에 적합하지 않다는 사실은 오늘날 점점 널리 받아들여지고 있다. 이런 개념적 분할은 각자의 몫을 분류하면서 학문에 매진한다고 믿는 지식의 공증인들에게 맡겨두자. 계급, 사회직능적 범주, 정치적 견해 혹은 다른 선험적 결정요인 등, 그 무엇으로 개념적 분할이 이루어지든 더는 중요하지 않다. 약간 거친 표현을 쓰자면, 이들은 계속 주름을 펴고ex-pliciter 평평하게 만드는 데 열중해 있다. 반면 우리가 지키고자 하는 것은 '전체론적holistique' 관점이다. 그것은 어떤 지속적인 가역성 속에서 (사회적이며 자연적인) 전체성과 다양한 요소들(환경과 사람들)을 맺어주는 관점이다. 이러한 관점을 향해 나아가는 것은 곧 존재론적 존재 생성의 극점과 사소한 것들의 가장 단순한 극점 모두를 유지하는 것이다.[1] 전자는 레이저 광선처럼 후자의 다양한 모습을 비추게 된다.

여전히 주도적인 역할을 수행하는 '분리'의 관점에서 보면, 우리가 택한 경로가 불안하리라는 것은 당연하다. 그렇기에 사람들은 개별 연구에 한정된 접근법 혹은 의도적으로 이론적인 접근법을 선호할 것이다. 그러나 나는 '시대에 맞지 않는' 숙고야말로 그 시대에 완벽하게 조응한다는 사실을 확신하면서, 이러한 태도들 각각이 지닌 지적 감미로움을 부인할 것이다. 우리의 관점에서 레비스트로스를 참조해보자. 그는 주술과 과학의 고전적 구분을 과장해서는 안 된다고 주장하면서, '감각적 소여'를 강조했던 주술이 과학의 발전에 적지 않은 역할을 수행했음을 보여주었다.[2] 나는 이러한 주술과 과학의 비교 논리를 끝까지 밀고나가려 한다. 아니면 적어도 그 논리를 주술/과학의 두 극성과 유사한 다른 유형의 극성에 적용할 것이다. 나는 마지막 장에서 좀더 자세히 이 점을 설명하려고 하는데, 여기에는 어떤 생산적 역설이 있는 듯하다. 사람들이 지금껏 분리하려고 했던 것들의 시너지에 점점 더 의존하는 사회적 형상을 평가하는 데 바로 이 역설이 틀림없이 유용할 것이다.

학구적 사고와 상식의 모순은 자명해 보인다. 마땅히 학구적 사고의 입장에서 보면 상식은 무엇보다도 허약하다. 상식이 '허위의식'으로 취급되지 않을 때조차, 그것은 기껏해야 형편없는 것 정도에 머물렀다. 아니마 칸디다anima candida[순수한 영혼]에 대한 경멸은 지적 태도의 시금석이라 할 만한다. 이에 관해서는 앞서 설명했으므로, 여기서는 이러한 지적 태도가 우리가 부득이하게 삶이라고 부르는 것을 이해할 수 없는 무능력에도 영향을 미친다는 점을 언급하고자 한다. 일반적인 삶을 따르는 것은 위험한 일이다. 그것은 특히나 우리를 지평 없는 환상으로 이끌 수 있다. 그러나 앞서 언급한 '감각적 소여'의 관점을 채택하게 되면 구체적 존재, 즉 순수하게 정신적인 추론으로는 파악하기 힘든 그런 구체적 존재의 기슭에 다다를 수 있다. 동시에 먼 바다를 향해 항해할 수 있는 가능성을 보존하는 일도 중요하다. 그때 우리는 이러한 일반적 원칙을 적용하면서 새로운 땅을 '발명'할 것이다. 지금 우리가 검토하고 있는 시너지의 중요성은 바로 여기에 있다. 즉 유랑하되, 목적을 가지고 유랑하는 사회학을 제안하는 것이다.

형식주의formisme와 공감 사이를 오가는 가역적 운동 덕분에 우리는 본질적으로 기계론적 사회질서에서 복잡한 유기적 구조로 옮겨가는 중요한 이행 현상을 설명할 수 있다. 우리는 선형적 역사가 장황한 신화로 대체되는 것을 목도한다. 거기에는 우리가 그 다양한 변조를 살펴보게 될 생기론의 귀환이 자리잡고 있다. 내가 막 제시한 이 용어들은 서로 밀접한 연관을 맺고 있다. 유기성organicité은 베르그송이 중시했던 생의 약동 혹은 보편적 삶을 가리킨다. 베르그송이 이 용어를 다루기 위해 직관을 제안했다는 사실을 잊지 말자. 막스 셸러와 게오르크 짐멜 역시 삶의 일체성이라는 관점을 공유한다.[3] 나는 종종 이러한 관점으로 되돌아올 것이다. 왜냐하면 그것은 수없이 많은 현대의 소집단 속에서 작동하는 '동양의' 범생기론뿐 아니라, 그 소집단들을 구조화하는 감정과 '정감적' 차원까지도 고려할 수 있도록 해주기 때문이다.

이제 이 책에서 내가 밝힌 유의사항들의 근거가 명확해졌을 것이다. 사회적 역동성dynamisme이 더이상 근대성에 고유한 궤도를 따라가지 않는다고 해서, 이러한 역동성이 더는 존재하지 않는 것은 아니다. 내가 제안한 인류학적 도정을 따라가면, 거의 동물적이라고 말할 수 있는 삶이 사회성의 다양한 형상을 심층적으로 관통하고 있음을 더 잘 이해할 수 있다. 바로 여기서 우리는 '연결reliance',* 즉 앞으로 살펴보게 될 부족주의의 본질적 요소를 이루는 종교성religiosité을 강조할 수 있다.

* 마페졸리는 벨기에의 사회학자 마르셀 볼 드 발의 'reliance' 개념을 자주 인용한다. 이 단어는 '연결하다'라는 뜻의 동사 relier의 명사형인 것처럼 보이지만, 영어로는 '신용'이라는 뜻도 가지고 있다. 볼 드 발의 'reliance'는 '연결'과 '신용'의 의미를 모두 함축한 개념이다.

어떠한 교조적 내용에 기대지 않고도, 우리는 사회적 관계의 참된 성화聖化를 논할 수 있다. 그것은 실증주의자 에밀 뒤르켐이 자기 나름의 방식으로 '사회적 신성'이라 불렀던 것이다. 나는 이런 식으로 사회성의 역능을 이해하고자 한다. 이 역능은 기권, 침묵, 책략을 통해 정치-경제 권력과 대립한다. 나는 이 첫번째 접근을 유대 신비철학인 카발라kabbala의 통찰에 기대어 마무리하려고 한다. 카발라에서 (세피로트의) '역능들'은 신성을 구성한다. 게르숌 숄렘에 따르면 이 역능들은 "모든 실재가 기대고 있는" 근원적 요소이다. 따라서 "삶은 밖으로 뻗어나가 창조를 강화하면서도 동시에 심원한 방식으로 내부에 머무른다. 삶의 운동과 맥박의 비밀스러운 리듬은 자연의 역동성의 법칙이다."[4] 이 짧은 교훈적인 이야기는 사회성의 역할을 잘 요약하고 있다. 늘 존재해왔고 종종 지배적이었던 제도화된 형식들 밖에서, 그리고 그것들을 넘어서, 사회적 삶의 지속성을 보장해주는 어떤 비공식적인 지하의 중심성이 존재한다. 이것을 향해 우리의 시선을 돌리는 것이 좋다. 우리는 이 중심성에 익숙하지 않고, 우리의 분석 도구들은 너무도 낡았다. 그러나 이 책에서 내가 공식화하려고 시도한 많은 단서들은 이 대륙을 탐험하는 것이 낫다고 말해준다. 우리는 알고 있다. 우리는 늘 뒤늦게 무언가를 알기 시작한다는 것을. 따라서 그 시차가 너무 벌어지지 않도록, 지나치게 많은 지적 경계심을 버리고 우리는 충분히 현명해질 줄 알아야 한다.

2. 방법

우리의 사고방식과 우리가 다루려는 대상—(다시) 태어나는 중인 대상—을 가능한 한 일치시켜야 한다. 이런 요구를 코페르니쿠스적 혁명에 가까운 것으로 바라봐야 할까? 아마도 그럴 것이

다. 그래도 어쨌든 새로운 상황을 받아들이기 위해서라도 적정량의 상대주의를 증명해야 한다.[5]

우선 모더니티 속에 널리 퍼져 있는 태도와 맞서기 위해 의도적으로 무용無用해지려는 태도를 수용해야 할지 모른다. 다시 말해 실천과 결부된 모든 것을 금지하고 도구적 지식에 참여하기를 거부하려는 태도 말이다. 나는 이에 관해 사회학 창시자들의—이상하게도 망각된—한 사례를 들어보겠다. 뛰어난 역사사회학자 로버트 니스벳에 따르면, 사회학의 창시자들은 "예술가이기를 멈춘 적이 없었다." 그들이 애초에 품었던 아이디어는 훗날 이론으로 구조화되었지만, 무엇보다도 "상상력, 통찰력, 직관의 영역에서"[6] 기인한 것임을 잊어서는 안 된다. 니스벳의 조언은 타당하다. 왜냐하면 19세기에서 20세기로 넘어올 당시 사회학의 창시자들은 사회에 대한 적절하고 다차원적인 분석을 제안할 줄 알았기 때문이다. 어쩔 수 없다 할지라도, 즉 (다시) 새로워진 사회적인 것에 직면했을 때, 이론적 '방임'을 실행에 옮기는 것이 중요하다. 물론 앞서 지적했듯 이 이론적 방임은 사고하는 의무를 포기하지 않고, 혹은 게으름이나 지적 거드름을 피우지 않고 이루어져야 한다. 나 자신의 이해사회학적 전통을 따르자면, 항상 근접적 진리에 따라 일을 처리해야 한다. 일상생활이 관건인 만큼 이 점은 더욱 중요하다. 우리는 궁극적 진리라고 일컬어지는 것에 사로잡힐 필요가 없다. 진리란 상대적이며 상황 의존적이다. 그것은 어떤 복잡한 '상황주의'를 뜻한다. 왜냐하면 아무리 부분적이라 할지라도 관찰자 역시 그가 묘사하고자 하는 상황에 묶여 있기 때문이다. 능력과 욕망은 어깨를 나란히 한다. 해석학은 우리가 묘사하는 바로 그것 안에 '우리도 머무르고' 있다고 가정한다. 그러므로 해석학은 "어떤 관점의 공동체"[7]를 필연적으로 초래하게 된다. 민족학자와 인류학자가 줄곧 이 점을 강조했는데, 이제 우리 가까이 있는 현실을 위해 우리가 이를 수용해야 할 때이다.

그런데 태동하는 모든 것은 허약하고 불확실하며 불완전 속에 휩싸여 있기에, 우리의 접근방식도 이와 똑같은 성격을 지녀야만 한다. 가벼움의 외관이 거기서 나온다. 흔들리는 지층 위에서 발걸음은 흔들리기 마련이므로, 사회성의 출렁이는 파도 위에서 '서핑'하기를 부끄러워해서는 안 된다. 바로 그것이 신중하고 효과적인 접근방식이다. 이런 점에서 은유의 사용은 매우 적절해 보인다. 은유는 유서 깊은 내력을 지니고 있으며 들끓고 있던 모든 시대가 낳은 지적 생산물 속에서 활용되었다. 이런 사실 말고도, 은유는 근접적이며 순간적인 진리를 확고하게 잡아낸다. 베토벤은 길거리에서 그의 가장 아름다운 악구의 모티프를 발견했다고 한다. 왜 우리 역시 같은 곳에서 사회학의 악보를 작성해서는 안 된다는 말인가?

일상의 연극 속에서 가면을 쓰고 있는 사람처럼, 사회성 역시 구조적으로 기만적이며 좀처럼 파악할 수 없는 특성을 지닌다. 그렇기에 학자와 정치인, 저널리스트는 정신적 혼란에 빠지게 된다. 정작 사회성은 다른 곳에 있는데, 그들은 그것을 찾아냈다고 믿는다. 그들 중 가장 정직한 이는 재빠르게 지나쳐왔던 길을 되짚어가면서 은밀하게 이론을 바꿀 것이다. 그리고 사회성을 새롭게 파악하기 위한 또다른 완전한 설명 체계를 생산할 것이다. 내가 조금 전 언급했던 것처럼, 차라리 책략 '안에 머무르면서' 똑같이 책략을 쓰는 편이 낫다. 잡히지도 않는 사회적 소여를 실증하거나 비판하면서 정면으로 다루는 대신, 다양한 뉘앙스를 가진 전략을 사용하면서 측면으로 공격하는 편이 낫다. 그것이 바로 부정신학의 실천이다. 즉 신에 관해 말하려면 그로부터 벗어나야 한다. 어리석게도 대상을 완강히 움켜쥐면서 그것을 설명하고 고갈시키기보다 그 대상의 윤곽과 움직임, 어물어물함, 놀라운 성과와 다양한 경련을 묘사하는 데 만족하는 편이 낫다. 모든 것은 서로 연관되어 있듯이, 이러한 책략 역시 전통적으로 우리 학문에서 사용되어온 다양한 도구에 적용할 수 있다. 그 도구들의 유용성을 지키기 위해서도 그렇지만, 도구들의 경직성을 극복하기 위해서도 그렇다. 이런 점에서 우리는 어빙 고프먼이라는 또다른 아웃사이더가 했던 방식대로 작업할 수 있다. 고프먼은 종종 "신조어의 부담에서 벗어나기 위해, 기존 용어에 새로운 의미를 부여하거나 그것들을 새롭게 조합해 사용"[8]하기를 선호했지만, 어쨌든 그는 개념들을 발명했던 인물이다. '작은 개념' 혹은 확실성을 지닌 개념을 선호하는 것은, 비록 그것이 사람들에게 충격을 줄지라도, 모든 사회적 삶의 정수인 요동치는 발걸음 가까이에 머무르기를 원하는 지적 태도를 보증할 것이다.

3. 시작

이렇게 해서 우리는 앞으로 전개될 다양한 사회학적 논의의 일반적 틀을 개관했다. 시대의 분위기는 필연적으로 연구의 분위기가 된다. 우리의 연구는 여러 해에 걸쳐 진행되었다. 그 잠정적 결론은 프랑스와 세계 각지에 있는 많은 대학의 여러 동료들과 젊은 연구자들에게 어김없이 '시험'받았다. 우리의 연구는 다음과 같은 근본적 역설에 의존한다.

점증하는 대중화와 내가 '부족'이라 부르는 소집단의 발달 사이에 형성되는 끝없는 왕복운동.

내가 보기엔 20세기 말 사회성을 특징짓는 창설적 긴장이 이 역설에 자리잡고 있는 듯하다. 대중 혹은 민중은, 프롤레타리아나 다른 여러 계급과는 달리, 동일성의 논리에 의존하지 않는다. 뚜렷한 목적을 갖고 있지 않은 대중과 민중은 전진하는 역사의 주체가 아니다. 부족이라는 은유를 통해 우리는 탈개인화 과정, 개인에게 부여된 기능의 포화, 각각의 사람(페르소나persona)이 부족 안에서 수행하도록 요청받는 역할에 대한 강조를 설명할 수 있다. 대중이 끊임없이 우글거리는 것처럼, 대중 안에서 뚜렷한 모습을 갖춘 부족들 역시 불안정한 상태에 놓여 있으며, 부족들을 이루고 있는 사람들 역시 한 부족에서 다른 부족으로 옮겨갈 수 있다. 우리는 지금 일어나고 있는 점진적 변화와 그 변화가 야기하는 긴장을 다음의 도식으로 설명할 수 있다.

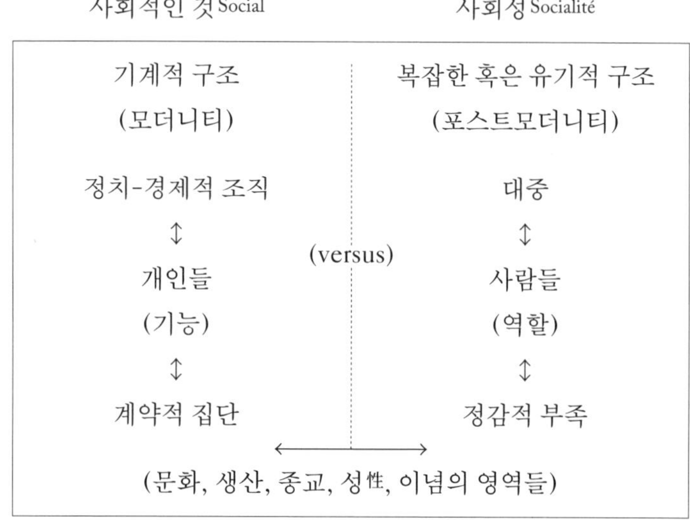

이 이중의 가정(점진적 변화와 긴장)에 따라 나는 내 방식에 충실하게 우리의 탐구에 도움을 주는 다양한 이론적 독해나 경험적 연구를 개입시키고자 한다.(어떤 연구에서든 개방적 측면과 비의적 측면이 동시에 존재하기 마련이다. 주석이 바로 그 점을 나타낸다. 나는 책이 둔중해 보이지 않도록 내 관점을 뒷받침하는 주석을 책 뒤로 옮겼다. 참고문헌은 이 책을 이해하게끔 도와줄 뿐 아니라 독자들의 개별적 연구까지도 북돋아줄 것이다.) 사회학적, 철학적, 인류학적 저서 외에도 소설, 시, 혹은 일상적 일화가 여기서 자신의 몫을 가진다. 앞서 밝혔듯 그 가운데 어떠한 것도 차별받을 이유는 없다. 중요한 것은 어떤 형식을 드러내는 일인데, 이 형식은 '비현실적'일 수 있지만 사회성을 구성하는 상황, 경험, 논리적 혹은 비논리적 행위의 다양성을 엄밀한 의미에서 이해할 수 있도록 해줄 것이다.

앞으로 분석될 형식들 중에서, 이 책의 핵심을 이루는 것은 물론 부족주의의 형식이다. 나는 부족주의의 형식을 다루기 전에 우선 감정공동체communauté émotionnelle의 형식, 그리고 이 감정공동체를 기초짓는 역능 및 사회성의 형식을 다룰 것이다. 이어 다문화주의와 그 결과인 근접성의 형식을 밝힐 것이다. 마지막으로 나는 우리의 논의에 관심을 지닌 사람들을 부족주의에서 유래한 정글 속으로 인도해주는 이론적 '방법'을 제안하고자 한다. 이 책의 주제들이 어느 정도는 단조로우며 연구 대상에 따라 중복된 표현도 등장하는 것은 사실이다. 그것은 모든 문학작품과 시, 영화 속에서 찾아볼 수 있는 '강박적 이미지들'과 다르지 않다. 각각의 시대는 익히 알려진 몇 가지 주제를 놓고 다양한 변주를 머리 아프도록 반복한다. 그러므로 이 책에서 제시된 각각의 형식들 속에는 똑같은 고정관념들이 등장한다. 단지 공격 각도만 변했을 뿐이다. 나는 사회적 총체의 다채로운 측면을 살펴보길 원한다. 인과적 기계에 반대하는 뒤랑은 '레시탈récital 이론'*을 언급했는데, 그것은 신화적 서사의 반복과 그 서사가 퍼뜨리는 변이와 중복을 가장 적절하게 번역하는 방법일 것이다.[9] 이 이론은 우리가 고안한 일상적 '지식'에 매우 적합하다. 일상적 지식은 생기론의 개화와 그 되풀이되는 혼잡한 형태를 탐지하고 다시 이야기하는 데 만족하면서, 동일한 것의 반복을 통해 죽음에 대한 고뇌와 주기적으로 맞선다.

* 명사인 récital은 '이야기하다, 낭송하다(réciter)'의 의미와 전통적인 것, 원형적인 것을 '반복해서 인용하다(re-citer)'의 의미를 모두 갖고 있다.

그런데 상당히 미학적이라고 할 수 있는 이 레시탈 이론은 인간 행위를 인도하는 일이 가능하다고 믿는 이들을 위해 고안된 것이 아니며, 더군다나 학자와 정치가를 혼동하면서 행동하는 것이 가능하다고 믿는 이들을 위해 마련된 것도 아니다. 이 이론은 오히려 존재하는 것과 흘러가는 것을 재인식하는 데 만족하는 정적주의靜寂主義에 가깝다. 어느 면에서 생이 먼저라는 원칙primum vivere의 재평가이다. 내가 앞서 말했듯, 이 책은 행복한 소수에게만 바쳐질 것이다. 대중과 부족의 고귀함을 다시 인식하는 것은 일종의 정신적 귀족주의이다. 그러나 이 귀족주의는 한 사회 계층의 전유물도, 동업조합의 전유물도 아니다. 더욱이 전문가들의 전유물도 아니다. 여러 논쟁과 콜로키움 및 인터뷰를 통해, 나는 귀족주의가 수많은 학생과 노동자, 정책결정자, 저널리스트, 간단히 말해 교양을 갖춘 사람들 안에서도 발견할 수 있음을 알게 되었다. 나는 바로 이런 사람들에게 말을 건네고자 한다. 이 책은 존재하는 것을 꿰뚫어보기 위한 간단한 시도라고 말하고 싶다. 이 책이 허구의 이야기라면, 즉 어떤 논리의 끝에 도달한다면, 이 책은 존재하는 것만을 발명할 뿐이다. 물론 존재하는 것은, 앞으로 다가올 시대가 무엇이 되었든, 이 책이 어떤 해결책을 제안하는 것을 금지한다. 반대로 이 책은 여러 문제를 제기하면서 어떤 논쟁을 제안하고자 한다. 빠져나갈 구실, 보잘것없는 동의는 물론 귀머거리의 침묵에도 어울리지 않는 그런 논쟁 말이다.

흥분 속에서 살아가는 시대, 그렇기에 원기를 되찾아주는 어리석음을 필요로 하는 시대가 있다. 나는 거기에 기여하고 싶다. 그것은 또한 유토피아가 진부해지고 현실화되는 시대, 그리고 깨어난 꿈이 우글거리는 시대이다. 누가 이 순간들이 다음 순간을 꿈꾸었다고 말할 수 있는가? 아마 꿈꿔진 것은 미래를 향한 투사라기보다 흩어진 작은 조각들과 짓다 만 건축물들, 그리고 그럭저럭 이루어낸 시도들로 만들어진 허구의 이야기일 것이다. 확실히 이러한 일상의 꿈들을 새롭게 해석하는 편이 좋을 것이다. 그것이 이 책의 야심이다. 꿈꾸는 사회학!

1장

감정공동체

—연구 개요

1. 미학적 아우라

성가시고 귀찮더라도 개인주의라는 문제로 어김없이 되돌아가야 할 것이다. 이 문제가 현대의 성찰 전체를 혼미하게 만들고 있다는 이유만으로도 그렇다. 여기에는 어느 정도 타당한 근거가 있다. 그 자체로든 나르시시즘처럼 변형된 형태로든, 개인주의는 심리학적 관점은 물론 역사학적, 사회학적, 정치학적 관점에서 수많은 서적과 기사, 논문의 중심에 자리잡고 있다. 모더니티에 관한 지식을 구축하는 데 조금이라도 기여하고자 하는 이들에게 개인주의란 반드시 거쳐가야 할 과정이다. 물론 쓸모없는 일은 아니다. 그러나 개인주의가 부득이하게 많은 신문기사와 정치적 담화 혹은 도덕적 명제를 설명해주는 ("열려라 참깨" 식의) 주문이 되었을 때는 심각한 문제가 제기된다. 이러한 것들은 개인주의라는 용어를 신중하게 다루지도 않고 그 지적 뉘앙스에도 신경을 쓰지 않기에, 자기로의 침잠이나 거대한 집단적 이상의 종말 또는 넓은 의미에서 공적 영역의 종말에 대한 극히 진부하고 비관적인 사고들을 확산시킨다. 이때 우리는 일종의 독사doxa[통념]에 직면하게 된다. 아마 이 독사는 오래 버티기 힘들 것이다. 하지만 현재 널리 받아들여지는 만큼, 그 안에는 적어도 오늘날 떠오르고 있는 새로운 사회적 형식을 감추거나 부정할 위험이 잠복해 있다. 이 사회적 형식의 일부는 너무도 확연히 드러나 있고 또다른 일부는 완전히 지하에 감춰져 있기에 더욱 그러하다. 게다가 전자의 사회적 형식은 그 스펙터클한 측면 때문에 그저 혼동의 시기에 어김없이 등장하기 마련인, 아무런 결과도 낳지 못하는 기상천외한 것으로 분류되기도 한다. 이렇게 해서 모든 독사가 지니고 있는 게으른 성향이 촉진된다.

개인주의의 문제를 정면으로 다룰 의도는 없다. 나는 이 문제를 어김없이 그와 상반되는 것을 통해 다루고자 한다. 내 논지의 핵심은 개인주의를 초과하는 사회적 형상을 지적하고 묘사하고 분석하는 일이다. 그 형상이란 규정할 수 없는 대중, 정체성 없는 민중, 혹은 작은 지역 단위로 구성된 성운星雲의 모습을 취하는 부족주의를 가리킨다. 물론 성운은 무엇보다도 사회성의 어수선한 측면을 강조하기 위해 쓰인 은유이다. 그것은 늘 디오니소스의 수수께끼 같은 형상을 취한다. 허구라 할지라도, 나는 지난 두 세기 이상 사회를 분석하는 데 쓰였던 카테고리가 마치 완전히 포화되었다고 가정하려 한다. 흔히 현실이 허구를 능가한다고 하지 않는가. 그렇다면 현실과 같은 위치에 올라서보자. 몇몇 소설가가 보여주었듯, 개인은 더이상 계몽주의 이래 철학자들이 일반적으로 신뢰했던 실체성을 갖고 있지 않다는 점을 보여주어야 할 것이다. 확실히 편견에 불과하더라도 어쨌든 나는 그 길을 택할 것이다. 나는 그 길을 따라가면서 엉뚱하긴 해도 근거 없다고 치부하기 힘든 여러 문학적 묘사와 주석 및 일화를 통해 그 점을 밝힐 것이다.

사뮈엘 베케트의 연극은 자기 자신과 자기 역사의 주인으로서의 개인이라는 환상을 파괴하면서 우리가 따라가야 할 길을 제시해준다. 매우 극적이면서도 다소 예언적인 방식으로, 베케트는 모든 개인주의의 우연성과 덧없는 측면을 보여주었고 인간을 감옥으로 이끄는 개인화 과정의 인위성을 강조했다. 그에 따르면, 개인주의란 낡아빠진 벙커이며 그렇기에 버려야 하는 것이다. 분명 베케트의 입장은 근대의 순응주의적 합의에 새로운 활력을 불어넣는 독창성을 가지고 있다. 베케트의 수많은 아첨꾼은 이해할 수 없겠지만, 그것은 고대의 지혜와 완전히 일치한다. 고대의 지혜는 각 개인을 중단 없는 연쇄과정에 놓인 단순한 하나의 점punctum으로 취급했으며, 각 개인을 일반적 대우주에서 결정화結晶化된 것이자 하나의 표현인 소우주로 간주하면서 개인에게 다면성을 부여했다. 여기서 우리는 페르소나라는 관념, 변화무쌍한 가면이라는 관념을 인식하게 된다. 이 관념은 무엇보다도 많은 사람이 연기한다는 이유만으로 의미를 지니는 다양한 장면과 상황 속에 녹아든다.

자아의 다양성과 그것이 초래하는 공동체적 분위기가 우리 성찰의 배경을 이룰 것이다. 나는 공동으로 체험하고 느낀다는 의미에서 이를 '미학적 패러다임'이라 부르자고 제안한 바 있다. 실제로 개인주의적 논리는 분리된 정체성, 자신에게 갇혀버린 정체성에 의존하는 반면, 사람(페르소나)은 오직 타인들과의 관계 속에서만 가치를 지닌다. 윌리엄 포크너와 토마스 만 같은 몇몇 현대 작가를 참조하면서, 질베르 뒤랑은 "타인들의 정신" 속에서만 존재할 수 있게 해주는 "비인격적 역능"[1]을 언급한 바 있다. 이 관점은 모든 부르주아 철학의 토대 구실을 했던 주체와 객체의 고전적 분리를 넘어설 것을 요구한다. 이제 분리보다는 결합을 강조해야 한다. 내가 다른 합리적 개인들과 계약을 통해 연결되어 구축한 이야기가 아니라 내가 참여하는 신화가 중요해진다. 이런저런 영웅, 성인, 상징적 인물이 있더라도, 우리 각자가 서로 인정하고 소통할 수 있도록 해주는 것은 일종의 이념형들, 비어 있는 '형식들'과 모태들이다. 디오니소스, 돈 조반니, 기독교의 성인 혹은 그리스의 영웅 등, 우리는 공통의 '미학'을 허용하고 '우리'라는 표현을 수용할 수 있는 신비적 인물과 사회적 유형을 무한히 제시할 수 있다. 이런저런 상징의 다양성은 강한 집합적 감정의 출현을 조장하기 마련이다. 피터 브라운은 고대 후기의 성인 숭배를 분석하면서 이와 같은 점에 주목한 바 있다.[2] 이 숭배는 중개자들의 사슬을 만들어내면서 신에게 도달하도록 해준다. 명백히 드러난 페르소나와 성인이라는 특이한 결절들, 바로 이것이 신과 그 매개자인 종교 공동체를 형성하는 요소들에 해당한다.

이러한 분석을 우리의 주제에 적용해보자. 이런저런 전형화 속에서 식별되는 집합적 감정을 통해 사회적 '신성'이 구체화되는 계기들이 있다. 프롤레타리아와 부르주아는 '역사적 주체'로서 완수해야 할 어떤 임무를 지니고 세상에 나타났으며, 이런저런 학문적, 예술적, 정치적 천재들은 사람들이 따라가야 할 방향을 지시해주는 어떤 메시지를 가지고 출현했다. 그러나 그들은 앞으로 실현해야 할 목표를 제시했기에 추상적이며 접근할 수 없는 개체에 머물렀다. 반면 신비적 유형은 단지 사람들을 결집시키는 기능, 즉 순수한 '용기容器'와 같은 모습을 취한다. 그것은 어떤 주어진 순간에 집합적 천재가 드러나도록 해줄 뿐이다. 바로 이것이 추상적이며 합리적인 시기와 '공감'의 시기 사이의 차이점이다. 전자는 개인화와 분리의 원칙에 기반하는 데 반해, 후자를 지배하는 것은 비非분화와 집합적 주체 안에서의 '상실perte'이다. 나는 이를 신부족주의라 부른다.

부족의 확산으로 널리 퍼지게 된 정서적 분위기를 예시하는 많은 일상적 사례가 있다. 이 사례들은 오늘날 도시의 풍경 속에서 쉽게 찾아볼 수 있으므로 더는 놀랄 만한 것이 못된다. '펑크punk' '키키kiki' '파니나리paninari'처럼 집단의 단일성과 통일성을 드러내는 다양한 옷차림이 현대의 대도시가 우리에게 끊임없이 보여주는 스펙터클 하나하나를 수놓고 있다. 이러한 현상은 서구 도시들에서 찾아볼 수 있는 존재의 동양화orientalisation 경향과 맞물려 있는데, 우리는 이 현상을, 일본에서 나와 타자 사이에 이루어지는 '공감적' 관계에 대한 오귀스탱 베르크의 분석과 비교할 수 있다. 나와 타자, 주체와 객체 사이의 차이가 약화되거나 때로는 서로 구분되지 않는 현상은 우리에게 무언가 생각할 거리를 던져준다. 자아의 신축성이라는 관념('상대적이며 탄력성 있는 에고')은 현대 세계를 이해하는 데 매우 적절한 방법론적 지렛대다.[3] 구별짓기란 모더니티에 적용되는 개념일 뿐 오늘날 출현하고 있는 사회적 집단의 다양한 형태를 묘사하는 데 전혀 적합하지 않다. 이 사실을 강조하기 위해, 오늘날 일본이 발휘하는 매력을 떠올리거나 그 경제적, 기술적 성과를 굳이 참조할 필요는 없다. 이 사회적 집단의 형태들은 규정할 수 없는 윤곽을 가지고 있다. 성性, 옷차림, 삶의 양식, 게다가 이데올로기까지 점점 더 동일자의 논리 및/혹은 이분법의 논리를 넘어서는 '트랜스trans'와 '메타méta' 등의 용어로 표현되고 있다. 간단히 말해, 이러한 용어를 가장 강한 의미에서 해석해보면 우리는 합리화된 사회적인 것이 공감에 의해 지배되는 사회성으로 대체되는 경향을 목격하게 된다.

이러한 사회성은 분위기와 감정, 정서의 추이 속에서 표현될 것이다. 예컨대 소규모 사회집단 내부에서 지배적 관계를 묘사할 때나 이 집단들이 위치하는 공간적 환경(생태계, 거주 형태, 구역)을 명시할 때, 독일 낭만주의에 고유한 분위기Stimmung라는 개념이 점점 더 많이 쓰인다는 사실은 흥미롭게 들린다. 마찬가지로 사람들 사이의 관계의 틀 속에서 영어의 feeling(느낌) 같은 단어가 지속적으로 사용된다는 점도 주목할 만하다. 이 단어는 사람들 사이의 교류가 지닌 특성을 평가하거나 그 지속성과 깊이가 어느 정도인지를 결정하는 기준이 되고 있다. 그런데 합리적 조직의 모델을 참조할 때, 감정보다 더 불안정한 것이 어디 있겠는가?

사실 사회적 집단을 평가하는 우리의 방식은 바뀔 필요가 있다. 이 점에 관해 우리는 '감정공동체Gemeinde'에 관한 막스 베버의 사회역사적 분석을 응용할 수 있다. 베버는 감정공동체가 하나의 범주임을, 즉 그 자체로는 결코 존재하지 않았지만 그럼에도 불구하고 현재의 상황을 탐색하는 데 유용한 무엇임을 분명히 밝힌 바 있다. 감정공동체에 부여된 주된 특성은 한시적 측면, '변덕스러운 구성', 지역적 자리매김, 조직화의 부재, 그리고 일상적 구조Veralltäglichung이다. 베버는 여러 명칭을 사용하면서 이러한 집단이 모든 종교 속에서, 그리고 일반적으로는 견고한 제도들 옆에서 재발견된다는 점을 보여준다.[4] 닭과 달걀 중 어느 것이 먼저인지 결정할 수 없는 것처럼, 감정공동체와 제도적 조직들 중 어느 것이 먼저 태어났는지 결정하기란 어려운 일이다. 그러나 베버는 공유된 감정과 개방된 공동체적 관계의 결합이 종국에는 견고한 사회적 관계에 이르게 되는 다양한 집단을 낳는다고 분석한다. 이러한 변화는 마치 사회체를 관통하는 길잡이처럼 항구적 성격을 지닌다. 항구성과 불안정성, 이 두 축을 따라 감정적인 것의 윤곽이 뚜렷해질 것이다.

그런데 우선 여기서 말하는 감정은 어떤 파토스pathos와 동일시될 수 없음을 분명히 밝혀두어야 할 것 같다. 우리의 주제와 연관된 디오니소스적 가치들을 부르주아계급 특유의 어떤 집단적 행동주의의 궁극적 표현으로 해석해서는 안 된다. 계몽주의를 향한 공통의 발걸음, 그뒤를 이어 자연과 기술 발전에 대한 계산된 지배, 그리고 마침내 사회적 정감에 연계된 도구화가 있을 것이라고 생각하는 것은 너무도 목적론적인 혹은 변증법적인 관점이다. 물론 클럽 메드Club Med[세계적인 호텔·리조트 브랜드]와 같은 '패러다임'처럼 몇몇 경우는 이런 방향으로 진군했던 것이 사실이다. 그러나 우리가 주목해야 하는 것은 낭비와 우연, 탈개인화가 집단적 태도 안에서 광범위하게 군림한다는 사실이다. 그러므로 인류의 비장하며 선형적인 역사적 행보의 새로운 단계가 감정공동체 속에서 펼쳐진다고 말할 수 없다. 나는 이와 관련해 이탈리아 철학자 마리오 페르니올라와 나누었던 대담에 주목하고자 한다.[5] 그의 연구를 사회학적 관점으로 연장해본다면 이렇게 말할 수 있다. '우리'의 미학은 냉담과 간헐적 열정의 혼합이라고. 모순되게도, 여기에는 온갖 진보적 태도에 대한 독특한 경멸과 행위 자체가 지닌 부인할 수 없는 강렬함이 있다. 바로 그것이 근접성의 비인격적 역능을 특징짓는다.

뒤르켐은 자기 방식대로 이 사실을 강조했다. 평소에는 늘 신중함을 잃지 않았지만, 뒤르켐 역시 '감정의 사회적 본성'을 언급하면서 그 효과를 힘주어 강조한다. 그는 "사람들은 함께 격분한다"라고 썼는데, 이러한 언급은 가까운 곳에 거주하면서 생기는 신비스러운 인력을 가리킨다. 이 인력으로 말미암아 무언가가 구체화된다. 바로 이러한 틀 안에서 열정이 표현되며 공동의 믿음이 발생한다. 간단히 말해서 우리는 "우리처럼 생각하고 느끼는"[6] 동료를 찾는다. 이러한 표현들은 진부해 보이지만 다양한 대상에 적용될 수 있으며, 무엇보다도 일상적 토대의 넘어설 수 없는 측면을 부각시킨다. 일상적 토대는 일종의 모태 구실을 하는데, 이 모태로부터 감정의 교환, 시중의 갑론을박, 민간신앙, 온갖 세계관과 종잡을 수 없는 잡담 등 운명공동체의 견고함을 구성하는 온갖 표상이 구체화된다. 여태껏 인정해야 했던 것과는 반대로, 사람들은 여론이 만들어지고 퍼지는 데는 이성이 차지할 수 있는 자리가 거의 없다는 사실에 동의하게 된다. 초기 기독교도들이든 19세기 사회주의 노동자들이든, 이런저런 여론의 확산은 함께 체험한 감정이나 정서가 전염되는 메커니즘에 빚지고 있다. 친교를 위한 소집단 네트워크에서든 단골손님들이 드나드는 카바레에서든, 집합적 정서는 파고드는 무엇, 즉 몽테뉴가 말한 인간 품성의 모든 측면을 이용한다. 즉 고귀함과 파렴치함, 고결한 관념과 비열한 사유, 이상주의와 세속적 고착의 혼합, 한마디로 말해서 인간 그 자체 말이다.

바로 이것이 연대의 형식, 인간사를 가로질러 이어져온 연속성의 형식이라는 사실에는 변함이 없다. 나는 앞서 운명공동체를 언급했는데, 이것은 때로는 합리적 및/혹은 정치적 기획의 틀 속에서 표현되기도 하며, 때로는 정반대로 집합적 감성의 정해지지 않은 흐릿한 경로를 택하기도 한다. 이 경우 강조해야 할 것은 소집단의 혼돈스러운 측면이다. 소집단은 다른 집단과의 결합을 통해 자기 종의 연속성을 확보한다. 첫번째 경우는 모리스 알박스가 "바깥으로부터의 관점"이라고 불렀던 역사를 생산하고, 두번째 경우는 반대로 "안쪽으로부터의 관점"인 집합기억이 생성된다.[7]

이 역설을 계속 따라가보자. 집합적 감성은 한편으로 가까이 있는 공간과 연결되어 있으며, 다른 한편으로 집단 자체를 초월하면서 집단을 엄격한 의미의 '계통' 속에, 즉 상상적 관점 속에 위치시킨다. 어쨌거나 그것을 뭐라 부르든(감정, 정서, 신화, 이데올로기), 집합적 감성은 개인의 원자화를 넘어서 이런저런 시대를 특징짓는 일종의 아우라의 가능 조건을 창조한다. 따라서 중세의 신학적 아우라, 18세기의 정치적 아우라, 19세기의 진보주의적 아우라를 거쳐, 우리는 미학적 아우라가 생성되는 것을 바라보게 된다. 이 미학적 아우라 속에는 공동체적 충동과 신비주의적 경향 혹은 생태학적 관점과 같은 요소들이 다양한 비율로 섞여 있다. 미학적 아우라가 어떤 모습을 취하든, 이 세 가지 요소는 서로 견고하게 연결되어 있다. 이 각각의 요소는 자기 방식대로 사물들의 유기성, 즉 다양성에도 불구하고(혹은 바로 그 때문에) 사물들을 하나가 되게 만드는 세계의 풀glutinum mundi을 해명해준다.

이 유기적 연대는 다양한 방식으로 드러나기 마련이다. 바로 이런 의미에서 신비주의와 혼합주의적 숭배의식의 재출현을, 좀더 가까이로는 영적인 것 혹은 점성술의 중요성을 읽어내야 한다. 특별히 점성술로 말하자면, 이는 더이상 다소 망상적인 소녀 취향만을 의미하지 않는다. 진행중인 연구에 따르면, 점성술은 문화와 자연 양쪽에 뿌리내리고 있다. 질베르 뒤랑은 개인에게 초점을 맞춘 점성술은 최근에 생겨났으며 전통적 점성술은 "집단의 운명, 현세의 운명을 첫번째 목적으로 삼았다"[8]고 밝힌다. 점성술은 '집'으로 형상화된 생태적 관점에 속해 있다. 집은 각자가 자연적이고 사회적인 환경 안에서 살도록 해준다. 이 점에 관해 자세히 논하지 않고도, 우리는 점성술이 미학적 아우라(아이스테시스aisthésis)에 속한다는 사실을 강조할 수 있다. 미학적 아우라는 대우주와 소우주들의 결합, 그리고 소우주들끼리의 결합에 의존한다. 비록 이 결합이 명확하게 보이지 않더라도 말이다. 우리는 이 사례 및 그와 연관된 다른 사례들로부터 다음과 같이 말할 수 있다. 이 사례들은 모두 연대주의, 즉 모든 사물의 유기성이 재출현하는 데 기반이 되는 '전체론적' 분위기를 드러내준다.

따라서 감정과 감성은, 그 말에 부여된 흔한 의미와는 정반대로, 객관성과 주관성의 혼합으로 간주해야 한다. '근접성에 관한 쟁점'(6장 참고)을 다루면서, 나는 이를 유물론적 정신성이라 불렀다. 다소 낡은 표현을 빌린다면, 베르크가 환경의 효력을 다루면서 (주관적이며 객관적인) '투과적trajective' 관계라고 지칭한 것과도 연관된다. 이제 모든 영역에서 지배적이었던 분리의 이원적 논리가 더이상 그 자체로 적용될 수 없다는 점을 바라봐야 할 때이다. 영혼과 육체, 정신과 물질, 상상계와 경제, 이데올로기와 생산 등 길게 열거할 수 있는 이 모든 것은 엄밀히 말해 더는 서로 대립하지 않는다. 사실 이러한 것들과 그것들이 표상하는 미세하고 구체적인 상황들은 일상생활을 생산하기 위해 서로 합류한다. 이 일상생활은 우리가 익숙하게 받아들였던 어떤 환원적 실증주의의 단순한 분류학을 점점 더 벗어나고 있다. 그 시너지는 복잡한 분석을 요하는 복잡한 사회를 만들어낸다. 에드가 모랭이 말한 바 있는 "다차원성과 분리 불가능성"[9]이 끝없이 반복되는 '회로' 안으로 우리를 이끈다. 이 회로는 지식의 공증인들이 확고하게 수행하는 그 지겨운 회계를 쓸모없게 만들 것이다.

얼마만큼 주의를 기울이고 어느 정도 상세하게 설명하는가에 달려 있긴 해도, 우리는 집합적 감성 혹은 감정이라는 은유에 어떤 인식 기능을 부여할 수 있다. 그것은 현대 도시를 특징짓는 유기성의 한가운데로 우리를 이끄는 방법론적 지렛대다. 다음과 같은 교훈적 우화를 살펴보자. "신이 나폴리에 있는 집 한 채를 가지고 승천하길 원한다고 잠시 상상해보자. 그는 놀랍게도 조금씩 나폴리의 모든 집이 마치 만함식滿艦飾 때인 것처럼 서로 줄지어 오는 모습을 보게 될 것이다. 집과 빨랫줄, 여인들의 노래와 아이들의 함성이 모두 뒤따라 하늘로 올라가는 광경을."[10] 바로 이것이 전체를 견고하게 연결하는 감정이다. 전체는 다양한 요소로 이루어질 수 있으며, 거기에는 이 요소들을 서로 강하게 결속시키는 특수한 분위기가 있기 마련이다. 이러한 경험은 먼저 그 자체로 체험된다. 지식인은 이 점을 고려할 줄 알아야 한다. 요컨대 감정의 미학을 특징짓는 것은 결코 개인주의적 경험 혹은 '내면'의 경험이 아니라, 그와는 반대로 타인들과 타자에게 본질적으로 열려 있는 어떤 것이다. 이러한 열림은 공동의 운명이 이루어지는 공간, 지역, 근접성을 내포한다. 그것이 바로 모태 혹은 미학적 아우라와 윤리적 경험 사이의 밀접한 관계가 이루어지도록 해주는 것이다.

2. 윤리적 경험

나는 윤리적 비도덕주의를 언급하면서, 이 용어가 지금은 매우 고귀하다고 평가받지만 사실은 보잘것없는 도덕주의와 아무런 연관이 없음을 지적했다. 나는 이 문제로 다시 돌아올 것이다. 그런데 한마디만 덧붙여보자. 나는 높이 솟은 추상적 도덕과 한 집단에서 파생한 윤리를 대립시켰다. 이 윤리는 근본적으로 공감적Einfühlung, 근접적 특성을 지닌다. 역사는 도덕(정치)을 촉진시킬 수 있으나, 공간은 미학을 활성화하고 윤리를 퍼뜨릴 것이다.

앞서 언급한 대로 감정공동체는 불안정하고 개방적이다. 따라서 기존의 도덕에 비추어봤을 때, 감정공동체는 여러 면에서 무질서하게 보일 수 있다. 동시에 감정공동체는 그 구성원들 사이에서 엄격한 순응주의적 태도를 일으키기 마련이다. 거기에는 좀처럼 빠져나갈 수 없는 '환경의 법칙'이 존재한다. 우리는 이 법칙의 극단적 측면을 마피아나 도적의 세계에서 찾아볼 수 있다. 그런데 우리는 사업의 세계, 지식의 세계, 아마도 그밖의 여러 세계에서도 이러한 순응적 태도가 군림하고 있다는 사실을 자주 망각하곤 한다. 물론 각각의 경우 소속감의 정도는 서로 다르기 때문에, 한 집단이 종종 말해지지 않는 그 내부의 규칙에 충성하는 정도 역시 천차만별일 것이다. 그러나 그 규칙을 완전히 무시하기란 쉬운 일이 아니다. 어찌됐든 환경의 법칙이 낳는 효과와 그 중요성 및 미래의 차원을, 규범에 얽매이지 않고 평가하는 것이 중요하다. 내가 언급했던 개인주의적 독사doxa의 관점에서 봤을 때, 완강하게 버티고 있는 집단적 에토스ethos는 소멸하고 있는 구닥다리 현상으로 간주된다. 그런데 지금 어떤 변화가 일어나고 있는 것 같다. 실리콘밸리로 상징되는 소규모 생산업체들부터 일본 기업을 특징짓는 '집단주의groupisme'에 이르기까지, 조직 내에서 나타나는 공동체적 경향이 기술적 혹은 경제적 수행능력과 어깨를 나란히 하고 있다. 이러한 사실들을 염두에 두고, 베르크는 "집단주의는, 각 구성원들이 단순히 집단 안에서 도피처를 찾는 것이 아니라, 무엇보다도 의식적으로든 무의식적으로든 집단의 이익에 봉사한다는 점에서 군집 본능과는 다르다"[11]고 말한다. 프랑스어로는 듣기 불편하긴 해도, 이 '집단주의'라는 용어는 동일화 과정의 에너지를 부각시키는 장점을 지닌다. 바로 이 에너지가 공동의 유대를 견고하게 만드는 헌신을 가능하게 해준다.

몇몇 예외적인 사례나 일본의 경우처럼 어떤 특수한 상황을 일반화하는 것은 시기상조일 수 있다. 그러나 이러한 사례들은 현대적 나르시시즘에 무게를 두는 사례들에 못지않은 가치를 지닌다. 무엇보다도 이 사례들은 지배 이데올로기의 숭배 대상으로 남아 있을 경제 영역과 관련을 맺고 있다. 나는 이 사례들이 우리 눈앞에서 펼쳐지고 있는 전체론holisme도 예증한다고 생각한다. 프라이버시의 문을 부수고 들어가 감정이 중요한 자리를 차지하고 있다. 특히 몇몇 국가의 경우 감정은 공공 영역에서도 강력한 영향력을 발휘하면서 더이상 무시할 수 없는 연대의 형식을 만들어낸다. 이 연대의 형식은 기술적 발전뿐 아니라, 낡은 것으로 치부당했던 공동체적 삶의 형태에도 새로운 힘을 불어넣고 있다는 점에 주목해야 한다.

우리는 공동체, 공동체의 근저에 놓인 노스탤지어 혹은 공동체를 정치적으로 이용하는 행위에 질문을 던질 수 있다. 반복하건대, 여기서 중요한 것은 내가 사용한 의미에서의 '형식'이다.[12] 이 형식이 그 자체로 존재했는지 아닌지는 중요하지 않다. 하나의 배경과도 같은 형식 덕분에 우리는 이러저런 사회현상을 부각시킬 수 있다는 것만 언급해도 충분하다. 비록 이 사회현상이 완전하지 못하고 심지어 일시적인 것에 불과할지라도, 그것은 공통 감정이 특수하게 구체화된 형태를 표현한다. 이러한 '형식주의적formiste' 관점에서 봤을 때, 공동체를 특징짓는 것은 미래를 지향하는 기획pro-jectum보다는 함께-하기에 대한 욕망이 실제로 실현되는 것일 터이다. 일상적으로 사용되는 표현을 빌리자면, 온기를 유지하기, 팔꿈치를 가까이 맞대기, 친밀한 스킨십이 바로 공동체적 윤리의 가장 단순한 토대일 것이다. 심리학자들은 모든 인간관계 속에 아교 형태glischomorphe로 결속하려는 경향이 있다고 지적한다. 이 경향을 어떤 방식으로든 재단할 필요는 없다. 내가 보기에 공동체적으로 함께하는 삶 속에서 표현되는 것은 바로 이 점착성粘着性이다. 따라서 온갖 교화적 잡담을 피하기 위해 나는 다음과 같은 점을 힘주어 강조하고자 한다. 근접성(뒤섞임)이 있기에, 같은 영토territoire(실제적이든 상징적이든)를 나누고 있기에, 공동체적 관념과 그에 동반되는 윤리가 태어난다.

이러한 공동체적 이상은 민중주의의 이데올로기 안에서, 그리고 그후에 등장했던 아나키스트의 이데올로기 안에서 다시 발견되는데, 그 토대는 바로 근접성에 근거한 결집이다. 특히 러시아의 바쿠닌과 헤르첸은 농민 공동체(옵시나obscina 혹은 미르mir)를 당시 진행중이었던 사회주의의 토대로 취급했다. 장인들artels의 연합체로 보충되면서, 농민 공동체는 연대에 기초한 문명을 예비하는 것으로 기대되었다.[13] 이러한 낭만적 전망이 흥미로운 까닭은 그것이 당시 부르주아계급 고유의 관례적 이분법, 그 자본주의적 해석은 물론 마르크스주의적 해석 속에서도 발견되는 이분법을 극복했다는 데 있다. 사실 이 전망은 인간의 미래를 하나의 전체처럼 간주한다. 바로 그것이 옵시나의 미래이기도 하다. 이 사회적 형태가 푸리에주의fourierisme, 정확히는 팔랑스테르phalanstère에 비견할 만하다는 점에 주목하자. F. 벤투리는 이제 고전이 된 19세기 러시아 민중주의에 관한 자신의 저서에서 이 둘을 비교한 바 있다. 게다가 우리의 논의에 매우 걸맞게도, 그는 이러한 사회적 형태와 "어떤 상이한 도덕성"의 추구 사이에 존재하는 연관성을 지적한다. 그런데 그는 이 연관성을 약간 수상쩍게 바라본다. 특히 팔랑스테르와 관련해 이러한 도덕성의 추구를 "기묘하다"[14]고 여겼다. 사실 이 존경받는 이탈리아 역사학자가 보지 못했던 것은, 모든 사회집단이 겉으로 드러난 각자의 기능성 말고도, 함께 체험한 감정들이라는 강력한 구성요소를 품고 있다는 점이다. 바로 이 감정들이 어떤 '상이한 도덕성'을, 내가 선호하는 표현으로 바꿔 말하자면 어떤 윤리적 경험을 불러일으킨다.

사회와 공동체에 관한 고전적 대립으로 돌아가보자. 사회는 앞으로 만들어야 할 역사를 지향하는 반면, 공동체는 자신을 창조(때로는 재창조)하는 데 에너지를 몽땅 다 써버린다. 바로 이러한 사실로부터 공동체적 윤리와 연대의 관계가 맺어진다. 이 관계에서 특별히 주목할 만한 측면 중 하나는 의례의 발달이다. 잘 알려져 있듯, 의례는 엄밀히 말해서 종결되지 않는다. 즉 목적 지향적이지 않다. 의례는 반복적이며, 그렇기에 안정감을 준다. 의례의 유일한 기능은 집단 스스로 가지고 있는 감정을 강화하는 것이다. 뒤르켐이 예시한 '코로보리corroboree' 축제는 이 점을 분명하게 보여준다. 의례는 똑같은 것을 반복하며, 관례적이고 일상적인 여러 행위를 통해 '한몸을 이룬' 공동체를 상기시킨다. 의례가 연대를 떠올리는 데 도움을 준다는 것은 말할 필요도 없다. 루이뱅상 토마가 말했듯, 의례는 "공동체의 결집을 함축한다." 조금 전 내가 언급했듯, 공동체는 자신을 창조하면서 에너지를 '소진'한다. 의례의 반복성이야말로 이러한 소진의 가장 확실한 지표로 볼 수 있다. 그런데 이렇게 함으로써 의례는 집단의 항존恒存을 보장한다. 그것이 죽음의 인류학자[루이뱅상 토마]가 장례식을 연구하면서 관찰했던 역설이다. 왜냐하면 장례식은 "인간을 죽음과 화해시키고 삶과도 화해시키는 공동체적 이상"[15]을 다시 도입하기 때문이다. 잠시 뒤 설명하겠지만, 운명공동체가 매우 강렬하게 체험되는 시기가 있는데, 바로 그때 사람들의 관심은 점진적으로 한곳에 모여 그들을 결합시켜주는 것으로 향하게 된다. 뚜렷한 내용물이 없는 일종의 순수한 결합. 죽음의 현존과 죽음 앞의 현존, 이 두 가지를 거의 동물적인 방식으로 과감히 맞붙이는 결합. 역사와 정치 및 도덕은 드라마dramein, 즉 이런저런 문제점이 던져지고 해결됨에 따라 전개되는 드라마 속에서 죽음을 극복하거나 극복하려고 시도한다. 정반대로 운명, 미학, 윤리는 비극, 즉 영원한 순간에 의존하며 그렇기에 고유한 연대성을 발산하는 비극 속에서 죽음을 소진시킨다.

날마다 자신의 죽음을 경험하는 것, 그것이 아마도 사회적 삶 속에서 특권적 위치를 점하는 집합적 감정의 결과일 것이다. 이 공통의 감성이 근접성에 집중된 에토스를 활성화한다. 간단히 말해 그것은 (경제적 혹은 상징적) 재화의 생산과 분배에 대한 대안적 존재 방식이다. 귀스타브 르봉은 군중을 분석하면서—이 분석은 때로는 피상적이지만 번득이는 착상으로 가득차 있다—"순수하게 이론적인 공정함에서 나온 규칙들은 군중을 이끌지 못할 것"이며, 일반적으로 말해서 (군중을 이끄는 데는) 인상이 무시할 수 없는 역할을 수행한다고 지적했다.[16] 정의justice 자체가 근접적 경험에 종속된다는 사실, 추상적이며 영원한 정의는 어느 정해진 곳에서 체험된 감정(증오든 사랑이든)에 의해 상대화된다는 사실 이외에 무엇을 말할 수 있겠는가. 신문의 사회면을 가득 채운 살육 혹은 관대함에 대한 온갖 이야기는 이러한 사실을 잘 보여준다. 편협한 인종차별주의자인 가게 주인은 동네 아랍인을 보호해줄 것이다. '공공의 안전'에 관심이 많은 그런 프티부르주아는 동네의 보잘것없는 부랑자를 고발하지 않을 것이다. 모든 게 그런 식이다. 침묵의 법칙이 마피아의 특기만은 아니다. 마을과 동네를 탐문 수색하는 프랑스 경찰은 이러한 사실을 알고 있다. 그런데 (좀더 살펴봐야 할) 이러한 태도들의 공통분모는 바로 공유된 감정에서 나온 연대이다.

연구 범위를 좀더 확장해보자. 미디어의 도움으로 우리는 '지구촌'의 수준에서도 이와 유사한 반응을 관찰할 수 있다. '사랑의 식당'[빈민 무료 급식소]과 실업자를 돕는 친교 모임, 그밖의 구호활동을 촉구하는 시위 등은 추상적인 정의의 법칙이 아니다. 정의의 선형적이고 합리적인 관점에서 보면, 이러한 시위들은 반동적이지는 않더라도 다소 시대착오적으로 비춰진다. 수공업적 방식으로 계획 없이 이루어지고 이런저런 문제의 심층을 건드리지 않기에, 이러한 시위들은 일종의 알리바이 구실만 떠맡는 별 소용없는 조처들에 불과할지 모른다. 확실히 그렇다. 그러나 그것들은 여전히 집합적 감정을 일으키고 동원한다. 우리는 이러한 시위들의 정치적 의미나 파장에 의구심을 품을 수 있지만, 마찬가지로—이 책이 주장하려는 바가 바로 그것인데—다음과 같은 사실도 강조할 수 있다. 한편으로 우리는 국가가 우리 주변의 문제들을 책임질 수 있다고 더이상 기대하지 않으며, 다른 한편으로 이러한 행위들이 TV의 영상 이미지를 거쳐 얻게 되는 시너지 효과는 무시할 수 없는 결과를 초래할 수 있다는 사실 말이다. 내가 주변에서 본 것, 혹은 이미지를 매개로 가까워진 멀리 떨어져 있는 현실은 우리 각자의 심금을 울리면서 집합적 감정을 구성한다. 부차적인 것으로 치부할 수 없는 어떤 메커니즘이 있으며, 바로 여기에 이 책의 주제를 이끄는 전체론적인(총괄적인) 아이디어가 있다. 앞에서 언급한 사례들의 토대를 이루는 공통의 감성은, 강한 의미에서 그리고 아마도 신비적인 의미에서, 우리가 공통의 에토스에 참여하고 교감한다는 사실에서 기인한다. 하나의 사회학적 '법칙'으로 표명하자면, 나는 개인이 (계약적이며 기계적인 전망에서) 자발적으로 찬동하게 되는 그 무엇보다 (감각적이며 유기적인 전망에서) 모두에게 정서적으로 공통되는 그 무엇이 더 소중하다는 점이 사회학의 핵심 주제라고 생각하다.

그것은 바로 존재의 합리화 과정에서 밀려났던 윤리적 경험이다. 새로운 도덕적 질서 역시 윤리적 경험을 제대로 표현하지 못한다. 왜냐하면 이 도덕적 질서는 일시적 반응들과 상황들을 합리화하고 보편화하면서, 선험적으로 그것들을 전혀 뜻밖의 것처럼 제시하기 때문이다. 그러나 일시적 반응들과 상황들은 지역적 감성에 결부되어 있다는 사실로부터 자기 힘을 발휘한다. 그것들이 전체적 구조의 효과에 연관된다는 점은 단지 사후에야 밝혀질 일이다. 동네와 마을의 공동체적 이상은 설득을 통해 사회적 이성에 영향을 미치기보다는 전염을 통해 집단적 상상에 영향을 미친다. 발터 벤야민이 예술작품을 성찰하면서 사용했던 용어를 빌리자면, 나는 우리가 어떤 특수한 아우라에 직면해 있다고 말하고 싶다. 이 아우라는 사회체로부터 출현하고 다시 그 사회체를 결정짓는 어떤 피드백 과정 속에 놓여 있다. 우리의 논의는 다음과 같이 요약될 수 있다. 미학적 형식에서 발생한 집합적 감성은 윤리적 결합에 도달하게 된다.

앞에서 말한 사실을 다시 한번 강조해야 한다. 집단적 상상계를, 위기의 순간에 무대로 투입할 여분의 무용수로 간주하는 실증주의적 엄명을 무력화하기 위해서라도 그렇다. 사실 집단적 상상계는 다양한 모습을 취할 수 있다. 때로는 거시적인 방식으로 표현되거나 거대한 대중운동, 다양한 캠페인, 일시적인 폭동, 정치적이며 경제적인 혁명의 형태를 취할 수 있다. 때로는 그와 반대로, 미시적인 방식으로 구체화되어 수많은 사회집단의 삶을 은밀하게 적실 수도 있다. 그리고 마지막으로 때로는, 이 양자 사이에, 즉 집단적 상상계의 (비의적) 과정과 그것의 일반적(개방적) 현현 사이에 연속성이 존재할 수 있다. 어찌됐든 거기에는 폭넓은 영향력을 지닌 아우라가 있으며, 이 아우라는 사회성이라는 항상 그리고 새삼 우리를 놀라게 만드는 현실의 모태 역할을 수행한다.

바로 이러한 관점에서 공동체의 에토스를 평가해야 한다. 내가 말하는 아우라를 두고, 그것이 존재하는지 그렇지 않는지 따져볼 필요는 없다. 아우라는 '마치' 존재하는 것'처럼' 기능한다. 이런 의미에서 우리는 '감정공동체'(막스 베버)라는 이념형과 '광란-황홀경'의 범주(카를 만하임) 혹은 내가 디오니소스적 형태라고 불렀던 것을 이해할 수 있다. 이 각각의 예들은 사회적 행위의 논리에 속해 있는 자아로부터의 탈출과 황홀경ex-stase을, 단순한 의미에서의 캐리커처 형식으로 묘사한다.[17] 이러한 '황홀경'은 소집단에 관계할 때 훨씬 더 효과적이며, 그렇기에 사회 관찰자에게 더 잘 드러나게 된다. 이러한 복합적 전체를 고려하기 위해서 나는 '부족' 혹은 '부족주의'라는 용어를 은유로 사용할 것을 제안한다. 이 용어들에 매번 인용부호를 덧붙이지 않고 내가 강조하려는 것은, 한정되어 있으면서(로컬리즘) 동시에 수많은 사회적 경험 속에서 다양한 변화를 동반하는 가치, 장소 혹은 이상理想의 정서적 공유가 지닌 '응집적' 측면이다. 정학靜學(공간)과 동학動學(생성) 사이의, 일화逸話적인 것과 존재론적인 것 사이의, 일상적인 것과 인류학적인 것 사이의 끝없는 왕복운동은 집합적 감성의 분석을 최고의 도구가 되게 한다. 이러한 인식론적 언급을 예증하기 위해, 나는 하나의 사례, 즉 유대민족의 사례만을 제시하려고 한다.

유대민족에 대해 특별한 분석 대신—우리가 할 수도 없고 그러고 싶지도 않다—유대민족의 사례를 연구의 실마리로 제시하는 데 만족하기로 하자. 우리는 유대민족이 조금 전 제시한 이율배반을 특별히 잘 보여준다는 점을 강조할 수 있다. 한편으로 유대민족은 부족의 집합적 감정을 강렬히 체험했는데, 바로 그것이 아주 오랜 세월에 걸쳐 그들의 보편적이며 범세계주의적인(물론 이 용어에 경멸적 의미를 담아서는 안 된다) 가치들의 영원성을 보장해주었다. 그들을 타민족과 동화하지 않도록 해준 부족적 종교, 실로 운명공동체를 창조했던 부족적 삶의 양식들, 그리고 물론 수많은 대량학살과 역경을 거쳐 그들의 항구성을 보장해준 부족적 섹슈얼리티. 일반적으로 말과 재화, 성性의 순환이라는 세 가지 인류학적 축을 따라 사회적 삶이 구성된다. 이 세 가지 축은 강한 부족적 구성요소를 지니고 있다. 여러 역사학자와 사회학자가 수많은 국가의 '게토'와 슈테틀shtetl, 시나고그Synagogue의 활력과 분위기, 강한 응집력을 강조한 바 있다. 일종의 에너지 저장소와 같은 이러한 장소들에서 중세의 도시 문명, 현대의 도시 문명, 그리고 아마도 오늘날 거대도시 문명의 많은 부분이 만들어진다. 따라서 서구의 문명적 생성은 규칙적으로 게마인샤프트Gemeinschaft[공동사회]의 에토스, 부족의 에토스로 점철되어 있다.[18] 내가 말한 연구의 실마리가 바로 이것이다. 실제로 유대 공동체에서 보이는 감정적 문화의 부글거림은 훗날 그들의 지적, 경제적, 정신적 영역에 커다란 영향력을 행사했다.

19세기 철학의 주된 쟁점 가운데 하나였던 '구체적 보편'의 실현을 이보다 더 잘 보여줄 수는 없다. 앞서 언급한 사례를 일반화하자면 다음과 같이 말할 수 있다. 역설적이게도 부족적 가치들이 한 시대를 특징짓는다. 실제로 사회체 구석구석으로 파동을 일으키며 퍼져나가게 될 시대의 특징들 대부분은 부족적 가치들 속에서 결정체를 이룬다. 부족적 계기는 임신기妊娠期와 비교할 수 있다. 더 확장된 곳으로 도약하기 전에 무엇인가 완성되고, 시험받고, 실험된다. 이런 의미에서 일상생활은 벤야민의 표현대로 "지극히 구체적인 것"이 될 수 있다. 이 암시적 문구로부터 우리는 공유된 체험과 경험은 연금술에서 사물의 변화를 일으키기 위해 사용되는 정화淨化의 불과 같다고 이해할 수 있다. 아무것도 아닌 것 혹은 거의 아무것도 아닌 것이 전체가 된다. 미세한 의례들은 사회성의 토대가 될 정도로 제 역할을 바꾼다. 작은 공간에 많은 것이 들어 있다Multum in parvo. 물론 하찮은 것은 너무도 많기에, 무엇이 미세한 것에서 거시적인 것으로 될지 예측하기는 힘들다. 그러나 이는 중요한 문제가 아니다. 내가 언급한 것처럼 사회적 가치들의 증식이 일어나는 '형식'을 지적하는 것만으로도 충분하다.

따라서 윤리는 일종의 주어진 전체의 다양한 요소를 한꺼번에 모아서 굳게 만드는 접합제로 볼 수 있다. 그런데 내가 막 언급한 것을 잘 이해했다면, 윤리라는 용어에 가장 단순한 의미를 부여해야 한다. 즉 선험적으로 이론화된 윤리가 아니라, 날마다 집합적 감정과 정서의 도가니 역할을 하는 윤리 말이다. 주어진 영토 위에서 그럭저럭 서로 어울리게 해주고 서로를 자연적 환경에 적응하도록 해주는 것으로서의 윤리. 물론 이러한 적응은 상대적이며, 행복과 불행 안에서 이루어지고, 종종 갈등적 관계 속에서 발생한다. 이 적응은 유연하지만 그럼에도 불구하고 놀랍도록 오래 지속한다. 이것은 분명히 사회적으로 살기를 원하는 욕망의 가장 두드러진 표현이다. 따라서 이러한 나날의 윤리를 보여주는 몇몇 징후 속에서 잠시나마 머무를 줄 알아야 한다. 왜냐하면 집합적 감성의 표현으로서, 윤리는 현대 사회를 전체적으로 구성하는 부족의 삶 속에 우리를 즉시 인도하기 때문이다.

3. 관습

아리스토텔레스에서 토마스 아퀴나스를 거쳐 마르셀 모스에 이르기까지, 우리는 하비투스habitus(exis)의 중요성을 검토했던 학자들의 명단을 길게 나열할 수 있다. 이제 이 용어는 사회학의 독사 안으로 들어왔다.[19] 이는 다행스러운 일인데, 왜냐하면 하비투스는 매우 중요한 주제를 품고 있기 때문이다. 그것은 평범한 것, 나날의 삶, 짐멜이 말했던 "사회적 삶의 가장 전형적인 형식들 가운데 하나"인 관습을 가리킨다. 짐멜이 '형식'을 중시했으며 이 용어에 얼마만큼의 효력을 부여했는지 잘 알려져 있기에, 형식은 무의미한 단어가 아닐 것이다. 짐멜은 뒤이어 "관습은 이상적인 역능처럼 사회적 삶을 결정한다"[20]고 분명하게 말한다. 관습은 존재와 사물 안에 그것들이 세상에 드러나는 방식을 깊숙이 새겨넣는 어떤 지속적인 활동이다. 그것은 경제적이거나 정치적인 상황보다 훨씬 더 심오하게 타인들과 공존하는 방식을 제한하고 규정하는 발생적 코드에 가까운 것이다. 따라서 미학(함께 느끼는 것)과 윤리(집합적으로 결속하는 것) 다음으로 관습coutume은 확실히 현대 집단의 일상생활을 특징짓는 좋은 방법으로 볼 수 있다.

나는 "부족이라는 단어에 매우 순수한 의미를 부여"하고자 했던 말라르메의 관심사를 이어받으면서, 앞서 사용했던 '작은 개념들'처럼 관습이라는 용어 역시 가장 넓은 의미에서 이해하고자 한다. 내 의도는 관습의 어원인 라틴어 consuetudo에 가장 가까운 의미, 즉 사회가 자신을 있는 그대로 인식하도록 해주는 습속 전체라는 의미를 관습에 부여하려는 것이다. 관습과 그 어원 사이에는 어떤 비밀스러운 관계가 존재한다. 그 관계 자체는 (예컨대 에티켓을 다룬 책이나 관례집처럼) 매우 드물게, 부차적으로만 공식화되거나 말로 표현될 뿐이다. 그런데도 그 관계는 모든 사회의 심층에서 '작동'한다. 이런 의미에서 관습은 말해지지 않은 것, 함께 살아가는 것의 토대가 되는 '잔기殘基résidu'로 볼 수 있다. 나는 이를 지하의 중심성 혹은 (권력과 반대되는 개념으로서) 사회적 '역능'이라 부르자고 제안했다. 이 개념은 고프먼(지하의 삶)과 더 멀리는 알박스(침묵의 사회)에게서도 찾아볼 수 있다.[21] 이러한 용어들은 사회적 존재의 많은 부분이 도구적 합리성에서 벗어나 있고 특정한 목적에 종속되지도 않으며 지배의 간단한 논리로도 환원될 수 없다는 점을 강조한다. 이중성, 책략, 삶의 의지는 자유의 공간을 설정하는 수많은 의례, 상황, 몸짓, 경험을 통해서 나타난다. 지나치게 삶을 소외된 것으로만 바라보거나, 완벽하고 진정한 존재만을 너무도 갈구하게 되면, 우리는 일상성이 어떤 틈새에 감춰진 상대적 자유에 완강하게 근거하고 있다는 사실을 망각하게 된다. 경제에는 암시장이 있듯, 사회에는 다양하고 미세한 표현을 통해서 그 자취가 쉽게 노출되는 어두컴컴한 사회성이 존재한다.

나는 사회관계의 신성화를 늘 중시했던 뒤르켐과 그 학파의 관점을 따르고자 한다. 내가 여러 차례 언급했고 종종 강조했듯, 소집단에서 국가 구조에 이르는 집합체 전체는 사회적 신성과 특수한 초월성—그것이 비록 내재적일지라도—을 표현한다. 그러나 우리가 알고 있는 것처럼, 그리고 많은 종교사학자가 보여주었듯, 성스러운 것은 신비스럽고 공포감을 주며 불안에 떨게 만든다. 따라서 그것을 달래고 그것과 타협하는 것이 좋다. 이러한 기능을 수행하는 것이 바로 관습이다. 관습이 일상생활과 맺는 관계는 의례가 엄격한 의미의 종교생활과 맺는 관계와 같다.[22] 게다가 놀라운 점은, 특히 대중종교의 경우 교회법에 따른 의례와 관습을 서로 구별하기—이러한 구별은 성직자 위계제도가 떠맡은 영원한 과제였다—어렵다는 것이다. 따라서 예배 의식이 교회를 가시화하는 것처럼, 관습은 공동체를 그 자체로 존재하도록 해준다고 말할 수 있다. 게다가 피터 브라운에 따르면, 관습과 종교 의례의 구별이 명확하지 않았을 때 많은 개별 교회는 성유물聖遺物을 관습적으로 교환하면서 관계망을 구축했다. 이 성유물은 작은 공동체 내부의 유대를 대신했으며 여러 공동체의 결속에도 기여했다. 그럼으로써 성유물은 "성스러운 것과의 거리를 근접성의 강렬한 즐거움"[23]으로 바꿀 수 있었다.

이제 막 태어난in statu nascendi 모든 조직은 사회학자에게 매혹적인 연구 대상이다. 개인들 사이의 관계는 아직 고정되어 있지 않고, 사회구조는 여전히 젊음의 유연함을 지니고 있다. 이제 우리가 관찰한 것을 공식화할 수 있도록 몇 가지 비교를 해보면 도움이 된다. 이 점에 있어서, 지역의 소집단들에서 시작해 기독교 문명을 다룬 역사학자의 분석은 매우 타당하다. 비록 가설에 그칠지라도 초기 기독교 공동체 사회가 보여주었던 사회적 연결과 성聖과의 교섭이라는 두 가지 과정을, 오늘날 형성되었다가 해체되는 여러 부족에게 분명 적용해볼 수 있을 것이다. 조직, 시조 영웅을 중심으로 한 결집, 이미지의 역할, 공통의 감성 등 여러 가지 면에서 초기 기독교 공동체와 현대의 부족 사이의 유사성은 명확하게 드러난다. 그런데 사람들을 하나의 전체로 묶어주는 것은 그들이 지역에 속해 있다는 점과 공간의 중요성, 그리고 이 두 가지 요인과 결부된 연대의 메커니즘이다. 바로 이것이 내가 앞에서 말한 사회관계의 신성화를 특징짓는다. 한편으로는 다양한 개인들 사이에서 성립하는 증여와 맞증여의 복잡한 메커니즘이 있고, 다른 한편으로는 그렇게 구성된 전체와 주어진 환경이 있다. '실제' 교환이냐 상징적 교환이냐 여부는 중요하지 않다. 사실 가장 넓은 의미의 커뮤니케이션은 극히 다양한 경로를 취하기 마련이다.

팔로 알토 학파가 제안한 '근접성'은 우리가 다루는 커뮤니케이션의 문화적 요소와 자연적 요소를 잘 설명할 수 있는 용어로 보인다. 베르크는 이런 관계의 '투과적'(즉 객관적이면서 주관적인) 측면을 강조한다. 우리는 그저 동네(구역)라는 오래된 공간적 개념과 이 개념이 지닌 정서적 함의에 호소해야 할 것 같다.[24] 비록 매우 낡은 것이긴 해도 이 용어는 여전히 오늘날 많은 사회 관찰자의 글 속에서 다시 나타나고 있다. 이는 곧 수많은 사람의 머릿속에 아직까지 이 용어가 존재하고 있다는 표시다. '동네'는 아주 다양한 모습을 취할 수 있다. 때로 여러 갈래의 길 전체로 한정될 수도 있고, 리비도적으로 투여된 어떤 분위기(예컨대 '뜨겁고 방탕한' 동네 등)를 가리킬 수도 있으며, 상업지구 혹은 대중교통의 교차점을 지시할 수도 있다. 그러나 이 용어가 무엇을 가리키는가는 크게 중요하지 않다. 문제는 그것이 어떤 기능성과 부인할 수 없는 상징적 무게, 이 두 가지를 연결하는 공공 영역이라는 점이다. 집합적 상상계 속에 깊이 각인되어 있긴 하지만, 어쨌거나 동네는 여러 상황, 그때그때의 순간들, 이런저런 공간과 평범한 사람들, 이 모두가 엮이면서 형성된다. 게다가 동네는 가장 평범한 상투적 유형을 통해 자주 표현된다. 광장, 길거리, 모퉁이의 담뱃가게, 마권 판매소, 신문 가판대 등등. 바로 이런 것들이 관심과 필요의 중심지를 따라 펼쳐지는 사회성의 평범한 구두점들이다. 그럼에도 불구하고 이 구두점은 이런저런 구역에 고유한 아우라를 불러일으킨다. 나는 일부러 이 아우라라는 말을 사용했다.

왜냐하면 이 용어야말로 장소와 행위에 의해 발산된 분위기의 복잡한 움직임을 잘 번역해주고 역으로 그 장소와 행위에 특별한 색채와 향기를 부여하기 때문이다. "개인들의 정수精髓는 찾아볼 수 없"지만 나름의 정수가 배어나오는 뉴욕의 어느 한 구역을 두고 모랭이 시적으로 표현했던 것, 아마 그러한 유물론적 정신성의 경우도 마찬가지일 것이다. 비록 그 안에서의 "삶은 초라할"지언정 걸작이 된 도시 전체를 조망하면서 모랭은 계속 말한다. "만약 당신이 도시에 사로잡히게 된다면, 당신이 에너지의 흐름에 연결된다면, 그리고 당신을 기진맥진하게 만들기 위해 거기에 있는 죽음의 힘들이 당신 안에서 삶의 의지를 일깨운다면, 그때 뉴욕은 당신을 환각상태에 빠뜨릴 것이다."[25]

이러한 은유는 익숙한 고정관념과 토대를 이루는 원형 사이의 끝없는 왕복운동을 표현한다. 내가 보기에 이 지속적 가역성은 질베르 뒤랑이 말한 '인류학적 도정'을 구성하는 것 같다. 이 인류학적 도정에서, 한 문화의 위대한 소산들과 일상적으로 체험하는 바로 그 '문화' 사이의 밀접한 관계가 모든 사회적 삶의 근본적 결속을 구성한다. 나날이 체험하는 이 '문화'가 지닌 놀라운 점은 그것이 작고 '사소한 것'들의 총체로 이루어졌다는 사실이다. 그런데 이 사소한 것들은 일종의 퇴적 과정을 거쳐 의미 있는 체계를 형성한다. 이 사소한 것들의 완전한 목록을 작성하기는 불가능하지만, 만약 그러한 목록이 있다면 우리에게 매우 유효한 연구 계획을 안겨다줄 것이다. 그 목록은 광고, 단체관광, 축제적 상황의 부활과 증식은 물론 요리에서 가전제품의 상상계까지 포괄할 수 있다.[26] 이 모든 것이 집합적 감성을 설명해준다. 이 집합적 감성은 근대의 특성인 정치-경제적 지배와는 큰 관련이 없다. 그것은 더이상 목적 지향적 합리성(베버의 목적합리성Zweckrationalität)에 속하지 않는다. 그것은 현재 속에서 생동하고 어떤 한정된 공간에 새겨진다. 지금 여기Hic et nunc. 이렇게 해서 일상의 '문화'가 만들어진다. 때로는 놀랍고 충격적이라 할지라도 부정할 수 없는 역동성을 표현하는 진정한 가치들이 바로 이 문화 덕분에 출현할 수 있다.(아마도 여기서 우리는 베버가 말한 가치합리성Wertrationalität을 상기해야 할 것이다.)

관습을 문화적 사실로 이해해야 대도시 부족들의 활력을 제대로 평가할 수 있다. 싫든 좋든 우리 각자를 감싸고 있는 아우라(비공식적 문화)를 퍼뜨리는 것은 바로 이 도시 부족들이다. 이를 보여주는 사례는 무수히 많은데, 그 모두의 공통분모는 바로 근접성이다. 따라서 가장 단순한 의미에서 우정의 관계망은 아무런 대상도 어떠한 특별한 기획도 없이 그저 사람들을 결집시킨다는 것만을 목적으로 삼는다. 이 관계망은 모든 집단의 일상생활을 점점 더 소구역으로 나누어버린다. 일부 연구자는 이러한 관계망이 시민의 연대 구조를 무용지물로 만든다고 주장한다.[27] 그러나 이 연대 구조는 스스로 탄력적이고 그 이용자들의 문제와 직결되면서 좀더 사람들에게 가까이 있길 희망했다. 그런데 이 구조는 거의 언제나 추상적(멀리 떨어진) 의미에서의 이데올로기, 즉 정치적이거나 종교적인 이데올로기에 의존하면서 지나치게 계획적으로 조직화되어 있었다. 우정의 관계망 속에서 연결reliance은 아무런 기획 없이 그 자체를 위해 체험된다. 게다가 이 관계망은 매우 일시적으로만 형성될 수도 있다. 미니텔*을 통해 활성화된 모임처럼 기술적 도움에 힘입어, 이런저런 특별한 상황에 따라 여러 사람이 일시적으로만 모이고 다시 모인다. 상황에 따라 그들 사이에 지속적인 관계가 형성될 수도 있고 그렇지 않을 수도 있다. 그런데 어떤 상황이든 거기서는 우정의 '연쇄'가 창조되기 마련이다. 미국 사회학이 분석했던 관계망의 형식적 모델이 보여주

* Minitel. 1980년대 시작된 프랑스의 대중적인 통신 네트워크 서비스이자 그 단말기.

는 것처럼, 이 연쇄는 근접성의 놀이—즉 누군가를 알고 있는 어떤 이에게 나를 소개해주는 놀이—에 의해서만 형성되는 인간관계를 확장시켜준다.

계획 없이 연쇄적으로 일어나는 근접 관계의 사슬은 반드시 부차적 효과를 낳는다. 상호부조가 그런 한 예이다. 그것은 오래된 지혜에서 나왔다. 이 대중적 지혜는, 이제 더이상 사람들의 주목을 끌지 못하지만, "삶이란 가난한 이들에게 가혹하며…… 돈은 벌기 어렵기 때문에 가까운 이들끼리 서로 도와줄 의무가 있다"[28]는 것을 문자 그대로 받아들인다. 그것이 에밀 풀라가 요약한 '민주-기독교적' 이데올로기의 민중적 토대다. 여러 측면에서 이 이데올로기는 주의를 기울일 만한 모델이다. 왜냐하면 엄격한 의미의 기독교적 민주주의 말고도 우리는 이 모델에서 토마스주의Thomism[토마스 아퀴나스의 사상]의 사회적 교리가 수세기에 걸쳐 메아리치는 것을 들을 수 있기 때문이다. 이 메아리는 공통의 상징을 형성하는 데 확고한 영향력을 행사했다. 그러므로 민주-기독교적 이데올로기에 대한 사회역사적 분석 이외에도 우리는 그 사회인류학적 차원을 분명히 보여줄 수 있으며, 근접성과 연대 사이의 밀접한 관계를 강조할 수 있다. 어떻게 보면 상호부조는 불가피하게 발생할 수밖에 없다. 그것은 이익을 바라지 않는 순수한 무관심에서 생겨나지 않는다. 내가 건네준 도움은 내가 필요로 할 때 언제든 되돌아올 수 있다. 이렇게 함으로써 각자는 집합체를 우선시하는 조화와 참여의 과정에 개입하게 된다.

근접성과 연대의 이 밀접한 결합은 은밀하게 이루어진다. 사실 우리는 개인과 가족, 직장생활에서 일어났던 행운과 불행을 넌지시 이야기한다. 이러한 구술 행위는 소문처럼 기능하는데, 이때 소문은 어떤 내재적 기능을 가진다. 즉 소문의 공유가 일어나는 지역의 한계를 설정하는 것이다. 여기에 이방인이 끼어들 자리는 없다. 만약 필요하다면 우리는 언론과 권력, 그리고 호기심 많은 사람들에게 "더러운 속옷은 집에서만 세탁한다"는 점을 상기시킬 것이다. 이는 불미스러운 일 앞에서 작동하는 일종의 반사신경과도 같다. 그런데 이 반사신경은 좋은 일이나 행복한 순간에도 반응한다. 사실 다양한 형태의 관습적인 말, 공유된 비밀은 모든 사회성의 근원적 접합제다. 짐멜은 비밀결사라는 극단적인 예를 통해 이 점을 잘 보여주었다. 전통적 치료법에 관한 연구들도 마찬가지다. 이런 연구들은 개인의 신체가 집합체의 도움에 의해서만 치유될 수 있다는 점을 보여준다.[29] 바로 여기에 흥미로운 은유가 있다. 이 치료법은 각각의 신체를 그 자체로서 다루어야 할 하나의 전체로 간주하기 때문이다. 개체 전체는 공동체에 의존한다는 사실에 의해서 이러한 전체론적 시각이 종종 되풀이된다는 점에도 주목해야 한다. 이러한 사실 덕분에 우리는 '상호부조'라는 말에 그 모든 풍부한 의미를 부여할 수 있다. 상호부조는 좋은 이웃관계를 유지하는 기계적 행위만을 가리키지 않는다. 사실 상호부조는 유기적 전망, 즉 모든 요소가 시너지 효과를 일으키며 삶을 하나의 전체로서 강화하는 그런 전망에 속해 있다. 따라서 상호부조는 사회적으로 살고자 하는 의지에 대한 동물적인, '의식하지 않은' 응답일 것이다. 그것은 일종의 생기론인데, 이 생기론은 통일성unicité이야말로 죽음의 지배에 대한 최선의 응답이며 어떤 의미에서 죽음에 대한 도전임을 체화된 지식을 통해 '알고 있다.' 이 점에 대해 한 시인의 말을 들어보자.

> 살아 있는 모든 것과 하나되기! 그렇게 말하자…… 냉혹한 운명은 뒤로 물러나고, 피조물들의 둥우리에서 죽음은 사라지며, 분리와 늙음에서 치유된 세계는 넘치는 아름다움으로 환하게 빛난다.(횔덜린, 『히페리온』)

공동의 힘에 대한 집합적 감정, 영속성을 보장하는 비의적 감성은 매우 평범한 매개물을 이용한다. 이 자리에서 자세히 분석할 수는 없지만 잡담의 장소, 더 일반적으로 흥겨움이 나타나는 모든 장소를 그 매개물로 볼 수 있다. 카바레, 카페, 여타 '개방된 영역'인 공공장소들, 즉 타인에게 말을 걸 수 있고 그럼으로써 타자성alterité 전반에 말을 건넬 수 있는 그런 공간들 말이다. 앞에서 우리는 사회적 관계의 성스러움에서 출발했는데, 그것은 보통 음식물과 음료의 순환을 동반하는 말의 순환 속에서 가장 잘 드러난다. 신자들의 결합과 신과의 결합을 강조하는 기독교의 성찬식은 모든 종교에서 발견되는 공동식사commensalité의 빼어난 형식들 가운데 하나에 불과하다는 점을 잊지 말아야 한다. 카페 안에서 혹은 식사 도중에 내가 타인에게 말을 걸 때 실은 신에게 말을 걸고 있다는 사실이 이렇게 양식화된다. 여기서 우리는 신, 사회 전체, 그리고 근접성 간의 연결을 다시 확인할 수 있다.[30] 여러 형태의 공동식사는 이 복합적 관계를 가시화할 따름이다. 그러나 다음과 같은 사실을 떠올리는 편이 좋을 것이다. 신성한 것은 일상적 현실에서 출현하며, 단순하고 판에 박힌 행위들이 공유되는 가운데 서서히 생성된다. 이런 의미에서 하비투스 혹은 관습은 모든 사회성의 윤리적 차원을 구체화하고 현실화하는 데 도움을 준다.

집합적 감성을 드러내는 관습이 엄밀히 말해서 일상에 황홀경마저 허용한다는 점을 기억해야 한다. 나날의 삶을 수놓는 술잔치, 잡담, 평범한 대화는 '자아로부터의 탈출'을 가능하게 해주며, 그럼으로써 우리를 부족주의에 연결시키는 특별한 아우라를 창조한다. 황홀경을 특별히 전형화된 어떤 절정의 상황으로 환원해서는 안 된다. 디오니소스적인 것은 분명 성적 난잡함, 정감적이거나 축제적인 여러 흥분을 가리킨다. 그러나 이 또한 공동의 의견, 집합적 신앙 혹은 공동의 독사의 형성을 이해하는 데 도움을 준다. 간단히 말해서 알박스가 말한 "기억의 집합적 틀" 덕분에 우리는 체험된 것과 "경험의 흐름들"[31]을 강조할 수 있다. 순수하게 지적인 앎 말고도 감각적 차원과 통합된 어떤 지식이 존재하는데, 바로 이 지식이 그 어원에 가장 가까운 의미에서 '함께 태어나기naître avec'를 허용한다. 이 체화된 지식은 그 자체로 특별한 분석을 필요로 하는 관습의 총체에 뿌리박고 있다. 그것은 전통적 촌락과 공동체의 사회적 균형에서 중요한 역할을 담당했던 다양한 의례적 '집회'의 현대적 변용이 무엇인지 알려줄 수 있다. 기술 발달과 더불어 도시 부족들이 증가하고 있는데, 우리는 이런 현상이 고대 아고라의 의례들을 재연하는 '정보화된 집회'를 조장한다고 상상할 수 있다. 우리는 컴퓨터가 처음 등장했을 때처럼 그 거대 컴퓨터의 위협에 직면해 있는 것이 아니라, 그와는 정반대로 '작은' 컴퓨터 혹은 케이블 TV 덕분에 차츰차츰 퍼져나가는 구술성의 무한한 회절을 경험하고 있다. 프랑스에서 미니텔의 성공은 이러한 의미에서 해석되어야 한다. 이러한 과정에 의해 교육, 여가시간, 공동 작업, 문화, 근거리 통신 같은 여러 영역은 우리가 상상할 수 있는 모든 사회적 효과를 일으키면서 관계망으로 구조화되고 있다.[32]

먼저, 몇몇 특권화된 대상과 태도의 가치와 보편성에 의존했던 부르주아 문화는 대중매체의 성장과 다양화로 인해 붕괴되었다. 우리는 이러한 대중매체의 성장과 그것이 이끌어낸 통속화가 바로 그 매체 자체를 일상의 평범한 삶으로 한층 더 근접시키지 않았는지 자문해볼 수 있다. 이런 의미에서 대중매체들은 구술성을 근본 매개체로 지니고 있었던 전통문화를 되살리고 있는지도 모른다. 문화의 위대한 성과를 가시화하기보다는 나날의 삶을 이미지화하면서, 현대의 매체들은 대중적 담화의 다양한 형태에 부여된 역할, 즉 주어진 사회 전체의 응집을 신화를 통해 보장하는 역할을 수행하는지도 모른다. 물론 이 신화는 다양한 형태를 취할 수 있다. 그런데 나는 사회적 삶 전체를 관통하는 어떤 신화적 기능이 있다고 믿는다. 정치적 사건이나 사소한 일, 스타의 삶뿐 아니라 한 지역 영적 지도자의 삶 모두는 어느 주어진 순간에 신화적 차원을 취할 수 있다. 페르낭 뒤몽은 대중매체를 탐구하면서 다음과 같은 사실을 미묘하게 강조한다. 대중매체는 그 내용이 무엇이든지 간에 "예전처럼 일상의 잡담과 대화를 조장하는데, 과거 사람들이 사제나 공증인에 관해 말했던 것을 오늘날은 영화나 정치계의 스타들을 두고 말한다."[33] 사무실, 공장, 수업시간의 대화 혹은 사회 관찰자에게 그토록 교훈적인, 그 유명한 근거 없는 정치 토론을 조금이라도 귀담아 들어본다면, 우리는 뒤몽의 정확한 지적에 그저 놀랄 수밖에 없을 것이다. 훨씬 더 거칠게 말하자면, 고대의 철학적 독설, 중세의 종교적 설교, 현대의 정치적 담화가 그러하듯, 대중매체의 논리 속에는 커뮤니케이션을 위한 단순한 구실만 자리잡고 있을 뿐이다.

물론 다양한 형태를 지닌 대중매체의 내용은 몇몇 사람의 눈에는 결코 무시할 만한 것이 아니다. 그런데 그 내용은 자신으로부터 빠져나와 매우 큰 집단에 참여하고 있다는 느낌을 강화하기 때문에, 대다수 사람에게 가치 있는 것으로 여겨진다. 이런 의미에서 우리는 배경을 이루고 분위기를 창조하며 그럼으로써 사람들을 연결해주는 용기容器로서의 형식에 좀더 주의를 기울어야 한다. 모든 경우에 문제가 되는 것은 무엇보다도 공통의 감정을 표현하도록 해주는 것, 타인들과 소통하면서 서로를 인식하도록 해주는 것이다. 지역 TV와 라디오의 확산이 이런 감성에 유리하게 작용하는 것은 아닌지 살펴보아야 한다. 어쨌든 그것은 한번쯤 생각해볼 수 있는 가정이다. 그렇다고 해서 이러한 가정이 관습의 중요한 역할을 완전히 부정하는 것은 아니다. 가까이 있는 것을 가시화하면서, 관습은 공동체를 위해 '사교성liant'을 발산한다. 이웃 주민들의 거주지역과 '케이블'이 설치된 건물들은 어떤 가치들을 경험하게 되는데, 그 가치들은 전통사회를 구성했던 부족들과 씨족들에게 생명력을 불어넣었던 가치들에서 결코 멀리 떨어져 있지 않다.

커뮤니케이션이라는 용어에 가장 강한 의미, 즉 여분으로 주어지는 것이 아니라 사회적 현실을 구성한다는 의미를 부여하면서, 우리는 관습을 커뮤니케이션의 특별한 형태 중 하나로 간주할 수 있다. 지배력을 행사했던 사회 조직과 표상이 포화상태에 이르면 근접적 가치들이 다시 무대 전면에 나타나는데, 바로 이때 그 커뮤니케이션 형태의 중요성이 부각된다. 우리는 이렇게도 말할 수 있다. 진자 운동의 이러한 단계에서 커뮤니케이션의 측면이 더 많이 부각되는 것은 그것이 어떠한 목적도 구실로 삼지 않으면서 그 자체로 경험되기 때문이다. 그 자체만을 목적으로 삼는 커뮤니케이션을 강조하는 것, 그리고 사회의 도구적이며 기계적이고 실용적인 접근과 결부된 비판적 태도를 극복하는 것 사이에는 직접적인 연관이 있다. 커뮤니케이션 활동의 우세함과 더불어 이 세계는 있는 그대로 수용된다. 그것은 바로 내가 '사회적 소여'라 부르자고 했던 것을 가리킨다. 이로부터 우리는 관습과 커뮤니케이션 사이의 연관을 설정할 수 있다. 있는 그대로 받아들여진 세계, 그것은 확실히 우리가 주의 깊게 다루게 될 자연적 '소여'이다. 이 자연적 소여는 어떤 가역적 과정, 즉 생태학적 관점에 속해 있다. 또한 있는 그대로 받아들여진 세계는 우리 각자가 구조적 방식으로 생각해볼 수 있는 사회적 '소여'이기도 한데, 이 소여로부터 우리는 서로서로 유기적 관계를 맺게 된다. 그것이 내가 이 책에서 말하는 부족주의이다. 관습이라는 일반적 주제에서 참고해야 할 것은 개인보다는 사람이 중요하다는 사실이다. 사람은 전체 무대에서 매우 정확한 규칙에 따라 자신의 역할을 수행한다. 이런 관점이 퇴행적인 것일까? 만약 개인의 자율성을 사회적 삶의 넘어설 수 없는 지평인 양 사고한다면 아마도 그럴 것이다. 그러나 인류학은 그것이 시간적으로도 공간적으로도 일반적인 가치가 아니라는 점을 보여주고 있다. 그뿐 아니라 우리는 개체화 원리 principium individuationis가 서구 사회에서 점점 더 인정받지 못하고 있다는 사실에 동의할 수 있다. 시인이나 소설가(예컨대 사뮈엘 베케트의 희곡)의 감성이 이러한 경향의 척도로 작용할 수 있으며, 우리 사회의 삶에 산재해 있는 집단적 태도가 증가하는 현상은 이 점을 더욱 경험적으로 확증하고 있다. 그리고 마지막으로 주목해야 할 것은 다음과 같다. 몇몇 국가는 개인주의를 성장의 토대로 갖고 있지 않았는데도 오늘날 부인할 수 없는 활력을 지니며, 앞으로도 지속되리라 여겨지는 매력을 내뿜는다. 일본이 바로 그러한 국가에 해당하며, 역설적으로 보일지 몰라도 브라질 역시 마찬가지다. 이 두 국가는 근본적으로 의례와 연관된 아우라의 전형이자, '부족'(이 말이 놀랍게 들린다면 유기적 집단이라 해도 무방하다)이라는 사회구조의 전형으로 간주할 수 있다. 이 전형은 일본의 경우 현재 실현되고 있으며 또다른 국가 브라질의 경우 잠재적 상태에 머물러 있는데, 양쪽 모두 존재론적 관점은 물론 경제적, 문화적, 종교적 관점에서도 집합적 상상계의 매력적인 중심지에 해당한다.

중요한 것은 이 국가들을 어떤 완성 모델로 보는 것이 아니라, 자기조절이나 오토포이에시스*등의 이름으로 미화되는 자율성의 원칙에 대한 대안으로서 알로노미allonomie의 원칙(외부에서 오는 법칙)이 존재한다는 것을 지적하는 일이다. 알로노미의 원칙은 사회적 타자성, 자연적 타자성에의 일치와 적응, 유기적 결합에 의존한다.[34] 이 원칙은 모더니티를 가공한 행동주의적 모델과 대립한다. 우리의 가정에 따르면, 이 원칙은 본질적으로 관습적이다. 그것은 향후 이미 극복했다고 믿었던 전통적 가치들에 재투자할 것이다. 사실 나는 '세계의 탈주술화'(베버의 Entzauberung) 시대 이후 우리가 진정한 세계의 재주술화에 참여하고 있다고 가정한다. 나는 앞으로 이 재주술화의 논리를 서술하고자

* autopoiesis. '자기생산', 즉 스스로 자신을 생산하고 재생산하는 자기준거적이며 폐쇄적인 체계를 일컫는 용어.

한다. 간단히 말하자면, 대중이 부족으로 회절하거나 부족이 대중으로 결집하는, 그런 재주술화는 함께 체험한 감정이나 감성을 주된 유대의 원칙으로 삼는다. 나는 이 여정의 서두에서 평화로운 네카어 강변에 대한 횔덜린의 예언가적 성찰을 떠올린다. 횔덜린은 거기서 공통의 감정, 공동체와 단단히 묶어주는 '민족적인 것nationel'(이는 민중적 토대를 가리킨다)을 읽어냈다. 이 공동체는 "과거 그대로의 모습으로 다시 지상에 방문하는 고대 신들의 그림자"에 휩싸여 있다. 그가 이 조용한 길로 되돌아왔을 때, 그곳은 고대의 신들이 뒤덮고 있었다. 마찬가지로 에즈의 오솔길을 고독하게 거닐 때, 니체라는 또다른 '광인'은 디오니소스의 뜻하지 않은 출현을 감지했다. 니체의 전망 역시 앞날을 예감하고 있다.

> 오늘 고독하게 떨어져 살고 있는 그대들, 그대들은 언젠가 한 민족이 될 것이다. 스스로를 선택했던 그대들은 언젠가 선택된 한 민족을 이룰 것이다. 그리고 그 선택된 민족에서 인간을 넘어서는 존재가 태어날 것이다.

니체가 걸어간 철학자의 길은 오늘날로 말하자면 '유급휴가' 때 인파로 가득찬 해변가를 거쳐, 소비의 격정에 휩싸인 사람들이 몰려드는 백화점 안으로 들어간 후, 열정적으로 떠들어내는 스포츠 관람객 속으로 들어갔다가, 아무런 목적도 없이 산책을 즐기는 평범한 군중을 지나쳐간다. 다양한 지점에서 디오니소스는 그 모두를 뒤덮어버린 듯하다. 디오니소스가 활기를 띠게 만드는 부족들은 흐릿한 모호함을 보여준다. 고도로 정밀한 기술을 거부하지 않으면서도 부족들은 어느 정도 원시적 상태로 남아 있다. 아마도 거기에 앞으로 예고될 포스트모더니티의 징후가 있는지 모른다. 어찌되었든 현실의 원칙은 한편으로 우리에게 단지 거기에 있다는 이유만으로 그 모두를 중시하도록 요구하며, 다른 한편으로 수많은 시기에 걸쳐 많은 위독한 문명을 되살린 것은 바로 미개함이었다는 사실을 우리에게 상기시킨다.

2장 지하의 역능

1. 생기론의 측면들

"만일 존재가 지속된다면, 이는 일반적으로 사람들이 죽음보다 존재를 더 좋아하기 때문이다."[1] 상식에 가까운 에밀 뒤르켐의 이 언급은 그 진부함 때문에 관심을 기울일 만하다.

이 강력한 삶에의 의지(역능)는 온갖 억압에도 불구하고, 아니 어쩌면 그 억압 덕분에, 사회체에 계속 혈액을 공급한다. 많은 지식인이 이 역능을 이해하지 못했다는 점을 재론할 필요는 없다. 하지만 그 이유는 아닐지라도 적어도 왜 이 질문이 더이상 무시될 수 없는가를 성찰해볼 수는 있다. 어처구니없이 시시한 사고력을 감추기 위해 과학자 놀이를 하는 대학의 어릿광대들을 격분시키는 것만으로도 좋으니, 우리는 진부한 것들의 범위 내에 머무르도록 하자. 일부 예술사가들은 '촉각 예술'이 우세했던 시기와 '시각 예술'이 우세했던 시기, 달리 말하자면 '가까이에서 봐야 할' 예술과 '거리두기'가 필요한 예술이 각각 지배했던 시기가 있었음을 강조한다. 이러한 이분법에 의존해서, 빌헬름 보링거는 추상과 감정이입Einfühlung의 대립이라는 유명한 논의를 전개한다. 간단히 말해서, 감정이입에 관한 모든 것은 재현과 관련해서는 직관을, 구조와 관련해서는 유기적인 것을 지칭한다. 혹은 예술의

욕Kunstwollen이라는 개념에 근거한다면, 감정이입은 대중과 그 대중에 혼을 불어넣는 집합적 힘, 한마디로 말해서 우리가 각별히 주목해야 할 생기론을 가리킨다.[2]

물론 이런 분류는 원형적 관점에서 고려해야 한다. 즉 순수한 형태로는 결코 존재하지 않는다. 그것은 하나의 '비현실'인데, 이 비현실의 유일한 기능은 그 자체로 매우 '현실적인' 일상적 상황들을 드러내는 데 있다.

따라서 방금 제기된 질문에 답해보자면, 거리두기가 우세했던 시기 뒤에, 즉 그 어원을 따라 이론적théorique('이론'의 어원인 theorein에는 '보다'라는 의미가 있다) 시기로도 부를 수 있는 '시각적 시기' 이후에, 우리는 오직 가까이 있는 것이 중요해지는 '촉각적' 시기로 진입하는 중이라고 말할 수 있다. 좀더 사회학적인 용어로 표현하자면, 전체적인 것에서 국지적인 것으로의 이행, 능동적인 역사의 주체인 프롤레타리아트로부터 미래에 대한 책임에서 전적으로 자유로운 대중으로의 이행으로 볼 수 있다. 따라서 우리는 권력(정치)의 문제가 그 투사投射적 기능에서 직면하게 된 포화상태, 그리고 다수의 공동체를 그 심층에서 움직이는 역능이라는 문제의 출현을 고찰하지 않을 수 없다. 이 공동체들은 여기저기 흩어진 상태로 존재하지만 내가 '갈등적 조화'[3]라고 명명했던 어떤 분화된 건축 구조 속에서 서로 밀접히 연결되어 있다. 바로 이 도식적 관점에서 생기론, 즉 무無가 아니라 오히려 삶이 존재한다는 사실을 고찰하는 것이 좋다. '분리', 소외, 그리고 그것을 표현하는 비판적 태도 등은 이제 대수롭지 않은 것이 되었다. 정작 중요한 것은 '가까이에서 보이는' 일상생활을 상대주의적 방식으로 지탱해주는 삶의 '긍정', 사회성을 띤 삶에의 의지를 분석하는 일이다.

디오니소스의 상징적 형상에 대한 나의 도식에 비추어 다시 살펴본다면, '역능'의 역할은 멈추지 않고 계속 작동하는 듯 보인다. 그런데 역능은 비밀스럽고 은밀하게 작동하기도 하고 공공연하게 제 모습을 드러내기도 한다. 역능이 폭동, 축제, 반란과 같은 [집합]흥분의 형태를 비롯해 인간사에서 뜨겁게 달아오르는 다른 여러 계기 속에서 표현되지 않을 때, 그것은 여러 종파와 전위 집단의 비밀 속으로 과도하게 집중되거나, 아니면 공동체들, 네트워크들, 부족들, 간단히 말해서 어떤 목적에도 좌우되지 않고 바로 그 자체로 체험되는 일상생활의 가장 사소한 사실들 속으로 과소하게 집중된다.[4] 나는 여기서 비판적 혹은 합리주의적 계통과 대립하는 신비주의적 혹은 그노시즘적 전통을 언급하고자 한다. 고대의 그노시즘부터 야코프 뵈메와 알프레트 루아지의 신비주의를 경유해[5] 프린스턴 대학의 그노시즘에 이르기까지, 그리고 감각과 관습의 해방에서 대안 치료법과 현대 점성술의 탐험에 이르기까지, 이 모든 것을 관통하는 하나의 실마리가 바로 역능이다. 사람들이 정신적 태도를 '디오니시우스적dionysienne'*이라 부르는 것을 제외한다면, 좀더 관능적인 관점은 '디오니소스적인 것dionysiaque'을 가리킬 것이다. 어쨌거나 두 가지 모두 경험의 우선성, 심원한 생기론, 그리고 우주의 다양한 요소들의 유기성에 대한 다소 명백한 전망에 의존하고 있다. 정치적인 것의 포화, 가치의 변화, 진보주의 신화의 패배, 질적인 것의 부활, 쾌락주의에 부여하는 중요성, 종교적 몰입의 지속, 그리고 완전히 소멸한 것처럼 보였지만 오늘날 우리의 일상생활(광고와 TV)을 점점 더 침범하고 있는 이미지의 중요성, 이 모든 것에 대한 질문은 억누를 수 없는 역능을 그 배경으로 삼는다. 여기에는 설명하기 힘든 어떤 힘이 있다. 그렇지만 그 힘의 효과만큼은 사회성의 다양한 현시를 통해 분명히 확인된다. 위기에 처해 있다고 간주된 세계 속에서 펼쳐지는 책략, 새침한 태도, 회의주의, 아이러니, 그

* 디오니시우스는 파리 주교를 지낸 성 드니Saint Denis의 라틴어 이름.

리고 비극적 즐거움이 바로 그것이다. 사실 진짜 위기는 억압적이고 추상적인 권력이 겪고 있는 위기다. 엄밀히 고찰해야 할 것은 앞에서 제기했던 미학적 이분법(시각적/촉각적)의 사회학적 번역이라 할 수 있는 외재적 권력과 내재적 역능 사이의 대립이다. 동일한 것의 회귀라는 나선형의 사이클, 그 안에서 문제들이 (재)등장했다가 사라지는 진자 운동과 관련해, 우리는 사회학의 정전正典으로 간주되는 저자인 셀레스탱 부글레를 참조할 수 있다. 부글레는 (합리주의적인 20세기 초라는) 시대 배경과 (프랑스의 실증주의 학파라는) 지적 환경에 속해 있었지만, 서구적 전통이 아닌 것 속에서 작동하는 다른 문화적 특성들을 강조한다. 그는 카스트 제도에 대한 세밀한 분석을 통해 "카스트의 대지"는 디오니소스 신화의 요람이 될 수 있다고 지적한다.(『카스트제도에 관한 논설』, 156쪽) 그리고 그리스 세계(그리고 아마도 그 후손들의 세계)의 "현실로 가득찬 존재"와 힌두교인들에게 그 존재란 단지 "기만적 환상"에 지나지 않는다는 사실 사이에 어떤 균형이 있음을 보여준다.(154쪽) 그런데 이러한 회의적 관점은 "관능성의 숨결", 때로는 심지어 "난폭함의 숨결"(155쪽)로도 표현된다. 그러므로 이 관점은 상투적 견해를 뛰어넘으면서 (무기력이라기보다는) 어떤 비非행동주의가 오히려 역동적일 수 있다는 점을 강조하게 된다. 여기서 이 문제를 길게 다룰 수는 없지만, 우리는 부글레가 보여주었듯 "확장하는 상상력"(191쪽)은 "제어하는 이성"에 대립할 수 있다는 사실, 그리고 상상력과 이성이 지니는 각각의 특수성은 고유한 풍요로움을 지닌다는 점을 인정할 수 있다.[6]

물론 부글레의 생각은 확대해 적용할 수 있다. 또한 우리는 '인종'의 틀을 넘어 부글레의 생각에 우리가 관심을 가지는 사회인류학적 차원을 부여할 수 있다. 오늘날 작동하고 있는 역능은 동양의 사상과 생활양식이 불러일으키는 매혹과 무관하지 않을 것이다. 한때 유럽식 모델이 누렸고 오늘날 미국식 생활양식이 누리고 있는 독점적 역할을 동양의 사상과 생활양식이 대신 떠맡지는 않을 것이다. 그러나 여러 가지 방식으로 동양의 사상과 생활 양식은 틀림없이 전통과 현대의 논쟁을 다시 일으키게 될 문화간interculturelle 혼합 상태에 진입할 것이다.(혹은 이미 그렇게 되었다.) 이 점을 분명히 밝혀주고 있는 것은 현대의 상상계 속에서 일본이 차지하는 위치다. 내가 보기에 일본의 산업적 수행 능력과 자신만만한 역동성은 일본의 집합적 삶의 다양한 형태를 관통하고 있는 전통의 강한 비중과 의례적 차원을 고려하지 않고서는 이해될 수 없다. (양복, 바지, 조끼로 이루어진) 단색의 한 벌 차림은 유능한 매니저의 옷장 속에 걸린 기모노와 잘 어울리는 법이다. 여기서 다시 우리는 '역동적 뿌리내림'[7]이라는 문제에 직면하게 된다.

따라서 사회적인 것의 종말을 슬퍼하는 것(혹은 기뻐하는 것, 물론 둘 다 마찬가지지만)이 올바른 태도로 여겨지는 이때, 상식과 명철함을 가지고 다음과 같은 사실을 상기할 필요가 있다. 사회적인 것의 어떤 형태가 종말을 고하고 정치적인 것이 확실히 포화상태에 이르게 되면서 생의 본능이 부각되고 있는데, 이 본능만큼은 결코 소멸하지 않는다. 주변에서 들려오는 파국론은 생기론의 수많은 돌발적 등장을 제대로 평가하기에는 너무 변증법적이고(헤겔주의자), 지나치게 선형적이며(실증주의자), 여전히 기독교적(재림의 희구)이다. 생기론의 이러한 폭발은 끊임없이 술렁거리는 모든 집단과 '부족'으로부터 발생한다. 이 집단과 부족은 바로 그들 자신의 집합적 존재가 일으키는 다양한 문제에 스스로 책임을 지고 있다. 이것이 바로 다신교이다. 그러나 매우 빈번하게도 지식인들, 더 엄밀히 말해서 사회학자들은 그것을 사후적post festum으로만 이해할 뿐이다!

과감하게 몇 가지 은유를 제시해보자. 고대의 불사조처럼, 하나의 형태가 소멸하면 필연적으로 다른 형태가 태어난다. 앞에서 다루었던 '확장하는 상상력'에 의해, 우리는 역사적이거나 정치적인 일가성一價性의 죽음으로 인해 자연적 모태의 가치가 더 높아진다는 점을 이해할 수 있다. 나는 이미 이러한 과정을 설명했다. 도처에 있는 경제학에서 일반화된 생태학으로의 점진적 변화, 혹은 프랑크푸르트 학파의 용어를 빌리자면, 대상Gegenstand으로서의 자연에서 동반자Gegenspieler로서의 자연으로의 이행이 이러한 과정에 속한다. (정당의 형태를 갖추었든 아니든) 생태학적 운동, 자연 식품과 유기농 식품의 유행, 다양한 형태의 자연주의의 유행은 이 점에 있어서 교훈적 지표이다. 이 지표들은 우리가 성찰하는 데 불필요한 우회로가 아니라, 극단적 비관론의 주창자들이—그것을 자신의 정치적 성분으로 만들지 않는 한—너무도 자주 놓치게 되는 중요한 매개변수이다. 우리는 에른스트 윙거와 무기물에 대한 그의 매혹을 떠올릴 수 있고, 또 위대한 대지의 여신Grande Déesse Terre의 부활을 힘주어 아름답게 강조했던 시인 자크 라카리에르를 언급할 수도 있을 것이다.

> 나는 언제나 신화와 산호珊瑚 사이의 어떤 유사성을 발견해왔다. 수세기를 거치면서 무기물화된…… 살아 있는 원줄기 위에서…… 생기로운 개화開花와 사방으로 뻗는 분기分岐의 맹아…… 요컨대 [생물적] 근원의 심해深海에서의 도약을 끊임없이 연장하는, 덧없이 사라지는 말의 동맥.(자크 라카리에르, 『그리스의 여름』, 1976, 148쪽)

헨리 밀러의 『마루시의 거상巨像』에 비견할 만한 이 아름다운 책 전체도 같은 입장을 보여준다. 이 책은 자연의 교목성喬木性—심지어 광물적인—과 신화가 방증하는 생명의 폭발 사이의 밀접한 연관을 보여주면서 세계의 재주술화를 기술하고 있다. 여기서 [생물적] 근원*은 우리에게 다음과 같은 사실, 즉 문명이 죽음을

* phylum. 본래 생물 분류상 최상위 범주인 '계系'의 바로 아래 범주인 '문門'을 가리키는 말.

피할 수 없거나 덧없이 사라져버릴지라도 그 문명이 뿌리내리고 있는 기반은 적어도 사회학자의 시각에서 보면 변치 않는다는 사실을 분별 있게 상기시킨다. 우리가 할 일은 '자기중심적 태도' 때문에 망각하기 쉬운 이 진부한 사실을 기억하는 것이다.

이제 우리는 대중의 저항 능력, 다시 말해 조금은 세련되지 못한 용어이지만, 내가 '사회성의 영속성'이라 불렀던 것을 이해할 수 있을 것이다. 이러한 능력이 반드시 의식적으로 이루어지리라는 법은 없다. 사실 그것은 체화되어 있다. 일종의 무기물처럼 그 능력은 정치적 격변 이후에도 계속 살아남는다. 위험을 무릅쓰고 말하자면, 민중 안에는 하이데거식의 어떤 '확실한 근원을 가진 지식'과 '보장된 방향'이 존재할지도 모른다. 이러한 지식과 방향에 힘입어 민중은 자신의 역사적이거나 사회적인 다양한 변모를 훨씬 뛰어넘는 자연적 실체가 된다. 이런 관점은 다소 신비주의적으로 보이겠지만, 오직 그것만이 살육과 전쟁, 이주와 죽음, 번영과 쇠락을 거치면서도 인간이라는 동물이 어떻게 계속 번성하게 되었는가를 설명해줄 수 있다. 이제 우리는 더이상 욕설과 비난을 두려워하지 않는다. 이론적 테러리즘은 더이상 사유의 모험(혹은 우리의 모험적 사고)을 마비시키지 못한다. 사회학자들에게 어울리는 일은 사회학의 태동기에 분명하게 표명되었던 관점, 즉 전체론적이고 총체적인 관점을 엄밀히 분석해보는 것이다. 그 중 하나는 억누를 수 없는 생기론을 인정하는 일일 수 있다. 여기서 생기론에 관한 완전한 연구 일람표를 작성하는 것은 중요하지 않다.[8] 자연-신Natur-Gott에 관한 괴테식의 주제가 등장한 이후 20세기에 그 중요성을 더해갔던 심층심리학에서도 생기론이 빠지지 않고 등장했다는 사실만 지적해도 충분하다.

오늘날 그 풍요로움을 (다시) 인정받기 시작한 카를 융의 [사유] 방식뿐 아니라, 프로이트 [정신분석학] 운동의 주변부에서도 생기론은 명백한 사실로 받아들여진다. 게오르크 그로데크 저작의 중심에도 이러한 '삶의 조직화 원리'가 놓여 있다. 그의 논평가들 중 한 명에 따르면, 그로데크는 항상 "자연과 인간 양쪽 모두에서 일어나는 어떤 생성의 자연발생적 성장과 성취"[9]에 지대한 관심을 보여왔다. 내가 정신분석학의 전통 안에서 그로데크를 인용한 이유는, 한편으로는 그가 오늘날 끊임없이 관심을 끌고 있는 니체에게서 영감을 받았기 때문이고, 또한 그로데크 자신이 다음과 같은 격언에 고무되었기 때문이다. 자연은 치유하고 의사는 치료한다Natura sanat, medicus curat. 이 격언은 세계 도처에서 사회적 지형을 전복시키고 있는 많은 대안적 운동의 토대에 놓여 있다. 내가 말하는 역능의 타당성을 평가하기 위해 우리도 위와 같은 사실들에 주의를 기울여야 한다. 우리는 자연적 소여 속에서 이루어지는 이러한 '성취', 교목성 혹은 늘 지속되는 성장이 사회적 소여에 어떤 영향을 미칠 것이라고 상상할 수 있다. 어머니로서의 자연nature-mere이 가진 덕목을 되찾게 되면 전체성에 대한 감각이 되살아난다. 거기에는 일방적 지배가 아니라 가역성이 존재한다. 자연을 하나의 동반자로 보는 모든 집단을 대안 세력으로 간주할 수 있는 까닭은 바로 이 가역성 때문이다. 이 집단들은 어떤 사회 유형의 쇠퇴를 조인하면서 동시에 사회의 억누를 수 없는 부활을 염원한다.

물론 발생기에 놓인 그러한 부활은 혼돈스럽고 무질서하며 부글부글 끓어오르는 상태를 겪기 마련이다. 그러나 우리가 뒤르켐 이래로 잘 알고 있듯, 이러한 [집합]흥분은 향후 전망되는 것, 지속될 혹은 심지어 제도화될 것에 대한 가장 확실한 징후이다. 바슐라르는 이런 우글거림fourmillement을 '제1의 이미지'로 간주하면서, 17세기에 "혼돈chaos이란 단어의 철자는 cahot(요동침)이었다"는 사실을 지적한다. 우주가 혼돈 위에 세워져 있으며 사회라는 소우주 역시 마찬가지라는 점을 깨닫게 되면, 혼돈과 요동침의 연관성은 더욱 뚜렷해질 것이다. 우글거림은 동물화의 표시일

뿐 아니라 생기의 표시이기도 하다.[10] 뒤랑은 이 점을 광범위하게 예증한다. 우글거림은 우리가 실제로 관찰할 수 있고 자연적 함의를 강하게 내포한다. 그것은 역능의 표현, 혹은 생명 근원phylum의 원인이자 결과인 삶에의 의지의 표현으로 이해될 수 있다. 그렇기에 독일의 정신분석가 그로데크는 "배설물은 죽음이 아니라 모든 것의 시작Kot ist nicht Tot, es ist Anfang von allem"이라고 말한다.

더 정확하게 말해보자. 만약 제도적이며 행동주의적인 거대한 구조들—필요한 중재자로서의 정당부터 역사적 주체로서의 프롤레타리아까지—의 쇠락이 있다면, 반대로 매우 일반적으로 기초 공동체라 불리는 것의 성장이 있다. 그런데 본질적으로 이 기초 공동체는 자연이 그 완성 형태인 근접적 현실에 의존하고 있다. 게오르크 짐멜은 뛰어난 통찰력으로 "자연에 대한 감정적 애착"과 "역능에 대한 매혹"은 어김없이 종교로 변형된다는 점을 보여준다. 아름다움과 장대함에는 엄밀한 의미의 통공通功*이 있다.[11] 여기서 말하는 종교란 연결해주는 것이다. 팔꿈치를 맞대고 있기에, 물리적 근접성이 있기에 종교는 연결해준다. 따라서 거대하고 점차 비인격화되는 전체 집단에 기반을 둔 역사의 '외연extension'과 달리, 자연은 내적 집중, 열정, 온기와 더불어 '내포in-tendere'를 선호한다. 우리가 자연과 그 자연의 분비물인 종교를 대범하게 참고하는 이유는 오직 다음과 같은 점을 지적하기 위해서다. 육체적 삶과 정신적 삶 사이에 그어진 자의적 분할, 그 결과 19세기에 일어난 자연과학과 정신과학 사이의 분할을 넘어서, 우리는 미래 전망에 머물지 않는 어떤 총체적 관점을 재발견하고 있다.

많은 과학자(물리학자, 천체물리학자, 생물학자)가 그러한

* communion. 교회 공동체에서 모든 구성원이 선행과 공로功勞를 서로 나누고 기도 안에서 영적 도움을 주고받는 것.

관점을 열정적으로 탐구하고 있다. 노벨상 수상자인 F. 카프라나 생물학자 루퍼트 셸드레이크 같은 몇몇 과학자조차 자신들의 가설을 뒷받침하기 위해 도교나 힌두교 사상을 참고한다. 또한 물리학자 장 에밀 샤론은 "정신은 물리학의 탐구와 분리될 수 없다"는 점을 보여주고자 했다. 이 분야의 전문가가 아니기에 논쟁에 끼어들 수는 없지만, 나는 사회에서 작동하는 생기론 혹은 역능의 자취를 예증하기 위해, 이들의 분석을 특별히 '블랙홀'과 관련지어 은유적으로 활용하고자 한다. 우리가 위치한 시공간에서 봤을 때 블랙홀 안으로 빨려들어가는 별들은 엄청난 밀도 때문에 사멸하고 만다. 그런데 사실 이 순간은 샤론이 "복잡한 시공간"이라 부른 어떤 "새로운 시공간 안에서" 별들이 다시 태어나는 순간이다.[12] 사회구조의 옛 양식들이 쇠락하는 현상을 탐구하는 사람들에게 답하자면, 내가 조금 전 '내포'라고 불렀던 사회성의 밀도가 바로 그 사회성을 어떤 다른 시공간에 다가설 수 있도록 해준다고 가정할 수 있다. 바로 그곳에서 사회성은 용이하게 작동한다. 이러한 밀도는 항상 존재했다. 흔히 여겨지는 것과는 반대로, 다양한 차원에서의 경험, 온갖 구체성 안에서의 체험, 그리고 감정이나 열정이 모든 사회집단의 본질을 구성한다고 말할 수 있다. 일반적으로 이 밀도는 인간 역사 속에서 발생한 수많은 위임과 대표(공회公會, 위원회, 직접민주주의, 초창기 의회 등등)를 통해서 표현된다. 그러나 시간이 지남에 따라, 그리고 제도들의 필연적 경직화 때문에 우리는 밀도와 제도가 계속해서 서로 분리되는 과정을 목격하게 되고 이는 결국 완전한 분열로 치닫는다. 이때 '밀도'는 자신의 새로운 표현 형태를 기다리면서 다른 시공간 속으로 숨어버린다. 왜냐하면 에른스트 블로흐의 용어를 빌리자면, 제도와 그 대중적 기반 사이에는 너무도 자주 '비非동시성'이 존재하기 때문이다. 따라서 우리의 민주주의 국가들 안에서, 고매한 이들이 반의회주의의 발전이라 부르는 것은 아마도 공적 생활을 고무하는 지배욕libido dominandi에 대한 피로에 불과하거나 정치 놀이의 포화에 지나지 않을 것이다. 이 정치 놀이가 아직도 여전히 우리의 관심을 끌고 있다면, 그것은 이 놀이의 연극적 수행 능력 덕분이다.

유치한 놀이에 빠져 살아가는 사람들은 내버려두더라도, "사회성의 '블랙홀'이 지닌 중요성"을 묻는 일은 여전히 필요하다. 적어도 이 블랙홀은 너무나 자주 간과되어왔던 우리 학문의 토대를 다시 바라보게 해준다는 장점을 지니고 있다. 천체의 건축으로부터 우리의 도시들을 세우는 건축으로 관심을 돌려보자. 많은 미학자에게 영감을 받은 G. 도르플레는 간격을 성찰하면서 "내부 공간이 없는" 건축은 존재하지 않는다고 단언한다. 게다가 그는 이런 내부의 공간성은 중대한 인류학적 뿌리(동굴, 알코브, 은신처) 혹은 심리학적 뿌리(엄마의 품, 자궁, 소화기관)를 지니고 있음을 보여줌으로써 논쟁을 확산시킨다. 초현실주의자들과 상황주의자들이 잘 보여주었던 미로에 대한 성찰, 뒤랑이 말했던 공동空洞에 대한 성찰은 모두 어떤 구조물이 존재하려면 반드시 내부가 필요하다는 사실을 강조한다.[13] 이는 사회성의 건축술로 확대 적용할 수 있다. 내가 수년 전부터 중심 가설로 삼아왔던 것, 즉 지하의 중심성의 필연성이 바로 사회성의 건축술로 이해될 수 있다. 현대의 건축가들이나 도시계획가들이 외진 공간, 광장, 지하 통로, 회랑回廊, 안뜰 등의 필연성을 재발견한 것은 공동의 절대적 필연성을 구성주의적으로 옮겨놓은 것에 지나지 않는다. 내가 이미 지적했듯, 우리가 알고 있는 세계가 되기 이전에 문두스mundus는 바로 구멍 역할을 했는데, 신들에게 바치는 희생물, 아버지가 거부한 아이들, 쓰레기, 간단히 말해서 도시cité에 의미를 부여하는 모든 것이 바로 그 구멍에 던져졌다.[14]

여기서 강조해두어야 할 사실 하나가 있다. 그것은 C. 베르디용을 비롯한 그르노블 시절의 동료들과 함께 가졌던 토론에서 오갔던(당시 도시계획가들에게는 무의미한 것처럼 보였겠지만, 그 이후에 어떤 효과를 낳았던) 주제였다. 그르노블 시 당국이, 도시를 경험하고 도시에 거주하는 새로운 방식을 실험하는 실험실로서 '신도시'를 건설하기로 결정했을 때, 시 당국은 도시계획가들에게 아파트와 엘리베이터를 연결하는 긴 '통로'와 사람들의 만남 장소로 활용될 수 있는 '복도'를 계획하도록 요구했다. 그것은 통풍의 장소이자 조깅 장소, 혹은 공황상태의 장소이기도 했다. 또한 법규에 맞게 '사회적 공용 공간'도 기획되었다. 이렇게 해서 사회-교육 시설들 외에 각 통로의 끝에는 하나의 공간이 남겨졌다. 그것은 회합, 모임, 아틀리에를 위한 장소였다. 실제로 이 공간들은 비공식적인 방식으로, 대수롭지 않은 평범한 활동들 혹은 전통적 도덕과는 어울리지 않는 활동들로 빠르게 채워졌다. 어쨌든 사람들은 이런저런 예측과 환상을 가지고 전대미문의 일들이, 그렇지만 모든 집단생활에 필수적인 어떤 일들이 그곳에서 벌어지리라 생각했다. 세상은 더럽다mundus est immundus.* 그 '공용 공간'은 대화와 독설, 대리 인생을 허용하는 더러운 곳이 되었다. 물론 그곳은 오래가지 못했고, 사회활동가들에게 맡겨졌던 그 자유의 공간에는 결국 자물쇠가 채워지고 말았다. 비극적 결말이었던 셈이다!

그런데 이 이야기에서 내가 강조하려는 것은, 짐멜의 표현을 빌리자면, 항상 "외부와 대면한 집단의 비밀스러운 행동"[15]이 있다는 점이다. 시대에 따라 확실하게 드러나기도 하고 그렇지 않기도 한 이 비밀스러운 행동은 사회가 영속하는 원인이자, 또한 일시적 쇠락을 넘어 사회의 [생물적] 근원이 영속할 수 있게 보장해주는 것이다. 더 자세히 말하자면, 여기서 비밀은 당연히 순수한 형태로는 존재하지 않는 이념형에 해당한다. 이념형인 비밀은 당

* 라틴어 mundus는 '세계'라는 뜻 외에 '깨끗한'이란 의미도 갖고 있다.

사자들 스스로 제시할 수 없다. 당연한 일이다. 그러나 한 사회 전체의 생기를 측정하게끔 해주는 것은 분명 이 '비밀'이다. 실제로 혁명의 단계와 공모의 동기를 감추거나, 더 단순하게는 (정치, 국가, 상징) 권력에 대한 소극적 저항이나 공공연히 관망적 태도를 유지할 때 우리는 하나의 공동체를 이루게 된다. 폭발적이든 침묵 속에서 이루어지든, 중요한 것은 사람들이 끊임없이 강조했던 폭력의 창설적 측면이다. 여기서도 관건은 역시 역능이다.

논의를 정리해보자. '생기론' 하면 깜짝 놀랄 수도 있겠지만 이는 어쨌든 특성 없는 삶의 역능을 이해하기 위한 가능 조건이다. 지식과 권력의 소유자들이 재판관적(혹은 규범적) 태도를 포기해야만 비로소 이 생기론을 파악할 수 있다. 군중의 변덕을 언급하면서, 쥘리앵 프로인트는 군중을 '결핍의 범주'로 분류하자고 제안한다. 다시 말해서 군중은 부정적이지도 긍정적이지도 않고, "사회주의자이면서 동시에 민족주의자"[16]가 될 수 있다는 뜻이다. 이를 내 언어로 옮기면 이렇다. 군중은 속이 텅 빈 존재이며, 어떤 면에서 진공 그 자체에 다름 아닌데, 바로 거기에 군중의 역능이 거주한다. 대중을 프롤레타리아트(대문자 역사Histoire의 주체)로 변형하는 동일성의 논리를 거부할 때, 군중은 '보프beaufs' [편협하고 보수적인 프티부르주아들]로 이루어진 군중, 반란을 일으키는 군중, 인종차별적 군중, 대단히 너그러운 군중, 순진무구한 군중, 교활한 군중으로 제 모습을 차례차례 바꾸거나 혹은 한꺼번에 그 많은 모습을 취하기도 한다. 철학적으로 말하자면, 군중은 자신 안에 풍성한 미래를 지닌 하나의 불완전성이다. 불완전성만이 삶의 표식인 반면 완전성은 죽음의 동의어이다. 대중적 생기론이 우리의 관심을 끄는 이유는 그 잡다함과 흥분, 무질서하고 우발적인 측면, 그리고 애처로운 순진무구함 때문이다. 생기론은 모든 것에 토대를 부여하는 무無이기 때문에, 우리는 상대주의적 관점에서 생기론 안에 쇠락에 대한 대안이 있음을 알게 된다. 그와 동시에 생기론은 어떤 종말을 고한다. 바로 모더니티의 종말을.

2. 사회적 신성

우리는 이제 민중적 역능의 또다른 측면을 검토해볼 수 있다. 이 '사회적 신성'의 측면은 뒤르켐이 모든 사회와 인간집단의 기초를 이루는 결집력을 가리키기 위해 사용한 용어이다. 우리는 이를 '종교'라고 부를 수도 있다. 이 종교라는 말이 우리를 공동체와 연결해주는 것을 가리킨다면 말이다. 중요한 것은 신앙에 속하는 어떤 내용contenu보다는 공동의 모태이자 '함께 살기'를 지탱해주는 용기容器이다. 이 점에 관해 짐멜의 정의를 참고할 수 있다. "종교적 세계는 개인과 그 동류들 혹은 동류들의 집단 사이의 영적 복합성에 뿌리를 내리고 있다. ……이 관계가 관례적 의미에서 가장 순수한 종교 현상을 구성한다."[17]

내가 이 자리에서 종교사회학을 논할 필요는 없다. 그 분야의 전문가들은 종교적인 것의 부활이라는 문제가 제기될 때 갑자기 입을 다문다. 나는 그들의 연구 대상을 침범하지 않도록 주의하면서, 종교적 감정의 성운 혹은 모호함 속에 머무는 걸로 만족하고자 한다. 그럼으로써 엄밀한 의미에서 종교의 발전(특별히 그 비제도적 발현), 상상계와 상징적인 것의 중요성에 주의를 기울일 수 있다. 그런데 성급하고 선입견을 지닌 사람들은 이 모든 것을 그저 비합리주의의 회귀로 치부해버린다.

우선 자연적인 것(자연주의)의 복원과 세계의 재주술화 사이에는 어떤 분명한 관계가 존재한다. 세계의 탈신비화, '탈신화화'(그런데 신학적 성찰의 한복판에도 탈신화화의 신봉자들이 있다)와 상관없이, 사회학자라는 이 사회의 '악취 탐지기'는 운수,

운명, 별자리, 마술, 타로, 점성술, 자연 숭배 등을 중시하는 여러 요소를 고려해야 한다. 프랑스에서 유행하는 도박 게임과 카지노 스타일의 대중적 게임들(로또, 타코탁[동전 긁기 게임], 경마, 복권)의 성장은 확실히 이러한 과정에 속한다. 그것들은 면밀하게 연구해볼 가치가 있는 단서들이다. 그 앞에서 시끄럽게 항의해도 소용없다. 뒤르켐에게 '사회학의 근본 전제'였던 것을 떠올려보자. "인간의 제도는 오류와 거짓에 근거하고 있지 않다. 그렇지 않다면 사회학은 더이상 연구를 진행할 수 없었을 것이다. 만일 사회학이 사물의 본질에 근거하고 있지 않았다면…… 아마 극복하기 힘든 저항에 부딪혔을 것이다."[18] 이 지혜로운 말은 우리의 주제에 적용될 수 있다. 상식, 경험적 관찰, 신문기사 등에서 모든 이가 종교적 현상이 증대하고 있음에 동의하고 있다. 그러므로 이러한 현상들의 효과를 지나치게 과장하거나 미리 깎아내리지 말고 신중하게 접근할 필요가 있다.

무엇보다 그것은 모든 환경 속에 광범위하게 퍼져 있는 태도와 관련된 것이기 때문이다. 비록 남몰래 행해지긴 해도 '일반 대중'이 별자리 운세를 보는 것은 특별한 일이 아니다. 오늘날 지식인 계층이 자신의 별자리 운세를 말하거나 목이나 손목에 부적을 차고 다니는 것은 더이상 몰상식한 일로 취급되지 않는다. 다른 사회계층을 대상으로 진행중인 몇몇 연구도 이러한 현상을 드러내 보여준다. 하나의 일화를 소개해보자. 최근에 고위 공직자들이 모인 한 저녁식사 도중(이 모임에는 '무희' 몇 명을 포함해 가톨릭 주교와 대학교수, 여성 점성가도 참석했다) 나는 오랫동안 그 유명한 여성 점성가와 이야기를 나누었는데, 그녀는 온갖 정치인의 이름을 열거하면서 한때 자신의 고객이었던 정치판의 수장들에 관한 이야기를 들려주었다. 또한 그 자리에 참석한 어떤 도지사는, 자신이 아무리 합리적인 인간이더라도 어쩔 수 없이 '로또' 추첨 도중 자신을 사로잡았던 주술적 전율, 매주 반복되는 이 진짜 마약에 빠져들었다는 사실을 은밀히 털어놓았다. 마땅히 자신의 평판에 해를 끼치지 않기 위해, 그의 운전사가 운명이 걸린 로또 용지를 대신 구입해주었다. 이 모든 것이 일화에 불과하더라도 어쨌든 분명한 사실들, 즉 아무리 사소하더라도 연속적인 퇴적작용에 의해 개인적이며 동시에 집단적인 존재의 본질을 구성하는 사실들임에는 틀림없다. 그러한 사실들은 순수한 합리주의적 사고와는 다른 자연적 혹은 우주적 환경과의 관계를 힘주어 강조한다. 당연히 자연과 우주와 맺는 관계는 타인들(가족, 사무실, 공장, 길거리에서 만나는 사람들)과의 관계에 영향을 끼치지 않을 수 없다. 따라서 '세계 속에 (던져진) 존재'가 체험되고 표상되는 방식이 그 장면 연출을 결정한다. 나는 이를 실존적 연속성을 차츰차츰 구성하게 되는 상황들의 관리라고 말하고 싶다. 따라서 우리가 세계의 재주술화를 말할 수 있다면, 그것은 세계가 '자명하기' 때문이다. 이러한 자연주의, 이러한 공모는 강조할 가치가 있다. 그것이 사회적으로 '주어진 것' 혹은 알프레트 슈츠의 표현대로 "당연시되는 것"[19]에 대해 말하도록 해준다. 좋든 싫든 우리는 비참하고 불완전하지만 '없는 것'보다는 나은 이 세계에 참여하고 있으며, 바로 그 세계에 속해 있기도 하다. 이러한 비극적 전망은 변화(개혁, 혁명)보다 있는 그대로를 받아들이는 태도를 전제로 삼는다. 어떤 이들은 이를 두고 숙명론이 아니냐고 따질 수 있는데, 사실 부분적으로는 맞는 말이다. 그러나 서로 대립하는 개인들을 경쟁시키는 (앵글로색슨식의?) 행동주의와는 달리, 이 (지중해 연안의?) 숙명론은 자연적 모태 안으로의 통합을 거쳐 집합적 정신을 강화한다. 정확히 말하자면, (포이어바흐로부터 콩트나 뒤르켐을 거치면서) 인간적 혹은 사회적 '신성'이 사회사상의 주된 관심사였다면, 이제 우리는 그것을 '거대한 전체' 속으로의 자기 상실을 목적으로 삼는 어떤 신비주의적 전통과 비교할 수 있다. 이러한 입장은 앞에서 제기된 자연주의와 연관되는데, 이 자연주의는 오늘날 관찰할 수 있는 여러 소집단(교단, 에로틱하거나 승화된 통합 모임, 분파, 교구)의 형성에 기초가 되고 있다.[20] 이러한 과정을 신학적으로 가장 잘 드러내주는 '성인 통공聖人通功'은 본질적으로 참여, 일치, 유사라는 관념에 의존한다는 점을 잊어서는 안 된다. 이런 관념은 합리적 혹은 기능적 차원으로 환원되지 않는 사회 운동을 분석하는 데 매우 효과적이다. 사회학에 커다란 족적을 남긴 로제 바스티드는 종교에 대해 "교목성의 진화"[21]라는 용어로 표현하곤 했다. 이 용어는 자연주의적 이미지 외에도 거대한 전체 속에서 서로 얽혀 있는 나이테, 접합, 공동체라는 유기적으로 연결된 요소들(나무를 형성하는 가지들)로 이루어진 개념을 가리킨다. 신비로운 예루살렘이라는 성서의 오래된 형상을 떠올려보자. 신비로운 예루살렘에서 '전체는 하나의 몸을 이루고' 있는데, 그로 인해 예루살렘은 앞으로 다가올 천국에서의 공생共生을 형상화하게 된다. 이러한 고찰을 일반화하여 민중적 역능과 연관시킬 수 있을까? 나는 그러한 연관이 타당하다고 본다. 종교가 상이한 형태를 취하더라도 그 본질적 특성은 여전히 그대로 남아 있는 한 말이다. 종교의 본질적 특성은 언제나 초월적이다. 이 초월성이 내세에 자리잡든 아니면 '내재적 초월성'(개인들을 초월하는 집단과 공동체)의 형태를 취하든, 초월성 그 자체는 그대로 남아 있기 마련이다. 거대한 집단적 가치의 종말과 개인으로의 후퇴에 탄식하면서 그러한 현상을 과도하게 일상생활의 중요성과 대비시키려는 사람들이 있다. 이들과는 반대로 우리의 가정은 단지 다음과 같은 점을 강조할 뿐이다. 지금 밝혀지고 있는(그리고 전개되고 있는) 새로운 사실이란 실존적 관계망을 이루는 소집단들의 증가이다. 이는 종교의 정신(다시 연결함re-ligare)과 로컬리즘(근접성, 자연)에 동시에 의존하고 있는 일종의 부족주의이다. 프랑스혁명이 세운 개인주의적 문명이 끝난 이상, 우리는 아마도 실패로 돌아가버렸던 시도(로

베스피에르)에 직면해 있는지 모른다. 루소가 신심을 다해 일컬었던 그 '시민종교' 말이다. 우리의 이러한 가정이 분명 터무니없지는 않다. 에밀 풀라가 언급했듯, 시민종교는 19세기 내내 그리고 20세기 초까지 피에르 르루, 콩트는 물론 알프레트 루아지와 ("인간은 성부, 성자, 성령과 함께 성사위일체聖四位一體를 이룰 수 있다"[22]고 생각한) 피에르시몽 발랑슈 같은 이들의 주된 관심사였다. 펠리시테 로베르 드 라므네가 사용했던 용어에서 영감을 받아, 우리는 이러한 '데모테이스트démothéiste'(신으로서의 민중, 혹은 '사회적 신성')의 관점이 정치경제학 분석가들은 이해할 수 없는 부족주의의 역능 혹은 사회성의 역능을 깨닫도록 해준다고 말할 수 있다.

잘 알려져 있듯, 뒤르켐은 다음과 같은 종교적 결합이라는 문제에 열중해 있었다. "어떤 것도 초월할 수 없으면서 모든 구성원을 초월하는 사회가 어떻게 유지될 수 있는가?" 풀라의 이 뛰어난 문구(『비평가와 신비주의자』, 241쪽)는 내재적 초월성이라는 주제를 잘 요약하고 있다. 인과성이나 공리주의만으로는 사람들이 서로 결합하려는 경향을 설명할 수 없다. 이기주의와 특수한 이해관계에도 불구하고, 사회의 영속성을 보장하는 어떤 정신적 유대가 있는 법이다. 아마도 공유된 감정 안에서 그 유대의 근원을 찾아야 할 것이다. 시대에 따라서 이 감정은 멀리 떨어진 이상理想을 향하면서 약해질 수도 있고, 가까이 있는 대상을 향하기에 훨씬 강력해질 수도 있다. 후자의 경우, 감정은 통일되지도, 하물며 합리화되지도 않을 것이다. 감정의 분산 자체는 종교적 색채를 더욱 눈에 띄게 해준다. 따라서 '시민종교'는, 비록 한 국가 전체에 적용되기는 어렵지만, 지역적 수준에서만큼은 (그리스 도시국가의 사례처럼) 다양한 도시와 개개의 집단들에 의해 강하게 체험될 수 있다. 바로 그 순간, 시민종교가 낳는 연대성은 구체적 의미를 취하게 된다. 이런 의미에서 세계화 및 삶의 방식의 획일화, 때로는 사고방식의 획일화로 인해 발생하는 미분화 상태는 일부 사람들이 매우 중요시하는 특수한 가치를 강조하는 현상을 동반하게 된다. 따라서 우리는 대중매체의 증식, 의복의 표준화, 패스트푸드의 확산은 물론이거니와 특별한 계기에 우리 존재를 재전유하는 것이 중요해질 때 일어나는 지역방송(사설 라디오와 케이블 TV)의 성장, 특별한 의상, 지역 특산품과 지방 음식의 성공도 함께 목도하게 된다. 바로 이러한 사실들로부터 우리는 기술적 진보가 결합(그리고 종교re-ligion)의 역능을 사라지게 하는 것은 아니며, 때로는 그것을 강화하기도 한다는 점을 강조할 수 있다.

추상화의 현상들, 지배적 가치들, 거대한 경제적 혹은 이데올로기적 장치들이 이미 포화상태에 이르렀기에, 우리가 발견할 수 있는 것은 이에 대한 반박(반박을 하게 되면 여전히 그것들을 지나치게 중요시하는 셈이다)의 태도가 아니라 손에 잡히는 대상들과 실제로 공유된 감정들 위에 다시 중심을 세우는 일이다. 바로 이 모든 것이 있는 그대로 받아들여지는(당연시되는) 관습과 의례의 세계를 구성한다.

우리는 이른바 '사회적 신성'에 근접성의 의미 모두를 쏟아부을 수 있다. 사회적 신성은 어떠한 교의나 판에 박힌 제도적 문구와도 관련이 없다. 사회적 신성은 이교도의 기질에 다시 힘을 실어준다. 역사가들이 들으면 화를 내겠지만, 이교도의 기질은 대중에게서 완전히 사라진 적이 없었다. 가족적 집단의 원인이자 결과였던 라레스Lares [로마신화에 나오는 가정의 수호신들] 신들처럼, 우리가 말하는 신은 비정하고 차가운 대도시에서 온기를 유지할 수 있는 소모임과 사회성의 공간을 재창조한다. 인구통계학자들이 말하는 대도시(혹은 거대도시)의 현기증 나는 성장이란, 잘 알려진 그림 제목으로 돌려 말하자면, '도시 속 마을'을 창조하는 데 기여할 따름이다. 화가 알퐁스 알레의 꿈은 실현되었다. 대도시들이 시골이 된 것이다. 구역, 게토, 교구, 관할 영역, 그리고 그

곳에 거주하는 다양한 부족이 예전의 마을, 촌락, 읍과 면 단위의 행정구역을 대신하게 된다. 그런데 자신들을 수호해줄 형상 주변으로 모일 필요가 있다는 듯, 예전에 사람들이 숭배했고 축복했던 수호성인을 대신해 구루, 지역 유명인사, 축구팀 혹은 매우 조촐한 수준의 종파가 들어선다.

'온기를 유지한다'는 것은 인간을 위협할 수 있는 환경에 적응하거나 그것을 길들이는 방식에 속한다. 도시 환경을 다룬 많은 경험적 연구가 이러한 현상을 강조한다. 잠비아의 한 도시로의 인구이동이 낳은 사회적 변화를 연구하면서, 베네타 줠로제트는 공동체를 다시 조직하고 성장시키는 데 "항상 능동적으로 기여했던 주민들"이 있었다는 사실에 주목한다. 그녀는 "이들 거주민 상당수의 가장 두드러진 특징은 아프리카 토착 교회의 일원들"이라는 점을 언급한다. 다름 아닌 이런 참여로 인해 공동체에서 가장 눈에 띄는 하위집단들이 만들어진다.[23] 따라서 이러한 도시 변화는 아마도 이 지역에서의 맹렬한 탈기독교화 현상과 연관될 수 있는데, 아직 그 결과를 예단하기 힘들어도 분명 그러한 변화로 인해 어떤 종교적 혼합주의가 활성화될 것으로 보인다.

오늘날 여전히 놀랄 만한 시사성을 가진, '종교의 사회적 개념'을 다룬 텍스트에서 뒤르켐은 "종교는 모든 사회현상의 가장 기본"이라고 말한다. 그는 낡아빠진 이상들과 신들의 죽음을 확인한 후, "겉보기에 우리의 집합적 삶을 지배하는 듯한 차가운 도덕 아래에서, 사회가 자신 안에 지니고 있는 온기의 원천"을 느껴야 한다고 강조해 마지 않는다. 뒤르켐은 그 온기의 원천이 "민중계급 속"[24]에 있다고 본다. 이러한 진단은 우리의 논증과 완벽하게 일치한다.(게다가 점점 더 많은 연구자가 이 진단을 공유하고 있다.) 도시적 삶의 명백한 비인간화로 인해 열정과 감정을 공유할 수 있는 특별한 집단들이 생겨난다. 오늘날 관심을 끌고 있는 디오니소스적 가치들은 성性뿐 아니라 종교적 감정과도 연관된다는 사실을 잊지 말자. 이 둘은 모두 열정의 변조變調에 속한다.

'사회적 신성'은 적응과 보존의 기능을 떠맡을 때는 단조短調로 흐르기에, 그 장조長調의 흐름은 혁명의 폭발에서 다시 찾아진다. 정치적이라고만 여겨졌던 모든 혁명에는 강한 종교적 함의가 존재한다는 점을 지적하면서, 나는 '우로보로스 혁명'[25]*이라는 개념으로 이 주제에 접근한 바 있다. 프랑스혁명의 경우 이 점은 매우 뚜렷하다. 유럽의 1848년 혁명도 마찬가지이며, 앙리 드 만이 보여주었듯 볼셰비키 혁명도 예외는 아니다. 농민전쟁은 이 주제에 대한 하나의 패러다임처럼 여겨지는데, 에른스트 블로흐의 훌륭한 저서가 이에 관해 꼭 필요한 분석을 내놓았다. 게다가 만하임은 주저하지 않고 "생사를 가르는 영혼의 심층에 뿌리를 내렸던" "광란-황홀경적 에너지"를 언급한 바 있다.[26] 폭발과 이완 사이의 끝없는 왕복운동이 있다는 사실을 지적하지 않는다면, 그리고 이 과정이 종교적 결합과 열정의 공유를 낳는 원인이자 그 결과임을 보여줄 목적이 아니라면, 구태여 흥분의 계기들을 참고해야 할 이유가 어디 있겠는가? 사실 이렇게 이해된 종교는 모든 사회적 삶의 모태이다.[27]

종교는 함께 살아가는 삶의 다양한 변조가 형성되는 도가니와도 같다. 사실 이상理想은 쇠퇴할 수 있고, 집합적 가치는 질릴 수 있지만, 종교적 감정은 '내재적 초월성'을 늘 새로운 방식으로 퍼뜨린다. 이 내재적 초월성이 인간의 역사를 거쳐온 사회의 영속성을 설명할 수 있게 해준다. 이런 의미에서 종교적 감정은 우리가 여기서 다루는 신비한 역능의 한 요소인 셈이다.

앞서 언급했던 황홀경에 빠지는 태도는 엄밀히 말해 자기로부터의 탈출이라는 뜻으로 이해해야 한다. 실제로 사회의 영속성은 대중, 민중이 존재한다는 사실에 입각한다. 귀스타브 르봉은 주저하지 않고 "군중에 의한 개인의 교화"를 언급하면서 몇 가지

* '우로보로스Ouroboros'는 자신의 꼬리를 물어서 원형을 만드는 뱀이나 용을 가리키는 고대의 상징이다. 이는 종말이 시작으로 되돌아오는 원 운동, 즉 영겁회귀나 음/양과 같은 대립물의 일치를 의미한다.

사례를 제시한 바 있다.[28] 가톨릭 신학자들도 그 점을 잘 이해하고 있었는데, 그들에게는 교회라는 틀 안에서 이루어지는 신앙의 표현에 비해 신앙 그 자체는 오히려 부수적인 것이었다. 도덕주의자들이 흔히 쓰는 용어로 말하자면, 그들은 '법정의 재판'(혹은 '교회의 세속 재판권')을 '양심의 심판'보다 훨씬 더 중요하게 여겼던 것이다. 내게 좀더 익숙한 용어, 즉 '윤리적 비도덕주의'를 다루면서 내가 사용한 용어를 사용한다면 이렇게 말할 수 있다. 어떤 상황에서든, 도덕적 특성이 무엇이든 상관없이—그것은 우리가 잘 알고 있듯이 일시적이며 국지적이다—감정의 공유야말로 참된 사회적 유대를 이룬다. 감정의 공유는 정치적 폭동, 간헐적인 반란, 빵을 위한 투쟁, 연대를 위한 파업을 향할 수도 있고, 축제나 일상의 평범함 속에서 표현될 수도 있다. 어떤 경우이든 감정을 공유하면 어떤 에토스가 만들어진다. 이 에토스 덕분에 민중은 온갖 역경에 맞서고, 살육과 집단학살을 거치면서도 제 모습을 꿋꿋하게 지켜나가며, 정치적 대파란 뒤에도 끝까지 살아남게 된다. 이러한 '데모테이즘'이 여기서는 과장된(희화화된) 측면이 있지만, 어쨌든 그것은 사회적 삶을 수놓는 다양한 형태의 억압에 맞선 놀라운 저항을 이해하는 데 반드시 필요하다. 우리의 가정을 좀더 확장시켜보자. 앞서 언급된 바에 기초해서, 우리는 신deo을 민중populo으로 대체해 옛 격언을 조금 수정해보려 한다. 그렇게 되면 사회성의 생기론을 이해하고자 애쓰는 사회학자에게 필요한 주문呪文은 "모든 것은 민중으로부터 온다Omnis potestas a populo"가 될 것이다. 실제로 바로 거기서 사회인류학은 예언적이지는 않더라도 곧 다가올 미래를 예측하는 전망을 얻게 된다. 이제 이렇게 말할 수 있다. 많은 소집단으로 이루어진 사회구조 덕분에 우리는 권력의 심급에서 벗어나거나 적어도 그것을 상대화할 수 있다. 이것이 다신교의 위대한 교훈이다. 다신교는 이미 그에 관한 많은 분석이 이루어졌지만, 여전히 매우 풍요로운 연구의 실마리를 제공한다. 더 정확히 말해서, 우리는 세계화되고 있는 쌍두마차 혹은 삼두마차식의 권력을 상상해볼 수 있다. 이 권력은 서로 다투면서 경제-상징적 영향권을 나누어 갖고 원자폭탄 놀이로 세상을 위협한다. 그리고 그 권력의 저편에 혹은 그 곁을 따라, 다양한 이해관계를 지닌 집단들이 만개하고 특별한 귀족의 지위가 만들어지며 서로 대립하는 이론과 이데올로기의 수는 증가한다. 한편에서는 동질성이, 다른 한편에서는 이질성이 지배하는 형국이다. 낡은 이미지를 끄집어내 다시 생각해보면, 그것은 '법률상의 국가'와 '실제 국가'라는 보편적 이분법으로도 표현될 수 있다. 오늘날 대다수의 정치인 혹은 사회 연구자는 이러한 관점을 부정하는데, 이는 지난 세기의 실증적 혹은 변증법적 사유에서 나온 분석 도식과 어울리지 않기 때문이다. 그러나 현재 대대적으로 펼쳐지는 정치와 조합으로부터의 이탈 현상, 점점 더 분명해지는 현재에 대한 매혹, 정치적 게임을 연극적 활동이나 다소 흥미로운 버라이어티쇼로 간주하는 태도, 새로운 경제적, 지적, 정신적, 존재론적 모험에 뛰어들기 같은 것을 지표들(가리키는 손가락으로서의 인덱스index)로 해석할 수 있다면, 우리는 지금 탄생중인 사회성이 (여전히 우리가 속해 있는 세계인) 낡은 정치-사회적 세계에 아무것도 빚지고 있지 않음을 알게 될 것이다.

이에 관해 공상과학 소설은 하나의 교훈적 사례이다. 공상과학 소설에는 첨단기술-고딕적 외양을 두른 채 펼쳐지는 이질화 현상을 비롯해 우리가 방금 말했던 순응주의에 대한 불손함이 자리잡고 있다.[29]

지배적 권력에 맞서는 이러한 자율화 과정을 통해 사회적 신성이 표현된다. 실제로 앞으로 사회가 '되어야 할' 모습에 대한 질문은 제쳐둔 채, 우리는 국지적인 '신들'(사랑, 교류, 폭력, 영토, 축제, 산업 활동, 음식, 아름다움 등등)에게 제물을 바친다. 이 신들은 그리스·로마 시대 이후 명칭은 달라졌을지언정 그 상징적 역할은 늘 변함없다. 바로 이런 의미에서 내가 민중적 역능이라 부른 것의 기초가 되는 '실제적' 존재를 다시 점유할 수 있는 것이다. 확신을 가지고 고집스럽게, 어쩌면 약간은 동물적인 방식으로—즉 비판적 능력보다는 생의 본능을 표현하면서—집단들, 작은 공동체들, 친밀한 관계망 혹은 이웃 관계망은 가까운 사회적 관계에 집중하게 되는데, 이런 현상은 자연적 환경의 경우에도 마찬가지다. 그러므로 멀리 떨어진 경제-정치적 영역으로부터 우리가 소외되는 것처럼 보일지라도, 우리는 가까이 있는 존재에 대해서만큼은 주권을 확보하는 것이다. 이것이 사회 영속성의 비밀이라 할 수 있는 '사회적 신성'의 결말에 해당한다. 비밀, 가까이 있는 것, 무의미한 것(거시적 목표에서 벗어나는 것) 속에서 사회성의 지배가 작동한다. 권력은 이러한 주권에서 너무 멀리 벗어나 있지 않을 때에만 발휘된다고까지 말할 수 있다. 우리는 이 '주권'을 장자크 루소의 계약적 관점에서 이해할 수 있는데, 이 관점은 주권에 만장일치적이며 다소 목가적인 차원을 부여한다.[30]

또한 우리는 주권을 '갈등적 조화'로 간주할 수 있다. 이 갈등적 조화 안에서 하나의 전체는, 원하든 그렇지 않든, 작용-반작용의 효과에 의해 자신을 구성하는 자연적, 사회적, 생물학적 요소들을 조정하고, 그럼으로써 자신의 안정성을 확보한다. 시스템 이론을 비롯한 에드가 모랭의 연구결과는 이러한 관점의 현실성과 타당성을 엄밀하게 보여준다. 많은 이들에게 그저 겉만 번지르르한 표현으로 비춰질지라도, 민중과 주권자 사이에 화합이 이루어질 수 있음은 확고부동한 사실이다. 게다가 민중의 주권적 역능은 폭동, 폭력적 행위, 민주주의적 방식, 침묵과 기권, 경멸에 가득찬 무관심, 유머 혹은 아이러니와 같은 다양한 방식을 통해 표현된다. 그렇기에 모든 정치술은 이러한 민중적 표현방식들이 지나치게 확대되지 않도록 주의를 기울인다.

때로는 추상적 권력이 승리할 수 있다. '자발적 복종'을 만드는 것은 무엇인가라고 에티엔 드 라보에티처럼 질문을 던질 수도 있다. 이에 대한 대답은 확실히 사회체 안에 체화된 확신 속에서 찾을 수 있다. 즉 어떤 형태(귀족제, 전제정치, 민주주의 등)이든 상관없이 군주는 장기적으로 봤을 때 언제나 민중의 판결에 의존하기 마련이다. 만약 권력이 개인들 혹은 일련의 개인에게 속하는 사안이라면, 역능은 [생물적] 근원의 속성이자 그 연속성 안에 포함된 것이다. 이런 의미에서 역능은 우리가 말하는 '사회적 신성'의 주된 특성이 된다. 문제는 무엇이 선행하는가이다. 민중에 대해 역능과 주권, 신성을 말하는 것은 뒤르켐의 표현대로 "법은 관습으로부터, 즉 삶 자체로부터 나온다"[31]는 점 혹은 "국가의 헌법을 실질적으로 구성하는 것은 관습들"이라는 점을 인정하는 것이다. 실증주의자 뒤르켐이 표현한 이러한 생기론적 우선권은 강조할 만한 가치가 있다. 확실히 이 관점 덕분에 뒤르켐은 사회구조에서 종교적 관계가 지닌 중요한 의미를 강조할 수 있었다. 물론 이는 현실화를 요구하는 일반 관념과 관련 있다. 그런데 생기론(자연주의)과 종교적인 것의 밀접한 관계는 민중을 부추기고 민중에게 영속성과 역능을 보장해주는 진정한 배후의 힘 vis a tergo이 된다. 이를 인정하면 커뮤니케이션과 오락, 예술과 대중의 일상적 삶이 새로운 사회적 상황을 불러일으키는 계기에 어떤 의미심장한 결론이 드러나게 될 것이다.

3. 민중의 '관망적' 태도

인간사를 고찰해보면, 개인과 집단 사이의 조정인 정치는 우리가 결코 지나쳐갈 수 없는 구조라고 말할 수 있다. 이 점에 관해 우리는 '정치의 본질'을 언급한 쥘리앵 프로인트에 동의할 수밖에 없다. 그러나 정치의 본질이 아무리 영속적이라 해도, 그것은 여전히 변화무쌍한 것임에 틀림없다. 정치에는 여러 변조가 있기 마련이다. 시대의 지배적 가치와 상황에 따라, 사회적 활동 속에서 정치 영역은 더 중요해지거나 덜 중요해질 수 있다. 물론 정치의 중요성은 상당 부분 통치자들의 태도에 달려 있다. 파레토의 사회학적 사유에 적용된 표현을 빌리자면, 통치자들과 대중 간에 '생리적 연계'가 존재하는 한 둘 사이에는 어떤 가역성이 끊임없이 작동하게 된다. 거기에는 합의는 아닐지라도 적어도 교환과 정당화가 존재한다.[32] 그것은 특정한 예외적 현상이 아니다. 고대의 족장으로부터 로마 황제 안토니누스 시대의 태평성대 혹은 기독교의 민중주의를 거쳐 기업의 가족주의 경영에 이르기까지, 지도자들에게 부과되는 의무에 기반을 둔 권력의 유형을 찾아볼 수 있다.[33] 지도자들은 자신들의 권위에 책임을 져야 하며, 기아와 자연적 재해는 물론 경제적, 사회적 혼란에도 답을 내놓아야 한다. 그들이 보장하는 균형이 더이상 작동하지 않는 순간, 그들의 상징적 기능은 끝이 나거나 균열이 생긴다.

이 자리에서 연구의 실마리에 관한 논의를 계속 이어가지는 않겠다. 단지 민중적 역능의 한 형태인 '관망적 태도'를 조명하기 위해 이 실마리를 언급했을 뿐이다. 실제로 가역성의 차원이 더 이상 존재하지 않을 때(이런 성취에 대한 분석이 도덕가의 성찰로 환원될 수 없음은 확실하다), 우리는 내향적 태도의 발달을 보게 된다.

이 점을 이해하기 위해, 우리 중 몇몇(보드리야르, 힐만, 마페졸리)이 천체물리학에서 빌려온 '블랙홀'의 은유를 다시 참고하도록 하자. 대중화가 아니라 비밀의 공표를 염두에 둔 한 책에서, 물리학자 J. E. 샤론은 하나의 별이 그 밀도가 증가함에 따라 또 다른 공간을 낳는다는 사실을 보여주었다.[34] 그는 이 공간을 '새로운 우주'라 칭한다. 이렇게 유추함으로써(어떤 이들은 이를 거부하지만 우리 분야에서는 흥미롭기 그지없다) 우리는 다음 가설을 세워볼 수 있다. 대중이 더이상 통치자들과 상호작용을 하지 않거나 역능이 권력에서 완전히 분리되는 어떤 시기가 도래하면, 정치적 우주가 종말을 맞고 사회성의 차원이 열리게 된다. 나는 이것이 포화상태에 따른 일종의 진자 운동이라고 생각한다. 한쪽은 직접적 정치 참여 혹은 위임에 의한 정치 참여가 지배적이며, 다른 한쪽은 가장 일상적인 가치에 대한 강조가 지배적이다. 후자의 경우 사회성은 공적 영역에서 확장되는 경향이 있는 정치적 에너지의 저장고로 볼 수 있다.

다음과 같은 사실을 지적하는 것도 흥미로운 일이다. 공적으로 투자되는 에너지가 절약되면 일반적으로 존재의 차원(쾌락, 향락주의, 카르페 디엠carpe diem [현재에 충실하라], 육체, 태양)에서는 에너지가 '소모'되기 마련이다. 반면 중산계급의 사고는 정반대다. 즉 소심함, 존재의(존재 안에서의) 검약, 그리고 공적 영역(경제, 공공서비스, 고무적인 거대 이데올로기……)에서의 에너지 소모가 승리를 거둔다.

어쨌든 바로 이러한 배경에서, 일반적이고 추상적인 공적 사안에 대한 무관심이 증가하고 있음을 보여주는 일련의 사실을 평가해야 한다. '침묵하는 다수'—사실 병렬되거나 분할되어 있는 여러 집단과 연결망의 집합체일 따름인—는 더이상 추상적인 공통 쟁점, 외부에서 일방적으로 결정되는 공통 쟁점에 의해 정의될 수 없다. 그것은 실현해야 할 어떤 목표로부터 더이상 특징지을 수 없다. 침묵하는 다수는 앞으로 도래할 사회의 행위 주체인 프롤레타리아가 아니며, 나약하고(거나) 성숙하지 못해 보살펴줘야 할 하층민 같은 구조적이며 선천적인 낙인의 대상도 아니다. 이러한 양 극단(프롤레타리아와 하층민) 사이에는 여전히 (보수적, 혁명적, 개혁적) 정치인들, 공권력, 사회사업, 그리고 경제 책임자들이 관여하는 수많은 이데올로기와 행위가 있다. 사실 논쟁은 이미 다른 곳으로 옮겨갔다. 실제로 정치적 차원의 포화상태라는 전제를 따라가면서, 우리는 많은 정치 분석가들과 평론가들을 전전긍긍하게 만드는 대중의 태도를 이렇게 설명할 수 있다. 즉 모든 권력에 대한 인류학적 침묵이 잠재적으로 존재하며, 이 침묵은 장소와 시간에 따라 그 효력의 차이는 있겠지만 어김없이 나타나기 마련이다. 이 현상을 잘 이해하기 위해 극단적인 사례를 들자면, 람페두사의 『표범』에 나오는 시칠리아 같은 지역을 참고할 수 있다. 이곳은 수차례의 침략 때문에(혹은 덕분에) 독창성을 간직할 수 있었다. 굽실거리거나 얄팍하게 꾀를 부릴 줄 알았기에, 자기 지역의 특수성이 살아남을 수 있었다. 셀레스탱 부글레는 인도에 대해 다음과 같이 분석한다. "온갖 종류의 권위가 어마어마한 대중에게 행사되었다. 대중은 여러 제국이 이어지고 작은 나라들이 도처에 생겨나는 것을…… 지켜보았다. 그러나 이 모든 통치 세력은 힌두 세계의 표면만 건드렸던 것 같다. 그 깊은 곳에는…… 미치지 못했다." 많은 사회적 구획과 카스트(계급) 제도가 존재하기에, '실제' 국가를 완전히 지배하기란 불가능했다는 부글레의 설명은 놀랍도록 현재적 의의를 지닌다. "이러한 사실 때문에 힌두인들은 누구에게도 동화되거나 통합되지 않은 채 모든 이들에게 정복당한 듯 보인다."[35] 흥미로운 지적이다. 부글레가 무덤에서 뛰쳐나올지도 모르겠지만, 우리는 그의 논의를 다음과 같이 확장해볼 수 있다. 다양한 지배에 맞선 가장 견고한 성벽은 대중의 '비非예속화'이며, 이는 무엇보다 다원주의에 기반한다는 점이다. 인도의 사례에서 이 다원주의는 카스트 제도일 수 있다. 시칠리아의 경우에는 섬을 이루는 다양한 '지역'과 '가문'에 의한 '로컬리즘'의 힘일 것이다. 우리의 경우에는 거대도시들을 구성하는 다양한 연결망, 혈연집단과 이익집단, 이웃과의 유대일 수 있겠다. 어쨌든 중요한 점은 역능이 권력에 맞선다는 사실이다. 비록 권력에 의해 파괴되지 않기 위해 역능이 가면을 쓰지 않고는 앞으로 나설 수 없지만 말이다. 우리가 참조할 수 있는 많은 역사적 사례들이 보여주듯, 지금 당장은 분명해 보이지 않는 것, 이제 막 태어나고 있는 것도 향후 수십 년 안에 반드시 자신의 존재감을 확실히 드러낼 것이다. 막스 베버가 말한 '가치의 다신교'가 갑작스럽게 출현할 때마다, 통합을 추구하는 구조들과 제도들은 상대화된다. 이런 현상은 주변의 순응주의에 맞설 만큼 대담한 몇몇 학자를 제외한[36] 많은 고매한 영혼을 불안에 떨게 만든다. 그러나 이 현상을 불안하게 쳐다볼 필요는 없다. 왜냐하면 다신교가 일으키는 흥분은 사회적 삶의 모든 영역(그 영역이 경제이든, 정신적이고 지적인 삶이든, 또 당연히 사회성의 새로운 형식들이든 간에)에서 되살아나는 활력의 가장 뚜렷한 징표이기 때문이다. 일반적으로 정치에서의 후퇴가 방금 언급한 활력을 드러나게 한다는 것은 매우 놀라운 일이다. 사실 이러한 후퇴는 스스로를 보호하고 보존하려는 생존 본능이 다시 활성화되고 있음을 말해준다. 그것은 모든 신화와 모든 종교에서 발견되는 악마적 형상, 즉 성서에 등장하는 불복종의 사탄과도 같다. 비록 악마적 형상이 일시적으로는 파괴적이더라도, 그것은 토대를 구축하는 기능을 가지고 있다. 이런 의미에서 악마적 형상은 민중적 '역능'을 가리킨다. 나는 다른 곳에서 사회체 안에서 늘 활동하는 '악마적 지혜'가 있음을 지적했는데, 우리는 확실히 정치에서 물러서는 후퇴의 능력과 구조적 비참여의 능력을 부분적으로나마 이 악마적 지혜의 공으로 돌릴 수 있다. 우리는 노동운동이 탄생하고 조직화되었던 19세기조차, 이 운동이 공산주의, 아나키즘, 협동조합주의, 유토피아주의와 같이 무한히 분할되는 다양한 경향으로 표출되었다는 점을 관찰할 수 있다. 이는 곧 어떠한 정치적 심급도 주도권을 잡지 못했다는 것 말고 무엇을 뜻하겠는가? 풀라가 적절하게 지적했듯, "대중은 다소 속뜻을 감추는 면이 있는데…… 그렇게 함으로써 상층계급에게 앙갚음하려는 것이다."[37] 여기에 한마디 덧붙여보자. 상층계급의 일부가 대중의 이름으로 말한다고 주장할 때도, 혹은 결국 같은 말이지만, 대중을 지도한다고 주장할 때도 사정은 바뀌지 않는다. '우리에게 속해 있지 않은' 사람들을 전적으로 신뢰할 수는 없다. 왜냐하면 아득한 기억을 통해 우리가 알고 있듯, 지배욕에 고무된 채 권력을 차지하기 위해 민중에게 기대려는 사람들은, 이런저런 타당한 이유를 들먹거리면서, 결국에는 민중적 열망과 매우 동떨어진 현실정치realpolitik만 실행할 뿐이기 때문이다.

이 주제에 대해 끝없이 여담을 늘어놓을 수 있겠지만, 민중의 '관망적 태도'는 이런저런 정당이나 정치에 대한 일시적이고 표면적인 찬동에 비해 훨씬 더 완고하다는 점만 지적하도록 하자. 나는 여기서 어떤 인류학적 구조를 발견한다. 그것은 침묵, 책략, 투쟁, 복종, 유머 혹은 조롱을 통해서 이데올로기에, 교육에, 또 민중을 지배하려는 이들과 민중을 행복하게 해주겠다는 이들—사실 이들은 커다란 차이가 없다—에게 효과적으로 저항하는 구조이다. 그렇다고 해서 이 관망적 태도가 정치적(의) 게임에 어떠한 주의도 기울이지 않는다는 의미는 아니다. 오히려 그 반대인데, 왜냐하면 정치가 게임 그 자체로 인식되기 때문이다. 나는 이를 '벨칸토Bel Canto[아름다운 노래]의 정치'라고 부를 것을 제안한다. 노래가 아름답게 불린다면 그 내용은 무엇이 됐든 상관없다. 우리는 정당들이 갈수록 자신들의 메시지를 가다듬고 손질하기보다 '메시지를 자연스럽게 흘려보내는' 일을 중요하게 여긴다는 것을 알고 있다. 이 문제를 깊이 논의하기는 힘들지만, 나는 그것이 대중적 상대주의의 표현일 것이라 생각한다. 민중의 무관심과 정치에서 물러서는 태도에 응수하기 위해 정치인들은 이미지에 공을 들인다. 그들은 이성보다 열정에 호소하며, 정치 집회에서는 정치인의 담론보다 버라이어티쇼가 훨씬 더 중요하다고 여긴다. 그렇기에 정치인은 대개 할리우드 스타의 역할에 만족할 수밖에 없다.

바로 이 점을 염두에 둘 때, 정치 세일즈맨의 '마치 무엇인 척하는' 태도가 자신의 행위와 진실성에 부담을 가져옴에도 불구하고 왜 빈번히 생겨나는가를 이해할 수 있다. 일상생활을 다룬 책에서 나는 이중성이라는 범주의 의미심장함을 논했다. 이 사소한 이중적 태도가 우리의 삶 전체를 심층적으로 만들어나가는 것이다.(『현재의 정복』, 138~148쪽) '마치 무엇인 척하는' 태도를 역능의 표출로 평가할 수 있는 것은 바로 이러한 틀 안에서다. 이중성, 그것이 우리를 존재하도록 해준다. 다음과 같은 니체의 경구를 떠올려보자.

> 심오한 모든 것은 가면을 사랑한다. ……모든 심오한 정신은 가면이 필요하다. 나는 더 나아가 이렇게 말할 것이다. 모든 심오한 정신의 주위에는 끊임없이 가면이 자라나고 펼쳐지고 있다고.

이 이야기는 단지 고독한 천재에게만 적용되는 것이 아니라 집단적 천재에게도 적용된다. 이를 인정한다는 것은 사회학에 존재론적 생기론을 도입하는 것이다. 그것은 농민의 술책, 노동자의 조소, 더 일반적으로는 곤경에서 벗어나는 다양한 '요령'이 될 수 있다. 삶의 억누를 수 없는 측면을 긍정하는 이 모든 태도는 제도화된 것에 대한 구조적 불신을, 주절주절 떠들어대지 않고도 잘 보여준다. 그런데 이러한 불신과 생의 의지를 공공연하게 드러내놓고 표현하기는 불가능하기에, 사람들은 겉으로 복종하는 척하는 '사악한perverse'(어원은 '우회로'라는 의미의 pervia) 절차를 이용하는 것이다.

이는 또한 주술의 오래된 인류학적 구조와 관련 있다. 이 주술의 구조는 끈질기게 살아남은 미신적 의례들과 행위들에서 찾아볼 수 있다. 사람들은 여기에 참여하면서도 거리를 둔다. 그러므로 이 의례들은 이성적sapiens이며 동시에 미치광이demens인 인간의 양면성을 기술적으로 요약한다. 이 점을 다른 대상에 적용했던 에드가 모랭은 인간의 이중성을 확연히 드러내기 위해 "미학적 참여"[38]를 언급한다. 〈댈러스Dallas〉 같은 TV 연속극에 대한 대중의 심취는 깊이 체화된 이러한 놀이의 표현이다. 이 '미학적' 태도가 TV, 예술, 학교 같은 상징권력에 작용한다면, 그것이 정치 영역에서 작용하지 않으리라는 법은 없다. 우리가 앞서 언급했던 정치의 스펙터클화 혹은 연극화에만 관련해서도 말이다. 어느 국회위원 혹은 어느 정당에 투표하는 일은, 불안정이나 실업률 증가를 불러오는 경제 '위기'와 관련해서 아무것도 바뀌지 않으리라는 확고한 신념과 병행할 수 있다. 그런데 '마치 무엇인 척하는' 태도를 취하면서 사람들은 집단적 놀이에 주술적으로 동참한다. 그것은 '공동체' 같은 무언가가 존재했고, 존재할 수 있으며, 앞으로도 존재하리라는 점을 상기시킨다. 여기서 탐미주의와 비웃음, 참여와 망설임이 동시에 일어난다. 그것은 무엇보다도 민중이 권력의 원천이라는 비의적 확신을 말해준다. 이러한 미학적 놀이 혹은 감정은 그 자체를 위해, 그리고 그것을 대대적으로 조직하는 권력을 위해 집단적으로 연출된다. 동시에 미학적 놀이와 감정은 권력에게 다음과 같은 사실을 상기시킨다. 즉 권력이란 놀이이며 거기에는 위반해서는 안 될 한계가 있다. 대중의 변덕(좌파에게 투표했다가 다시 우파에게 투표하는)은 이러한 방식으로 해석될 수 있다. 때로 이 변덕은 극단적으로 표출되기도 한다. 모든 정치사상가가 이러한 현상에 질문을 제기했다. 진정한 '다모클레스의 칼'*인 이 변덕스러움이 [정치적] 놀이를 영원히 주도한다. 왜냐하면 대중의 변덕스러운 태도에 따라 전략과 전술을 결

* 화려하면서도 위험한 권력의 이중성을 강조한 서양 속담. 고대 그리스의 디오니시우스 왕이 자신을 부러워하는 다모클레스를 왕좌에 앉아보게 하는데, 그 머리 위로 칼이 한 올의 말총에 매달려 있었다는 이야기에서 유래한다.

정하는 정치가들에게 이것은 늘 머리에서 떠나지 않는 골칫거리이기 때문이다. 변덕은 권력을 엄밀한 의미에서 결정하는 역능의 한 표현방식이다. 몽테스키외의 독특한 주장이 이 점을 잘 간추리고 있다. "민중은 언제나 너무 많이 행동하거나 너무 적게 행동한다. 어떤 때는 십만 개의 팔을 가지고 모든 것을 전복시키며, 어떤 때는 십만 개의 발을 가지고도 그저 곤충처럼 움직일 뿐이다." (『법의 정신』, 1부 2편 2장) 때로는 수동적으로 때로는 능동적으로, 이렇게 논리적 추론을 벗어난 방식으로 민중은 행동한다. 순수하게 합리적인 관점에서 보면 우리는 민중을 신뢰할 수 없다. 몇 가지 역사적 사례에 근거해 프로인트는 전쟁, 폭동, 파벌 싸움, 혁명 같은 여러 극단적 상황에서 발생했던 특별히 주목할 만한 민중의 양면성을 강조한다.[39] 사실 이러한 시각에서 대중의 이른바 우발적 행보는 생의 진정한 본능을 표현하는 것이다. 전쟁터에 나간 전사의 이미지처럼, 갈지자로 나아가는 방식은 권력의 총탄을 피하는 데 도움을 준다.

이탈리아에서 특별히 생생하게 나타나는 상징적 형상을 참고하면서, 우리는 대중의 변덕스러움을 풀치넬라Pulcinella [어릿광대]와 비교할 수 있다. 풀치넬라 안에는 서로 대립되는 것들이 하나로 통합되어 있다. "내 운명은 풍향계가 되는 것: 하인이자 반역자이고, 멍청하면서도 천재적이고, 용감하면서도 겁쟁이가 되는 것이다." 심지어 이 신화의 몇몇 판본은 풀치넬라를 양성구유자로 묘사하기도 하며, 혹은 귀족의 아들이면서(이거나) 천민의 자식으로 그려낸다. 분명한 것은 풀치넬라가 절대적 이원성(분신double, duple)의 화신이라는 점인데, 바로 그 이유로 풀치넬라는 정치적 지배나 회유를 피할 수 있게 된다. 이러한 형상이 민중적이고 생기 넘치는 나폴리에서 등장한다는 사실은 우연이 아니다.[40]

게다가 변덕스러움의 영속적 모호성은 권력이나 정치는 물론

이고 가족, 경제, 사회 같은 모든 제도적 형태에 대한 조소를 통해 나타난다. 추정해보건대, 이러한 태도에서 문제가 되는 것은 지배적 권력에 정면으로 맞서는 일이 아니라(이는 다른 정치 조직들이 해야 할 일이다) 권력을 속이고 권력을 우회하는 일이다. 상황주의자들의 표현을 빌리자면, 사람들은 "소외된 수단으로 소외에 맞서기"(관료제, 정당, 전투적 활동, 향락의 유예)보다는 조소, 아이러니, 풍자 등 외부로부터 의도된 추상적 질서의 보증인들이 목표로 삼는 정상화하고 교화하려는 과정을 은밀하게 위반하는 모든 것을 실행한다. 우리 사회의 경우, 관습의 교화는 내가 "사회적 무균성"(『전체주의적 폭력』, 146~147쪽)이라 명명한 것에 이르게 되는데, 이 무균 상태는 결국 우리가 익히 아는 윤리적 위기나 사회의 해체를 초래하게 된다.

그런데 아이러니는 이 교화가 전체로 확산되지 못하게 막아준다. 현명한 왕 펜테우스*를 비웃는 바쿠스제 여신도들의 디오니소스적 웃음에서부터 체코에서 다시 현대식으로 만들어진 착한 병사 슈베이크†의 고통스러운 미소에 이르기까지, 불복종을 증언하는 정신적 태도는 얼마든지 열거할 수 있다. 이는 권력자들에게 특별히 성가신 일이다. 마땅히 권력자들은 신체를 지배하려고 하는데, 이러한 지배가 오래 지속되려면 반드시 정신에 대한 통제를 수반해야 한다. 아이러니의 관망적 태도는, 미세하게나마 지배의 논리에 균열을 가져온다. 재담, 험담, 풍자적인 소책자, 노래, 그밖의 대중적 말장난, 혹은 '여론'의 변덕을 통해 우리는 이러한 균열의 진행을 가늠해볼 수 있다. 이러한 방어기제가 다소 장기적 차원에서 긍정적 결과를 가져오지 않았던 시대나 국

* 그리스 신화에 나오는 테베의 왕으로, 디오니소스 신을 기리는 제사를 구경하다가 광란에 빠진 여신도들에게 잔인하게 살해당한다.

† 폴란드 작가 야로슬라프 하셰크가 1차대전을 무대로 쓴 풍자적인 모험 소설 『세계대전 중의 용감한 병사 슈베이크의 운명』의 주인공.

가는 존재하지 않는다. 예컨대 지난 몇년 동안 프랑스나 미국에서 그래왔듯, 그것은 피할 수 없는 정치적 반향을 일으키는 스캔들을 터뜨릴 수 있고, 또는 권좌에 있는 사람들의 정당성을 점차적으로 갉아먹기 마련인 명예 실추의 형태를 띨 수도 있다. 서둘러 다음 사실을 환기해보자. 18세기 말 프랑스나 20세기 초 러시아의 경우, 거대한 혁명적 봉기에 앞서 흔히 전복적 아이러니의 분위기가 형성되었다는 것을 알 수 있다.

브라질 사회의 형성을 다룬 주목할 만한 책에서, 지우베르투 프레이리는 자신이 '민중적 간교함'이라 부르는 것의 많은 예를 제시한다. [브라질처럼] 피부색이 매우 중요한 의미를 지니는 국가에서, 민중이 귀족 가문들에게 붙이는 별명과 말장난은 이 "대귀족 가문들의 흑인 계통적 특성"과 함께 그들의 알코올 중독, 탐욕 혹은 색정적 기질과 같은 온갖 일련의 특성을 겨냥한다.[41] 이것은 도덕적 반작용이라기보다는 오히려, 단지 상징적일지라도, 권력을 상대화하는 방식에 가깝다. 특히 이 사례는, 어쩔 수 없이 혹은 겉으로 과시하는 이데올로기와는 반대로, 지배계급은 인간 본성의 파렴치함과 허약함에 빚지고 있다는 사실을 뚜렷하게 보여준다.

그러므로 우리는 민중적 역능에 관한 예비적 고찰의 밑에 놓인 가정들 가운데 하나를 다시 지적하게 된다. 바로 생기론이라는 가정, 혹은 퓌시스phusis[자연]의 모든 역학을 사회적 차원에서 번역하도록 해줄 뿐인 자연의 성장이라는 가정이다. 웃음과 아이러니는 생명의 폭발인데, 무엇보다도 생명이 착취당하고 지배당할 때 특히 그러하다. 조롱은 다음과 같은 사실을 강조한다. 가장 혹독한 조건에 처해 있을 때조차, 사람들은 그러한 고난을 책임져야 할 당사자들에 맞서거나 혹은 그들의 편에 서서, 자신의 존재를 재전유할 수 있고 상대적인 방식으로 그것을 즐기려고도 애쓴다. 세상을 바꾸기보다는 세상에 적응하고 수정하려고 한다는 점에서 이는 철저히 비극적 관점에 해당한다. 우리가 (소외의 극단적 형태로서) 죽음을 변경할 수 없다는 점은 명백하다. 그러나 우리는 죽음에 적응하고 그것과 함께 잔꾀를 부리거나 그것을 누그러뜨릴 수는 있다.

따라서 아이러니와 유머가 축제적 차원에 귀착한다는 것은 매우 당연하다. 우리가 너무 자주 망각하고 있지만, 축제적 차원의 비극은 매우 중요한 요소이다. 조르주 바타유의 용어를 빌려서, 우리는 '소모dépense'가 민중의 자연적 생기론과 권력의 우스꽝스러운 측면 모두를 요약한다고 말할 수 있다.(이 점에 관해 전복의 메커니즘, 미치광이들의 축제 등을 참고할 수 있다.) 그런데 이 '소모'는 아이러니, 웃음 혹은 유머의 극단적이며 제도적인 표현방식에 불과하다. 동시에 소모는 권력의 놀이와 그 비밀 속에서 소진되지 않는 사회적 에너지의 원인이자 결과이다. 엘리트의 정신에만 관심이 있었을 뿐 평범한 사람들에게는 거의 신경을 쓰지 않았던 플라톤은 심지어 이런 생각까지 품었다. 즉 권력의 유혹에 노출되지 않기 위해 민중에게 필요한 것은 "만족스러운 삶을 실행에 옮길 수 있는 가장 좋은 원칙"인 "현명한 쾌락주의"라고 말이다.[42]

이러한 교훈을 귀담아들었던 많은 폭군과 권력자는 민중을 침묵시키는 데 필요한 유희의 몫을 잊지 않고 제공해주었다. 일부에서 정당하게 지적한 바에 따르면, 다양한 스펙터클, 스포츠, 그리고 많은 시청자를 무기력하게 만드는 TV 방송이 이 역할을 맡았다. 우리가 알고 있는 부드러운 전체주의의 도래와 함께, 'TV 퀴즈 게임'은 잔인한 서커스를 대체했다. 물론 권력자들이 민중을 침묵시키기 위해 유희를 제공했고, 현재 TV 방송이 그런 역할을 맡고 있다는 이야기가 틀린 것은 아니지만, 동시에 이것이면서 저것인 인간 존재의 구조적 양면성을 고려하지는 않는다. 계몽주의에서 유래했고 여전히 우리의 학문 분과에서 중요하게 여겨지는 비판적 관점에서 전부 아니면 전무의 논리는 지배적 영향력을 행사하고 있다. 그러나 이 논리만 가지고는 모든 사회적 존재의 심연에서 작동하는 여러 가치의 갈등을 파악할 수 없다. 사회학의 생산력은 바로 이러한 방향에서 이루어질 수 있다. 이 점에 관해 사회학자 앙리 르페브르의 매우 뛰어난 분석을 참고하는 것은 흥미로운 일이다. 앞에서 언급한 비판적 관점의 노련한 대변인 격인 르페브르 역시 "일상의 이중적 차원인 평범함과 심오함"을 강조할 수밖에 없었다. 약간 진부한 언어로 자신이 주장한 바를 다소 깎아내리면서, 르페브르는 다음과 같은 사실을 인정해야만 했다. "일상성 안에서 소외, 물신숭배, 물화……는 각자 모두 어떤 효과를 양산한다. 동시에 (어떤 지점에 이르러) 욕구로 변해버리는 필요는 재화와 만나면서 그 재화를 제 것으로 삼는다."[43] 르페브르의 말을 참고하면서, 나는 무엇보다도 이런 점을 강조하려 한다. 즉 사회적 존재의 다의성을 축소하기는 불가능하고, 사회적 존재의 '역능'은 각각의 행위가 어떤 소외와 함께 어떤 저항을 표현한다는 사실에 근거를 두고 있다. 역능은 평범한 것과 예외적인 것, 침울함과 흥분, 비등과 이완의 혼합물이다. 이 점은 특별히 놀이에서 감지되는데, 놀이란 '상품화'될 수 있으며 동시에 존재를 다시 전유하려는 실제적인 집합적 감정이 일어나는 장소가 될 수 있다. 이전에 출간한 여러 책에서 나는 이 현상을 꾸준히 설명해왔다. 내가 보기에 그것은 민중의 본질적 특성 중 하나이다. 어느 정도 자명해 보이는 이러한 특성은, 유대-기독교로부터 물려받은 분리(선과 악, 신과 악마, 참과 거짓)를 뛰어넘어 다음과 같은 사실도 드러낸다. 즉 사물들의 유기성이 존재하며 전체는 차별화된 방식으로 자신의 통일성에 기여한다는 사실 말이다. 전통적 문화 축제들과 더불어, 시골 축제와 민속 행사의 증가, 더 나아가 이런 저런 '지방'의 농업 특산물을 중심으로 이루어지는 축제적 회합의 증가는 우리의 논의에 시사하는 바가 매우 크다. 실제로 관광

시즌 동안 포도주, 꿀, 견과류, 올리브 등을 내건 축제일은 더할 나위 없이 상업적이면서 동시에 집합적 유대를 강화한다. 이 유대는 자연과 그 생산물에 빚지고 있다. 퀘벡의 민중축제협회는 일 년을 여러 축제로 촘촘히 구성했는데, 이 축제는 오리, 꿩, 월귤나무 열매와 사과 등을 통해 자연적 주기를 반복하고 동시에 퀘벡이 스스로에게 품는 집합적 감정을 강화하는 데 기여한다.

바로 이것이 어떻게 '소모'가 저항과 역능의 지표인지를 말해준다. 아무리 소모가 상업적이며 몇몇 우울한 이들이 말하듯 어용화된 것이라 할지라도 말이다. 하루하루를 즐기고 현재의 감각을 지니는 것, 현재의 결실을 추구하며 삶을 긍정적으로 바라보는 것은 어떤 분석가라도 아직 그가 일상에서 지나치게 떨어져 나온 사람이 아니라면 사회의 삶을 수놓고 있는 모든 상황과 사례 속에서 쉽게 관찰할 수 있는 것이다. 리처드 호가트의 적절한 표현에 따르면, "민중계급의 구성원들은 언제나 일상생활을 즐기는 쾌락주의자들이다." 호가트는 그의 책에서 이런 의미를 담고 있는 많은 사례를 제시한다. 그는 이 쾌락주의가 민중의 행복을 약속하는 정치인들에 대한 불신과 직결되어 있음을 강조한다. 사람들은 정치인들의 약속이 허구임을 의식하면서, 허무주의와 아이러니를 가지고 그들의 행위를 받아들인다. "우리는 오늘이든 내일이든 죽을 수 있다." 그러므로 언제나 내일 혹은 미래를 기준으로 생각하는 사람들과는 달리, 현재의 불안정한 권리 자체를 확실히 하는 것이 중요하다. 대중의 관망적 태도와 향락주의의 기반이 되는 것, 그것은 바로 삶의 냉혹한 현실들에서 나온 이러한 상대주의적 철학이다.[44]

3장 사회적인 것에 저항하는 사회성

1. 정치적인 것을 넘어서

일반적으로 지식인은 아무도 없는 곳에서 in absentia 문제를 제기하고 조사에 나선 후 진단을 내린다. 따라서 우리 학문 분과에는 민중의 양식良識에 대한 선천적 불신이 존재한다.(엥겔스가 말했듯이 불신은 '최악의 형이상학'이다.) 그다지 새로울 것도 없는 이 불신이 학자들의 집합기억 속에 깊게 뿌리내리고 있다. 이는 분명 두 가지 본질적 이유 때문이다. 한편으로 민중(물론 나는 '신화'로서의 민중을 염두에 두고 있다. 3장 주 1 참고)은 부끄러움 없이, 즉 위선을 부리지도 않고 정당화해야 한다는 염려도 없이, 그들 삶의 물질성에 몰두한다. 민중은 이상적인 것에 매달리거나 쾌락을 뒤로 미루지 않고, 가까이 있는 것에 전념한다. 다른 한편, 민중은 이론적 방법이 늘 품어왔던 거대한 환상, 즉 숫자와 측정, 개념의 환상에서 벗어나 있다. 우리는 이러한 골칫거리를 "대중은 어떠한 단위로도 측정될 수 없다 Nihil in vulgus modicum"(『연대기』, I, 29)는 타키투스의 경구, 혹은 키케로가 힘주어 표현한 "가장 기괴한 동물 immanius belua"(『국가』, III, 45)로 요약할 수 있다. 이런 식으로 대중을 묘사하는 예는 수없이 많다. 그런 예들은 모두 다소 완곡한 방식으로 대중을 그 괴물성 때문에, 즉 그들을 쉽게 정의내릴 수 없다는 바로 그 사실 때문에 비난한다.

'자연발생적 사회학'에 대한 뒤르켐의 근심, 혹은 문화적 횡설수설이나 민중적 지식으로 볼 수 있는 개념들의 잡동사니에 대한 피에르 부르디외의 불신도 이러한 '키케로적' 계보에 속한다.[1] 이질성과 복잡성에 속하는 모든 것은 권력의 관리인들을 괴롭히듯, 지식의 관리인들에게도 혐오감을 일으킨다. 군주의 조언자가 되기 위해 애썼던 플라톤을 참고해보면, 우리는 지식과 권력을 묶는 내밀한 관계들이 매우 오래전부터 존재했음을 알 수 있다.

그런데 무언가 특별한 것이 모더니티와 함께 출현했다. 프랑스혁명은 정치적 삶은 물론 지식인들에게 요청되는 역할에도 급격한 변화를 가져왔다. 니스벳의 분석에 따르면, "오늘날 정치는 지적이며 도덕적인 삶의 방식이 되었다."[2] 사람들은 이 사실에 관해 장광설을 늘어놓을 수도 있다. 어쨌든 바로 그 사실이 19세기와 20세기의 모든 정치사상과 사회사상의 토대를 이룬다. 그런데 동시에 오늘날 우리가 정치적 지평을 넘어서는 것을 좀처럼 이해하기 어렵다는 점도 설명해준다. 사회과학의 주창자에게 민중이나 대중은 고유한 탐구 대상이자 연구 영역이다. 민중이나 대중은 이 주창자에게 존재이유와 정당성을 부여해준다. 그러나 민중이나 대중에 관해 차분히 말하기는 어려운 일이다. 사방에서 들끓는 도그마적 선입견들과 기성의 사고들은 '당위'의 논리에 따라 대중을 '역사의 주체' 혹은 존경받을 만한 교화된 실체로 만들기 위해 애쓸 것이다. 민중에 대한 경멸에서 추상적 이상화에 이르는 데는 단지 한 발자국만 재빨리 옮기면 된다. 그런데 이 발걸음은 다시 뒤로 되돌릴 수 있다. 만약 이 역사의 주체가 '좋은' 주체가 아니라고 판정되면 사람들은 민중을 다시 경멸하기 시작한다. 바로 이것이 "항상 국가로 환원되는 사회적인 것만을 인식"[3] 하는 사회학의 특징이다.

모든 것을 기획pro-jectum의 척도로 평가하는 정치적 지식인들에게 모호함과 괴물성을 지닌 대중 그 자체는 경멸적 의미로 인식될 뿐이다. 기껏해야 대중적인 것(대중적 사고와 종교, 존재방식)은 다른 무엇이 될 수 없는 무능력, 그렇기에 교정되어야 할 무능력의 징후처럼 여겨질 것이다.[4] 사실 우리는 비난의 화살을 우리 자신에게 돌리고, 우리를 특징짓는 것은 민중이라는 다른 무엇을 이해할 수 없는 우리 자신의 무능력이 아닌지 살펴봐야 한다! 고유한 형태가 없는 대중은 상스러우면서도 이상적이고 관대하면서도 사악하다. 다시 말해 대중은 살아 있는 모든 것이 그러하듯, 역설적 긴장에 의존하는 모순된 혼합물과도 같다. 이러한 모호성을 있는 그대로 인식할 수는 없는가? 다소 무질서하고 쉽게 가늠할 수 없는 대중은 일부러 끝까지 그런 방식으로 존재하는 것을 자신의 유일한 '기획'으로 삼는다. 이러한 사실은 자연적이고 사회적으로 부과되었다는 점에서 결코 무시할 만한 것이 아니다.

관점을 뒤집어보자. 마키아벨리식으로 돌려 말하자면, 우리의 관심사는 궁정의 사고보다는 공공장소의 사유다. 이러한 관심이 사라진 적은 없었다. 고대의 견유학파에서 19세기의 민중주의에 이르기까지, 몇몇 철학자와 역사학자가 이런 관심을 유지했다. 심지어 때로는 지식인의 관점보다 "촌민의 관점"이 앞선다고 선언하기도 한다.[5] 이런 관점은 거대도시 속에서 '마을들'이 증가하는 작금의 시기에 긴급히 요청되고 있다. 그것은 어떤 마음가짐이나 실현 가능성 없는 소원 혹은 일관성 없는 제안이 아니라, 시대의 정신에 부응하는 필연이다. 이제 다음과 같이 요약할 수 있다. 우리 사회의 삶, 그리고 더이상 미래로 기획된 보편적 진리가 아닌 국부적 지식에 호소하는 그 모든 것은 바로 '지역', 영토, 근접성으로부터 결정된다. 의심할 나위 없이 이러한 사실은, 지식인은 자신이 기술하는 바로 그 대상에 '속해 있어야' 함을 요구한다. 그것은 일상적 지식의 주인공이자 관찰자인 "현대적 나로드니키*"[6]로 살아가는 것을 뜻한다. 그리고 이와 더불어 지적할 수

* Narodniki. 19세기 러시아에서 사회주의운동을 실천한 인민주의자들을 일컫는 말.

있는 또다른 매우 중요한 결론은 다음과 같다. 우리는 정치적이고 사회적인 삶 전체를 관통하는 대중적 실마리의 지속성을 강조할 줄 알아야 한다.

역사 혹은 거대한 정치적 사건들이 무엇보다도 대중의 소산이라는 것 말고 무엇을 말할 수 있겠는가? 역사철학에 관한 테제에서 이미 발터 벤야민은 이 점에 주목한 바 있다. 귀스타브 르봉 역시 자기 방식대로, 로베스피에르나 생쥐스트가 공포정치를 만들어낸 것이 아닌 것처럼 성 바돌로매 축일의 학살 혹은 종교전쟁을 일으킨 것은 국왕이 아니라고 강조했다.[7] 물론 여기에는 사태의 추이를 가속화시켰던 여러 과정, 필수적 매개자로 등장했던 여러 인물, 그리고 사태를 촉발시켰던 객관적 원인들이 존재한다. 하지만 그 어떤 것도 사태를 충분히 설명하지 못한다. 그러한 것들은 서로 합해지기 위해서 특별한 에너지를 필요로 하는 요소들에 불과하다. 이 특별한 에너지는 "흥분"(뒤르켐) 혹은 "비르투Virtu*"(마키아벨리)로 부를 수 있지만, 여전히 무엇이라고 딱 잘라 이름붙이기 힘든 것으로 남아 있다. 그러나 이 '뭐라 말할 수 없는 것'이 바로 정신적 유대의 역할을 떠맡고 있다. 단지 사후에야 사람들은 이런저런 행위의 객관적 원인을 분석할 수 있으며, 바로 그때 그 원인은 아주 차갑고 너무도 예견되어 있으며 완전히 필연적인 것으로 드러날 것이다. 그러나 그 원인은 무엇보다도, 문자 그대로 및 비유적인 의미에서, 열기에 휩싸인 대중에 의존한다. 노동자들을 살해한 경찰관들에게 무죄 판결이 내려진 빈 법원 화재에 관한 엘리아스 카네티의 빼어난 묘사가 이 점을 잘 증명한다. "그 사건이 일어난 지 46년이 지났지만, 그날의 감정은 아직도 뼛속에 깊숙이 각인되어 있다. 그때 이후로 나는 바스티유 감옥 점령 때 일어났던 일에 관해 한 글자도 읽어볼 필요가

* 정념이나 욕망의 능동적 발현으로서의 덕德.

없다는 것을 알게 되었다. 나는 대중의 일부가 되었고 그 속에 융합되었다. 나는 대중이 저질렀던 일에 최소한의 저항감도 느끼지 못했다."[8] 우리는 어떻게 공감의 불길이 조밀하고 단단한 덩어리로 결집되는가를, 어떻게 고유한 자율성과 특별한 역동성을 지닌 전체 속으로 각자가 융합되는가를 보게 된다.

이런 사례는 얼마든지 제시할 수 있다. 그 사례들은 극단적일 수도 있고 반대로 매우 평범할 수도 있다. 그런데 그 모든 사례는 엄밀한 의미에서 '황홀경에 빠진' 경험이 존재한다는 것을 보여준다. 이 경험은 격동 속에서 함께하는, 혁명적 혹은 정치적 대중의 토대를 이룬다. 마땅히 그런 경험 속에서 기획의 논리에 빚지고 있는 것은 거의 찾아볼 수 없다. 따라서 앞서 언급한 에너지는, 그것이 어떻게 보이든지 간에, 사회성의 상징체계symbolisme sociétal의 원인이자 결과이며, 각자의 개인사와 공동의 삶의 역사에서 끊임없이 발견되는 일종의 지하의 중심성으로 여겨질 수 있다.

이런 관점은 카를 만하임의 『이데올로기와 유토피아』에 잘 정리돼 있다. "직관과 영감에 따른 역사의 원천이 존재하는바, 실제 역사는 이 원천을 불완전하게만 반영할 뿐이다."[9] 이 관점은 신비주의적이며, 그런 면에서 신화적이라고 말할 수 있지만, 틀림없이 우리 사회의 구체적인 삶의 많은 측면을 밝혀줄 것이다. 신비주의는 적어도 그 근원에 있어서만큼은 분명히 우리가 생각하는 것 이상으로 훨씬 더 대중적인 본질을 지닌다. 신비주의는 그 어원적 의미도 통합의 논리를 가리킨다. 그것은 입문자들을 하나로 이어주는 것, 다시 말해 종교(다시 연결함re-ligare)의 극단적 형태라고 말할 수 있다.

우리는 마르크스가 정치를 종교의 세속적 형태라고 규정했던 것을 기억하고 있다. 따라서 마르크스의 이 말을 다소 무리해서라도 우리의 논의 틀과 연관지었을 때, 인류 역사의 저울 위에서 신비-종교적 관점을 강조하게 되면 정치적 가치의 무게가 감소하리라고 말하는 것은 부적절하게 들릴지 모른다. 전자는 무엇보다도 함께-하기를 편드는 반면, 후자는 행위와 그 결과를 중요시한다. 이러한 가정을 현재 유행하는 사례를 통해 예증하기 위해—그런데 시대정신을 이해하는 데는 그 어떤 것도 쓸모없지는 않다—우리는 중국 대중 속에 깊이 뿌리내린 선禪 사상과 도교의 신비주의가 중국의 이데올로기와 공식적 정치의 제도화된 형태에 늘 대립하면서 규칙적으로 다시 나타난다는 점을 떠올려볼 수 있다. 선 사상과 도교의 신비주의가 일으키는 개념의 파열, 자발성, 근접성은 중국 대중에게 부드러운 저항 혹은 적극적 반항을 조장한다.[10] 다시 말해, 내가 조금 전 언급했던 신비주의는 대중의 보고寶庫이다. 그 안에서 집합적 경험과 상상계가 개인주의와 그 계획적 행동주의를 넘어서 서로를 강화한다. 그리고 집합적 경험과 상상계가 일으키는 시너지는 강한 의미에서의 모든 사회적 삶의 토대를 이루는 상징적 전체들을 형성한다.[11] 이 상징적 전체들은 위축된 내면주의intimisme를 앞세우는 주관주의와 경제-정치적 정복에 치중하는 객관주의의 부자연스러운 통합과는 아무 상관이 없다. 그것들은 오히려 모태로 이해돼야 한다. 이 모태 안에서 어느 주어진 세계의 다양한 요소가 유기적 방식으로 상호침투하고 서로를 풍요롭게 만들면서, 억누를 수 없는 어떤 생기生起를 발생시킨다. 이 생기는 분석할 만한 가치가 있다.

물론 우리가 다루는 종교적 공간은 공식적 기독교 전통에서 종교를 이해하는 통상적 방식과 아무 관계가 없다는 점을 명확히 짚고 넘어가야 한다. 이는 특히 기독교 전통에서 나타나는 두 가지 본질적 지점, 즉 한편으로는 종교와 내면성 사이의 일치, 다른 한편으로는 종교와 구원 사이의 일반적 관계라는 두 지점에서 그러하다. 이 두 지점은 개인과 신 사이의 특권적 관계를 설정했던 개인주의적 이데올로기로 요약될 수 있다. 사실 그리스의 다신교적 이미지에서 우리는 무엇보다도 함께-하기의 형태를 강조하는 종교 개념, 다시 말해 소집단들과 공동체들을 견고하게 결합시키는 에너지를 가리켜 내가 '내재적 초월성'이라 불렀던 것에 역점을 두고 있는 종교 개념을 상상할 수 있다.[12] 이 은유적 관점에 힘입어 우리는 정치적인 것의 후퇴가 어떻게 작고 "수다스러운 신들"(피터 브라운)의 성장과 궤를 같이하는가를 파악할 수 있다. 이 신들은 현대에 수많은 부족이 증식하게 된 원인이자 결과에 해당한다.

비록 암시적이긴 해도, 기독교 전통이 공식적이며 교의적인 측면에서 구원론에 치중했고 개인주의적 성향을 띠었다는 점을 명확히 해두자. 그런데 기독교의 대중적 관례는 이와 상반된 공생의 가치를 향하고 있었다. 여기서 이 문제를 상세히 다룰 수는 없지만 다음과 같은 사실만 지적하기로 하자. 기독교 전통이 신앙을 교의로 삼기 이전에, 대중의 종교성—성지 순례와 성인 숭배, 그리고 여러 미신적 형태의 종교성—은 무엇보다도 사회성의 표현이었다. 기초 공동체들은 교의의 순수성보다는 함께 살아가기 혹은 함께 살아남기에 몰두한다. 가톨릭교회는 이 점에서 틀리지 않았는데, 왜냐하면 가톨릭교회는 거의 의도적으로 순수한 [원리주의자들의] 교회가 되는 것을 항상 회피해왔기 때문이다. 한편으로 가톨릭교회는 (도나투스주의Donatisme 같은) 논리 속으로 자신을 이끄는 이단에 맞서왔으며, 다른 한편으로 '복음의 말씀'을 따르며 살기를 원하는 사람들에게는 사제, 수도원, 은둔자들처럼 외진 곳에 '떨어져 사는' 삶의 방식을 따를 수 있도록 해주었다. 그밖에도 가톨릭교회는 종종 도덕적 혹은 교리적 방임주의에 가까운 다신교적 차원을 확고하게 유지해나갔다. 바로 이런 관점에서 루터의 반발을 산 면죄부나 파스칼을 몹시 분노케 한 궁정 예수회 수도사들의 선행에 관한 교의를 생각해볼 수 있다. 이러한 '다신교적' 관점은 앞서 언급한 대중의 보고라는 개념과 연결될 수 있다. 다신교적 관점에 따라 한 집단이 집합적 삶이라는 성스러운 위탁물을 책임지고 관리하게 된다.[13] 이런 의미에서 대중종교는 사회적 유대의 지속을 허용하고 강화해주는 상징적 전체가 된다.

> 재미 삼아 나는 사회학적 제1'법칙'을 제안해보려 한다. 사회적 구조화의 다양한 방식은 그 지주 역할을 하는 대중적 기반에 부합하는 한에서만 가치를 지닌다.

이 법칙은 교회뿐 아니라 그 세속적 형태인 정치에도 유효하게 적용될 수 있다. 에르네스트 르낭은 "교회는 민중 없이 유지되지 않는다"[14]고 했는데, 인간사를 수놓는 다양한 데카당스는 이러한 언급에 비추어 이해될 수 있다. 토대에서 분리된 제도는 공허해지고 무의미해진다. 반대로 우리의 관점은 다음과 같은 사실을 지적하고 힘주어 강조한다. 즉 사회성이 일시적으로 제도나 정치적 운동으로 구조화된다 할지라도, 사회성은 이를 모두 초월한다. 광물학의 이미지를 취해보자면, 제도나 정치적 운동은 그보다 오래 존속하는 주형[모태] 속에 둥지를 튼 가상假像의 형성물에 불과하다. 우리의 관심을 끄는 것은 바로 이 영속성인데, 이것은 다음과 같은 사실도 설명해준다. 오늘날 우리가 관찰할 수 있는 정치에 대한 광범위한 무관심은 사회 해체의 가속화가 아닌 새롭게 재생되는 활력을 나타낸다. 바로 이 영속성이 신성의 표시이며, 이 신성은 위에서 덮어씌우는 외재적 총체가 아니라 세속적 현실 한가운데에 그 세속의 본질이자 미래로서 존재한다. 이 점에 관해 우리는 독일 사회학의 고전적 학술 용어인 퇴니에스의 공동사회Gemeinschaft와 이익사회Gesellschaft, 혹은 베버의 '공동체적 결합Vergemeinschaftung'과 '이익사회적 결합Vergesellschaftung'의 대립을 참고할 수 있다.

첫번째 집합[공동사회와 공동체적 결합]이 지칭하는 공동체적 에토스는 공동의 주관성, 공유된 열정을 가리키는 반면, 이익사회와 관련된 모든 것은 본질적으로 합리적인 것을 가리킨다. 이 합리성은 가치Wert 합리성이거나 목적Zweck 합리성을 뜻하는데, 베버는 자신의 한 글에서 다음과 같이 밝힌다. 한편으로 베버는 "정해진 목표를 지닌(목적 지향적인) 연합의 틀을 넘어서는 모든 결사적 관계는 자유의지로 확립된 목적을 뛰어넘는 감정적 가치를 낳을 수 있다"고 지적한다. 다른 한편으로 하나의 공동체는 어떤 합리성 혹은 목적을 지향할 수 있다고 언급한다. 따라서 "가족집단은 하나의 공동체일 수 있고, 다른 측면에서 그 구성원들에 의해 하나의 이익사회적 결합 관계로 이용되고 또 그렇게 느껴질 수 있다."[15] 이렇게 베버는 한 형태에서 다른 한 형태로의 이전과 복귀가 가능하다는 점을 강조한다. 물론 공동체적 차원이 창설적 계기라는 것은 당연한 사실이다. 이는 특히 '친족집단'이나 '종파적 결사체'에 기초하는 도시의 경우 명백하게 드러난다. 그러므로 우리는 이러한 변화와 그 토대 모두에 주목해야 한다. 실제로 사회구조를 구성하는 조합 속에서 이런저런 요소의 위치 변동이나 그 포화상태는 매우 중요한 질적 차이를 야기할 수 있다. 따라서 어느 특수한 사회 형태의 종말은 우리에게 다른 사회 형태의 재등장을 이해할 수 있도록 해준다.

방금 언급한 종교와 공동체 외에도 주목할 만한 개념이 있는데, 바로 민중peuple이다. '사회적'이라는 말이 가장 단순한 의미에서 사용되듯, 민중이라는 용어도 별다른 의도 없이 사용된다. 또한 민중이라는 개념은 기존 정치질서에 대한 대안적 실천과 표상의 총체를 일컫기도 한다. 이것이 바로 '민중주의'의 흐름이 이루고자 했던 바이다. 그런 다양한 흐름 가운데 19세기 러시아의 민중주의가 가장 대표적인 예이다. 민중주의에도 영광의 시간이 있었다. 민중주의는 많은 사상가를 배출했고 경제-사회적 차원에서 여러 번 현실화되기도 했다. 물론 민중주의는 특히 레닌에 의해 진정한 사회주의, 즉 과학적 사회주의의 청년기로 너무도 성급하게 간주되기도 했다. 물론 교조적 경직화를 겪고 있던 마르크스주의는 농민 공동체를 민중이라고 부를지 주저하고 있었다. 내가 즐겨 인용하는, 1881년 3월 8일 마르크스가 베라 자술리치에게 보낸 편지에 나타나는 것처럼, 우리는 당시 러시아에서 생동했던 민중주의에 관해 마르크스가 품었던 의구심을 잘 살펴볼 수 있다. 사실 우리는 민중의 현실 자체가 노동운동의 '권위주의적' 전통(마르크스주의, 레닌주의, 스탈린주의)과 그 운동의 이론적 관리를 보증했던 이들에게 완전히 낯설게 비춰졌음을 생각해볼 수 있다. 왜냐하면 '비非권위주의자들'(무정부주의자, 연방주의자)과는 반대로, 이들의 관점은 본질적으로 정치적이었기 때문이다. 마르크스는 이 논쟁에 관해 다음과 같이 정확하게 언급한다. "사람들이 민중을 이야기할 때, 나는 어떤 못된 짓을 프롤레타리아에게 하고 있는지 묻곤 한다." 우리도 한마디 덧붙여보자. 사실 개량주의적 견해이든 혁명적 견해이든, 프롤레타리아의 수호자들이 수많은 곳에서 권력을 쥐고 있는 오늘날 우리는 민중이 감내해야 하는 이 못된 짓을 좀더 잘 알게 된 것은 아닌가![16]

민중주의를 괴롭혀온 정치적 엄명嚴命의 바깥에서 살펴보면, 우리는 민중주의가 아직 성숙하지 못한 허약한 아이와는 전혀 다른 무엇으로 나타났음을 알게 된다. 우리는 민중주의가 예언적 형태, 혹은 같은 말이지만 경제-정치적 의미가 상대화된 실험실을 표상했다고 가정할 수 있다. 민중주의자들은 근본적 연대와 공동체의 효과들 및 코뮌의 신화(유명한 러시아의 옵시나[농민 공동체])를 중시했으며, 또 그중 일부는 기계가 이런 공동체에 유용하게 작용할 것이라고 공표하기도 했다.[17] 오늘날 현재와 미래를 자율성과 미시-사회들이라는 용어를 통해 사고하는 사람들에게 이 민중주의자들이 커다란 도움을 줄 수 있을지도 모르겠다. 소규모 기업과 협동조합처럼 가까운 사람들 사이의 신뢰에 기초하는 우리 시대의 경제 성장을 이해하기 위해 이러한 민중주의적 관점을 취하는 것은 흥미로운 일이다. 간단히 말해서 일반 경제에서 일반 생태학으로의 이행을 이해하기 위해서라면 말이다. 일반 생태학은 세계, 자연, 사회를 지배하기보다는 삶의 질에 기초한 사회를 집합적으로 실현하고자 한다.

19세기 말과 20세기 초에는 당시의 시대정신에 어울리게도 계급(또는 프롤레타리아)이 점진적으로 민중의 자리를 차지했다. 역사학과 정치학의 확산과 더불어 완수된 이 과정에 대해서는 이미 잘 알려져 있다. 한편으로 우리는 계급을 정의하기 어렵다는 것을 점점 더 의식하고 있으며, 다른 한편으로 이런저런 행위와 이런저런 투쟁을 노동자 계급 혹은 완전한 의식 속에서 활동하는 프롤레타리아의 몫으로 돌리는 일은 언제나 사후에야 가능하다는 점에 동의하고 있다.[18] 게다가 보통 정당의 정치국이 제정한 전략에 부응하는 투쟁만이 노동자 계급의 진정한 투쟁이라는 이름을 얻을 뿐, 나머지 다른 투쟁들은 그때그때의 상황에 따라 도발, 타협, 배반 혹은 계급 협조 등으로 다양하게 불린다. 우리는 노동자 계급이 자신에게 부과된 명령을 점점 덜 따른다는 사실과 대문자 역사가 보증하는 진보적 방향에 관한 믿음이 최소화되고 있다는 사실을 대조해볼 수 있다. 미래는 없다no future는 젊은 세대의 슬로건이 예전만큼 넘쳐흐르진 않지만, 그래도 여전히 사회 전체에 어떤 반향을 일으키고 있다. 우리는 과거사에 기대는 것(민속학, 대중 축제에 대한 재투자, 사교성의 회복, 지역 역사에 대한 매혹)은 미리 방향이 설정된 진보적 역사의 독재로부터 벗어나고, 그럼으로써 현재를 살아가기 위한 방법은 아닌지 자문할 수 있다. 확실한 것은, 진보의 위엄 있는 행진을 무시하면서 미래를 거부하는 것은 민중에게 귀족 작위를 돌려주는 일과 같다. 이는 단순한 말장난이 아니다. 민중의 귀족주의적 측면을 강조하는 것이다.

정치와 관련해 민중의 귀족주의는 다양한 모습을 취한다. 우선 어떤 정치적 성향인가를 따지지 않고 모든 정치인을 혐오하는 민중의 경멸이 있다. 나는 이미 민중의 이런 '관망적 태도'를 분석한 바 있다. 이를 입증하는 수많은 일화와 재담, 그리고 분별 있는 고찰이 있다.[19] 하지만 지금 이 자리에서 논의를 확대하기는 어렵다. 반대로 대중의 변덕에 주목하고자 한다. 변덕은 '관망적 태도'

에 필적하며 특수한 오만함을 나타낸다. 지배욕에 사로잡힌 사람들에게서 우리는 그들이 무엇을 줄 수 있는지, 어디에 쓸모 있는지를 기대한다. 앞서 언급한 주고받기의 문제, 즉 너에게서 무언가를 받기 위해 너에게 투표한다는 문제처럼, 여기서 우리는 다시 세속적 종교를 발견하게 된다. 동시에 이 세속적 종교는 정치에 대한 민중의 뿌리 깊은 거리두기를 보여준다. 민중의 관심사는 값을 깎아서 얻을 수 있는 것, 그리고 '다시 할인'받을 수 있는 것에 모아진다.

동시에 이 오만한 변덕은 모든 형태의 권력에 맞서는 방패다. 역사가와 사회학자들은 어떻게 대중이 온갖 지배자와 가치를 숭배했다가 불태웠는지를 줄곧 강조해왔다. 이에 관한 사례는 풍부하다. 한때 찬양받다가 얼마 후 멸시당하는 이데올로기와 신념에 대해서도 똑같이 말할 수 있다.[20] 이런 사실을 불쾌하게 여기기보다, 어떤 근본적인 상대주의를 검토해보는 편이 낫다. 이 상대주의는 진정한 연대 관계가 맺어지는 근접성과는 거의 관련이 없는 지배적 개체들에 대한 상대주의다. 저 하늘에 떠 있는 막연한 관념들과 기획들은 찬란한 앞날을 약속하는 모든 것을 가리기 마련이다.

나는 앞에서 존재를 지속시켜주는 성스러운 의무를 언급했다. 그것은 어떤 의미에서 동물이나 갖고 있을 만한 체화된 지식인데, 대중은 바로 이 지식을 가지고 저항할 수 있다. 실제로 변덕은 본질적인 것을 유지하고 사실적인 것과 일시적인 것은 무시하는 방법으로 볼 수 있다. 정치 지도자들의 다툼, 그 다툼의 무대화는 특별히 스펙터클하다는 측면에서 가볍게 여길 수는 없지만, 그럼에도 어디까지나 추상적일 뿐이며, 대개는 기대만큼 긍정적이거나 부정적인 효력을 낳지 못한다. 정치의 역할이 선동이라면—그렇기에 정치는 연출이 필요하고 주변을 기념비적인 것들로 채우고 호화로운 복장을 걸치기 마련이다—대중의 역할은 생존이다. 즉 존재 속에서 지속되어야 한다. 이때 우리는 여론의 술책과 변덕을 대중이 지닌 책임, 즉 구체적인 것에 대한 책임에 견주어 이해할 수 있다. 한 걸음 더 나아가, 과도한 양심의 가책이나 부차적인 영혼의 상태에 휘말리지 않고, 나는 매일매일의 죽음을 이겨내는 것이 대중으로서의 민중이 지닌 본질적 책임이라고 말하고 싶다. 이 책임은 의심할 바 없이 끈질긴 노력과 힘의 막대한 비축을 요구한다. 바로 이것이 대중을 고귀하게 만든다.

내가 제시한 권력과 역능의 이분법을 다시 생각해보자.(『전체주의적 폭력』(1979), 1장) 나는 여기에 약간의 언어유희를 덧붙여 사회학의 제2법칙을 제안하려 한다.

> 권력은 삶vie의 관리를 떠맡을 수 있고 또 그래야만 하며,
> 그에 비해 역능은 생존survie을 책임진다.

당연히 언어유희다.(법칙을 만들 때 언어유희는 필수적이다.) 나는 '생존'이라는 말을 삶의 토대를 구축하면서 삶을 넘어서고 또 보증하는 것으로 이해하고자 한다. 카네티에 의하면 생존은 "역능이 드러나는 핵심적 상황"[21]이다. 생존은 우리가 결코 믿을 수 없는 죽음에 맞선 영원한 투쟁을 의미한다. 이 죽음은 엄격히 말해서 자연적 죽음일 수도 있고 모든 경제-정치적 영역의 '기획된' 차원이 퍼뜨리는 치명적 부담일 수도 있다. 역능은 마나mana*에, 혹은 개인과 특정한 분파를 초월하는 집합적 힘을 가리키는 여러 다른 표현에 비유할 수 있다. 나는 역능을 나날의 삶이라 할 수 있는 "지극히 구체적인 것"(발터 벤야민)과 연관짓고자 한다. 전무全無와 전부全部, 피와 살로 이루어진 이 작은 역사들에 견주어보면, 중대한 정치사는 그에 대해 어떻게 처신해야 하

* 멜라네시아 원시사회에서 찾아볼 수 있는 비인격적 힘의 관념.

는지 잘 알고 있는 집합기억의 측면에서 봤을 때 아무런 근거도 없는 역사이다.

대문자로서의 역사보다는 소문자로서의 작은 역사들. 그것이 바로 우리에게 사회의 영속성을 설명해주는 놀라운 비밀일 것이다. 정치적 차원을 넘어 위대한 문화적 집합체들이 세기를 거쳐 유지되고 있다. 그리스, 로마, 아랍, 기독교 문명은 내적 역능에 의존하고 있는데, 이 역능은 권력이 조각내고 경직되게 만들어 결국은 파괴하려는 것들을 항상 새롭게 강화하고 다시 활력을 불어넣는다. 바로 여기에 사회를 관찰하려는 사람들이 예리하게 주목해야 할 집합적 삶의 의지가 있다. 짐멜은 하나의 정치적 결정을 이해하기 위해서는 그 의사결정자의 삶 전체를 파악해야 하며, "정치에겐 낯선 이런 삶의 많은 측면을 고려해야" 한다고 말했다.

하물며 종의 '생존', 곧 늘 갱신되는 근본적 결정을 파악하기 위해서라면, 단순한 정치적 목적이라는 협소한 틀을 마땅히 벗어나야 한다. 있는 그대로의 삶, 고집불통인데다 억누를 수 없는 삶이 우리를 바로 이 방향으로 밀어붙이고 있다. 우리는 여기서 질베르 르노가 멋지게 표현한 "길들임에 저항하는 반항적 사회성"[22]을 바라봐야만 하는 것 아닌가? 어쨌든 한 세기가 끝나가는 지금, 나는 대답하지 않을 수 없는 중요한 문제가 여기에 놓여 있다고 생각한다.

2. 자연적 '가족주의'

아마도 쉽게 받아들여지지 않겠지만, 내가 보기에 개인과 정치 사이에는 다소 도착적으로 서로 밀착된 어떤 관계가 존재하는 것 같다. 사실 개인과 정치는 모더니티의 두 핵심 축이다. 내가 앞서 설명했듯, 부르주아의 부흥과 더불어 시작된 정치-경제적, 기술-구조적 조직화 전체를 특징짓는 것은 바로 개체화 원리다. 이 과정을 이론화했던 빼어난 사상가들 가운데 한 명인 뒤르켐은 단호하게 언급한다. "국가의 역할에 부정적인 것은 없다. 국가는 사회 상태가 허용할 수 있는 가장 완벽한 개인화를 보장하려는 경향이 있다."[23] 정치질서의 대표적 구현으로서 국가는 공동체로부터 개인을 보호한다. 한 가지 일화로도 충분히 관찰할 수 있는 것처럼, 1960년대에 가장 정치적이었던 사람들, 즉 "모든 것은 정치적"이라고 외쳤던 바로 그 사람들은 똑같은 신념으로 때로는 똑같은 당파 근성을 가지고 개인주의의 필연성을 주장했다. 그들에게 정치와 개인은 근본적으로 다른 것이 아니라 단지 강조점의 차이일 뿐이다.

따라서 정치의 종말과 개인으로의 칩거 혹은 나르시시즘으로의 회귀 사이에서 유사점을 찾는 것은 기만적인 일이다. 그것은 근시안적 관점이다. 나는 정치적 형식의 포화가 개인주의의 포화를 동반한다고 가정하려 한다. 이 사실에 주의를 기울이는 것은 대중을 연구하는 또다른 방법이다. 젊은 세대의 순응주의, 집단 혹은 '부족' 안으로 결집하려는 열정, 다양한 유행, 외모의 유니섹스화unisexualisation 같은 모든 현상은 명확히 구별되지 않는 대중 속으로 개인 관념이 사라지고 있음을 말해준다. 대중은 자본주의의 가장 중요한 전유물이었던 (개인적, 국가적, 성적) 정체성이라는 관념을 필요로 하지 않는다. 이러한 사실의 사회-인류학적 토대를 탐구하면 대중과 정치 사이의 이율배반적 관계가 명백히 드러날 것이다.

그럼으로써 대중은 이미 존재했고, 함께-하기의 한 변조라는 점, 또한 (동어반복적인) 정치적 기획이 망각하거나 부인하는 요소들을 선호한다는 점을 드러내는 것이 중요하다. 우선 매우 간략하게나마 정체성이 지닌 변화무쌍하고 무질서한 측면을 강조할 수 있다. 우리는 파스칼적 방식으로 정체성의 진리가 시공간적 경계에 따라 변한다는 점을 언급할 수 있다. "사회학적 관점에서 정체성은 단지 상관적이고 유동하는 사태 그 이상은 결코 아니다"[24]라는 베버의 언급이 이 점을 잘 요약해준다. 베버는 여기서 명철하게 다음 사실에 주목한다. 상황에 따라서, 어떤 가치를 강조하느냐에 따라서, 자신에 대한 관계, 타인에 대한 관계, 환경에 대한 관계는 변화 가능하다. '정체성'은 개인뿐 아니라 그 개인이 속한 집단에도 관여한다. 개인의 정체성에서 민족의 정체성을 발견하게 되는 경우가 이에 해당한다. 사실 정체성은 그 다양한 형태 속에서 무엇보다도 정해진 무엇이 될 것을 수용하는 것이다. 그런데 이것 혹은 저것이 되라는 명령에 동의하는 것은 일반적으로 인간과 사회의 역사에서 뒤늦게 출현한다. 사실 토대를 세우는 시기의 지배적 경향은 가능성들의 다원성, 흥분 상태의 상황들, 경험과 가치의 다양성을 향한다. 이 모든 것은 인간과 사회의 젊음의 특징을 이룬다. 나는 그것이 무엇보다 문화적 계기라고 말하고 싶다. 반면 인간과 사회의 개체성이 발전하는 과정에서 점진적으로 강요되는 선택, 다양한 양상의 흥분과 다원성이 제거된다는 사실은 흔히 문명이라 부를 수 있는 것으로 향한다. 책임성의 도덕에 지배받는 이 두번째 계기에서 정치가 꽃을 피우게 된다.

노르베르트 엘리아스가 정식화했던 독일 사상의 고전적 이분법에 근거해 다음과 같이 말할 수 있다.[25] 문명화되기 이전에, 나아갈 방향이 결정되기 이전에 사회가 구조화되는 방식은, 그것이 어떤 사회이든 간에, 하나의 요소가 자신의 대립물과 함께 나타나는 진정한 문화의 부글거림을 통해 이루어진다. 이 문화의 부글거림은 들끓고 괴물 같으며 폭발적인 성격을 지니지만 동시에 풍부한 미래의 가능성도 지닌다. 우리는 이러한 이미지를 통해, 대중은 자기충족적이라는 점, 즉 자신을 미래로 투사하지도 자신에게 어떤 목표를 부과하지도 '정치화'되지도 않는다는 점을 보여줄 수 있다. 대중은 자신의 다양한 정서와 경험 속에서 소용돌이친다. 그렇기에 대중은 주체가 쇠퇴하게 된 원인이자 결과이다. 내가 쓰는 용어로 돌려 표현하자면, 대중은 디오니소스적이며 착란적이라고도 말할 수 있다. 오늘날 이 점을 어느 정도 분명하게 뒷받침하는 사례는 많다. 사적 능력과 정체성, 그리고 개인성이 지워지는 '집합적 영혼'이 바로 이러한 계기에서 태어난다. 게다가 이 흥분하는 개체는 실제적 재전유의 장소가 될 수 있다. 각자는 전체적인 '우리'에 참여한다. '나', 그리고 멀리 떨어진 것에 역설적으로 의존하는 정치와는 상반되게, 대중은 '우리'와 근접성으로 만들어진다. 생애사의 전개를 살펴보면, 그 안에서 언술 주체는 종종 '우리'라는 용어를 통해 이야기한다.[26] 이렇게 '흥분하는' 공동체는 개인의 상실과 인간의 재전유 모두를 의미할 수 있다.

여기서 마르셀 모스 이래로 행해진 사람personne과 개인individu 간의 고전적 구분을 언급할 수 있다. 프랑스에서는 L. 뒤몽이, 브라질에서는 R. 다 마타가 이 문제를 성공적으로 다룬 바 있다. 우리의 관점에서는 다음과 같이 말할 수 있다. 개인은 '법적으로' 자유롭고 그가 속한 평등한 관계 속에서 계약을 맺는다. 바로 이것이 기획projet 혹은 투사하는projective 태도(즉 정치적인 것)의 기초로 작용한다. 반면 사람은 타인들에게 의존하고 주어진 사회를 수용하며 유기적 전체에 소속되어 있다. 한마디로 말해서, 개인은 기능을 가지는 반면 사람은 역할을 가진다.[27] 이러한 구분은 중요하다. 왜냐하면 그것은 시계추의 움직임처럼, 다양한 결집 형태가 정치를 향할 수도 있으며 내가 이 책에서 사회성이라 부르는 것을 향할 수도 있다는 점을 이해하도록 해주기 때문이다. 물론 우리가 앞서 '괴물 같다'고 언급했던 대중은 후자의 범주에 속한다.

그런데 이 '괴물성'은 주목할 만한 가치가 있다. 이 용어를 통해 대중의 무시할 수 없는 어떤 측면을 강조할 수 있기 때문이다. 그것은 바로 대중이 자연 및 자연적인 것과 맺는 관계다. 문화의 부글거림, 흥분과 폭발, 이 모든 것이 무질서와 비문명화를 가리킨다. 이 모두는 바로 문명이 항상 부정하려 하는 자연적 요소를 다시 강조하게 된다. 벤야민의 짤막한 교훈담은 어떻게 유사성을 인식하는 재능이 그에게 "타인들과 비슷해지려고 하는 오래된 충동"의 흔적처럼 여겨졌는가를 보여준다. 닮음이란 사람뿐 아니라 가구, 의복, 아파트에도 적용될 수 있다.[28] 이렇게 해서 '우리'와 민중, 대중의 토대를 이루는 유사성의 원리가 어떻게 자연세계와 사회세계를 매개하는지 알 수 있다. 코스모스와 사회적인 것 사이에, 그리고 모든 사회적인 것 내부에는 더이상 분리가 존재하지 않는다. 반대로 우리는 자연의 문화화와 문화의 자연화로 부를 수 있는 것과 마주한다.

바로 여기에 순응주의의 기원이, 우리가 사회생활에 미치는 그 영향력을 이제 막 재평가하기 시작한 감정의 중요성이 있다. 현재 우리 주변의 생태주의 속에서 드러나는 일종의 존재론적 생기론도 바로 여기에 있다.

내가 보기에 모방과 순응주의에 대한 관심, 방금 언급했던 생기론, 간단히 말해서 지금 떠오르는 다소 신비적인 이 '교감'은 대중의 근본 특성들 가운데 하나일 것이다. 앞서 논한 사람과 개인 사이의 구분법으로 돌아가자면, 다양한 역할을 수행할 수 있는 이질적인 사람이 하나로 통일된 개인과 대립한다고 말할 수 있다.

> 우리는 이러한 사람personne이 영원한 불균형 속에 놓인 어떤 응축물에 지나지 않는다고 생각할 수 있다. 사람이란 자신이 하나의 요소에 불과한 어떤 [생물적] 근원 안에 포함되는 것이다.

시詩를 통해, 그리고 이후에는 심리학을 통해 확인된 바 있는 사람의 다원성("나는 타자이다")은 사회-인류학적 관점에서 보면 파괴될 수 없는 연속체의 표현으로 해석할 수 있다. 우리는 집단에 연결되는 한에서만 가치를 지닌다. 이 연결이 실제적인가 아니면 환상적인가는 중요하지 않다. 프루스트가 어머니에게서 어떻게 돌아가신 할머니의 표정을 읽어내는가를 떠올려보자. 할머니의 이미지를 이어받으면서, 할머니와 동일시되면서 프루스트의 어머니는 세대를 거쳐 반복되어야 할 하나의 유형을 떠맡게 된다. 자신의 고유한 감성으로 이 소설가는 어떻게 죽음이 파괴 불가능한 생명력 안에 포함되는가를 잘 보여준다. "사실 우리는 결코 홀로 존재하지 않는다. ……왜냐하면 항상 우리 안에 수많은 사람이 있다고 느끼기 때문이다"[29]라는 모리스 알박스의 말을 인정한다고 해서 사회학적 제국주의를 증명하는 것은 결코 아니다. 공적이든 사적이든, 혹은 가족에 관계된 것이든, 기억과 집단의 추억은 일상적 삶들이 침적沈積된 구역, 도시, 장소들을 만들어준다. 즉 그러한 곳을 살 만한 장소로 만들어준다. 바로 여기서 집단과 사람 사이의 피드백이 구축될 수 있는데, 이 피드백은 당연히 정치질서의 합리적 균형이 아닌 유기적 방식으로 이루어진다. 르낭은 초기 기독교인들에게 공동체의 힘—내 표현으로는 역능—이 '토대를 세운 위대한 인물들Megala Stoikeia'에 의존했음을 보여준다. 초기 교회는 바로 그들의 무덤 주위에 만들어졌다. 피터 브라운은 그런 성소聖所가 단지 '그곳o topos'이라 불렸으며, 이런 장소들이 점차 지중해 연안 지역을 이어주는 실질적인 연결망을 이루었음을 보여준다. 종교적 형태이든 세속적 형태이든 토대를 세우는 이러한 행위들은 인류 역사에서 계속 발견된다. 도시나 시골의 기념물(궁전, 교회, 다양한 건축물) 말고도, 이런 피드백은 모든 기념식에서 표현된다. 고대 아테네의 아글라우로스(아테네 시를 대표하는 여신)에 대한 제사에서부터 기독교 의례의 교회력敎會曆을 거쳐 오늘날 모든 국경일에 이르기까지, 우리는 하나의 몸으로서만 존재한다는 똑같은 사실이 늘 상기되고 있다. 사회학자 Y. 랑베르는 브르타뉴 지방 한 마을의 기독교를 분석하면서, 우리에게 특별히 유의미해 보이는 한 의례에 대해 보고한다. 최근의 사망자들을 언급하면서, 사제는 그 마을 아이들이 그해에 죽은 이들을 한 사람씩 재현하는 장면을 연출한다.[30] 이보다 더 [생물적] 근원이라는 관념의 풍요로움과 의미심장함을 잘 말해주는 예도 없을 것이다. 바로 이것을 중심으로 사회적 상상계는 하나의 역사를 만들고, 그럼으로써 지금의 제 모습을 갖추게 된다.

이러한 징후적 사례들을 조명함으로써, 우리는 모든 집단이 어떻게 단순한 의미에서의 초월성, 즉 개인에 대한 초월성에 근거하는가를 살펴보아야 할 것 같다. 내가 개인을 넘어서며 집단의 연속성에서 분출하는 내재적 초월성을 말하는 것은 바로 이 때문이다. 여기서 우리는 하나의 신비주의적 관점을 일부 정신분석학이 보여주는 또다른 신비주의에 근접시킬 수 있다. 그로데크의 정신분석학이 바로 그런 경우로, 우리는 그 생기론적 뿌리를 잘 알고 있다. "이드가 우리의 경험을 지배한다" "이드란 하나의 힘이다" "자아란 이드를 위한 책략, 도구일 뿐이다" 등등, 이런 의미를 담은 예들은 얼마든지 있다.[31] 여기서 문제가 되는 '이드'는 은유적 방식으로 대중, 민중, 혹은 우리가 다루는 집단을 완벽하게 기술할 수 있다는 점만 지적해두자. 우리가 행동한다고 믿을 때 실상 행동하는 것은 [이드의] 힘이다. 자아는 그 힘을 준거로 삼을 때에만 가치를 지닌다. 바로 여기에 오늘날 소규모 대중들을 구성하는 모든 요소가 있다. 더 나아가 이렇게 추론하게 되면 이 개체들과 자연질서 사이에 존재하는 밀접한 친족관계가 부각될 수 있다. 그럼으로써 우리는 이 관계가 실천으로서의 개인주의, 또한 마찬가지로 이데올로기적 구성물로서의 개인주의를 넘어서는 것을 잘 볼 수 있게 된다.

확실히 집합기억은 내가 언급했던 참여의 메커니즘과 상징체계를 기술하는 데 적합한 표현이다. 물론 조금은 낡고 시대에 뒤떨어진 용어이지만, 집합기억은 개인적 지속이 있을 수 없듯 단독적 사고 역시 존재하지 않는다는 사실을 정확하고 엄밀하게 강조해준다. 우리의 의식은, 특수한 균형 상태에서 서로 교차하고, 서로 당기고 밀치는 다양한 경향이 만나는 지점이자 그 경향들의 결정체일 뿐이다. 아무리 교조적이라 해도, 이데올로기적 구성물들은 이러한 과정의 완결된 사례일 뿐 완전하게 통일된 상태에는 결코 이르지 못한다. 따라서 우리는 개인의 사고가 "집단적 사고의 성향"[32]을 쫓아다닌다고 말할 수 있다. 현대 이론물리학 혹은 생물학 연구자들도 자기 방식대로 이러한 점을 확증하고 있다. R. 셸드레이크는 서로 멀리 떨어진 실험실들에서 유사한 발견이 동시에 일어나는 현상을 기술하기 위해 '크레오드Chréode'(필연적 방향)를 언급한다. 서로 다른 가정에서 출발하지만 같은 '시대정신'에 속한 이 연구자들은 집단—비록 불분명하고 여러 갈등을 동반하더라도—을 형성하게 된다. 사회성을 구성하는 집단의 경우도 마찬가지다. 각각의 집단은 자기만의 방식으로 세계 곳곳에 흩어져 있는 여러 요소를 가지고 자신의 이데올로기와 작은 역사를 구성한다. 이 요소들은 해당 장소의 전통에서 차용될 수도 있고, 반대로 이러한 전통들을 가로지를 수도 있다. 그렇지만 이 요소들의 조합은 어떤 유사성을 갖기 마련인데, 바로 이 유사성이 특별한 표상들을 낳고 강화해주는 일종의 모태를 이루게 된다.

이러한 방식으로 문제를 제기한다면 다음과 같은 사회과학의 오래되고 진부한 질문을 극복할 수 있을지도 모른다. 역사를 결정하는 것은 개인인가, 미분화된 집단인가? 혹은 '위대한 인물'인가, 대중의 맹목적 행동인가? 한편에는 이성과 그 빛이, 다른 한편에는 본능과 그 위험한 어둠이 자리잡고 있다. 우리는 여기서 양쪽을 매개하는 어떤 경로, 즉 행하는 방식과 말하는 방식이 개인의 행동도 강제된 구조도 아닌 다른 무엇임을 설명해주는 특수한 사회적 형식[33]을 상상할 수 있다. 집합기억(알박스)과 하비투스(모스)가 이러한 형식일 수 있는데, 이 형식은 여러 가지 원형과 다양한 지향성으로 구성된다. 우리를 이 원형들에 적응시켜주고 그것들과 공존하게끔 해주는 것이 이런 지향성이다. 시대정신을 만들어내는 것은 바로 그 집단 정신, 씨족 정신의 시너지 혹은 병존관계이다.

이때 중요한 것은 항구적 관계 맺기, "개인의 생애사적 경험이 보편적인 생애사적 경험 속에서 수정되고 확장되는"[34] 본질적 '관계주의relationnisme'이다. 바로 이것이 공동의 삶으로 이끈다. 상호작용, 상호주관성은 그 구성요소와는 질적으로 다른 무언가를 창조한다. 따라서 집합기억은 개인의 행위와 의도, 경험을 밝혀주는 역할을 할 수 있다. 집합기억은 진정 공동체의 원인이자 결과인 커뮤니케이션의 영역이다. 따라서 가장 개별적으로 보이는 사고조차 모든 사회 집단의 토대 자체인 상징체계의 한 요소에 불과하다. 이론적 차원에서 사고가 무언가를 재단하고 구분하는 것처럼, 순전히 도구적이고 합리적인 측면에서 사고는 개별화하기 마련이다. 반대로 유기적 복합체로 통합되면, 즉 정서, 열정, 비논리적인 것에 자리를 내어주게 되면, 그 사고는 함께-하기의 커뮤니케이션을 이롭게 한다. 첫번째의 경우, 사고는 잡다한 요소들을 끌어모으는 요인으로 작용해 정치의 발전을 이끌어낸다. 두번째의 경우, 사고는 집단과 부족의 우월함을 돋보이게 할 수 있다. 집단과 부족은 멀리 떨어진 무엇, 혹은 미래로 투사되지 않고 현재라는 가장 극단적인 구체성 속에서 산다. 바로 이것이 정치와 그 받침대인 개인주의의 포화상태를 가장 단순하고도 예언적으로 표현해준다. 공간 속으로 집약되고 응축되는 커뮤니케이션의 구조가 정치와 개인주의를 대체한다. 친연성에 기반한 이런 집단은 '확대가족'이라는 오래된 인류학적 구조, 즉 열정과 갈등의 교섭이 아주 가까이서 이루어지는 그런 구조를 다시 활성화한다. 혈족관계로 되돌아가지 않고도 이러한 집단은 [생물적] 근원의 전망, 즉 자연주의로의 전환과 함께 되살아나는 전망 속에 자리잡는다. 우리의 거대도시에 점점이 박혀 있는 관계망들은 상호부조, 친교, 공생, 직업 지원의 기능들을, 그리고 심지어는 고대 로마 씨족의 정신을 특징짓는 문화적 의례의 기능까지도 되찾아주고 있다.[35] 이러한 집단을 가리켜 친족집단, 가족집단, 이차집단, 또래집단 등 어떻게 명명하든 간에, 관건은 부족주의이다. 이 부족주의는 항상 존재해왔지만 시대에 따라 높은 가치를 부여받기도 하고 평가절하되기도 했다. 확실한 것은, 부족주의가 오늘날 [인간이 생활하는] 거대 단지들의 지하실이나 [파리 고등사범학교가 있는] 윌름 가街의 건물들에 자리잡은 채 활발히 살아 움직이고 있다는 사실이다.

대도시들에서의 이웃간 사교성에 관한 마이클 영과 피터 윌모트의 연구, 혹은 '이차집단들'에 관한 E. 레이노의 연구 같은 오늘날의 연구들은 단체정신의 지속성을 잘 보여준다.[36] 그러한 정신은 확실히 정치적 삶과는 가장 거리가 먼 요소들인 상호작용과 가역성의 원인이자 결과이다. 그러므로 그 상호작용과 가역성 속에서 사회성을 갖춰나가고 있는 현대적 형식을 찾는 편이 좋을 것이다.

> 한마디로 말해서 이성, 기획, 활동에 근거하는 정치적 차원의 경제는 자연과 근접성을 통합하는 유기적(혹은 전체론적) 차원의 생태학에 자리를 내주고 있다.

이러한 변화가 많은 측면에서 염려스럽긴 해도, 그것이 실재한다는 사실을 부인할 수는 없다. 뒤르켐은 개인들을 '사회적 삶의 일반적 급류' 속에 통합시키는 역동성을 이차집단에 부여했다. 이러한 이미지는 매우 적절하다. 무엇보다도 가치와 신념이 불안정한 시기에, 사회적이면서 자연적인 생기론 안에서 흥분이 발생한다. 그리고 사회체 곳곳에 퍼져가는 이차집단들의 등장이 문명화된 모더니티의 종말을 알리면서, 이제 막 태어나는 사회적 형식의 윤곽을 적절히 그려내는 일은 얼마든지 가능하다.

4장

부족주의

1. 정감적 성운

'우리는 빛나는 현실이다 Noi siamo la splendida realta.' 이탈리아 남부의 외딴 지역에서 발견된 서투른 필체의 이 비문은 사회성의 쟁점을 잘 요약하고 있다. 사회성을 특징짓는 다양한 요소들, 예컨대 삶의 상대주의, 일상의 위대함과 비극, 우리가 근근이 감내해내는 세속적 소여의 무게, 그리고 접합제 구실을 하여 전체를 지탱하도록 도와주는 '우리' 안에서 발현하는 모든 것이 여기에 축약되어 있다. 사람들은 현대 세계의 비인간화와 탈주술화, 그것이 낳은 고독을 너무 강조한 나머지, 거기서 구축되는 연대의 네트워크를 보지 못하고 있다.

여러 가지 이유로 사회적 존재는 소외되어 있고, 다양한 형태를 지닌 권력의 명령에 종속되어 있다. 그럼에도 불구하고 "(언제나) 다시 시작하는 연대주의나 상호성의 유희"를 찬양하는 긍정적 역능이 존재한다는 사실에는 변함이 없다. 이때 주목할 가치가 있는 문제는 바로 '잔기 résidu'다.[1] 간단히 말해서 시대에 따라 특정한 유형의 감수성이 지배한다고 볼 수 있다. 즉 우리가 타인들과 맺는 관계를 분명히 보여주는 특정한 스타일이 있다. 스타일에 대한 관점을 세우는 일이 점점 더 강조되고 있다.(피터 브라운, 폴 벤, 질베르 뒤랑, 미셸 마페졸리)[2] 실제로 이 관점은 '폴리스에서 티아소스로의' 이행, 혹은 정치적 질서에서 융합의 질서로의 이행을 파악하도록 해준다. 전자가 개인들과 그들의 계약적이고 합리적인 결사에 특권을 부여한다면, 후자는 정감적이고 감각적인 차원을 강조한다. 한쪽에는 고유한 일관성, 전략, 그리고 목적을 가진 사회적인 것le social이 있다면, 다른 한쪽에는 단발적이고 지속되지 못하며, 희미한 윤곽을 지닌 온갖 종류의 모임으로 결집하는 대중이 있다.

사회적인 것의 구축과 그 이론적 인식은 쉬운 일이 아니었다. 우리가 사회성이라 부르는 이 성운星雲의 경우도 마찬가지다. 바로 이런 점 때문에 불확실한 모임들의 형상을 띤 사회성에 관한 연구는 개략적이고 부분적이며 종종 혼란스러울 수밖에 없다. 그러나 반복하건대, 이것이 중요한 쟁점이다. 나는 우리 학문 분과의 미래는 무엇보다도 지금 검토중인 이 우글거림을 파악할 줄 아는 능력에 달려 있다고 확신한다.

내가 보기에 나르시시즘 혹은 개인주의의 확대에 대해 거듭 재론하는 것은 진부한 생각이다. 그것은 수많은 사회학자와 저널리스트가 다룬 흔해 빠진 이야깃거리다. 아니면 지식인들의 극심한 망연자실을 드러낼 뿐이다. 이 지식인들은 자신들의 존재이유인 사회를 더이상 이해하지 못하기 때문에, 자기들에게 익숙한 도덕 및/혹은 정치 영역에나 쓰일 법한 어휘들을 가지고 사회에 다시 의미를 부여하려고 한다. 따라서 나는 시대에 뒤떨어진 논쟁으로 되돌아가진 않겠다. 다소 단정적으로 들리겠지만, 어떻게 타인의 경험이 비록 갈등을 일으키더라도 공동체의 기반을 이루는지 언급하는 것으로 충분하다. 내 말을 잘 이해해주었으면 좋겠는데, 나는 요즘 유행하는 애매모호한 도덕을 만드는 일에 참여할 의사가 전혀 없다. 오히려 융합의 논리에 해당하는 것의 밑그림을 그려보고자 한다. 이 융합은 바로 은유인데, 대중의 경우가 그렇듯 전통적으로 대화, 교환, 그밖에 비슷한 종류의 쓸데없는 말 등으로 불리던 것이 존재하지 않더라도 융합은 일어날 수 있기 때문이다. 공동체의 융합은 완전히 탈개체화하는 것일 수 있다. 그것은 점선적 연합을 만들어내는데, 이 연합은 타인에 대한 온전한 현전(이는 정치를 가리킨다)을 함축하지 않고, 오히려 속이 빈 관계, 내가 촉각적 관계라고 부르는 것을 확립한다. 즉 사람들이 서로 교차하고 스쳐가고 접촉하는 대중 속에서, 상호작용이 확립되고 결정화結晶化가 일어나며 집단이 형성되는 것이다.

우리의 논의를 샤를 푸리에의 '사랑이 넘치는 신세계'에 관한 벤야민의 언급과 비교해보자. 그곳은 "도덕이 아무 할 일이 없는 세계" "열정들이 서로 맞물려 기계처럼 돌아가는" 세계, 그리고 푸리에 자신의 용어를 빌리자면, 미분화된 무한한 조합과 결합의 질서가 관찰되는 세계다.[3] 그러나 촉각적 관계는 연속적 침전에 의해 하나의 특별한 분위기, 즉 내가 말하는 점선적 연합을 틀림없이 만들어낸다. 우리의 고찰을 돕기 위해 한 가지 이미지를 제안하겠다. 탄생기의 기독교 세계는 로마제국 전체에 흩뿌려져 있던 작은 개체들로 이루어진 하나의 성운이었다. 거기서 유발되는 우글거림은 '성인 통공'이라는 고상한 이론을 퍼뜨렸다. 유연하면서 단단한 결속이 교단敎團의 견고함까지 보장해준 것이다. 바로 이 집합흥분과 그 특수한 에토스가 우리가 아는 [기독교] 문명을 탄생시켰다. 오늘날 우리는 '성인 통공'의 형식 하나와 대면해 있다고 상상해볼 수 있다. 컴퓨터 메신저, 성적性的 네트워크, 다양한 연대, 스포츠와 음악 모임은 지금 형성중인 에토스를 가리키는 지표들이다. 바로 이것이 사회성이라는 새로운 시대정신을 규정한다.

현상학과 이해사회학의 전통은 이 문제를 오랫동안 다루어왔다. 나는 특히 알프레트 슈츠를 염두에 두고 있다. 슈츠는 여러 연구에서, 특히 「함께 음악을 연주하기」라는 논문에서 "동조同調 관계"를 연구했다. 이 동조 관계에 따라 상호작용하는 개인들은 "강렬하게 현전하는 우리" 안에서 참된 본질을 드러낸다. 물론 그 기초에는 면대면의 상황이 있지만, 전염에 의해 사회적 존재 전체가 감정이입empathie의 형태로 관계를 맺게 된다.[4] 게다가 접촉에 의해서건, 지각에 의해서건, 시선에 의해서건, 동조 관계 안에는 언제나 감각적인 것이 있다. 나중에 살펴보겠지만, 타인을 인지하고 경험하는 토대는 바로 이 감각적인 것이다. 가장 강한 의미에서 이해라고 칭할 수 있는 '정신들의 관계'가 바로 여기서 생겨난다. 진부한 이야기이긴 해도, 사회학적 절차의 독창성은 함께-하기의 물질성matérialité에 근거하다는 사실을 다시 강조해야 한다.

신(과 신학), 정신(과 철학), 개인(과 경제학)은 집단에 자리를 내준다. 인간은 더이상 개별적으로 고려되지 않는다. 상상계의 우선권에 동의할 때라도(내가 그런 편이다), 상상계는 사회체에서 생겨나고 또한 역으로 사회체 안에서 구체화된다는 점을 잊어서는 안 된다. 정확히 말해서 자기충족성이 아니라 끊임없는 피드백이 있다. 모든 정신적 삶은 관계 및 그 작용과 반작용의 운동에서 생겨난다. 모든 커뮤니케이션 혹은 상징주의의 논리는 거기에 근거를 둔다. 이것이 바로 오트마어 슈판이 말한 '짝짓기Gezweiung의 관념'이다. 부모와 자식, 스승과 제자, 예술가와 그 예찬자 사이에서 볼 수 있는 커플의 효과.[5] 물론 이 효과는 커플을 구성하는 요소들을 초월한다. 이 초월성은 중세 공동체에 사로잡혔던 초창기 사회학적 관점에서 두드러지게 나타난다. 그렇지만 승리를 구가하는 부르주아주의가 개인주의를 근본 매개체로 삼으면서 공동체 모델은 점차 억압되었다. 혹은 '반대로' 모더니티의 진보적이고 해방적인 측면을 정당화하기 위해서만 이 모델을 사용했다. 그럼에도 동업조합이나 연대주의의 신화들은 기사의 조각상처럼, 우리 사고방식의 지평에 여전히 현전하고 있다. 사회학자 중 가장 실증주의자인 콩트조차 자신의 인류교*에서 이를

* religion de l'humanité. 콩트가 창시한 종교. 실증과학의 중요성을 강조한 콩트는 과학자인 성직자가 통치하는 사회를 이상사회로 간주하고 그런 사회의 건설을 위해 인류교를 창시했다.

새롭게 정식화한다. 우리는 뒤르켐과 프랑스 사회학에 미친 연대주의 신화의 영향은 잘 알지만, W. G. 섬너를 매개로 그 신화가 미국 사상계에도 반향을 불러일으켰다는 사실은 잘 모른다.[6]

더 상세히 논하고 싶지는 않지만, 연대주의나 인류교가 현재 우리가 직면한 집단 현상들의 배경막으로 사용될 수 있다는 점은 지적할 수 있다. 특히 동일성의 논리와 관련해서 그렇다. 지난 두 세기를 지배해온 경제, 정치, 사회 질서의 주축으로 쓰인 것이 바로 동일성의 논리다. 비록 이 논리가 여전히 작동중이라 해도, 압축롤러와 같았던 예전의 효과는 더이상 발휘하지 못한다. 따라서 수많은 사회적 상황과 태도에서 만들어지는 공유된 감정과 경험을 파악하려면, 다른 각도에서 접근하는 편이 낫다. 나로서는 미학esthétique을 통한 접근이 가장 덜 나빠 보인다. 나는 미학이라는 단어를 그 어원에 맞게, 느끼고 체험하는 공통 능력으로 이해한다. 테오도어 아도르노는 자신의 합리주의에도 불구하고 미학이 "현실에서 동일성의 제약이 억압하는 비동일자를 방어"[7]할 수 있다는 데 주목했다. 신부족주의의 개화와 흥분을 이보다 더 잘 강조할 수는 없다. 다양한 형태의 신부족주의는 어떠한 정치적 기획으로도 식별되지 않고, 어떠한 합목적성에도 부합하지 않으며, 집단적으로 경험되는 현재에 대한 관심만을 자신의 유일한 존재 이유로 삼는다. 이 점을 납득하기 위해서는 젊은이들의 모임, 친화적 서클, 그리고 소규모 기업에 대한 조사와 연구를 참고하는 것으로 충분하다. 동조 관계의 미래 양상을 더 확실히 보여주기 위해서는 통신망에 대한 조사를 진행해야 할 것이다.

확산되는 탈개인화 현상을 두고 정치인들, 성직자들, 혹은 기자들이 내뱉는 다양한 한탄은 '초개별적' 혹은 '초개인적' 현실을 증명하는 지표이다. 어떠한 규범적 평가도 내리지 말고, 여기서 다양한 결과를 도출해낼 줄 알아야 한다. 1970년대에 진행한 심리학 실험을 바탕으로 파울 바츨라빅은 "집단과 조화를 이루려는 강렬하고도 확고한 욕망"을 언급했다. 이는 현재 더이상 욕망의 문제가 아니라 우리를 감싸고 있는 분위기의 문제다. 그리고 [바츨라빅의] 캘리포니아 연구팀에게는 실험 수준에 머물렀던 것이 이제는 일상생활의 공통 현실이 되었다. 당시에는 욕망이 그것을 지닌 주체에게 호소한다고 이해되었지만, 이제는 그렇지 않다. 순응에 대한 두려움은 대중화massification의 한 결과이며, 부수적이고 우연적인 방식으로 집단화가 이루어지는 것도 이런 대중화 내부에서다. 나는 앞서 함께-하기의 '물질성'에 대해 언급했는데, 대중-부족의 왕복운동이 그런 사례이다. 하나의 주체-행위자 대신에 대상들의 접합emboîtement d'objets과 마주한다고 상상할 수 있다. 지고뉴 인형*처럼, 거대한 대상-대중은 무한히 회절하는 작은 대상-집단들을 숨겨놓고 있다.

공감의 윤리를 구상하면서 막스 셸러는 공감이 본질적으로 사회적인 것도, 오로지 사회적인 것도 아니라는 점을 보여주려고 애쓴다. 그것은 어찌 보면 모든 것을 포함하는, 모태와 같은 형식일 것이다. 내가 정식화하려는 것도 이와 같은 가정이다. 인간 역사의 균형추에 따라서, 이 형식은 저평가되었다가 다시 새롭게 나타난다. 그것은 감정의 기능과 그 결과인 동일시 및 참여의 메커니즘을 우선시할 것이다. 셸러가 말하는 '공감의 동일시 이론'은 융합의 상황, 즉 일회적이더라도 한 시대의 분위기를 특징짓는 망아忘我의 순간을 설명해준다.[8] 이 동일시 이론, 즉 자아로부터 망아적으로 벗어나는 것은 이미지와 스펙터클(엄밀한 의미에서의 스펙터클에서부터 정치 행진에 이르기까지)의 발전은 물론 자연스럽게 스포츠 군중, 여행자 군중, 혹은 그저 할일 없는 구경꾼들로 이루어진 군중의 발전과 맞닿아 있다. 이 모든 경우 우리는, 모든 사회 조직과 이론화의 황금비黃金比였던 개체화 원리가 극복되는 것을 목격한다.

* 똑같은 모양의 인형이 여러 크기로 겹쳐져 있는 다단식 인형.

셸러가 제안하는 것처럼 정감적인 '융합' '재생산' '참여' 사이에 단계를 설정해야 할까? 내 생각에는, 비록 이미 존재하는 것을 발굴하는 데 그치더라도 '정감적' 성운, 광란적 혹은 내가 이미 분석했던 디오니소스적 성향을 고려하는 편이 더 낫다고 본다. 광란적 폭발, 접신 의례, 혼융의 상황은 예로부터 늘 존재해왔다. 그런데 그것들은 종종 풍토병의 외양을 띠며, 집합의식 안에서 우세해진다. 어떤 주제에 관해서든 우리는 함께 진동한다. 이와 관련해 알박스는 '집단의 개입'을 언급한다.[9] 즉 개인의 의견처럼 보였던 것이 실제로는 우리가 속해 있는 이런저런 집단의 의견으로 드러난다. 이로부터 순응주의의 표식인 독사doxa가 만들어진다. 지식인 집단은 독사와 전혀 상관없다고 공언하지만, 실상 독사는 이 지식인 집단을 포함해 모든 특정 집단 속에서 재발견된다.

'정감적' 성운은 오늘날 사회성이 취한 특이한 형태인 대중-부족의 왕복운동을 이해할 수 있게 해준다. 실제로 캘리포니아의 반反문화와 유럽의 학생연합이 맹위를 떨쳤던 1970년대와는 달리, 이제 관건은 한 무리, 한 가족, 한 공동체에 소속되는 것보다는 한 집단에서 다른 집단으로의 오고감이다. 이것은 원자화라는 인상을 심어줄 수 있고, 그릇되게도 나르시시즘을 언급하게 될 수도 있다. 사실 고전적 부족주의가 유발한 안정성과는 반대로 신부족주의의 특징은 유동성, 일회적 모임, 분산이다. 이런 식으로 우리는 오늘날 거대도시에서 나타나는 거리의 스펙터클을 서술할 수 있다. 조깅족, 펑크족, 레트로(복고)족, 베세베제BCBG*, 길거리 공연자 등은 우리로 하여금 끝없이 돌아다니며 사진을 찍게 만든다. 연속적 침적작용에 의해, 앞에서 언급했던 미학적 분위기가 만들어진다. 그리고 이런 분위기 한가운데서 '즉각적 응축'(기 오캉겜, 르네 셰레)이 어김없이 일어날 수 있다. 이 응축은 깨지기

* Bon chic Bon genre. 옷차림과 태도가 세련되었다는 의미로, 주로 유행을 선도하는 상류층 젊은이를 가리킨다. 영국의 '슬론레인저Sloane Ranger', 미국의 '프레피Preppy'와 비슷한 개념.

쉽지만 그 순간 자체 안에서 강한 정서적 투자의 대상이 된다. 개체화 원리의 극복에 대해 말할 수 있게 해주는 것이 바로 이 일련의 양상이다. 여기서 어떤 이미지를 떠올려보자. 미국 고속도로와 그 교통량에 대해 빼어나게 서술했던 장 보드리야르는 "개인화된 운명들을 끝장내는 (이) 흐름들의 규칙성"과 기이한 의례를 강조한다. 그가 보기에 "여기서 유일한 진짜 사회, 유일한 열기는 앞으로 밀고 나아가는 집단적 강박에서 나온다."[10] 이 이미지는 우리의 사유에 도움을 준다. 사람들은 거의 동물적으로, 개인의 궤적을 초월하는, 아니 오히려 개인의 궤적을 대규모 발레 속에 끼워넣는 어떤 힘을 느낀다. 이 발레 무대의 인물들은 역시 우연이 작용할지언정 결국에는 하나의 성좌를 만들어낸다. 이 성좌를 이루는 다양한 요소는 의지나 의식이 개입하지 않아도 시스템에 잘 적응한다. 이것이 바로 사회성의 아라베스크*이다.

사회적인 것le social의 특징: 개인은 사회 안에서 한 가지 기능을 가질 수 있었고, 하나의 정당, 하나의 결사체, 하나의 안정된 집단 안에서 제 기능을 다할 수 있었다.

사회성socialité의 특징: 사람(페르소나persona)은 직업 활동만큼이나 자신이 참여하는 다양한 부족 안에서 여러 역할을 수행한다. 무대의상을 갈아입고 자신의 (성적, 문화적, 종교적, 친목의) 취향을 따르면서, 매일 세계극장theatrum mundi의 한 자리를 차지하고 다양한 연기를 펼친다.

이 점은 아무리 강조해도 지나치지 않다. 사회적인 것의 극적 진정성에 대응하는 것은 사회성의 비극적 피상성이다. 나는 이미 일상생활과 관련해 어떻게 심층적인 것이 사물들의 표면에 숨겨질 수 있는지 보여주었다. 이 지점에서 외양이 중요해진다. 여기서 그 자체로 다룰 사안은 아니지만 외양이 결집의 매개물이라는 사실만 간략히 지적하고자 한다. 미학은, 앞서 밝힌 의미대로, 함

* arabesque. 고전발레에서 가장 아름다운 동작 중 하나.

께 체험하고 느끼는 방법이다. 또한 자기 자신을 인식하는 방법이기도 하다. 싸구려 미학Parva esthetica? 어쨌든 알록달록한 옷, 색색의 머리카락, 그리고 펑크스타일 등은 [사람들을 묶는] 접합제로 기능한다. 연극성은 공동체를 설립하고 강화한다. 육체에 대한 숭배의식과 외양의 역할이 가치 있는 것은, 오로지 각자가 배우인 동시에 관객인 거대한 무대 속에 그것들이 투입돼 있기 때문이다. 짐멜과 그의 감각sens의 사회학에 주석을 달자면, 그것은 '모두에게 공통되는' 무대와 관련된다. 특수성을 부여하는 것보다는 효과들의 전체성에 강조점이 주어진다.[11]

스펙터클의 특성은, 직접적으로든 완화된 방식으로든, 사회적 존재의 감각적, 촉각적 차원을 강화하는 데 있다. 함께-하기는 서로 접촉하도록 해준다. 대부분의 민중적 즐거움은 군중 혹은 집단의 즐거움이다. 이 인류학적 상수常數를 명심하지 않으면, 함께 모이고자 하는 이 기이한 강박을 이해할 수 없다. 빌헬름 보링거가 발전시킨 추상화와 감정이입 사이의 이분법으로 되돌아가자. 추상적이고 이론적이며 순전히 합리적인 시기들이 있다면, 가장 넓은 의미에서의 문화가 참여와 '촉각성tactilité'으로 이루어지는 또다른 시기들도 있다. 우리 사회에서 이미지의 회귀, 감각적인 것의 회귀는 분명 접촉의 논리와 관계된다.

다소 상품화된 방식이더라도, 이런 항목에 민중적 축제, 카니발, 그밖에 흥분의 순간들이 다시 나타나는 현상도 반드시 포함시켜야 할 것이다. 이 점에서 다 마타의 탁월한 표현은 주목할 만하다. 그는 이런 순간들에 "사람들은 변하고, 우리가 말하는 민중 혹은 대중을 발명한다"[12]고 지적했다. 여기서 발명invention은 엄밀한 뜻으로 이해해야 한다. 즉 존재하는 것을 와서 찾게in-venire하는 것. 절정에 다다른 카니발과 그 격앙된 연극성, 촉각성은 우리가 여기서 밝히려는 메커니즘을 명확히 드러낸다. 큰 파도처럼 밀려오는 군중의 메커니즘. 그 군중 속에서 작은 마디들이 만들어지고 서로 작용하며 영향을 미친다. 그 다양한 변조 아래에서 스펙터클은 융합의 기능을 보장한다. 서커스와 서클은 동일한 어원을 갖는다. 은유적으로 말하자면, 서커스와 서클은 서로를 강화한다. 그런데 우리 시대의 특징은 다양한 서클이 유연하게 서로 교차해 있는 모습이다. 이 서클들의 유기적 결합이 사회성의 여러 형상을 만들어낸다.

서커스와 서클의 연극성과 서클들의 연쇄가 사회성의 또다른 측면인 종교성religiosité을 특징짓는다. 이 용어는 연결reliance이라는 가장 단순한 의미(볼 드 발)에서, 그리고 그 어원 중 하나인 religare(다시 연결하다relier)를 참조하여 이해해야 한다. 나의 몽상적 사회학을 가지고 전문가들과 경쟁할 생각은 없다. 그 자체로 종교적인 것과 '유비로서 종교적인 것'을 구분하지 않고, 나는 이 종교적인 것이라는 용어를 가지고 자연, 사회, 집단, 대중이 상호작용하는 유기적 결합에 대해 기술하고자 한다.[13] 앞서 사용한 이미지로 돌아가자면, 이는 성운과 관련된다. 이 성운은 이리저리 떠다니는 (방사성?) 안개처럼 막연한 모습을 취하더라도 집단 상상계 안에서는 다소간 효과를 발휘한다. 오늘날 이 효과가 더욱 분명해지고 있다는 사실은 누구도 부인할 수 없다.

좀더 자세히 살펴보면, 이 종교성은 비기독교화 혹은 여타 형태의 비제도화와 어깨를 나란히 할 수 있다. 그 이유는 말할 필요도 없는데, 왜냐하면 사회성은 바로 거대한 시스템과 여타 거시구조들의 포화상태를 지칭하기 때문이다. 제도들을 피하거나 아니면 적어도 그것들에 주의를 기울이지 않는다는 사실은 결코 다시 연결함religare의 종말을 의미하진 않는다. 이 종교성은 다른 곳에 투자될 수 있다. 이에 관한 논쟁은 현재 진행중으로, Y. 랑베르나 D. 에르비외레제 같은 사회학자들이 이 문제에 매달리고 있다.[14] 아울러 이 종교성이 기술 발전과 병행하거나 그에 의해 강화될 수 있다는 점도 덧붙여야겠다.

어쨌든 우리 주제의 기본 맥락과 다시 연결해본다면, 나는 감정적인 것과 종교성 사이에 연관 관계가 존재한다고 말할 것이다.

이와 관련하여 막스 베버는 『경제와 사회』의 한 단락을 '감정공동체' 혹은 '공동체의 종교성'에 할애한다. 베버는 이런 공동체에 속하는 여러 특징을 제시하는데, 그중 하나가 '이웃', 특히 그 표현의 다양성과 불안정성이다.[15] 그런데 이웃을 근접성, 촉각적인 것, 그리고 현대의 부족들을 지배하는 일시적 양상과 연결한다면 이는 해석의 권리를 남용하는 것일까? 오늘날 기독교가 처한 새로운 여건과 관련해 "친화적 소교구"(에르비외레제)가 언급되는데, 나는 이를 이른바 '선택적 사회성'과 비교하고자 한다. 선택적 사회성은 그 자체로 방법론상 사용 가능한 하나의 패러다임과 관련된다. 사람들은 더이상 공감의 형식들을 피할 수 없다. 그 형식들 덕분에 우리는 어떤 인과관계를 설정하지 않고도 점차 복잡해지는 세계를 보다 완전하게 해석할 수 있다.

사실 내가 여기서 윤곽을 그린 상징적 관계는 쇼펜하우어의 생의 의지나 베르그송의 생의 약동과 유사한 생기론의 틀 안에 포함된다. 마찬가지로, 사회성과 그것을 구성하는 부족주의는 근본적으로 비극적이다. 즉 외양, 정서, 광란 등의 주제는 모두 유한함과 덧없음을 가리키지만, L.-V. 토마가 강조했듯 모든 죽음 의례는 "삶으로의 이행"[16]을 준비한다. 이것이 바로 사회성의 근본 쟁점으로, 끝나가는 것의 한가운데서도 미래를 담고 있는 것이 무엇인지 생각하게 해준다. 부르주아주의 안에서 의미심장했던 모든 것에 대한 환멸이 현재 태어나고 있는 생명력 강한 형식들을 가려서는 안 된다. 스스로 죽어가면서 개체는 종種의 지속을 가능케 한다. 여기서 『하드리아누스 황제의 회상』에 나오는 구절을 살펴보자.

> 나는 모두의 존재를 공유하는 일이 가능하리라고 믿는다. 그리고 이 공감은 가장 폐기하기 어려운 종류의 불멸성 중 하나이리라.(마르그리트 유르스나르)

마찬가지로, 개인주의라는 범주를 뛰어넘는 사회성 덕분에 우리는 이제 막 부상하는 사회성의 새로운 형식들을 아는connaître (즉 [그 새로운 형식들과] 함께 태어나는naître avec) 것이 가능해진다.

2. '쓸모없는' 함께-하기

부족주의의 사회-인류학적 구조에 토대를 제공하기 위해 한마디만 덧붙이겠다. 사회적 삶을 결정짓는 것은, 직접적으로 혹은 대조적으로, 항상 집단과 관련된다는 점을 떠올리는 것은 흥미롭다. 진부하긴 해도 이는 중요한 일이다. 어떤 이들은 유기적 조직 체계로서의 중세사회가 '사회학적 유토피아' 모델을 구축했다고까지 말할 수 있었다. 몇 가지 예만 들어보자면, 미국 민주주의에 대한 토크빌의 분석에서 배경 구실을 한 것이 바로 중세사회였음을 떠올릴 수 있다. 마찬가지로 르플레는 '직계 가족famille souche'이라는 개념을 구상하는 데 중세사회를 활용한다. 퇴니에스의 '공동사회'나 뒤르켐의 '중간집단'*도 마찬가지다.[17] 중세에 대한 이런 노스탤지어는 일종의 비교 자료를 넘어서, 19세기 실증주의 특유의 기계적이고 개인주의적인 관점들에 맞서 유기적 관점을 완전히 포기할 수 없음을 상기시킨다.

마르크스는 1789년의 부르주아 혁명에 매료되었는데, 이 혁명은 그가 보기에 유일하게 성공한 혁명이었다. 근본적으로 부르주아주의적 범주들에 기대고 있는 그의 저작은 유기적 관점의 영향을 받은 것 같다. 중세 연구에 대한 뒤르켐의 입장에 관해서도

* association intermédiaire. 2차집단 혹은 직업집단으로도 불린다. 뒤르켐은 중간집단이 국가와 개인의 자유를 매개한다고 보았다.

비슷한 이야기를 할 수 있다. 뒤르켐은 사회 안에서 이성과 개인의 역할이 우월하다는 점을 강조하면서도 사실상 감정과 공동체의 중요성을 입증하지 않을 수 없었다. '기계적 연대'와 '유기적 연대'의 구분, 그리고 특히 그가 이 구분을 적용했던 예들은 더이상 타당해 보이지 않는다. 반면, 그가 연대라고 하는 이 실재에 정신을 온통 빼앗겼다는 점을 강조하는 것은 중요하다.[18] 그것은 하찮은 사안이 아니다. 사실 프랑스 사회학파의 창시자[뒤르켐]를 자기 논거의 방패로 내세우는 이들이 이 점을 충분히 분석하지는 않았지만, 뒤르켐에게 전前합리적이고 전前개인주의적인 합의의 문제가 사회를 구축하는 토대였음은 분명하다. 바로 이런 이유로 뒤르켐은 집합의식, 혹은 어떤 사회가 '자기 자신에 대해 가지는 감정'을 강화하는 특징적 순간들(축제, 집단행동)을 중요하게 여겼다. 니스벳도 그 점을 적절하게 강조하는데, 이는 다행스러운 일이다. 왜냐하면 코뮤니타스communitas*의 관점은 경제주의의 분위기를 지배하는 공리주의적이고 기능주의적인 측면을 넘어선다는 사실이 너무 자주 잊혀지기 때문이다.

바로 이 관점에서 알박스가 '개인들의 조합'과는 다른 집단의 영속성을 분석한다는 것도 흥미로운 사실이다. 그가 에콜Ecole(당연히 윌름 가街에 위치한 고등사범학교!) 출신들로 형성된 집단에 대해 말한 것은 마피아에 대한 연구에서도 유효할 것이다. 사상의 공동체, 비개인적 관심사들, 특수성과 개인을 넘어서는 구조의 안정성 등은 무엇보다도 공유된 감정에 근거를 두는 집단의 근본 특징들이다. 이 분석에는 약간 신비주의적인 비개성화의 논

* 사회인류학자 빅터 터너는 축제의 특징을 일상의 전도로 보았고, 이를 문지방이라는 의미의 리멘limen에서 나온 '리미널리티liminality' 개념으로 설명했다. 이 단계에 함께 머물러 있는 사람들의 공간 혹은 상황이 곧 '코뮤니타스'이다. 코뮤니타스는 무소유, 평등, 자유, 동료애, 동질성이라는 특징을 보인다.

리가 담겨 있다. 에로틱하고 열정적인 함의를 강하게 띤 이 "지속성 있는 집단의 비개인적 본질"[19]은, 유기적 공동체의 고유한 특성인 전체론적 관점 안에 새겨진다. 그래서 불화와 역기능을 포함한 모든 것이 집단의 유지에 기여하는 것이다. 이러한 역동성이 타당하다는 점을 확신하기 위해서는 (가족집단, 친구집단, 종교집단, 정치집단 등) 일차집단들의 조직을 관찰하는 것으로 충분하다. 개인주의의 초월 혹은 상대화는 독일 사회학에서도(퇴니에스는 물론이고 베버나 만하임에게서도) 발견된다. 특히 비밀결사에서 출발하여 사회관계의 정서적이고 감각적인 측면 및 그것이 현대의 소집단 안에서 만개하는 것을 잘 보여준 게오르크 짐멜에게 있어서 이 점은 분명하다. 이는 우리 사회에서 커뮤니케이션의 변화를 이해하는 데 가장 흥미로운 문화적 사실이다. 기본 구조 혹은 사회 소집단을 분석하면, 르네상스 시기 이래로 심하게 부풀려진 개인의 역할을 축소할 수 있다. 이는 마치 우화에 나오는 우물 안 개구리와 같다. 즉 전체 속에 위치하면서도 자신은 이 전체의 수취자일 뿐 그다지 중요한 존재가 아니라는 사실을 잊게 만들려는 개구리 말이다. 프로타고라스에게 답하는 플라톤을 인용하자면, 왜 음식물로 쓰이는 돼지가 아니라 개인이 만물의 척도가 될 수 있는가? 실제로 커뮤니케이션의 논리 혹은 집단 안에서 유난히 눈에 띄는 상호작용은 전체 및 거기서 유래하는 건축적 구조와 상보성을 우선시하는 경향이 있다. 바로 이것이 매일의 삶 전체를 포괄하고 그 삶에 생동감을 부여하는 기초적 모태, 집합적 영혼을 말할 수 있게 해준다.

비록 우리의 논의가 단순하고 반복적이긴 해도 자연적 사회성socialité naturelle, 특히 이 표현의 역설적 측면을 정확하게 강조하면서 이야기를 더 끌고나갈 수 있을 것이다. 사실 공격성이나 갈등의 형식을 취하더라도 서로 모이고자 하는 성향은 존재하기 마련이다. 이는 훗날 파레토가 말한 결합 본능, 혹은 로크가 모든 사회의 기초에 있다고 보았던 '내적 본능'에 해당한다. 서로 모이고자 하는 성향의 내용이 무엇인지 구체적으로 논하지 않고도, 우리는 언어적이면서 동시에 비언어적인 커뮤니케이션이 개인들을 서로 묶어주는 거대한 그물을 구성한다고 간주할 수 있다. 분명 합리주의적 관점이 우세해지면서 사람들은 언어적 표현만이 사회적 관계의 지위를 갖는다고 생각하게 되었다. 이때부터 수많은 '침묵'의 상황은 사회적 관계에 포함되지 않는다고 쉽게 단정하게 되었다. 이는 분명 계몽주의 시대의 계승자인 개인주의 이데올로기가 내놓은 논거들 중 하나이며, 이런 논거는 굳이 언어화되지 않더라도 매일의 삶을 근본적으로 구조화하는 민중적 삶의 양식에, 민중의 축제적이거나 평범한 관습과 하비투스에 낯선 것이다. 신체적 언어활동, 소음과 음악의 중요성, 그리고 근접성에 대한 현대의 연구들은, 한편으로는 교감과 건축적 구조의 신비적이고 시적이며 유토피아적인 관점들과 만나고, 다른 한편으로는 무한히 작은 것에 대한 이론물리학의 고찰들과 만난다.[20] 실재란 동질적 요소들과 이질적 요소들의, 연속과 불연속의 거대한 배열에 지나지 않는다는 것 외에 달리 무엇을 말할 수 있겠는가? 하나의 주어진 전체 속에서 무엇이 구분되는지, 사람들이 무엇을 분리하고 개별화할 수 있는지 밝히고자 했던 때가 있었다. 그러나 점차 동시성, 혹은 사회적 삶에서 작동하는 힘들의 시너지를 참작하는 편이 더 낫다는 것을 깨닫게 되었다. 그때부터 개인은 더 이상 고립될 수 없으며, 문화, 커뮤니케이션, 여가, 유행에 의해 공동체와 연결되어 있다는 사실을 재발견하게 된다. 이 공동체는 중세 공동체와 동일한 특질을 지니지는 않지만, 동일한 형식만큼은 공유한다. 바로 이 형식을 다시 부각시켜야 한다. 나는 짐멜에게서 영감을 받아, 개인들 사이에 만들어진 '상호성의 관계'를 형식 속에서 보자고 제안했다. 행위, 상황, 정서가 교차하면서 하나의 전체를 이루는 그러한 관계 말이다. 이로부터 직조라는 동학

動學dynamique과 사회적 직물[사회조직]이라는 정학靜學statics의 은유가 생겨난다. 예술적 형식이 현실적이거나 환상적인 다양한 현상에서 창조되듯, 사회성의 형식은 일상적인 삶의 아주 소소한 사실들에서 만들어진 특수한 창조물일 수 있다. 따라서 이 과정은 공동의 삶을 그 자체로 하나의 순수 형식, 하나의 가치가 되게 한다. 억누를 수 없고 꺾을 수도 없는 '사회성Geselligkeit의 충동'은 어떤 계기에 따라서 정치 및 역사적 사건의 왕도를 취하거나 평범한 삶이라는 은밀하지만 강렬한 길을 취하면서 스스로를 드러낸다.

이런 관점에서 볼 때 삶은 집단적 예술작품처럼 간주될 수 있다. 이 예술작품은 악취미, 키치, 민속 작품이거나 심지어 현대 대중오락을 다양하게 표명하는 작품일 수도 있다. 이 모두는 속이 텅 빈, 의미 없는 경박함으로 보일 수 있다. 그렇지만 '정치적' 사회, '경제적' 사회가 분명 존재한다면, 수식어를 필요로 하지 않는 하나의 실재도 존재한다. 그것은 내가 사회성socialité으로 부르자고 제안한 것으로서 "사회화의 유희적 형식"[21]으로도 볼 수 있을, 사회적 공존이라는 실재이다. 내가 중요하게 여기는 미학적 패러다임의 틀에서 볼 때, 유희적인 것은 목적성, 효용성, '실용성', 혹은 '실재들'이라고 불리는 것에 신경쓰지 않고, 존재에 스타일을 부여하고 존재의 근본 특징을 부각시킨다. 따라서 함께-하기는 하나의 기본적 소여이다. 그 어떤 결정이나 자격 부여에 앞서 함께-하기는 한 문화에 고유한 힘과 견고함을 보장해주는 생기론적 자발성이다. 그후 이 자발성은 인위적인 것으로 바뀔 수 있다. 즉 문명화되고, 괄목할 만한 (정치적, 경제적, 예술적) 작품들을 생산해낼 수 있다. 그러나 단지 새로운 방향들(혹은 새로 설정된 방향들)을 좀더 제대로 평가하기 위해서라도, '쓸모없는 함께-하기'라는 순수 형식으로 되돌아오는 것이 늘 필요하다. 실제로 이것은 우리 눈앞에서 재탄생하는 새로운 삶의 양식들의 배경막, 계시자로 쓰일 수 있다. 성性의 경제학, 노동과의 관계, 언어의 공유, 여가시간, 기초적 집단에 기반한 연대 등과 관련한 새로운 상황. 이 모든 것을 이해하기 위해서는 집단에 대한 유기적 관점이라는 방법론적 지렛대가 필요하다.

3. '종교적' 모델

『종교생활의 원초적 형태』를 집필할 때, 뒤르켐은 오스트레일리아 부족들의 종교를 완벽히 분석하려던 것이 아니었다. 그의 야심은 사회적 사실을 이해하려는 것이다. 이는 막스 베버의 경우에도 마찬가지다. 베버의 프로테스탄트 윤리는, 엄밀한 의미에서의 종교사회학 혹은 종교사 쪽으로부터 수많은 비판을 받을 수 있다. 그러나 이는 분명 베버의 연구 목적이 아니다. 프로이트의 『토템과 터부』는 또 어떤가! 목표는 서로 다르지만 이들 사례에서 관건은 한 가지 논리, 즉 '사회적 인력attraction sociale'[22]의 논리를 밝히는 일이다. 바로 이 관점에서 내가 종교적 모델을 거론하는 것이다. 이는 은유적 관점으로, 모든 종류의 전문화를 넘어서되, 어떠한 방식으로든 그것들을 폄하하지 않으면서, 사회적 결집의 형식들을 간단명료하게 파악하기 위해서는 종교적 이미지의 활용이 중요하기 때문이다. 이는, 인간의 역사는 함께 체험한 상상계로부터 시작되었음을 확인하는 횡단적 관점, 혹은 어떤 의미로는 비교 연구의 관점이다. 그 어원을 자세히 따져볼 필요가 있겠지만 종교(다시 연결함religare), 즉 연결re-liance은 사회적 유대를 이해하는 적절한 방법이다. 순수성을 고집하는 사람들을 화나게 할 수도 있겠지만, 나는 피터 버거와 토마스 루크만의 제안을 받아들이고 싶다. "'실재'의 사회학적 이해는 일반인의 이해와 철학자의 이해 사이의 어딘가에 위치한다."[23]

더욱이 정신구조의 역사 속에 나타난 중요한 단절을 살펴보면, 단절의 원인이자 결과인 흥분이 소규모 종교 집단들에서 매우 자주 일어났음을 쉽게 볼 수 있다. 이 소규모 종교 집단들은 스스로 전체로 살아가고, 전체의 관점에서 살고 움직인다. 정치와 이상理想의 분리는 더이상 의미가 없다. 삶의 양식들은 그 자체로서, 벤야민의 표현에 따르면 "지극히 구체적인 것"으로 체험된다. 여기서는 평범함과 유토피아가, 필요와 욕망이, '가족'으로의 닫힘과 무한으로의 열림이 규칙적으로 행해진다. 헬레니즘 말기의 디오니소스 숭배자들로 이루어진 '티아소스'나 초기 기독교의 소규모 종파들은 그 이후에 나타난 사회구조의 토대였다. 우리 시대의 특징인 감정-종교적 결집의 증가와 관련해서도 똑같이 말할 수 있다. 따라서 종교적 은유의 사용은, 어떤 주어진 구조의 핵심을 가장 완벽하게 꿰뚫어보게 해주는 레이저 광선의 사용에 견줄 수 있다.

디오니소스 숭배에 관심을 가졌던 모든 이들은 디오니소스가 그리스 만신전에 뒤늦게 도착했다는 점과 여러 측면에서 나타나는 그의 기이함을 강조했다. 디오니소스의 상징적 측면을 강조하면서, 우리는 그를 종결하는 동시에 설립하는 창설적 타자성의 패러다임으로 간주할 수 있다. 이런 점에서 기이하고 이국적인 신성에 바쳐진 종교 회합인 티아소스가 [종결하는 동시에 설립하는] 이중적 기능을 가진다는 사실은 흥미롭다. 전통적인 정치적 균열과는 반대로, 티아소스는 여러 영역을 관통하면서 사회적, 인종적, 성적 차별을 거부하고, 나중에는 도시국가의 종교에 통합된다.[24] 한편으로 티아소스는 새로운 군집, 새로운 원초적 집단들을 모으고 구성하며, 다른 한편으로는 새로운 사회에 활력을 불어넣는다. 이것이 바로 모든 창설이 지닌 이중적 태도이다. 이는 하나의 이념, 혹은 더 정확히 말해 하나의 특정한 에피스테메*의 포화상태가 관찰될 때마다 규칙적으로 반복되는 바로 그런 절차이다.

* epistēmē. 고대 그리스 철학에서 감성에 바탕을 둔 독사doxa와 상대되는 참 지식을 가리킨다. 현대에 와서 미셸 푸코는 특정 시대를 지배하는 인식의 무의식적 체계를 에피스테메라 부르며, 시대마다 다른 에피스테메가 각 시대 사람들의 사고방식을 규정한다고 보았다.

기독교의 태동기를 다루면서 르낭은 어떻게 소집단들이 훗날의 기독교를 낳을 수 있었는지 잘 보여준다. "극소수 종파들만이 무엇인가를 세우는 데 성공했다." 르낭은 이 종파들을 '소규모 프리메이슨'과 비교한다. 종파의 능력은 근본적으로 구성원들 간의 근접성이 관계의 깊이를 만들어낸다는 사실에 기반을 둔다. 이런 관계를 통해 구성원 각자의 신념들이 실질적인 시너지를 일으킨다.[25] 고립된, 혹은 결국 똑같은 말이겠지만 지나치게 광대한 구조 안에서 길을 잃은 개인과 그의 이상은 별다른 중요성을 갖지 못한다. 반대로 협소하고 근접한 관계 안에 얽혀 있는 개인과 그의 이상이 갖는 효력은 다른 '프리메이슨' 구성원들에 의해 확대된다. 게다가 관념이 고유한 풍요로움을 갖는다고 말할 수 있는 것도 바로 이 때문이다. 그런데 다양한 변이형(마르크스주의, 기능주의)을 가진 실증주의는 바로 이 점에 대해 강한 의문을 제기했다. 모더니티 안에서 지배적이었으며, 정치적 기획과 개인의 원자화를 우선시했던 경제 논리는 집단 상상계의 차원을 결코 통합할 수 없었다. 기껏해야 이 경제 논리는 집단 상상계를 영혼의 보충물 정도로, 사적 용도로 쓰이며 그다지 쓸데없는 '돈 많이 드는 취미' 정도로 간주할 수 있었다. 그 결과 쉽사리, 우리가 아는 바의, 그리고 특히 사회 이론에서 승리를 구가했던 '세계의 탈주술화'에 이르게 된다. 바로 그 점이 노동운동 속에서 작동했던 온갖 신화(유토피아)의 중요성을 제대로 보지 못하게 만들었다.

반대로 소집단은 구조적으로 상징적 효력을 복원하는 경향이 있다. 그리고 차츰, 사회적 삶 안에서 문화적인 것의 부활을 말할 수 있게 해주는, 아주 가늘지만 견고한 실들로 이루어진 신비로운 연결망이 형성되는 것을 보게 된다. 이것이 바로 대중의 시대, 분열되긴 했지만 견고한 지향성을 지닌 집단들의 연쇄에 크게 기대는 이 시대가 우리에게 주는 근본적 교훈이다. 나는 이를 세계의 재주술화라고 부르려 한다.

사회학자 에른스트 트뢸치는 '종파 유형'과 '교회 유형'을 구분했다. 이 유형학을 좀더 밀고나가 각 유형의 뚜렷한 특징을 강조한다면 다음과 같이 말할 수 있다. 즉 '교회 유형'에서 출발해 특징지을 수 있는 어떤 시기들이 있다면, '종파 유형' 안에서 식별되는 또다른 시기들이 있다. '종파 유형'에서 눈여겨봐야 할 것은 창설하는 측면이다. 그런데 이 창설이란 특징은 함께-하기가 지닌 늘 갱신하는 힘, 그리고 미래를 상대화하고 세 가지 시간[과거·현재·미래] 가운데 현재를 우선시하는 것이다. 이것은 조직의 측면에도 영향을 미치기 마련이다. 즉 종파는 무엇보다 지역공동체로서 자체적으로 살아가며, 눈에 보이는 제도적 조직을 필요로 하지 않는다. 이 공동체는 신자들의 보이지 않는 일치communion 속에 자신도 포함된다고 스스로 느끼기만 해도 충분하다. 이것은 곧 '성인 통공'이라는 신비주의적 관념이다. 이렇듯 소집단은 근접성에 기초해 기능하고, 더욱 광대한 전체 속에서는 그저 점점이 새겨질 뿐이다.

'종파 유형'은 관료적 기구를 상대화하는 측면도 지닌다. 카리스마적 지도자와 영적 스승이 있을 수 있지만, 그들의 권력은 이성적 능력(신학적 지식)이나 사제의 전통에 근거를 두고 있지 않다. 바로 이 사실이 권력을 약화시키고 오랫동안 지속하지 못하게 한다. 그렇기에 "종파 안에서 모든 것은 모두의 일이다"[26]라고 말할 수 있다. 종파를 두고 민주적 태도를 거론하기는 어렵다. 사실 종파는 각자를 집단의 삶에서 필수불가결한 존재로 만드는 위계적이고 유기적인 체계와 관련된다. 전체의 지속적 활력을 보장하는 것이 바로 이 가역성이다. 위임의 메커니즘으로 제도화된 구조는 그 구성원들의 미온적 태도를 조장한다. 반면 '종파 유형'은 각자가 모두에 대해, 그리고 각자에 대해 책임을 지도록 한다. 그렇기에 종파 유형은 순응성과 순응주의를 조장하지 않을 수 없다. 현재, 근접성, 하나의 전체에 참여한다는 감정, 책임성이야말로 집단-종파 안에서 작동하는 핵심 특징들이다. 이 집단을 '대중'으로 만들어주는 것도 바로 이 특징들이다. 실제로 제도의 제국주의는 긴 지속기간을 지향하고 견고한 권력이 인도하는 경직된 구조가 있어야만 비로소 이해 가능하다. 반대로 로컬리즘이 우세하다면, 동일한 원리로 움직이는 여러 실체들이 서로 맞추어가는 구조가 온전히 가능해진다. 거기서 네트워크 구조화가 보여주는 연방주의의 이미지 혹은 최소한 동거의 이미지가 만들어진다.

내가 방금 지적한 것과 관련해 '종파 유형'의 민중적 기반을 주목하는 것 또한 흥미롭다. 이 민중적 기반은 고대 후기에서 오늘에 이르기까지의 종파 유형을 분석한 모든 이들이 인정하는 기정사실이다. 첫 4세기 동안의 기독교 종파들을 관찰하면 이 점은 특히 자명하게 나타난다. 초기 기독교가 신분이 낮은 민중과 노예들을 우선적으로 끌어들였다는 사실은 잘 알려져 있다. 기독교와 싸우려고 할 때 배교자 율리아누스 황제는, 철학자들이 속한 엘리트들로부터 어떠한 후원도 받지 않는 교양 없는 집단만을 상대해야 한다고 생각했다. 중세 종파의 경우에도 마찬가지로, 이 사실은 하나의 상수인 듯했다. 실제로 종파 구조는 사제 혹은 일반적으로 지도자 계급에 적대적이거나 적어도 무관심했다.[27] 그리고 그 점은 앞서 다루었던 근접성의 이념에 따른 것이다. 지배 권력에 대한 순응과 주저, 여기서 우리는 아나키즘적 논리, 즉 국가 없는 질서라고 하는 일반적 관점을 재발견한다.

이런 의미에서 우리는 종파의 이념형과 관련된 트뢸치의 제안을 받아들일 수 있다. 이 이념형 덕분에 우리는 네트워크라는 사회 형식을 강조할 수 있다. 네트워크는 조직화되지는 않았지만 견고하고, 눈에 보이지도 않지만 그 어떤 전체에서도 뼈대 구실을 하는 전체이다. 잘 알려져 있듯, 일반적으로 역사편찬은 수면 위로 떠오른 몇몇 결정체(사람 혹은 사건)만을 채택하고 일상사라는 저수지를 오만하게 무시했다. 조직화되지 않은 모든 것을 무시하는, 아니 더 심각하게는 그 중요성을 무시하는 사회과학(정치학, 경제학, 사회학)의 경우도 다를 바 없다. 우리는 '종파 유형'의 민중적 차원 때문에 대중의 기독교가 존재했다는 사실을 강조할 수 있다. 대중의 기독교는 가톨릭교회, 종파, 혹은 자격을 부여받은 종교 활동처럼 특정 제도에 은밀하게 물을 대주는 지하수층으로 간주될 수 있다.[28] 현대 교회 안에서 기초 공동체나 친화 집단들의 재부상은 이 지하수층이 조금도 고갈되지 않았음을 잘 보여준다. 이 지하수층을 세심하게 다루지 않는 순간, 그것을 약탈하듯 사용하는 순간이 있다. 그리고 이 지하수층에 빚지고 있다는 것, 특히 사리사욕 없는 분배와 상호부조 혹은 연대 등의 견고한 접합제를 깨닫게 되는 좀더 '생태학적' 순간도 있다. 바로 이 생태학적 순간이 오랫동안 사회성의 영속을 가능하게 해준다. 소집단은 이와 같은 건축적 구조의 완결된 모델을 제공한다. 우리는 여기서 모든 이론적 체계에 포섭되지 않는, 앞서 다루었던 특징들의 구체화된 모습을 축약된 형태로 발견한다.

종교의 평신도회에 뿌리를 둔 '동업조합compagnonnage'이나, 과거 가톨릭 교구의 하위 단위인 '프레리frairies'는 형제의 나눔과 관련 있다. 이 말들의 어원은 주로 공생, 가족적 연대, 그리고 머나먼 씨족 분할에 자기 기원을 두고 있는 소규모 집단에서 연유한다.[29] 당시에 이 기초 구조는 아마도 다른 이름으로 불렸을 테고, 사람들에게 잊히고 나서는 새롭게 현실화되거나 새로운 형태를 띠겠지만, 어쨌든 그 형식은 본질적으로 종교적인('다시 연결하는re-liante') 것이다.

> 우리가 '종파 유형'이라 부르는 것은 제도의 순전히 합리적인 관리에 대한 하나의 대안으로 이해될 수 있다. 주기적으로 중요성이 부각되는 이 대안은 사회적 삶 안에서 감정의 역할을 강조한다. 이는 근접성이 제대로 작용하도록, 그리고 태동중인 것이 따뜻해 보이도록 도와줄 것이다.

바로 이런 의미에서 종교적 모델은 모든 종류의 중심성에서, 때로는 심지어 합리성에서 벗어나는 네트워크 현상을 서술하는 데도 적합하다. 오늘날의 생활양식은 더이상 단 하나의 극점에서 출발해 구조화되지 않는다는 점을 말하고 또 말해야 한다. 약간 우발적인 방식으로 그 생활양식은 매우 다양한 기회와 경험, 상황에 종속된다. 이 모든 것이 친화적 집단을 만들어낸다. 모든 것은 마치 초현실주의의 '미친 사랑'*과 '객관적 우연', 상황주의의 만남과 '표류'처럼 사회체 전체에 점진적으로 모세혈관처럼 퍼진다.[30] 예술작품으로서의 삶은 더이상 몇몇 사람에게만 연관된 것이 아니라 대중의 과정이 된다. 물론 그것이 가리키는 미학은 취향(미학적인 좋은 취미 혹은 악취미)의 문제나 내용(미학적 대상)의 문제로 요약될 수 없다. 우리의 관심사는 집단 감각이 어떻게 체험되고 표현되는가 하는 순수한 미학적 형식이다.

4. 선택적 사회성

한 시대가 타자성에 대해 어떤 견해를 가지는가에 따라, 주어진 한 사회의 본질적 형식을 결정할 수 있다. 따라서 집단 감각의 존재와 상관적으로 네트워크의 논리가 발전하는 것을 보게 된다. 말하자면 인력과 척력의 과정은 선택에 의해 이루어질 것이다. 이제 내가 '선택적 사회성'이라 명명한 것이 형성되는 과정을 목격할 수 있다. 물론 선택적 사회성의 메커니즘은 항상 존재했다. 다만 예컨대 모더니티와 관련해서는, 개별적 이익과 로컬리즘을 넘어서는 타협과 장기적 목표가 작동하도록 만드는 정치적 보완물에 의해 그 메커니즘은 약화되었다. 반대로 일상생활 혹은 (정치적인 것, 사회적인 것과 대비되는) 사회성이라는 주제는 사회적 소

* Amour fou. 초현실주의 지도자 앙드레 브르통의 책 제목.

여의 핵심 문제가 관계주의, 즉 좀 진부하지만 개인과 집단이 서로 팔꿈치를 맞댄다고 표현할 수 있는 것임을 드러낸다. 재결속된 요소들보다 더욱 중요한 것은 당연히 연결 그 자체다. 더 가치를 두어야 할 것은 도달해야 할 목표보다 함께한다는 사실이다. 짐멜의 시각에서 본다면 위하여-함께-서로 für-mit-gegeneinander이다. 여기서 이른바 형식주의 사회학,* 즉 비판하거나 판단하려 하지 않고 존재하는 형식과 외형을 확인하려는 사유가 요청된다. 이 같은 현상학은 일상생활의 미학화에 답하는 미학적 태도이다. 이는 추계학推計學적 접근방식을 유발한다. 여기저기 다양한 영역에서 끌어온 사례들을 활용하더라도 결국 그 모든 사례는 함께하기 Zusammensein라는 주제 주변의 음악적 변주에 불과하기 때문이다.[31] 그러나 여러 측면에서 되풀이하고 되씹는 것을 두려워해서는 안 된다. 왜냐하면 우선적으로 정치적 관점 안에서 완성된 분석 도구들을 가지고 집단 현상을 파악하기는 대단히 어렵기 때문이다. 게다가 이런 분석 도구들이 바로 현재 벌어지는 매우 일반적인 오류, 즉 정치의 퇴각 혹은 사회적 의미의 상실을 개인주의의 부활이라는 용어로 분석하는 오류를 범하게 만드는 것이다. 따라서 특히 집단의 정동적 affectif 혹은 '정감적 affectuel'(베버) 측면을 부각시키면서 우리의 표류를 계속해나가자.

* sociologie formiste. 짐멜의 '형식' 개념에서 착안해 마페졸리가 만든 개념어. 짐멜에 따르면 사회에 대한 보편과학으로서의 사회학을 거부하고, 다수의 개인들 사이에 일어나는 다양한 상호작용의 형식(내용이 아니라)을 연구하는 과학이 사회학이다. 즉 짐멜은 사회에 대한 실체론적 이해를 거부하면서 사회를 개인들 사이의 다양한 상호작용의 총합과 동일시하고, 따라서 사회보다는 사회화라는 개념을 사용하는 것이 더 적절하다고 판단한다. '형식'은 짐멜에게 핵심 사항이었던 관계, 상호작용 등의 중요성을 잘 보여주는 개념이며, 짐멜은 인간이 유기적 진화를 통해 삶의 새로운 형식과 요구에 적응할 수 있는 능력을 가지게 되었다고 본다. 마페졸리는 현상 그 자체에 대한 수용과 적응 능력을 강조하면서, 비판적 사유와 달리 형식주의는 긍정적 사유라고 여긴다. 즉 비판적 사유는 거짓으로부터 진실을 선택해 분리하는 기능을 하지만, 형식주의는 오히려 '거기에 있기 때문에' 수용하기를 중요시한다는 것이다.

사회성이 그 생성의 순간에 유난히 내밀한 상태로 있다는 점은 무척이나 인상적이다. 관계를 긴밀하게 하거나 모든 이에게 공통되는 것을 상기하고자 할 때도 마찬가지다. 이런 점에서 식사는 진정한 성사聖事, 즉 가톨릭 교리에서 말하듯 "비가시적인 은총을 가시화하는 것"이다. 보다 현대적인 방식으로는 대단히 상징적인 기법이라고 말할 수 있다. 성찬식에서부터 친구들끼리의 간단한 '식사'를 거쳐 정치 연회에 이르기까지, 동맹을 맺고 대립을 해소하며 흔들리는 우정을 회복시켜주는 상기想起의 목록은 길게 이어진다. 여기서 식사는 흥분의 시기에 여러 소규모 세나클* 내부에서 만들어지는 관계에 대한 은유이다. 사적 숭배의 증가부터, 새로운 기독교 지도자들 혹은 현대의 혁명가들을 보호해주는 촘촘한 세포조직까지,[32] 새로운 사회적 회합과 대안적 가치의 탄생은 이른바 네트워크 논리를 거치게 된다. 이는 말하자면 정동적 열기를 앞세우는 것, 혹은 적어도 정동적 열기가 사회적 구조화나 사회적 목표 안에서 특별히 선정된 자리를 차지한다는 것을 보여주는 것이다.

정치 게임 안에서 정동적 충동의 존재를 부정할 수 없다는 점은 수없이 강조했다. 흥미롭게도 그것은 경제 질서 안에서도 틀림없이 작동하고 있다. 이는 셀레스탱 부글레가 카스트 제도에 대한 논문에서 분석한 바이다. 우리가 직업조합이나 동업조합에 대해 말한 것과 유사한 관점에서, 그는 카스트란 중세 길드가 절정에 달한 '경직된' 형식에 지나지 않는다는 점을 보여준다. 서구 및 인도의 산업과 경제 구조화 과정에서 동업조합이나 카스트가 행한 역할은 잘 알려져 있다. 이 역할은 공생, 연대, 법적 상호부조의 실천들, 그리고 다른 모든 문화적, 제의적 표현 형식들이 존재하는 한에서만 존재할 수 있다.[33] 이렇듯 경제 질서는, 우리가 습

* cénacle. 본래 예수와 그 제자들의 최후 만찬 장소를 가리키는 말로, 19세기에 활동하던 문인들의 소모임 명칭이기도 하다.

관적으로 상징계의 질서로 분류하는 것들로부터 계속 영양을 공급받는다. 세속적 사회는 아무리 조각내려 해도 허사인 하나의 전체이며, 그 안에서 공생적이고 축제적인, 혹은 일상적인 함께-하기가 무시할 수 없는 한 자리를 차지한다는 사실을 이 예는 잘 보여준다.

신중한 뒤르켐조차 정동의 역할을 인정한다. 나는 이미 뒤르켐이 『종교생활의 원초적 형태』에서 코로보리 축제를 분석했던 것과 관련해 이 점을 증명했다.(『디오니소스의 그림자』 참고) 뒤르켐이 『사회분업론』에서 정동에 지면을 할애했다는 사실은 더욱 놀랍다. 이처럼 다소 생기론적 방식으로 뒤르켐은 "고유한sui generis 삶의 원천"을 집단에 부여한다. "그로부터 심장을 덥히거나 소생시키는, 그리고 공감을 향해 문을 열어주는 열기가 발산된다." 이것이야말로 더할 나위 없이 분명한 것이다. 뒤르켐은 '감정의 유출'이 '미래의 동업조합'에서도 한 자리를 차지하리라고 예측한다. 현대의 네트워크에 대한 분석으로 읽을 수 있을 정도이다. 분명한 것은, 뒤르켐의 가장 중대한 공헌이라 할 수 있는 유명한 중간집단 이론은, 이 정동적 차원을 통합시키지 않고는 전혀 이해할 수 없다는 점이다. 게다가 집단을 강조하면, 뒤르켐식 실증주의를 표방하는 이들이 무엇보다 우선시하는 개인주의가 분명 해체된다. 개인주의가 존재한다는 것, 이는 부인할 수 없고, 이 덕분에 태동기 사회학이 모더니티의 고유한 역동성을 설명할 수 있었다. 그러나 동시에 개인주의는 그와 반대되는 것, 더 정확히 말하자면 대안적 요소들의 잔류 효과를 통해 균형을 이루었다. 한편 해당 사회의 탄력성을 보증해주는 것은 바로 이 역설적 긴장이다.

뒤르켐의 저서에서 규칙적으로 발견되는 생기론은 바로 이런 식으로 이해해야 한다. 공동체에 대한 노스탤지어일까? 아마도. 어쨌든 뒤르켐은 개인의 신체처럼 사회체는 기능과 역기능이 더없이 잘 어우러지는 복잡한 유기체라는 점을 강조한다. 그래서 그는 사회적 분업과 생리적 분업을 비교하게 된다. 이 두 유형의 분업은 "이미 일정한 응집력을 지닌 다세포 덩어리 한가운데서만" 나타난다. 그렇다면 이는 분명 "피의 친화성"이나 "같은 땅에 대한 애착"[34]에 의거하는 유기적 이해라 할 수 있다. 단순한 계약적 합리성을 넘어서는, 자발성과 충동적 힘에 대한 호소는 이렇게 해서 관계주의 및 사회 전체의 기본 요소인 일련의 인력과 척력 관계를 강조한다. 알다시피 우리는 신성한 사드 후작의 에로틱한 구축물을 각각의 구성요소보다 우세한 화학적 조합으로 분석할 수 있었다. 이 극단적 은유는 우리의 논의에 유용하다. 에로스 혹은 열정은 각 요소들이 가진 고유한 '유인성誘引性'[끌어당기는 힘]에 따라 이 요소들이 결집하도록 도와준다. 포화상태가 있을 수 있고, 그러면 또다른 조합이 생겨나기도 한다. 이렇게 하여 자발적 생기론의 궤도 안에서 정적인 것—공동체, 공간—과 동적인 것—공동체를 이루며 공간 안에서 삶을 영위하는 집단들의 탄생과 죽음—의 결합 및/혹은 역설적 긴장이 작동하는 것을 볼 수 있다. 그때 일상사의 우연성과 필연성에 대한 논쟁이 구조와 역사에 대한 오래된 논쟁을 대체한다.

이렇게 이해된 사회는 어떤 합리적 기계성 안에서 요약되지 않는다. 사회는 각 개인이 속한 다양한 집단 안에서의 만남과 상황, 경험을 통해 존속하고 조직된다. 이 집단들은 서로 교차하고, 미분화된 대중과 매우 다양화된 극성極性을 동시에 구성한다. 생기론적 도식을 계속 사용하자면, 영양을 공급하는 물질과 세포핵 사이의 긴밀한 결합에서 생겨나는 원형질의 실재를 언급할 수 있다. 이런 이미지는 사회생활 안에서의 정동(인력-척력)의 중요성을 강조하고, 동시에 이 정동이 '의식적이지 않다', 또는 파레토식으로 '논리적이지 않다'는 것을 보여준다는 이점이 있다. 이러한 유기성을 강조할 필요가 있는데, 왜냐하면 오늘날 관찰되듯 비합리적이라 할 수 있는 많은 태도가 바로 여기에 달려 있기 때문이다. 이 유기성을 정확히 정의하기는 힘들어도, 바로 이러한 성운으로부터 내가 이미 수년 전에 사회성socialité이라 이름붙인 것을 이해할 수 있다.

내가 뒤르켐에게 있는 그런 잔류 효과에 대해 말했듯, 헤겔의 낭만주의 안에는 공동체에 대한 노스탤지어에 기대는 이론적 상수가 있다고 말할 수 있다.

평등주의와 사회계약을 넘어, 헤겔은 사회에 대한 '구심적' 관점을 갖고 있다. 즉 사회를 구성하는 상이한 원들이 서로 맞물려 있으며, 이 원들은 서로 연결되어 있는 한에서만 가치를 지닌다는 것이다. 이렇게 헤겔에게 국가란 공동체들의 공동체communitas communitatum다. 우선시되는 것은 개인들이 아니라 개인들 간의 관계다.[35] 상호 연결이라는 개념은 정동과 연대가 행할 수 있는 접합제의 역할을 특권화하기 때문에 주목할 만하다. 전통적 해석과는 반대로, 헤겔의 국가는 하나의 공집합, 즉 점차 전체를 구성해 가는 다양한 요소의 자생적 배열 상태를 눈에 띄게 하는 것이 유일한 기능인 하나의 이론적 개념에 그칠 수 있다. 물론 이 배열은 획일적인 것과는 거리가 멀고 여러 측면에서 무질서하지만, 이상적이지는 않아도 그럭저럭 존재하는 사회를 잘 설명해준다. 실제로 네트워크의 논리와 그 매개체로 쓰이는 정동은 근본적으로 상대주의적이다. 의례적으로 이야기되듯, 현대의 대중을 구성하는 집단들은 이상을 갖고 있지 않다고 말해야 할까? 그 집단들은 한 사회가 절대적으로 어떻게 되어야 한다는 비전을 갖고 있지 않다고 말하는 편이 더 나을지도 모른다. 각 집단은 그 자체로 자기 자신의 절대다. 이것이 바로 정동적 상대주의로서 특히 생활 스타일들의 동일성으로 표현된다.

이는 다양한 생활 스타일들, 일종의 다문화주의multiculturalisme가 존재함을 가정한다. 갈등적인 동시에 조화로운 방식으로 이 생활 스타일들은 서로 나란히 놓이기도 대립하기도 한다. 바로 이 집단적 자기충족성 때문에 폐쇄적이라는 인상을 줄 수 있다. 분명한 것은, 투영적 태도와 미래를 향하는 '외연적ex-tensive' 지향성의 포화상태는, 현재 체험되는 더욱 '내포적in-tensive'인 관계의 질이 증가함에 따라 상쇄된다는 점이다. 모더니티는 사회적 관계의 가능성을 증가시키면서, 부분적으로는 그 실질적 내용을 텅 비게 만들었다. 이는 특히 근대 대도시의 한 특징이었다. 이 과정은 사람들이 심히 비판했던 군중의 고독을 만드는 데 커다란 역할을 했다. 반면 포스트모더니티는 현대의 거대도시 안에서 집단으로의 수축과 그 집단들 내부에서 이루어지는 관계의 심화深化를 용이하게 하는 경향이 있다. 물론 여기에도 갈등이 일정 부분 존재하는 만큼, 관계의 심화는 결코 만장일치와 동의어가 아니다. 하기야 이 점이 문제는 아니다. 인력과 척력이 관계주의의 원인이자 결과임을 기억해두는 것으로 충분하다. 앞서 문제가 되었던 "다세포 덩어리"(뒤르켐)나 "구심성"(헤겔)에 매개체로 쓰이는 것이 바로 이 관계주의이다. 물론 친화적 네트워크로의 구조화는 일반적으로 경제-정치적 결사의 밑바탕에 있는 자유의지의 전제와는 아무 관련이 없다.

여기서 이야기하는 '정동적'('정감적') 성운이 인본주의적 편견 혹은 심지어 의인화하는 편견을 내포하지 않는다는 사실을 고려해야 한다. 알다시피 이 점은 나의 카르타고는 파괴되어야 한다*이다. 즉 개인 및 개인에 대한 다양한 이론화는 이 사안과

* delenda carthago est. 제2차 포에니 전쟁에서 로마에 패배한 카르타고는 해외 영토를 잃고 막대한 배상금을 물어야 했다. 그런데도 로마 원로원의 실력자 대大카토는 카르타고가 금방 국력을 회복할 것이라 우려하며 "카르타고는 파괴되어야 한다"고 주장했다. 이후 기원전 149년 제3차 포에니 전쟁에서 로마는 카르타고를 함락한 후 완전히 파괴했고 돌과 흙만 남은 땅에 소금을 뿌려 풀 한 포기 자라지 못하게 만들었다.

아무 관련이 없다. 진행중인 대문자 역사에 대한 개인의 행위도 마찬가지다. 디오니소스적인 것이라는 주제—그 절정은 혼돈이다—의 틀 안에서, 들끓는 대중(성과 축제, 스포츠의 혼돈) 혹은 일상적 대중(소비하고 추종하는 평범한 군중)은 개체화 원리의 특성을 넘어선다. 특정한 지향성들이 상호작용의 과정에서 일정한 역할을 한다는 것은 틀린 말이 아니다. 그렇다고 해서 상호작용의 과정이란 사회 '형식'으로서 "그 존재가 개인 의식에서 벗어나는 수많은 미세 경로"로 구성된다는 점을 보지 못하게 해서는 안 된다. 이를 짐멜은 "결합Zusammenschluss의 효과"라 부른다.[36] 실제로 무엇이 우선인가를 결정하기란 불가능하며, 집단의 우월성과 정동의 중요성은 분명 일상생활의 밀도가 무엇보다 비인격적 힘들에 달려 있다는 점을 드러낸다. 게다가 이것은 18세기 이래로 사회적 존재를 성찰해온 지식인들의 일상생활에 대한 부정적 태도를 설명해준다.

그렇지만 아무리 하찮고 피상적이더라도 일상생활은 어떤 형태이든 모임을 가능케 하는 조건이다. 내가 이미 말했듯, 마르셀 모스가 제대로 기술한 헥시스* 혹은 하비투스는, 우리를 구성하는 관례와 풍습을 결정하고, 영양소를 공급하는 플라스마처럼 우리를 에워싼 환경을 결정한다. 그런데 이런 것들[관례, 풍습, 환경]은 전혀 의식적이지 않다. 그저 거기 있을 뿐이다. 그렇지만 육중하게 우리를 강제하고 구속한다. 우리는 언어로 표현하지는 않아도 그것들을 체험한다. 얼마간 동물적인 삶에 대해 말하기를 두려워하지 말아야 할 것이다. 이는 오늘날의 대중 속에서 작동중인 네트워크 논리를 상기시킨다. 그 네트워크 논리가 초래하는 몰개

* hexis. 하비투스는 아리스토텔레스 사상의 '습관' 개념과 유사하다. 이 '습관'은 반복되는 행동에서 오는 기계적 행위를 가리키는 '에토스ethos'와 도덕적 성향이나 덕을 뜻하는 '헥시스'로 구분된다. 마르셀 모스는 이 '헥시스'에서 물리적, 심리적, 사회적, 문화적 질서를 포괄하는 관계를 보았다.

성화—비개인주의화라고 말하는 편이 나을지도 모른다—는 상황들이 점점 더 분위기atmosphère라는 개념으로부터 분석된다는 사실 속에서 지각된다. 현재는 명확한 정체성이나 특징보다는 막연함, 애매함, '메타~' 혹은 '트랜스~' 같은 용어로 지칭하는 것이 더 지배적이다. 그리고 이 점은 유행, 이데올로기, 섹슈얼리티 등 다른 많은 영역에서도 마찬가지다.

'분위기ambiance'(기분feeling, Stimmung)에 근거를 둔 과학 연구나 언론 기사의 증가도 이런 점에서 교훈적이다. 이는 우리의 분석 방법, 특히 거기서 점점 더 두드러지는 이론적 절제와 관련해서 중요한 의미를 갖는다. 여기서 이 문제를 더 다룰 필요는 없고, 다만 이것이 다음과 같은 사실의 결과라는 점만 지적해두겠다. 내가 조직화 방식 및 세계를 사유하는 방법의 명암법clair obscure이라 부르는 것이 자신감(과 자의식)을 지닌 한 문명 전체, 개념의 명료성과 이성의 확신이 지배하는 표상들 전체를 대체하고 있다는 것. 모든 명암법이 그렇듯, 이 조직화 방식 및 세계를 사유하는 방법으로서의 명암법 역시 자신만의 매력이 있다. 또한 거기서 똑바로 정신을 차리고자 한다면 무시해서는 안 될 자신만의 법칙도 가지고 있다.

5. 비밀의 법칙

근대적 대중의 특징 가운데 결코 사소하지 않은 것 중 하나는 분명 비밀의 법칙이다. 나는 사회학적 풍자를 담은 짧은 글(『국제사회학논집*Cahiers Internationaux de sociologie*』, 1982, 73권, 363쪽)을 써서, 마피아가 사회성의 은유로 간주될 수 있다는 것을 보여주고자 했다. 그것은 단순히 몇몇 사람에게나 써먹는 사사로운 농담 그 이상의 것이었다. 마피아는 특히 한편으로는 외부를 상대로

한 보호 메커니즘, 즉 권력의 지배적 형식들을 상대로 한 보호 메커니즘을 강조하며, 다른 한편으로는 자신이 유발한 비밀이 어떻게 집단을 공고히 하는지 강조한다. 우리는 이 예를 [마피아보다는] 조금이나마 덜 비도덕적인 영역으로 옮겨서(최소한 그 비도덕성으로부터 아주 사소한 이득을 취하면서), 우리가 잘 아는 작은 부족들—현대 대중을 구조화하는 요소들—도 이와 유사한 특징들을 보여준다고 말할 수 있다. 내가 보기에 비밀이라는 주제는 분명 우리 눈앞에 펼쳐지는 사회적 게임을 이해하기 위한 특화된 방법이다. 일상의 무대 위에서 외양 혹은 연극성의 중요성을 아는 상황에서 이 점은 역설적으로 보일 수 있다. 거리에서 보이는 잡다함은 우리로 하여금, 보여주기와 감추기 사이에 미묘한 변증법이 있을 수 있다는 점을, 그리고 에드거 앨런 포의 『도둑맞은 편지』처럼 명백한 드러내기야말로 발견되지 않을 수 있는 가장 확실한 방법일 수 있다는 점을 결코 잊지 않게 해준다. 이런 점에서 도시의 룩looks이 보이는 다양성과 도발성은 마피아들이 쓰는 중절모자처럼 현대 소집단들의 비밀스럽고 밀집된 삶에 대한 가장 명백한 지표라 할 수 있다.

짐멜은 '비밀결사'에 관한 논문에서 가면의 역할을 강조한다. 가면은 여러 기능을 가지는데 그중 하나는 전체 구조 안에 페르소나를 통합하는 것이다. 괴상한 혹은 알록달록한 머리, 개성 있는 문신, 복고풍 의상의 재활용 혹은 베세베제BCBG 스타일에 대한 순응이 가면일 수 있다. 이 모든 경우에 가면은 우리가 선택한 친화적 집단인 비밀결사에 사람을 종속시킨다. 여기에 바로 '탈개인화', 참여가 있으며, 이는 신비주의적 의미에서 훨씬 광대한 전체에 참여한다는 것이다.[37] 더 나아가 가면은 나를 기존 권력들에 대항하는 음모자로 만든다는 점을 살펴볼 것이다. 그러나 당장에는 이 음모가 나를 타인들과 결합시킨다는 것, 그것도 우발적이지 않고 구조적으로 작동하는 방식을 통해서 이루어진다는 점을 지적할 수 있다.

침묵이 지닌 통합의 기능에 대해서는 아무리 강조해도 지나치지 않다. 위대한 신비주의자들은 이 침묵을 아주 훌륭한 커뮤니케이션 형식으로 이해했다. 신비mystère와 신비주의자mystique, 벙어리muet 사이의 어원적 근접성은 논쟁의 여지가 있지만, 이들 사이에 연관성이 있다는 점은 충분히 연상할 수 있다. 이 연관성은 비밀을 공유하게 해주는 입문의식과 관련 있다. 비밀이 대수롭지 않거나 심지어 존재하지 않을 수도 있지만, 그것은 중요하지 않다. 비록 환상적일지라도 입문자들이 무언가를 공유할 수 있다는 사실로 충분하다. 바로 그 점이 입문자들에게 힘을 부여하고 그들의 행동에 활력을 준다. 르낭은 초기 기독교 네트워크가 구축될 때 비밀의 역할이 어떠했는지 잘 보여주었다. 비밀은 사람들을 불안하게 만들면서도 동시에 끌어당겼고, 우리가 아는 기독교의 성공에 나름 의미 있는 역할을 했다.[38] 사물의 질서와 공동체를 세우고 재건하며 또 바로잡으려 할 때마다, 사람들은 기초적 연대를 강화하고 견고하게 만드는 비밀에 기대를 걸었다. 일상생활의 '편협함'에 대해 말하는 이들이 유일하게 옳게 본 점이 바로 이것이다. 그러나 그들의 해석은 틀렸다. 즉 가까이 있는 것에 중심을 두기, 이를 통한 입문의식적 공유는 연약함의 징표가 아니라 오히려 창설 행위의 가장 확실한 지표이다. 정치와 관련한 침묵은 사회성의 부활을 요청한다.

고대 가톨릭 신도회에서 공동 식사는 비밀이 외부로 새나가지 않게 간직할 줄 안다는 점을 함축했다. '가족의 일', 엄밀한 의미에서의 가족이건 확장된 의미에서의 가족이건, 아니면 마피아건, 가족의 일에 대해서는 결코 말하지 않는다. 경찰, 교육자, 기자는 일하는 가운데 이런 비밀과 매우 자주 마주친다. 물론 아이들의 비행, 시골에서 일어나는 범죄 등 온갖 잡다한 일들에 접근하기란 결코 쉬운 일이 아니다. 사회학적 조사도 마찬가지다. 비록 암시적인 방식이긴 해도, 이방인의 시선 앞에서 비밀을 털어놓기 주저하는 태도는 언제나 존재한다는 사실을 지적해야 한다.

이것도 우리의 분석에 포함시켜야 할 중요한 변수이다. 따라서 나는 일상의 '편협함'이 갖는 효력을 (그저 의미론적일지라도) 무효화하는 이들에게, 당신들이 마주하는 것은 외부적인 혹은 지배적인 무언가에 맞서 거의 의도적으로 스스로를 보호하는 '집단 프라이버시'이자, 명문화되지 않은 법, 명예법, 씨족의 윤리라고 반박할 것이다.[39] 이는 분명 우리의 논의에 적합한 한 가지 태도와 관련된다.

실제 이 태도의 속성은 자기 보존에 용이하다는 점이다. 즉 집단이 훨씬 더 큰 실체 한가운데에서 거의 자율적으로 성장할 수 있게 해주는 일종의 '집단 이기주의'인 것이다. 이 자율성은 정치 논리와 달리 '찬성'이냐 '반대'냐로 형성되지 않고, 고의로 옆에 위치한다. 이는 대결에 대한 혐오, 행동주의의 포화, 전투적 태도와의 거리두기 등으로 표현된다. 이는 정치에 대한 젊은 세대의 일반적 태도에서 관찰될 수 있고, 해방이라는 테마의 최신형인 페미니즘, 동성애 운동, 생태주의 운동 속에서도 다시 발견된다. 많은 고상한 사람들은 이를 타협, 변질, 위선이라고 규정한다. 그런데 항상 그렇듯 규범적 판단은 그다지 흥미롭지 못하다. 규범적 판단으로는 '도피하는' 삶의 양식 속에서 작동중인 생명력을 포착하지 못한다. 사실 이 도피와 상대주의는 대중이 자신의 책임을 자각하는 유일한 것, 즉 대중을 구성하는 집단들의 영속성을 보장하는 전술일 수 있다.

실제로 비밀은, 내가 그 사회-인류학적 연속성을 이미 보여준 바 있는 대중의 관망적 태도가 절정에 달한 형식이다.[40] 사회적 '형식'으로서(비밀결사의 사회적 형식이 현실에서 어떻게 발현되는지에 대해서는 말하지 않겠다) 비밀결사는 저항을 가능케 한다. 권력이 중앙집권화, 전문화, 보편적 사회 및 지식의 구성을 지향한다면, 비밀결사는 항상 가장자리에 위치하고, 대단히 세속적이며, 중심에서 벗어나면서 교조적인 신성불가침의 교리를 갖지 않는다. 대중의 관망적 태도에서 나온 저항이 수세기 동안 변하지 않고 계속될 수 있는 것은 바로 이런 기초 위에서다. 도교 같은 역사적 사례들[41]은 세 가지 용어—비밀, 민중, 저항—의 관계를 잘 보여준다. 그뿐 아니라 이 결합의 조직적 형식은 비공식 경제, 비공식 사회, 더 나아가 비공식 행정의 원인이자 결과인 네트워크이다. 거기에는 비록 우리에게 익숙한 근대 정치학의 범주들로 표현되지는 않더라도, 우리가 주목해야 할 특유의 풍요로움이 있다.

이는 거의 검토되지 않았지만(그리고 바로 그렇기 때문에) 우리에게 많은 교훈을 줄 수 있는 연구의 실마리에 관한 문제다. 나는 이를 지하의 중심성의 가설이라 부르고자 한다.

> 때때로 비밀은 제한된 집단의 틀 속에서 타자성altérité과의 접촉을 확립하는 수단이 될 수 있다. 동시에 비밀은 이 집단이 외부—그것이 무엇이건 간에—에 대해 갖는 태도를 조건짓는다.

이 가설은 사회성의 가설이다. 확실히 이것은 매우 다양하게 표현될 수 있지만 그 논리만큼은 일정하다. 즉 하나의 습관, 하나의 이념, 하나의 이상을 공유한다는 사실은 함께-하기를 결정하며, 이 함께-하기는 어떠한 강제에도 맞설 보호막이 된다. 외부로부터 강제된 도덕과는 반대로, 비밀의 윤리는 사람들을 평등한 연합으로 이끈다. 거친 성품의 재상 비스마르크조차 베를린의 동성애자 사회를 두고 "금지된 것의 집단적 실천에서 오는 평등화 효과"[42]를 지적했다. 동성애는 당시 유행하지 않았고 게다가 평등과도 무관했다. 그러나 프로이센 융커[보수적인 지주, 귀족층]들이 취한 사회적 거리의 의미를 안다면, 내가 방금 지적한 의미에서, 이 동성애자 사회 안에서 비밀이 지니는 본성과 기능을 제대로 평가할 수 있다.

집단 구성원들 사이에 확립된 신뢰는 독특한 의례와 식별의 신호로 표현되며, 그 유일한 목적은 거대한 집단에 맞서 작은 집단을 견고하게 만들려는 것이다. 여기에도 언제나 앞서 정식화한 이중의 움직임이 있다. 지식인들의 암호 같은 말부터 불량배들의 '은어'('뒤집은' 언어)까지 그 메커니즘은 동일하다. 즉 가까운 관계를 더욱 강화시키는 정동의 비밀스러운 공유는 획일화의 시도에 저항하게끔 해준다. 의례를 참고하다 보면, 집단과 대중의 저항이 지닌 본질적 특성은 공격적이기보다는 책략적임을 알 수 있다. 따라서 저항은 소외되었다고 혹은 [타인을] 소외시킨다고 여겨지는 실천을 통해 표현된다. 연약함이 지닌 불멸의 모호성은 부정할 수 없는 힘을 지닌 가면일 수 있다. 따라서 권력의 외적 표시에 아무런 관심도 없는 순종적인 여성이 집안의 실질적 지배자가 된다. 마찬가지로 엘리아스 카네티는 카프카를 분석하면서, 어떻게 표면상의 굴종이 역으로 복종하는 이에게 실질적인 힘을 보장해주는지 보여주었다. 펠리체의 결혼관과 대립하면서 카프카는 때 이른 복종을 실행한다. 그의 침묵, 비밀에 대한 취향은 "그의 고집 속에서 필수적인 수행들로 간주되어야"[43] 한다. 여기서 중요한 것은 집단적 실천 속에서 우리가 재발견하는 하나의 절차이다. 책략, 침묵, 기권, 사회적인 것의 '물렁물렁한 배'[취약 부분]는 조심해야 할, 가공할 무기가 된다. 마찬가지로 아이러니와 웃음도, 중장기적으로는 가장 견고한 억압들을 불안정하게 만든다.

저항은 정면 대결의 요구에 비해서는 저자세를 취하지만, 이를 실천하는 이들 간의 공모를 용이하게 하는 이점이 있다. 바로 이것이 본질적이다. 투쟁은 항상 그 자신 너머의 어떤 것, 투쟁하는 이들 너머의 어떤 것을 갖는다. 말하자면 항상 도달해야 할 목표가 있다. 반대로 침묵의 실천은 무엇보다도 유기적이다. 즉 적은 침묵의 실천이 퍼뜨리는 사회적 사교성에 비해 덜 중요하다. 전자[투쟁]의 경우, 우리는 홀로 아니면 계약에 의해 결합해 만들어가는 역사와 마주한다면, 후자[침묵의 실천]의 경우, 그저 불가피한 일이라 해도, 우리가 집단적으로 맞서는 운명에 직면해 있다. 이때 연대는 추상적 개념도 합리적 계산의 열매도 아니며, 열정적으로 행동하도록 하는 긴급한 필요이다. 이는 시일을 요하는 일로, 앞서 다루었던 고집과 책략을 만들어낸다. 왜냐하면 민중은 특수한 목적을 갖지 않는 대신 단 하나의 근본적 목적을 가지기 때문이다. 매우 장기적 관점에서 종種의 생존을 담보하는 것. 물론 이 보존 본능은 의식적으로 이루어지는 무엇이 아니며, 따라서 합리적인 행동이나 결정을 의미하지 않는다. 그러나 이 본능이 가장 효과적이려면 가장 가까이에서 행사되어야 한다. 이것이 바로 내가 소집단들과 대중 사이에 있다고 가정하는 관계를 정당화한다. 또한 이것은 근접성의 질서에 속하는 이른바 '삶의 양식들'이 현실성을 갖게 만든다.

더 자세히 다루어야겠지만 '집단의 보존-연대-근접성'의 결합이 가족이라는 개념 안에서 특히 잘 표현된다는 점은 미리 강조할 수 있다. 물론 여기서 가족은 확대된 의미의 가족으로 이해해야 한다. 비록 역사가들이나 사회분석가들은 너무 자주 잊고 지나가버리지만, 이 인류학적 상수[가족]의 효율성은 놀랍기만 하다. 고대 도시부터 우리의 근대 도시까지, 이렇게 이해된 '가족'은 보호하고, 지배적 권력의 남용을 제한하며, 바깥 세계에 맞선 성채 구실을 한다. 왕초padroni, 후견주의*, 다양한 형식의 마피아 같은 주제는 바로 여기에 기원을 둔다. 우리의 논의에 매우 적절한 고대 후기의 예로 되돌아가면, 성 아우구스티누스는 자신의 주교 역할을 바로 이런 의미로 구상했다는 점을 강조할 수 있다. 즉 기

* clientélisme. 후견인과 피후견인이 서로에게서 이익을 얻고자 맺는 관계. 고대 로마의 귀족과 평민 관계에서 유래하며, 상하관계를 기반으로 하지만 후견인은 보호를, 피후견인은 충성을 제공하는 식으로 서로 이익을 주고받는 상호 의존적 시스템이다.

독교 공동체는 하느님의 가족familia Dei이라는 것이다. 부분적으로 기독교 초창기의 교회 확장은, 국가의 수탈로부터 교회를 보호할 줄 알았던 지도자들의 자질과 연대의 네트워크가 지닌 특성에 의존했다.[44]

이런 사회적 구조화는 지중해 주변에서 특히 잘 나타나고 형식적으로도 절정에 도달하지만, 결코 그곳에만 국한된 현상은 아니다. 아무리 객관성을 염려해야 한다는 이유로 누그러뜨리려고 해도, 역사가 우리에게 말해주는 사회적 구조화는 가장 현대적이거나 가장 합리적인 것들까지도 포함해서 모두 친화적 메커니즘에 의해 관통되고 있다는 점을 힘주어 강조해야 한다. 가족주의와 족벌주의는 엄밀한 의미에서건 은유적 의미에서건 거기서 자기 자리를 차지한다. 즉 정치, 행정, 경제, 노동조합을 아우르는 거대한 전체 안에서 '신체', 학파, 성적 취향, 이데올로기를 통해 끊임없이 은신처와 영토를 다시 만들어낸다. 사람들이 감히 고백하지 못하는 공동체나 '소교구'의 영원한 역사. 그리고 이를 위해 사람들은 비록 명예롭지 못하더라도 수단과 방법을 가리지 않는다. 다양한 조사를 통해 '가족'에게 유리하게 작용하는 '연줄piston'이라는 비공식적 절차들이 밝혀졌다. 파리 그랑제콜[엘리트 고등교육기관] 출신의 고위 간부들부터 노동조합의 조직체계를 이용하는 맨체스터 부두노동자까지, 서로 돕기는 매한가지다. 우리의 논의와 관련해 이런 상호부조는 특유의 사회성을 강화하는 책략의 메커니즘을 잘 표현해준다.[45] 가장 순수한 도덕성의 보증인으로 자처하는 계층—국가 고위관료, 고상한 식자층, 여론을 다루는 기자 등 강한 [사회적] 책임감을 가졌다는 사람들—안에서 작동하는 이 불법행위illégalisme를 부각시키는 일은 흥미로울 수 있다. 우주 전체에서 볼 때 '의인'은 없다는 점을 지적하는 것으로 충분하다. 그 점에 관해 차라리 환상을 가지지 않는 편이 낫다. 이 다양한 불법행위가 서로 상쇄되지 않는다면, 막스 베버가 말한 신들의 전쟁처럼 서로 상대화되고 중화될 것이기 때문에 분명히 다행이라고 덧붙이고 싶다. 앙리 드 몽테를랑의 표현을 빌리자면, "비도덕성의 내부에는 어떤 도덕이…… 즉 씨족이 자신만을 위해 스스로 만든 어떤 도덕"이 있고, 그에 따른 당연한 결과는 도덕 일반에 대한 무관심이라고 말할 수 있다.[46]

비밀과 그 비밀의 효과(아무리 아노미적이라 해도)에 대한 성찰은 역설적으로 보일 수 있는 두 가지 결론에 이르게 된다. 한편으로는 개체화 원리의 포화상태와 그것이 가져온 경제-정치적 결과들을 목격하는 것이고, 다른 한편으로는 커뮤니케이션의 발전이 눈에 띈다는 것이다. 바로 이런 상황 때문에 소집단 수의 증가는 유기적 맥락 안에서만 이해된다고 말할 수 있다. 부족주의와 대중화는 서로 짝을 이루고 있다.

동시에 유기적 대중의 영역에서처럼 부족적 근접성의 영역에서 사람들은 점점 더 '가면'(앞서 지적한 의미에서)이라는 수단을 동원한다. 가면을 쓰고 앞으로 나아갈수록, 공동체적 유대는 더욱 강화된다. 사실 순환 과정 속에서 스스로를 식별하기 위해서는 상징, 즉 이중성이 필요하며, 이 상징이 식별을 가능케 한다.[47] 내 견해로는 바로 이런 식으로 오늘날 우리가 관찰할 수 있는 상징주의(다양하게 변조되는)의 발달을 설명할 수 있다.

> 사회적인 것이 분명한 정체성과 자율적 존재를 갖는 개인들의 합리적 결사에 기반한다면, 사회성은 상징적 구조화의 근본적 애매모호함에 기반하고 있다.

이 분석을 좀더 끌고가면 자율성은 더이상 개인의 소관이 아니고 공동체적 소집단인 '부족' 쪽으로 옮겨갈 것이라고 말할 수 있다. 많은 정치 분석가들은 이 급성장하는 자율화를 주의 깊게 관찰해왔다.(대개는 걱정스러워하면서) 이런 의미에서 비밀은 현대적 삶의 양식을 이해하기 위한 방법론적 지렛대로 간주할 수 있다. 짐멜이 간결한 문구로 표현한 것을 인용한다면 "비밀결사의 본질은 자율성", 즉 아나키anarchie 상태에 가까운 자율성이기 때문이다.[48] 이 점과 관련해서 아나키는 '국가 없는 질서'에 대한 추구임을 기억하는 것으로 충분하다. 어떤 점에서 이것은 소집단들 내부에서(부족주의), 그리고 우리 거대도시의 공간을 채우고 있는 다양한 집단들 사이에서(대중) 작동하는 구조 속에서 뚜렷하게 나타난다.

결론적으로 부족주의와 대중화가 도입한, 규제 완화라고 하는 편이 더 나을 것 같기도 한 '무절제', 이 과정에서 도출된 비밀과 후견주의는 완전히 새로운 무엇으로 간주해서도 안 되고, 순전히 부정적으로만 보아서도 안 된다. 이는 한편으로 인간 역사 속에서, 특히 문화적 변동기(고대 후기의 예는 이 점에서 교훈적이다)에 자주 발견되는 현상과 관계된다. 다른 한편으로 대중은 중앙권력 및 중앙권력의 지역 대리인들과 맺은 일방적 관계를 끊으면서, 집단들을 가로지르며 경쟁과 권력 이양(집단들 간의 경쟁 및 집단 내부의 여러 '주인들' 간의 경쟁)을 실행할 것이다.[49] 게다가 대중이 퇴행적이기보다 역동적이라고 말할 수 있는 것은 바로 이 다신교 덕분이다. 사실 사회적 네트워크 안에서 확인할 수 있는 '따로 무리짓기'는 함께-하기의 종결을 의미하지 않는다. 다만 함께-하기가 제도적 합법성에 의해 인정된 형식들이 아닌 다른 곳에 매달린다는 것을 의미할 뿐이다. 유일하게 심각한 문제는 문턱의 문제로, 이 문턱에서부터 기권, '따로 무리짓기' 등이 한 사회의 내분을 야기한다. 여기서 문제는 우리가 이미 관찰했던 현상으로,[50] 자신의 기호, 신념, 심지어 노스탤지어를 넘어서 무엇보다 현재 태동하고 있는 것에 주목하는 사회학자라면 이런 현상에 놀라지 않을 것이다.

6. 대중과 생활 스타일

우리가 생활양식이라 부르든 일상생활(의 사회학)이라 부르든, 그것이 우리가 피해갈 수 없는 주제인 것은 확실하다. 마찬가지로 더는 그것을 비판하는 데 만족할 수도 없다. 그 '비판'이 소외되지 않은 삶이라는 명분하에서 이루어지건, 아니면 당위론적 논리의 명분하에서 이루어지건 말이다. 나로서는 이 (재)출현이 오늘날 작동하고 있는 패러다임의 변화를 잘 나타내준다고 생각한다. 좀 더 자세히 말해서, 나는 다소간 은밀한 방식으로 사회체를 가로지르는 사회성의 역동성은 소집단들이 스스로를 창조할 수 있는 능력과 연관되어야 한다고 가정한다. 여기서 문제는 아마도 진정한 의미에서의 창조, 순수한 창조이다. 즉 우리의 관심사인 '부족들'은 한 가지 목표, 한 가지 합목적성을 가질 수 있겠지만, 그것이 본질적인 것은 아니다. 오히려 중요한 것은 그 자체로 집단을 구성하는 데 소진된 에너지다. 따라서 새로운 삶의 방식들을 구상하는 것이 바로 우리가 주의를 기울여야 할 순수한 창조이다. 이 점을 강조하는 것은 중요한데, 왜냐하면 제도화된 것에 따라 모든 것을 판단하는 일은 하나의 사회학적 '법칙'이기 때문이다. 이 법칙은 일종의 중력으로, 태동중인 것의 옆으로 우리를 자주 이동시킨다. 아노미와 규범 사이를 오가는 일은 하나의 과정으로, 우리는 아직 이 과정의 풍요로움을 다 발견하지 못했다. 따라서 나의 가정을 명확히 하고자 이렇게 말하려 한다. 현대 소집단들의 네트워크 구축은 대중이 가진 창조성의 가장 완성된 표현이다.

이 점은 우리를 공동체라는 낡은 개념으로 돌려보낸다. 모든 창설적 시기—나는 이를 그뒤에 이어지는 문명의 시기와 대립하는 문화적 시기라 부른다—에 생명의 에너지는 공동체의 새로운 형식을 창조하는 데 집중한다. 나는 역사가들에게 묻는다. 인간사의 변천 속에서 중대한 단절—혁명, 데카당스, 제국의 탄생—이 있을 때마다 새로운 생활 스타일들이 늘어나지 않았던가? 새로운 생활 스타일은 열광적일 수도 금욕적일 수도 있고, 과거 지향적이거나 미래 지향적일 수 있는데, 그 공통 특징은 널리 통용되는 것과의 뚜렷한 단절, 그리고 사회적 회합의 유기적 측면에 대한 강조이다. 바로 이런 의미에서 창설적 시기의 '융합 집단'은 앞서 다루었던 상징주의 속에 들어간다. 유명한 유머작가 알퐁스 알레의 시골 속 도시 이미지처럼, 우리는 '도시 속 마을들'이라고 부를 수 있는 것, 즉 기초 단위의 특징인 면대면 관계의 확장을 본다. 그것은 연대, 통상적 삶, 문화적 실천, 더 나아가 소규모의 직업 결사체에 해당될 수 있다.

이 다양한 지점에 관한 역사적 분석은 현대의 대도시 및 거대도시의 변화를 밝혀줄 수 있을 것이다.[51] 실제로 우리가 말하는 '위기'란 아마도 거대한 경제적, 정치적, 이념적 구조화의 종말과 다르지 않을 것이다. 이 영역들 각각에서 내가 제안하는 부족 패러다임의 타당성을 평가하려면, 모든 종류의 경험, 탈중심화, 여타 미세 단위의 자율성, 지식의 파편화, 인간적 규모의 실체들이 보이는 수행성을 참고하는 것으로 충분하다. 이 패러다임은 개인주의적 논리와 전적으로 무관하다는 사실을 제대로 강조해야 한다. 실제로 개인의 자기충족(사실상이 아니라면 법률상)이 이루어지는 조직과 달리, 집단은 전체의 내부에서만 이해 가능하다. 이는 근본적으로 관계주의적 관점의 문제다. 끌어당기는 관계이냐 밀어내는 관계이냐는 전혀 문제가 되지 않는다. 여기서 문제는 유기성으로, 대중에 대해, 그리고 대중의 균형에 대해 말하는 또다른 방식이다.

거시정치 혹은 거시경제의 관점을 강조하는 주류 연구를 넘어서서, 현대의 도시생활에 관한 연구는 우리가 사는 동네를 (재)구조화하는 상징적 관계를 밝혀내는 데서 영감을 얻을 수 있다. 억지로가 아니라 의도적으로 말이다. 원자화되고 뿌리 뽑힌 핵가족, 거기서 비롯된 고립에 대해 선의의 이름으로 행해진 혁신적이거나 혁명적인 연구들은, 선입관 없이 행해진 관찰이나 예기치 못한 도시의 변화에 맞서지 못한다. 마이클 영과 피터 윌모트가 "진짜로 놀란" 것이 그 증거이다. 그들은 런던의 동부를 연구하면서 "준準부족적 친족관계와 공동체의 체계"에 대해 언급한다.[52] 이념적 장벽이 무너지고 부족주의가 일상적으로 나타나는 지금, 자못 신중한 '준準'이란 표현은 이제 통하지 않는다. 좋건 나쁘건 부족이 연대를 보증한다면, 또한 통제의 가능성도 있다고 말해야 하기 때문이다. 또한 부족은 마을에서 일어나는 인종차별과 배척의 근원이 될 수 있다. 어느 부족의 구성원이 된다는 것은 타인을 위해 자신을 희생하도록 이끌 수도 있지만, 소매점 주인의 쇼비니즘이 허락하는 만큼만 정신을 개방하도록 이끌 수도 있다. 카뷔의 '보프beauf' 캐리커처*는 이 점에서 교훈적이다.

어쨌거나 재판관 같은 태도 너머에서, 부족주의는 다소 화려한 모습으로 삶의 양식들에 점점 더 많이 스며들고 있다. 나는 부족주의 자체로 하나의 목적이 된다고 말하고 싶다. 즉 패거리, 파벌, 갱들로 인해 부족주의는 사회적 삶 안에서 정동이 갖는 중요성을 상기시킨다. '2차집단'에 대한 최근 연구가 적절하게 지적했듯, 미혼모, 여성운동, 혹은 동성애자 운동은 "개인적 상황들을 일시적으로 조정"하기보다는 오히려 문제가 되고 있는 "연대의 규칙 전체를 재고"하고자 애쓴다.[53] 여기서 얻는 이득은 부차적이고, 심지어 이들이 성공을 바라는지조차 분명하지 않은데, 왜냐하면 성공을 바라게 되면 함께-하기의 열기가 식을 위험이 있기 때문이다. 열기의 유지를 유일한 목적으로 삼는 다수의 산재된 집단들의 경우, 위와 같은 움직임은 한층 더 분명한 사실로 드러난다. 그런 목적은 반드시 사회 전체로 점차 파급될 것이다.

내가 지적한 바와 같이 집단과 대중을 이어주는 것은 바로 이

* 프랑스 시사주간지 『샤를리 엡도』의 시사 만화가 카뷔Cabu(본명은 장 카뷔Jean Cabut)가 1970년대에 만든 캐릭터. 편협하고 보수적인 프티부르주아의 대명사이다.

런 네트워크이다. 이 연결에는 우리가 아는 엄격한 조직 양식이 없다. 그보다는 어떤 분위기, 정신 상태와 관련되며 외양과 '형식'[54]을 중시하는 생활 스타일을 통해 특히 잘 표현된다. 여기서 문제는 다양한 집단적 경험, 상황, 행동, 배회 등의 모태가 되는 집단 무의식(혹은 비의식non-conscient)이다. 이 점과 관련해서 놀랍게도 현대 대중의 의례는, 한편으로는 분명히 구분되면서도 다른 한편으로는 구분되지 않고 얼마간 착란상태에 있는 소집단들과 관련되어 있다. 주신제酒神祭적 은유와 개인적 정체성의 초월은 우리를 바로 이 점으로 이끈다.

이 패러독스를 밀고나가보자. 대중의 부족적 의례(대중의 의례이자 부족적 의례)는 미디어를 통해 익히 그 중요성이 잘 알려진 다양한 스포츠 군중에게서 지각된다. 우리는 이를 백화점, 대형마트, 상업 중심가에서 벌어지는 소비(소모)적 광란 속에서 다시 발견한다. 이 장소들은 당연히 상품을 판매하지만 무엇보다도 상징주의, 즉 사람들이 모두 같은 종種에 속한다는 인상을 퍼뜨린다. 우리는 대도시 거리에서 나타나는 정처 없는 표류에서도 이 점을 확인할 수 있다. 이 표류를 주의깊게 관찰해보면, 마치 동물들의 장거리 이동처럼 서로 구분 없이 팔꿈치를 맞댄 모습으로 나타난다. 이것은 사실 상호작용하는 수많은 작은 세포들로 구성된다. 그것은 부글거리는 문화 기호들을 잘 정돈된 하나의 전체로 만들어주는 일련의 재인식, 사람, 장소로 점철되어 있다. 물론 우리 눈이 이 끊임없는 흐름에 익숙해져야 하지만, 보이지 않는 카메라처럼 우리 눈이 전체를 아우르면서도 디테일에 집중할 줄 안다면, 이런 배회를 조직하는 강력한 구조에 주목하지 않을 수 없다. 아울러 이런 현상들이 새로운 것도 아님을 상기하자. 고대의 아고라, 혹은 좀더 가까운 예로 이탈리아식 산책passeggiata과 프랑스 남부의 해질녘 산책은 같은 특징을 보여주는데, 이들 모두 무시할 수 없는 사회성의 장소들이다.

마지막으로 이 같은 사유의 질서 안에서, 탈주의 의례인 여름 바캉스는 인파로 가득한 해변의 스펙터클을 보여준다. 이를 지켜보는 많은 관찰자들은 이런 밀집상태로 인한 혼잡과 불편을 개탄하며 신경질을 내지 않을 수 없다. 여기서 이 밀집상태는 한편으로 완화된 형식의 일치communion을 경험하게 하며, G. 도르플레가 지적하듯, "자아와 타인들 사이의 모든 간격을 허물고, 하나의 독자적인 혼합물을 만든다"[55]는 것을 기억해야 한다. 다른 한편으로 이 같은 밀집상태는 미묘하게 분화되어 있다. 그래서 패션이나 성적 취향, 스포츠, 여러 패거리, 지역에 따라 해변 영역을 분할하며, 다양화되고 보충적인 기능을 갖춘 공동체적 전체를 재창조한다. 몇몇 전문 연구는 해변이 사실상의 공공시설인 브라질 같은 나라에서는, 리우에 있는 '블록들Blocs'(모든 해변에 일정한 간격을 두고 배치된 감시소)의 분류 번호 부여(n° X: '좌파 성향', n° Y: 동성애자, n° Z: 부유한 젊은이 등)가 자기 영역을 인지할 수 있게 해준다는 사실을 보여주었다. 마찬가지로 브라질 바이아 주의 해변을 분할하는 상이한 영역들은 각자 소속된 집단끼리 만남을 갖는 장소가 된다.

이런 일화들에서 주목되는 것은, 부족들과 대중 사이에 끊임없는 왕복운동이 있고, 이것이 공백에 대해 두려움을 지닌 하나의 전체 안에 새겨진다는 점이다. 예를 들어 해변의 끊이지 않고 계속되는 음악에서, 백화점에서, 수많은 거리의 인도人道에서 드러나는 진공 공포horror vacui [공백에 대한 두려움]는, 지중해와 동방에 있는 도시들의 끊임없는 소음과 무질서한 소란을 떠올리지 않을 수 없는 하나의 분위기다. 그것이 무엇이든 어떤 영역도 이 분위기를 피할 수 없다. 요컨대 결론적으로, 연극이 어느 사회의 상태를 평가하기 좋은 거울이라는 데 동의한다면, 한편으로 도시의 소란은 다양한 거리의 스펙터클에 빚지고 있음을, 다른 한편으로 '원시 연극'의 발전과 아프리카, 브라질, 인도 기원의 다양한 접신possession 숭배가 (재)출현하고 있음을 떠올리는 것으로 충분하다. 여기서 이 현상들을 분석하지는 않겠지만, 나는 모두가 부족의 논리, 즉 오직 네트워크의 연쇄를 통해 대중 속에 삽입됨으로써만 존재할 수 있는 부족의 논리에 근거한다는 것만 지적하고자 한다.[56]

이 모든 것은 근대의 생산주의와 부르주아주의를 특징짓는 성실성, 개인주의, (헤겔적 의미에서의) '분리'를 위반한다. 근대의 생산주의와 부르주아주의는 신들린 춤이나 여러 형태의 민중적 흥분을 통제하고 살균하기 위해 온갖 노력을 다했다. 그런데 여기서 어쩌면 북반구 가치에 대한 남반구 가치의 정당한 복수를 볼 수 있어야 한다. 즉 '춤의 전염병'(에르네스토 데 마르티노)이 점차 확산되는 경향이 있다. 여기에는 사람들을 결집시키는 기능이 있음을 기억해야 한다. 집단으로 슬퍼하고 기뻐하는 일은 병든 구성원을 치료하는 동시에 공동체에 재통합하는 결과를 낳는다. 지중해 연안(다양한 메나디즘, 무도병舞蹈病tarentisme, 바카날리아), 인도(탄트리즘), 혹은 아프리카나 라틴아메리카(칸돔블레, 샹고)에 고유한 이 현상들은* 집단 치료, 대체의학 네트워크, 슈츠가 명명한 함께 음악하기의 다양한 모습들, 광신자들의 확산 등 '춤의 전염병'의 온갖 현대적 변조들을 이해하는 데 매우 유용하다.

사실 예언적이라고 간주할 수 있는 것은 이런저런 생활 스타일이 아니라, 그것들의 대혼잡 그 자체다. 과연 하나의 새로운 문

* 메나디즘ménadisme은 바쿠스(디오니소스) 신을 숭배하는 무녀巫女 의식이고, 바카날리아Bacchanalia는 고대 로마에서 행해지던 바쿠스 축제이다. 탄트리즘tantrisme은 탄트라를 신봉하는 힌두교 계열의 밀교密敎이고, 칸돔블레candomblé는 브라질에 노예로 팔려온 아프리카인들의 종교이다. 샹고shango는 칸돔블레와 마찬가지로 남아메리카로 건너온 아프리카인들의 종교. 트리니다드 지역을 거점으로 한다.

화를 형성하기 위해 제거해야 할 것이 무엇인지 말하기 불가능하다면, 반대로 새로운 문화는 구조적으로 다원적이고 양립 가능한 모순이라고 말할 수 있다. 부글레는 분리를 숭배하는 가운데 이루어지는 통합을 카스트 제도에서 보았다. 이 역설적 긴장은 "무수히 많은 집단을 넘어 발생하는"[57] 강렬한 집합적 감정을 반드시 불러일으킨다. 이는 도덕적 판단을 넘어서서 전체의 견고한 유기성을 볼 수 있는 빼어난 통찰이다! 우리는 모더니티가 또다른 역설을 체험했다고 말할 수 있다. 즉 차이와 그것이 유발하는 분할을 지우면서, 혹은 적어도 그것이 가져오는 결과를 약화시키면서 통합하는 역설. 물론 거기에는 분명 우리도 시인하듯 위대함과 관대함도 있다. 모든 정치 질서는 여기에 구축된다. 그러나 다른 시기나 다른 장소에서처럼, 어느 전체의 접합제는 바로 분할로 만들어진다고 상상할 수 있다.(가령 부부간의 전쟁) 이질성들 간의 긴장은 전체의 견고함을 보장할 것이다. 이 원칙 위에서 성당을 건축했던 중세의 장인은 이와 관련해 무언가를 알고 있었다. 그것이 대중의 질서이다. 이렇게 해서 낯선 삶의 양식들은 공동으로 삶을 영위하는 방식을 어렴풋이나마 배태할 수 있다. 그것도 각자의 특수성에 기이하리만치 충실하면서 말이다. 바로 그 대중의 질서가 그 창설적 순간에, 위대한 문화적 시기의 풍성함을 만들어냈다.

5장

다문화주의

1. 삼중성에 관해

모더니티가 정치에 정신을 빼앗겼다면, 포스트모더니티는 부족에 정신을 빼앗겼다고 할 수 있을 것이다. 그것은 타자성, 더 정확하게는 '이방인'과의 관계를 변경시키지 않을 수 없다. 사실 정치적 관점에서 볼 때 합리적 개인들 사이의, 그리고 그 개인들 전체와 국가의 기계적 연대가 지배적 경향을 띠었다. 반대로 부족의 경우, 우리는 주로 전체를 강조하는 유기적 연대에 직면할 것이다. 다시 짐멜의 표현을 빌리면, 개인주의적(및 정치적) 관점에서 일반적인 것이란 "모두에게 공통된 것이라기보다는 오히려 모두가 그 이해 당사자가 되는 것"[1]이다. 그런데 설혹 소집단들에 의해 공유된다 해도 이 "모두에게 공통된 것"은 오늘날 적절해 보인다. 따라서 표면적 개인주의나 나르시시즘을 넘어서서, 우리 사회에서 점차 발전하고 있는 집단적 태도에 더 큰 주의를 기울여야 할 것이다. 내가 보기에 그러한 집단적 태도는 사회성의 디오니소스적 논리 안에 새겨져 있다. 근대 거대도시에서 친화적 소집단들의 증가는 분명 그들 사이에 어느 정도 갈등관계를 야기할 것이다. 어떻든 이 신부족주의는, 우리가 너무 자주 잊어버리는 것, 즉 합의cum-sensualis가 합리적이지만은 않다는 사실을 상기시킨다.[2] '공유된 감정'이라는 가설은 제3자의 역할, 즉 사회성의 구조화에 있어서 다원성의 역할을 다시금 생각하게 한다. 개인-국가라는 부부관계는 폭풍우를 겪기도 했지만, 그 범위는 매우 제한되어 있었다. 그러나 제3자의 침입은 우리로 하여금 결과를 예측하기 힘든 소용돌이 속으로 들어가게 한다. 따라서 이 흥분의 몇 가지 본질적 요소를 헤아려보면 유익할 것이다.

우리가 알다시피 카를 슈미트와 짐멜 이후 사회적 삶에서 숫자 3의 중요성을 여러 차례 강조한 인물은 쥘리앵 프로인트이다. 이제는 인식론적 차원을 갖게 된 제3자 개념은, 무엇이든 환원시키는 단순화를 거역한다.[3] 숫자 '3'과 함께 사회가, 따라서 사회학도 탄생할 것이다. 이 문제를 직접 다루지는 않겠지만, 인류학 연구(레비스트로스, 뒤메질, 뒤랑)부터 팔로 알토 학파의 심리학적 경험에 이르기까지 삼분법triadisme의 중요성이 다시 발견된다는 점은 지적해두자.[4] 가장 강력한 의미에서 문화적, 개인적 역동성은 이질적 요소들의 긴장에 근거를 둔다. 여기서 문제는 사회 세계에 대한 상징주의적 비전이 다시 나타남에 따라 점점 더 중요해지는 하나의 관점이다.[5] 우리는 모더니티 이래 서구 합리주의의 목표였던 단일성Unité에서 멀리 떨어져 있다. 삼분법이라는 은유는 역설, 분열, 파열, 현재 작동하는 양립 가능한 모순, 한마디로 현대의 신부족주의를 구성하는 다원성을 부각시킨다.

이렇게 단일성의 꿈을 계승하는 것은 일종의 통일성unicité, 즉 다양한 요소들의 조정이다. 갈등적 조화라는 틀 속에서 신체의 기능과 역기능을 통합할 줄 아는 전신감각처럼, 제3자라는 개념은 차이의 창설적 측면을 강조한다. 이는 관용이라는 만장일치의 관점에서가 아니라 이른바 대립되는 것들의 유기성과 관련 있다. 중세 연금술사들부터 극동의 도교 승려들까지 많고 많은 사회 조직과 표상을 풍요롭게 했던 것도 오래된 기억 속의 저 유명한 반대의 일치*였다. 특히 도교의 경우 "내부의 나라"[인체]에 대한 서술

* coincidentia oppositorum. 15세기에 독일의 니콜라우스 쿠사누스가 사용한 말로, 무한한 신 안에서는 어떠한 대립과 모순도 소멸하여 일치를 이룬다는 의미.

을 보면, 사람의 뿌리인 단전丹田은 "하늘, 땅, 인간의 삼위일체를 표현하기 위해 배꼽 아래 엄지손가락 마디 세 개에 해당하는 부분에" 위치한다. 그리고 도道에서 숫자 3이 가지는 풍요로움을 강조하면서, 3은 "만萬의 존재를" 낳는다고 밝힌다.[6]

이에 관해서는 이미 많은 분석이 이루어졌으니, 여기서는 암시적으로나마 다양성이야말로 생명의 원칙임을 강조하고자 한다. 일원론이나 이원론의 지지자들이라면 3의 흥분과 불완전성이 언제나 미래의 활력과 역동성의 기원이 된다는 점을 상기해보는 것이 좋다.

그런데 이 다원주의가 부인되거나 망각되는 시기들이 있다. 그때 우리는 통일 국가, 역사의 주체(프롤레타리아), 단선적 진보 등 동질적 모델에 따라 구상된 유형화된 실체들의 구성을 목격한다. 그러나 이런 가정은 시간의 마모와 그 가혹한 법칙에 저항하지 못한다. 대중이건 대중의 행실이건 아니면 정치적 구조화건, 분화된 현실이 마침내 승리하기 마련이다. 중앙집권화와 통합의 과정 이후 특수주의와 로컬리즘이 모든 분야에서 회귀하는 것을 증명해주는 사례는 얼마든지 있다. 이런 점에서 프랑스 정치사가 분명한 사례를 제공한다. 모든 통합된 실체는 일시적이다. 지식인들은 개념의 단순성을 위반한다는 이유로 다양성이나 복잡성을 자주 거부하는 경향이 있는데, 다양성과 복잡성에 대한 고려는 양식 있는 태도이다.

제3자와 함께 무한無限이 시작된다. 다원적인 것과 함께 살아 있는 것이 사회학 분석에 편입된다. 물론 그렇다고 일을 단순화하는 것은 아니다. 모랭의 표현을 빌리자면, 민중 안에서 작동하는 다원주의는 민중을 "다중음polyphone으로, 더 나아가 불협화음cacophone으로"[7] 이끈다. 이 위험을 감수해야 한다. 왜냐하면 한편으로 만장일치, 단일성은 도시의 구조화에 대단히 해로울 때가 많기 때문이고(아리스토텔레스, 『정치학』 2권, 1261 b-7), 다른 한편으로 지금의 시대정신에 민감하다면 우리 사회 안에서 온갖 형태의 다원적인 것이 억누를 수 없이 강력하게 자라나고 있음을 인정할 수밖에 없기 때문이다. 그 결과인 다문화주의는 분명 위험을 수반하겠지만, 논리적 원칙과 현실 원칙의 결합에서 기인하는 다문화주의의 중요성을 부인한다는 것은 부질없는 일이다. 모든 흥분의 시기들과 마찬가지로 현재 진행형인 이질화는 도래할 사회적 가치들의 모태이기에 더욱 그렇다. 따라서 우선 이 이질화를 확인하고 이어 그 구성요소들을 분석함으로써, 20세기 말에 사회적 쟁점으로 떠오른 모든 것을, 그리고 사회성이라 불리는 이 성운 안에서 조금씩 윤곽을 드러내는 모든 것을 점검할 수 있을 것이다.

보장된 방향이란 없기 때문에, 사회성이 취할 수 있는 방향성에 대해 다시 지적해두자. 사회성은 더이상 '실행'이라는 파우스트적 단일가치에, 또 그와 짝을 이루며 계약으로 맺어지고 목표가 설정된 결사주의associationnisme에 근거를 두지 않을 것이다. 여기서 결사주의는 '나와 세계의 정치-경제학'으로 간단히 규정할 수 있다. 반대로(내가 계속 사용하는 '주신제'의 은유는 여기서 비롯된다[8]) 현재 서서히 윤곽이 잡혀가는 사회성은 커뮤니케이션, 현재의 향유, 열정적 비일관성을 상당 부분 통합한다. 모든 것은 자연스레 만남과 거부를 동시에 유발한다. 이 양가성은 심리학적 관점에서 수없이 분석되었다. 이제 그로 인한 사회적 사건들을 평가하고 양가성이 기술 발전에 매우 잘 적응한다는 점에 주목할 필요가 있다. 실제로 우리는 소형 컴퓨터의 도움으로, 오늘날 계속 확장 중인 결사의 형식인 네트워크(현대의 신부족주의)가 정서적 통합과 거부에 근거하고 있음을 관찰할 수 있다. 명백히 생동성의 지표인 이 역설은 어쨌든 모든 이해의 과정에서 가장 유용한 열쇠 중 하나이다.

2. 현전과 거리두기

이렇듯 문화와 문명 사이의 고전적 이분법에 기대면서, 문화는 창설적 역동성 안에서 결코 이방인을 두려워하지 않는다고 지적할 수 있다. 오히려 문화는 외부에서 오는 모든 것, 즉 자지 자신으로 남아 있는 데 방해되지 않는 모든 것을 이용해 이득을 취할 줄 안다.

이 점과 관련해, 인간사의 모든 사례를 참고해야 한다. 자기 확신—이는 자율성, 즉 타자 배제의 형식이다—은 타자를 받아들이는 일을 용이하게 한다. 프랑스 언어 및 문화의 유럽 확산을 해박한 지식으로 분석해낸 루이 레오는 17~18세기에 이방인들은 프랑스에서 "가장 친절하고 기분 좋은" 환대를 받았다고 확신했다. "거의 외국인 숭배라고까지 할 수 있을 외국인 선호가 이토록 발전한 적은 결코 없었을 것이다."[9] 이 점은 확실히 교훈적이다. 즉 "이방인들은 소중하게 여겨졌다." 하지만 동시에 프랑스 특유의 생활양식과 사고방식이 지배권을 행사하려는 경향도 있다. 진정 강력한 무엇이 태어나려는 순간마다 그렇다고 말할 수 있다. 내가 다룬 바 있는[10] 이 역능은 권력 및 그와 결부된 것, 즉 어쩔 수 없이 감내해야 하는 두려움과 공포 따위와는 아무런 관련이 없다. 침잠과 공격성을 동시에 낳는 것은 바로 연약함이다. 문명이 위축되어 공포 속에 틀어박히는 반면, 문화는 퍼져나가고 제3자를 받아들일 수 있다. 이는 분명 레오가 [자신의 책에서] 놀라며 강조했던 점(『계몽주의 시대의 프랑스화된 유럽』, 314쪽)을 설명해 준다. 즉 알려진 바대로 18세기에는 프랑스어 사용 확산을 위한 어떠한 노력도 없었는데, 바로 그 시기에 프랑스어는 놀라울 정도로 확산되었다. 고대 아테네부터 15세기의 피렌체를 거쳐 오늘날의 뉴욕에 이르기까지, 우리는 낯선 요소들을 자기에게 동화시키는 매혹적인 장소들을 얼마든지 찾아볼 수 있다.

이런 식으로 우리는 알자스 같은 한 지역의 활력과 "이방인 혈통의 지속적 유입" 사이의 관계를 설정할 수 있다. 프레데릭 호페에 의하면, 이 고장에서 만들어진 "주요한 작품들"의 기원에는 이종교배가 있다.[11] 만일 국경의 비극Grenze Traödie이 존재한다면, 어쨌든 그것이 역동적이라는 점은 분명하다. 여기서 다리와 문이라는 짐멜의 비유를 빌릴 수 있다. 국경지역은 인구 이동으로 인한 혼합, 불균형, 불안 등을 장조長調의 리듬으로 살아낸다. 그러나 동시에 족외혼에 의해 독창적 창조가 꽃피는 것을 목도하는데, 이 창조는 사회적 소여의 정학과 동학에 고유한 특성들의 시너지 효과를 가장 잘 표현한다. 이 시너지는 '역동적 뿌리내림'이라는 표현으로 축약된다. 스피노자, 마르크스, 프로이트, 카프카처럼 통합되어 있으면서 동시에 거리를 둔 이들의 사유를 설명할 수 있게 해주는 것이 바로 이 '경계지의' 긴장이다. 그들 사유의 힘은 어떤 이중의 극성에 근거를 두고 있다는 데서 나온다.[12] 즉 현전과 거리두기. [국경이라는] 한정된 지역과 천재적 작품은 민중의 일상적 삶을 단조短調의 리듬으로 구성한 것을 결정적인 방식으로 살아내거나 가리킨다. 인종차별주의자, 민족주의자, 혹은 더 진부하게는 사람들이 이야기하기 좋아하는 '보프'[프티부르주아]가 되기 이전에, 민중은 체화된 지식으로, 막연하면서 다소 강요된 거대한 이상들 아래에서(혹은 너머에서), 자신의 일상적 삶이 타자와의 혼합, 차이, 적응으로 구성된다는 것을 '안다.' 이 '타자'가 기이한 풍속을 가진 이방인이건 아노미적인 것이건 간에 말이다. 따라서 첫째, 대중과 창설적 순간의 문화를 연결시키자. 이는 우연적이거나 추상적인 연결이 아니다. 즉 한 시대가 시작되고, 한 도시문명이 꽃피거나 한 나라가 모습을 드러낼 때, 그것은 민중적 역능을 통해 가능하다. 적법성과 지식을 움켜쥔 소수의 관리자, 소유자, 성직자가 (시대, 도시, 나라 등을) 몰수하는 것은 단지 그 이후일 뿐이다. 둘째, 이 결합이 흡수와 확산의 역량을 동시에 지니고 있음을 인정하자. 앞서 거론한 예들이 충분히 증명하듯, 자신에 가득찬 실체는 통합하고 빛난다. 유기체적 이미지를 감히 사용하자면, 건강한 몸이 유연한 법이다. 경직성도 신중함도 없고, 조심스러움이나 졸렬함 따위도 없다! 조르주 바타유를 통해 잘 알려진 용어를 사용한다면, 이 결합에서 솟아나는 일종의 주권, 의기양양한 동물성의 형식이 있다. 이것은 자신을 보존하는 특수성과 우리를 세상의 광대한 변화에 통합하는 보편성을 어떻게 적절히 배합할지 '직감'한다. 여기서 중요한 것은 인간 모험을 구성하는 노마디즘nomadisme과 정착생활 사이의, 모든 표상의 기반에 있는 예와 아니요 사이의 왕복운동이다.

머리에 떠오르는 수많은 역사적 사례 중에서 특별하게 명백하고, 더욱이 우리 시대를 위한 계획으로 간주될 수 있는 것이 하나 있는데, 바로 태동기 기독교의 어려운 고비였던 도나투스주의 논쟁이다. 여러 가지 이유로, '고대 후기'라는 시기는 우리 시대와 유사점이 없지 않다. 한마디로 말하자면, 하나의 문명이 완결되고 하나의 문화가 탄생하던 시기다. 성 아우구스티누스에 관한 뛰어난 저서에서 역사가 피터 브라운은 도나투스파와 히포의 주교[아우구스티누스]가 대립한 지점을 적절하게 분석한다.[13] 이 논쟁disputatio을 단순화해 한 가지 본질적 요소만을 고려해보자. 도나투스파는 스스로 고립되어, 순수한 이들의 유일한 교회로 남아, 그런 구별로 인한 모든 결과를 안고 세속과 절연해야 한다고 주장한다. 반대로 아우구스티누스는 '타자'를 동화시키려면 스스로 충분히 강하다고 느끼고, 세계를 얻기 위해서는 유연해야 한다고 주장한다. 이는 복음의 메시지가 가진 타당성, 보편성, 그리고 무엇보다도 미래 전망의 측면에 대해 그가 확신하고 있었기 때문이다. 그렇기에 옛 마니교 신자로서 극단적 순수주의의 감미로운 맛을 알고 있던 아우구스티누스는, 이교 세계의 문학적, 철학적 유산에서 복음의 메시지를 강화할 수 있는 것을 끌어들이는 데 주저하지 않았다. 자신이 그 복음의 선구자였다. 새로운 세계가 시작되는 순간에 중요한 것이 이런 문제다. 성 아우구스티누스는 자기 폐쇄적 종파가 평온하게 지속되기보다는, 에클레시아*가 다양한 층위의 사람들과 종파들이 뒤섞여 들끓으면서 개방되고 확장되기를 더 원했다. 그가 건설하고자 하는 신의 나라는 광활한 세계의 척도이어야 하기에 세계의 소용돌이를 수용하는 것은 당연하다. 신의 나라가 지속될 수 있는 것은 바로 이런 대가를 치르고서이다. 새로운 문화를 창설한 자가 가진 천재적 비전!

이런 의미에서 한 가지만 더 말해보자. 하지만 이번에는 다른 시대, 즉 신화적 시대(그런데 이것이 앞에서 언급했던 시대보다 더 신화적일까?)에 관한 것이다. 우리의 현재를 이해하기 위해 역시나 적절한 디오니소스라는 주제를 다시 한번 가져온다면, 문명화되고 합리적으로 다스려지며 약간은 쇠퇴한 도시국가 테베에서 디오니소스의 난입은 곧 이방인의 난입이었다는 점을 지적할 수 있다. 여성스럽고 향긋한 향이 나며 색다르게 차려 입은 외양의 디오니소스가 전파하는 생활양식과 사고방식은 여러 가지 측면에서 충격적이다.[14] 그런데 이 이방인성의 난입은 고전적 헬레니즘 시대에서 후기 헬레니즘 시대로의 이행에 상응한다. 뒤늦게 도착한 신(반신半神?)인 디오니소스는 고전적 헬레니즘의 완성을 방해하지만, 그럼으로써 후기 헬레니즘의 출현을 가능케 한다. 완성 속에서 소진되는 것이라 해도, 어쨌든 소진되는 것은 그것을 다시 살려줄 역기능(외부적인 것이라 해도)을 필요로 한다. 대개의 경우, 이방인 같은 낯선 요소는 사람들이 무시하거나 억압해온 잠재력을 현실화시킬 뿐이다. 내가 앞서 지적했던 논리대로, 긴장과 역설은 필수적이다. 마치 죽어가는 나무에 다시 싱싱한 열매를 맺게 해주는 접붙이기처럼 말이다.

* ecclesia. 고대 그리스어로 시민들의 모임인 민회民會를 의미하며, 초기 기독교에서는 복음을 따르는 자들의 신앙 공동체, 즉 교회를 가리키던 말.

이 이방인성의 틈입은 상기처럼 기능할 수 있다. 사회체는 자신이 구조적으로 이질적이라는 사실을 잊는 경향이 있는데, 이 방인성의 틈입은 이 사실을 상기시킨다. 비록 사회체는 능수능란하게 모든 것을 단일성으로 환원해버리는 경향이 있지만 말이다. 가치의 다신교에 대한 이러한 상기는 특히 디오니소스 의식들에서 두드러진다. '다른 곳'에서 온 신 디오니소스는 '타자들', 즉 그리스 도시국가의 외국인과 노예를 통합할 의무가 있다. 티아소스[디오니소스 추종자들]는 이들을 시민들과 결합시키는 것 같다.(M. 부를레 참고) 따라서 비록 간헐적이고 의례적일지라도 공동체는 이곳 및 저곳의 기능처럼 다시 작동한다. 아글라우로스[아테네의 여신] 숭배는 도시국가의 단일성을 기리는 반면, 주신제의 티아소스는 도시국가가 통일성, 즉 반대되는 것들의 결합임을 상기시킨다.

요컨대 우리 논의의 처음으로 되돌아간다면, "침체된 문명이 되살아나기 위해서는 야만인이 필요하다."[15] 이방인이 새로운 문화의 창시를 가능케 한다는 지적이 역설적인가? 그리스 문명에 대한 로마인들의 역할, 로마제국 후기에 야만인들의 역할, 가까운 예로는 프랑스혁명 주동자들에게 붙인 '서구의 훈족'이라는 호칭, 혹은 부르주아주의의 유약함에 지친 몇몇 아나키스트들의 외침 "만세! 코사크 기병대가 혁명을 일으켰다"* 등, 이 모든 것은 새로운 것을 창건해내는 이방인성의 문화적 중요성을 강조한다. 그리고 모스코 부코의 최신 영화 〈은퇴한 테러리스트들〉은, 레지스탕스 기간 나치의 억압에 대항해 프랑스 이념을 옹호한 많은 이

* 19세기 프랑스 혁명기에 활동한 의사이자 정치가 에르네스트 쾨르드루아Ernest Cœurderoy가 쓴 책 제목. 러시아, 우크라이나, 폴란드 등 여러 나라 출신들로 구성된 코사크 기병대는 러시아의 최강 군대로 활약했다. 쾨르드루아는 문명화된 부르주아주의가 가져오는 숨막히는 상황 속에서 혁명을 일으킬 수 있는 것은 오직 다양한 국적으로 이루어진 새로운 민족, 즉 코사크 기병대뿐이라고 보았다.

들 중 가장 용감했던 부류는 다른 여러 나라에서 온 무국적자들이었음을 여지없이 보여준다. 훌륭한 프랑스인들보다 결코 약하지 않은 이들은, 자신들을 받아줄 땅[피난처]으로 선택한 이 나라, 프랑스를 상징하는 이상의 이름으로 자기 목숨을 바쳐 싸웠다.

확실히 인류 역사의 모든 대제국들은 우리가 아는 바대로 혼합에서 탄생했다. 여기 서슴없이 제시하는 견해들은 이 문제에 달려들었던 역사가들의 연구를 참고했다. 마리프랑수아즈 바슬레의 놀라운 책에서 가져온 인용문이 이 문제를 잘 요약해준다. "많은 도시들이 누린 행운은 이질적인 인구의 이주에 빚진 것이다."[16] 우리는 많은 도시의 쇠락이 이방인에게 문을 열지 않고 두려움에 떨었던 탓이라는 가설을 세워 위 지적을 보완할 수 있다. 알다시피 로마가 타자성, 즉 로마에 이질적인 제국과 힘을 겨루어야 하는 순간부터 "로마는 더이상 로마 속에 있지 않다." 나는 이것이 사회-인류학적 구조의 문제였다는 점을 보여주고자 했다. 짐멜이 이방인에 할애했던 분석으로 되돌아갈 필요는 없다. 그것은 너무나 잘 알려져 있다. 반면 (문자 그대로의 뜻과) 그 정신에 충실하게 사회학자는 그 사회적 '형식'의 중요성을 재고할 줄 알아야 한다. 그 형식은 단지 과거의 영역에만 속하는 것이 아니다. 시카고 학파와 소로킨은 우리의 모더니티에서 그 형식이 갖는 의미심장함을 보여주었다. 마찬가지로 지우베르투 프레이리도, 포르투갈의 예를 따르면서 브라질이 모든 의미에서의 혼종성과 유동성 덕분에 어떻게 구축되고 역동성을 얻게 되었는지 강조한 바 있다.[17]

이제 포스트모더니티와 관련해서 우리 사회를 구성하는 이질성이 가져온 결과들을 꺼내볼 때이다. 이 이질성은 아직 초기 단계에 있다. 오늘날 거대도시라고 하는 문화의 부글거림 속에서, 이방인을 부정하거나 이방인의 역할을 부인하는 것은 이제 불가능하다. 그리고 내가 제시한 역사적 혹은 신화적 사례들은, 디오니소스적이라고 규정할 수 있는 쾌락주의와 생기론, 이미지들의 개화를 사유할 수 있게 해주는 은유들이다. 이 모든 것은, 분화된 방식으로 소집단에 의해 체험되기 때문에, 특수한 관계에 의존하지 않고 단일화된 표상을 참고하지 않기 때문에, 일차원적 설명을 받아들이지 않는다. 널리 전파되어 전 세계의 모델이 된 계몽Aufklärung의 가치는 포화상태에 이른 것 같다. 그리고 역사의 다른 시기들에 그랬듯 계몽의 가치가 차지하던 자리를, 동서양의 혼합, 뒤섞임, 이종교배를 용이하게 하는 사회적 흥분이 대체한다. 한마디로 가치의 다신교이다. 이 다신교는 정해진 형태도 없고 아직 제대로 정의되지 않았지만 여기에 주의를 기울여야 하는데, 그것이 미래의 가중 중요한 부분이기 때문이다.

야만인들은 우리의 성벽 안에 있다. 그런데 우리도 부분적으로는 야만인일진대, 이를 두려워해야 하는가?

3. 민중적 다신교 혹은 신의 다양성

앞서 '제3자'에 부여해야 할 중요성을 지적하고 사회사 안에서 차지하는 역할을 개략적으로 살펴보았으니, 이제 제3자가 지닌 본질적 특성 하나를 밝힌다면 흥미로울 것이다. 그것은 어느 정도 논리적 특성으로, '가치의 다신교'라는 베버식 표현으로 잘 묘사할 수 있다. 이 주제가 정치 영역으로 환원되는 바람에 대단히 잘못 이해되고 있으니, 우리는 이 주제를 제대로 강조할 필요가 있다. 좀더 분명하게 말해보자. 한 우파 인사가 자신의 문화적, 정치적 투쟁을 위해 다신교 신화를 사용한다고 해서, 그 사실이 다신교 신화를 무효화하거나 어느 한 진영의 소유물로 만들어버리는 것은 아니다. 내가 보기에 다신교는 심지어 정치의 차원을 넘어서는 것 같다. 그것도 구조적으로 그렇다고 말할 수 있는데, 왜냐하면 가치들의 상대화는 결정 불가능성으로 귀결되기 때문이다. 이보다 더 정치의 논리에 대립하는 것이 무엇이겠는가? 게다가 더 명확히 하고자 한다면, 혹은 이 성찰을 고무시키는 정신에 더 충실하고자 한다면, '단일신교hénothéisme'에 대해 언급해야 할 것 같다. 부글레가 "모든 신들이 차례로 주권자가 되는"[18] 베다교[브라만교]에 대해 말했던 것처럼 말이다.

우리가 사회적인 것을 명확히 알기 위해 신들을 소환하는 것도 이 같은 뉘앙스를 가지고 비유적으로 하는 절차임을 분명히 해두자. 실제로 나는 문화의 창설적 행위와 민중을 연결하고자 했는데, 이 결합 덕택에 민중은 자기 자신으로 남아 있으면서 이방인을 받아들일(게다가 이방인을 통해 자신을 풍요롭게 만들) 수 있는 것 같다. 이런 이유에서 다신교는 민중의 '인종차별주의 아님non-racisme'(나는 파레토의 '논리적이지 않음non-logique'을 참고하면서 의도적으로 이 표현을 사용했다. '논리적이지 않음'에는 비논리적illogique이라는 의미가 있을 수 있지만, 그것이 가장 중요한 특질은 아니다. '인종차별주의 아님'에 대해서도 유사한 이야기를 할 수 있다)을 드러내는 가장 확실한 지표로 제시될 수 있다.

약간 돌려서 이야기해보자. 처음에는 유대 전통의 본질적 특성이었다가 이어서 기독교의 본질적 특성이 된 것은 바로 비타협적 일신교이다. 그것은 재고의 여지가 없는 본질적 경계 설정의 문제이다. 반대로 우리가 상기할 수 있는 바는, 이 원칙이 일단 확립되면, 기독교적 삶 속에는 이 원칙을 위반할 수많은 방법이 존재한다는 점이다. 인류학적 관점에서 질베르 뒤랑은 사부아 연구소에서 자신이 잘 아는 민중 신앙 및 실천을 훌륭하게 분석했다. 나 역시 나름의 방식대로 성인 숭배는 일신교적 엄격함의 한가운데를 관통하는 다신교적 통로가 될 수 있음을 보여주었다. 따라서 유일신께 바치는 예배인 '라트리아latria'와 성인들에게 바치는 예배인 '둘리아dulia' 사이의 신학적 구분은 일상생활에서 그다지 효력이 없는 괜한 구분에 불과하다. 마지막으로 종교사회학은 실상 이 문제를 약간은 불신하면서도 소홀히 다루지는 않았다.[19] 우리는 이 문제를 직접 다루기보다는 종교생활, 따라서 사회적 삶을 관통하는 전통적인 반대의 일치를 현실화하는 데 더 큰 관심을 가진다.

가령 야코프 뵈메와 에카르트하우젠이 증언하는 신비주의 신학과 기독교 신지학은 항상 이에 대한 관심을 생생하게 유지해왔다. 최근 논문 「리드모마키아, 중세시대의 예비 게임」에서 M. E. 카우트리는 수도원 전통에서도 이 환원 불가능한 다원주의를 표현하는 놀이를 찾을 수 있음을 잘 보여주었다. 리드모마키아*는 고도의 수학적 정식화에 기대고 있다. 이처럼 타자성, 기이한 것, 이방인은 민중적 실천(성지순례, 성인 숭배) 속에, 신비주의적 표현이나 논리적 정밀화 속에, 하나로 단순화하거나 환원하려는 것에 저항하게 해주는 수많은 보관소를 두고 있었다.[20] 황홀경은 봉헌 축제에서의 융합처럼 동일성과 차이를 동시에 표현할 수 있게 해준다. 수도원 기도의 기초가 되는 '성인 통공'과 민중적 흥분은, 완화된 혹은 현실적인 방식으로 함께-하기를 가리킨다. 함께-하기는 그 구성상 다양하고 다성적이다.

이 관점은 기독교적 일신교의 모습을 띠는 것에서도 결코 사라지지 않았다. 에밀 풀라는 19~20세기 가톨릭을 세심하게 분석하면서 무엇이 "서로 어울리지 않는 것들을 충돌 없이 공존"할 수 있게 해주는지 묻는다. 그렇다면 "가톨릭 반反혁명, 기독교 민주주의, 기독교 혁명가만큼이나 양립 불가능한 형식들로 귀결될 수 있는 이 기이한 근원에서 내려오는 유산"[21]은 무엇인가? 그것은 분명 선민選民[하느님의 백성]이라는 생각일 것이다. 이는 신성

* Rhythmomachia. 문자적 의미는 '숫자들의 전투'이며, 체스처럼 판 위에서 숫자가 적힌 말을 가지고 대결하는 게임. 중세 때 유행했고 '철학자들의 게임'으로도 불린다.

의 반대의 일치의 유사물analogon이다. 또한 풀라는 "민중의 가톨릭, 계급 간interclassiste 가톨릭"을 말하는데, 분명한 점은 이런 정치적 표현을 넘어서는 민중적 기반은 사고방식 및 존재양식의 다원성과 단단히 연관되어 있다는 점이다. 바로 이런 의미에서 그것은 근원, 파괴할 수 없는 항구적 토대이다. 삶은 그 표현의 다양성 덕택에 지속되는 반면, 주도권을 쥔 가치는 아무리 완벽해도 삶을 고갈시키는 경향이 있다는 확신. 우리는 이 구조적 공존을, 다신교의 논리적 형식인 양립 가능한 모순이라는 사유(루파스코, 베그베데)에 편입시킬 수 있다. 알자스 지역의 작은 마을들에서 가톨릭 교인들과 개신교 교인들이 같은 교회에서 번갈아가며 예배를 드리게 하는 공동교회simultaneum 제도는, 우리가 아는 온갖 사소한 이유들을 넘어서, 현재 작동중인 양립 가능한 모순에 대한 훌륭한 은유가 될 수 있다. 이렇게 엄밀한 의미에서 다신교, 다원적 기독교는 '타자'를 통합하기 위한 잠정적 협정modus vivendi을 늘 새롭게 찾는 것이 좋음을 가르쳐준다. 공동체, 성인 통공, 신비체*는 이런 대가를 치른다. 그리고 여러 신들의 전쟁, 혹은 같은 신에 대한 상이한 해석들로 인해 이따금 유혈 사태로 치닫는 갈등, 이 모든 것은 결국 사회체를 강화한다. 여기서 신화학은 논리학이나 사이버네틱스의 첨단 연구결과와 만난다. 즉 역기능과 양립 가능한 모순은 실재 및 그 실재를 설명하는 표상의 구조화에서 무시할 수 없는 자리를 차지한다. 또한 신화학은 베버의 몇 가지 분석과도 만난다. 예컨대 다시 인용할 만한 가치가 있는 다음과 같은 유명한 사실 말이다. "민중의 지혜는 어떤 것이 비록 아름답거나 성스럽거나 선하지 않더라도 진리가 될 수 있음을 우리에게 가르쳐준다. 이는 서로 다른 질서와 가치를 가진 신들이 대결하는 싸움의 가장 기초적인 사례일 뿐이다."[22] 신화학을 분명하게

* 그리스도의 몸과 구별하여 가톨릭 교회를 가리킨다.

참고하고 있는 이 글에서 베버는 다신교와 민중적인 것을 긴밀하게 연결한다. 아마도 합리적, 목적론적, 생산주의적, 경제주의적 설명과 절차로 포화된 대중이 모든 사회적 삶의 자연적—나라면 '생태학적'이라고 할—기반을 향해 돌아서는 시기가 있다고 말해야 할 것이다. 그러면 대중은 자연의 다양성과 신성의 다면성 사이에 확립되는 교환을 재발견하게 된다. 그런데 여기에는 약간의 잔혹함이 수반되는데, 다신교를 말하는 것은 반목도 함께 말하는 것이기 때문이다. 자연으로 돌려보내는 것은 또한 자연의 가혹한 법칙, 그러니까 폭력과 죽음으로 돌려보내는 것이기도 하다. 그러나 신들의 대결 혹은 서로 대항하는 집단들 간의 대결은 그래도 이방인에 대한 부정보다는 낫다. 전쟁 안에서 이방인은 인간의 얼굴을 가진다. 그는 존재한다. 이방인의 관습이 내 관습에 어긋난다 해도, 내가 그 관습을 '아름답지도' '성스럽지도' '선하지도' 않다고 생각하더라도, 심지어 내가 그것을 공격할지라도, 그것이 존재한다는 사실을 내가 부인할 수는 없다. 종교적 범주와 사회적 관계 사이에 하나의 유비를 확립해주는 것은 바로 이런 인정이다.

베버와 동일한 이론적 감수성을 가진 사회학자 짐멜도 우리를 같은 주제로 초대한다. 그에게 신은 "삶의 이율배반들이 용해되는 중심, 반대의 일치로" 특징지어진다. 같은 글에서 짐멜은 부족("원시 종교 공동체는 부족이었다")과 그에 대한 개인의 의존을 언급한다. 신에 대한 의존은 실상 부족의 '양식화'(즉 날카로우면서도 완화된 측면)이다.[23] 부족들, 부족들의 투쟁, 부족들을 구성하는 강력한 상호의존, 그리고 동시에 대립하는 이들을 통합하는 신의 필요성, 이것들이 바로 인식론-신화적 틀이다. 그리고 이 틀 안에 모든 사회 구조화의 기초에 있는 것처럼 보이는 '사랑과 거리두기'의 변증법이 삽입된다. 내가 방금 언급한 의미에서 종교(다시 연결함)가 다원적 사회성의 표현이라는 사실은 전혀 놀랍지 않다. 사실 경직화되면서 제도로 자리잡기 이전에 종교적 회합은 무엇보다도 사회적이거나 자연적인 '사물의 질서'가 가진 냉혹함 앞에서 서로 온기를 나누고 연대하는 데 도움을 주었다.

이런 종교적 회합과 그로 인한 상호의존이 커뮤니케이션과 갈등의 긴밀한 혼합물이라는 점은 여전히 사실이다. 다시 짐멜을 인용한다면, "나란히", 함께 살기, "서로를 위해"는 "서로 대립하는"(짐멜, 「종교사회학의 문제들」, 17쪽)과 병행한다고 볼 수 있다. 나중에 다시 살펴보겠지만, 조화나 균형은 갈등적일 수 있다. 이 관점에서 (자연적 전체처럼) 사회적 전체의 다양한 요소들은 상호적이고 긴밀하며 역동적인 관계로 들어간다. 요컨대 그 요소들은 살아 있는 것과 동의어인 불안정성을 가리킨다. 모랭이 말하는 복잡성complexité도 같은 특성을 가진다. 이런 의미에서 우리가 제안하는 우회détour는 언뜻 불필요해 보일 수 있지만 사실 그렇지 않다. 현대 거대도시의 복잡성 속에서, 인종차별에 대한 공포 혹은 인종차별의 현실만큼이나 배가되는 종교 집단, 다문화주의, 정서적 네트워크가 점점 더 많은 자리를 차지하기 때문이다. 모더니티 시기에 지배적이던 개인주의적, 경제주의적 모델에 정신을 빼앗긴 우리는 사회적 결집이 정서적 끌림 혹은 정서적 거부에 똑같이 근거를 두고 있다는 사실을 잊어버렸다. 어떻게 생각하든 사회적 열정은 피할 수 없는 현실이다. 이를 우리의 분석에 통합해내지 못한다면, 신문의 '잡다한 단신' 기사로 취급해서는 안 될 수많은 상황에 대한 이해를 포기하는 것이다. 그것도 모든 '문화의' 창설의 순간처럼, 다인종 사건이 난입하기에 더욱 그렇다. 사회학의 아버지라는 권위를 방패로 삼지 않으면서 뒤르켐의 『사회분업론』 일부를 이런 관점에서 읽을 수 있다. 뒤르켐을 방패 삼아 신전의 수호자로 자처하는 아류들에게 실례가 되겠지만 우정, 공감, 그리고 물론 그와 반대되는 것들도, 무시할 수 없는 방식으로 [뒤르켐의] 연대의 분석 속에 등장한다. 다음과 같은 구절이 그 증거다. "우리는 모두 자신을 닮은 사람, 그게 누구든 자신처럼 생각하고 느끼는 이를 좋아한다는 사실을 알고 있다. 그러나 그 반대 현상도 적지 않다. 자신을 닮지 않은 사람들에게, 정확히 말해서 자신을 닮지 않았기 때문에 끌리게 되는 일이 아주 자주 일어나는 것이다."(17쪽) 혹은 "헤라클레이토스가 주장하길, 사람들은 서로 대립하는 것만 조정하고, 가장 아름다운 조화는 차이에서 생겨나며, 불화는 모든 생성의 법칙이라고 말한다. 유사성과 마찬가지로 상이성은 서로 매력을 느끼는 원인일 수 있다."(18쪽) 뒤르켐은 이를 천성에 속하는 "두 종류의 우정"이라 부른다.[24] 내가 양립 가능한 모순적 우정이라 부르는 것을 뒤르켐 연구의 전제조건으로 삼으면 연대를 설명할 수 있을 것이다. 이 연대는 상이한 것이 서로를 완성시켜준다는 사실을 논리적으로 이해할 수 있게 해준다.

물론 이 관점에는 기능주의의 측면이 있다. 그러나 모순을 추상적 방식으로 제거하지 않는 한, 그리고 우리로 하여금 타자성과 그 특유의 역동성을 사유하도록 하는 한, 그런 점은 별로 중요하지 않다. 이제까지 사람들은 인류학 혹은 민족학에 타자 연구의 전매특허를 내주었다. 이는 마치 신학이 절대적 타자에 관심을 기울였던 것과 마찬가지다. 그러나 이제 이 같은 분리를 유지하기는 힘들다. 특히 일상생활의 사회학은 모든 사회적 상황의 이중성에 대해, 이중적이고 표리부동한 측면에 대해, 그 '관망적 태도'에 대해, 그리고 동질적으로 보이는 것의 내부에 존재하는 다원성에 대해 관심을 기울일 줄 안다. 여기에 대해서는 다시 논하지 않겠다.[25] 그러나 이 점에서 출발해, 이중성과 그 시너지로 구축되는 가공할 만한 구조 쪽으로 우리의 성찰 방향을 돌릴 수도 있다. 이 모두는 생명력으로 가득차 있다. 앞서 말한 대로 무질서하고 귀에 거슬리는, 또한 들끓는 생명력이지만 그렇다고 이를 부정하기는 매우 어렵다.

나는 우리 시대에 대한 사유를 도와줄 패러다임으로 고대 후기 및 그에 대한 분석을 참고한 바 있다. 이는 피터 브라운이 명명한 대로 "말하는 신들dieux parleurs"로 가득한 시기였다. 브라운은 이 신들이 말할 때 "우리가 하나의 집합 표현을 발견할 수 있는 집단들과 관계하고 있음을 확신할 수 있다"[26]고 덧붙였다. 이를 우리 논의에 적용한다면, 현대의 다성성은 새로운 '문화'의 구축에 관여하는 다원적 신들을 제대로 고려한다고 말할 수 있다. 이 역사적 준거의 효과를 확실하게 강조하기 위해 나는 패러다임을 언급했다. 왜냐하면 공간의 정복을 실현한 우리는 시간의 거리 역시 줄일 수 있다는 사실을 너무 자주 잊어버리기 때문이다. '아인슈타인화된' 시간은 과거의 "이미지들을 이동시켜"(은유*) 현재를 읽어낼 수 있게 한다. 이렇듯 신들의 생명력과 그 다양성을 강조하면서 우리는 도시의 흥분에 스타일을 부여할 뿐이다. 그러나 여기서 시인의 말을 들어보자.

> 하늘 한가운데 잠긴 스펀지처럼 인간은 신들로 가득찬 듯 보인다. 이 신들은 살아가다가 힘의 절정에 도달하며, 이어 다른 신들에게 향기로운 제단을 내어주면서 죽는다. 그들은 모든 것의 모든 변형 원칙 그 자체다. 그들은 운동의 필연성이다. 그래서 나는 취기를 느끼며 수천 가지 신의 고형물固形物 한가운데를 거닐었다."(루이 아라공, 『파리의 농부』)

우리가 오늘날 경험하는 가치의 다신교(대립) 안에서 읽어내야 하는 것은, 문화에서 문명으로, 그리고 다시 문화의 창조로 이어지는 이 운동이다. 누군가는 데카당스라고 말하리라. 왜 안 되겠는가. 여기서 데카당스가, 죽는 것은 앞으로 태어날 것으로 가

* 은유métaphore는 어원상 '전이' '이동'이라는 의미가 있다.

득하다는 것을 의미한다면 말이다. 마침내 완성되고 그 완벽한 가운데 시들어가는 꽃은 아름다운 열매를 약속한다.

4. 유기적 균형

문화가 소진되고 문명은 목숨을 다하며, 사회학자 피티림 소로킨이 잘 서술한 대로 모든 것은 포화의 메커니즘 속으로 들어간다. 이는 우리가 이미 알고 있는 바이다. 더 흥미로운 질문은 다음과 같다. 삶이 지속되도록 하는 것은 무엇인가? 이에 대한 답변의 단초는 바로, 파괴는 동시에 건설이라는 헤라클레이토스나 니체의 관점에서 찾을 수 있다. 정치적 동질화의 전통이 무관심에 의해서 혹은 이방인의 난입으로 스스로 포화상태에 이른다면, 그것은 이 전통의 유용한 효과들이 수명을 다했기 때문이다. 이때부터 그 전통이 확립할 수 있었던 균형은 중단된다. 이 균형은 차이라는 단어로 요약할 수 있는 것을 희생시키며 만들어졌다. 이제 우리가 한 걸음씩 주의 깊게 살펴보았던 인류학적 구조인 '제3자'가 어떻게 새로운 균형 속으로 통합될 수 있는가를 검토해야 한다. 실제로 우리의 논증 논리 속에서, 그리고 수많은 역사적 준거를 참고하면서, 우리는 이질적인 것에 기초를 두는 균형을 가정할 수 있다. 내가 이미 다루었던 균형상태를 다시 언급한다면, 부르주아주의의 단일성을 민중의 통일성이 계승할 수 있다. 부르주아나 프롤레타리아가 그랬듯 역사적 주체로서가 아니라 양립 가능한 모순적 실체로서의 민중. '악', 이방인, 타자를 추방하지 않고 다양한 척도와 규범—설령 동종요법적일지라도—에 따라 이 타자를 통합하는 일상적 실천으로서의 민중.

앞에서 이미 언급했고 결코 빠뜨리고 지나갈 수 없는 사회적 열정이라는 관점에서, 우리 사회에 제기되는 문제, 즉 서로 대립하는 열정들의 균형을 잡아야 하는 문제가 남아 있다. 이 열정들의 대립은 사람들이 천성적 다양성과 본성들의 다양성을 인정하는 순간 더 강화된다.[27] 바로 이런 의미에서 내가 갈등적 조화를 말하는 것이다. 왜냐하면 열정이 이성보다 우세해질 때 균형에 도달하기는 더욱 어려워지기 때문이다. 이것은 현재 공적 삶뿐 아니라 매일매일의 삶에서도 분명하게 관찰될 수 있다.

오늘날 사람들이 받아들이기 힘들어하고 게다가 진지하게 고려조차 하지 않는 한 가지 개념에서 시작해보자. 그것은 위계라는 개념이다. 부글레는 인도의 너무나 호의적인 범신론, 그 실질적 다신교는 카스트 제도와 긴밀하게 연결되어 있다고 지적했다.[28] 힌두교의 호의적 특징과 교리상의 비교조주의는 사실 위계에 대한 힌두교 신자들의 예민한 감각에 기대고 있다. 이것은 한 가지 극단적인 상황과 관계된다. 이 상황은 그 자체로는 다른 곳으로 전파되거나 모델로 사용될 수 없지만, 한 사회가 어떻게 차이들의 공존에 근거해 균형을 이룰 수 있었는지, 어떻게 그 차이들을 엄격하게 체계화할 수 있었는지, 그리고 어떻게 이로부터 연대를 소홀히 하지 않는 구조를 구축할 수 있었는지 잘 보여준다. 한편 L. 뒤몽은 자신의 저서 『위계적 인간』에서 이 시스템이 생산해낸 실질적 상호의존, 공동체들 간의 화합을 보여준 바 있다. 뒤몽이 개인주의에 자리를 내주지 않은 것은 사실이지만, 놀랄 만한 방식으로 사회에 대한 전체론적 이해 속에 개인주의를 포함시켰다. 그의 연구들은 이제 잘 알려져 있기에 굳이 해설할 필요는 없을 것이다. 다만 생활양식이 상이하고 이념적으로도 대립되는 소집단들의 화합은, 균형에 이르게 하는 하나의 사회적 형식임을 이해할 수 있게 도와주는 근거로 뒤몽의 연구를 사용하는 것으로 충분하다.

카스트 체계가 극단적인 방식으로 보여준 것은 중세의 '신분들'에 관한 이론에서 보다 완화된 방식으로 다시 나타난다. 더

군다나 그것은 가톨릭의 토마스주의에 의해 강화되었기에 교리적으로 이론화되었다. 토마스주의는 '신분들'의 존재에서 출발해 민주주의에 대한 사유를 완성했다. 풀라가 지적했듯, 이때의 민주주의란 우리가 사용하는 의미와는 현저하게 다른 뜻을 갖는다. 이렇게 해서 이 "민주주의는 계급들 간의 평준화를 찬양하지 않는 만큼이나, 하위 계급을 다른 계급들에 대립시키지도 않는다. 하지만 계급 간 조화를 해치는 모든 사회 세력과는 대립한다. ……민주주의는 역사적으로 중세의 코뮌* 전통을 참고하면서 위계질서 속의 비례적 평등을 옹호한다."[29] 이와 같은 생각은 여기 인용한 예들 말고도, 민중주의 안에서, 유토피아적 건축물(샤를 푸리에의 팔랑스테르 같은) 안에서, 연대주의 안에서도 찾아볼 수 있다. 그것은 19세기 이후 다소 정교하게 우리 사회에 산재하게 된 사회적 형식의 문제에 해당한다.

'비례적 평등' 같은 말을 써가며 아무리 신중을 기한다고 해도, 프랑스혁명이 보편적 이상으로 삼은 이후 모더니티를 특징짓게 된 평등주의로부터 우리가 한참 떨어져 있다는 것은 말할 필요도 없이 자명하다. 여전히 우리는 이 문화적 격차 안에서, 집단 혹은 최소한의 가까운 관계에 한정된 것일지라도 실질적 연대를 발견한다. 그와 동시에 갈등을 체험하는 방식도 발견한다. 우리가 기억하듯 푸리에는 팔랑스테르 안에서 사회성의 인력과 척력을 상징적으로 보여주는 요리 경쟁 형식의 '작은 파이 전쟁'을 제안했다. 이는 고대의 명예욕philotimia을 그 경박한 측면은 빼고 상기시킨다. 실제로 명예욕은 이 세계의 권력자들, 부자들, 행운아들로 하여금 그들이 획득한 것의 일부를 공동체에 되돌려주게끔 해주었다. 이는 공공건축, 예배당이나 빈민을 위한 건물을 지

* 11~13세기에 도시 거주자들이 인신자유권, 정치적 자결권 등을 영주에게 요구하기 위해 결성한 시민들의 도시공동체.

어주는 방식으로 이루어졌다. 그리고 명예욕은 경쟁적 차원을 갖고 있었다. 운명의 특혜를 입은 이들과 그 심복들은 도전을 받았고 그에 응하지 않을 수 없었다. 이렇게 해서 위계적 질서는 공동체의 필요에 전신감각으로 응답하는 일종의 유기적 균형을 가능하게 해주었다. 말하자면 의례화된 차이의 유희. 선포되거나 계획된 평등은 전혀 없지만, 실질적인 화합과 보상이 있다. 이는 사회체 전체로 볼 때 지배욕libido dominandi(합법적 폭력)이 적은 비용으로 발현될 방도를 찾는 것과 같다. 이에 대해 피터 브라운은 "등가 모델"이라고 말한다.[30]

이 관점은 모든 세속적 삶의 양대 요소인 갈등과 커뮤니케이션을 참작한다는 이점이 있다. 더욱이 이 관점은 떼어놓을 수 없는 이 두 요소의 존재에서 생기는 '수익성' 모델을 제공한다. 이런 의미에서 그것은 시대착오적이지 않다. 지우베르투 프레이리는 브라질의 형성이라는 특수한 사례에 이 관점을 적용하면서 "균형화 과정"[31]이라고까지 말한다. 이 모델에는 압제를 정당화하거나 완곡하게 표현할 위험이 언제나 도사리고 있는데, 오직 구체적인 분석을 통해서만 이에 대한 평가가 가능할 것이다. 그러나 처음부터 논리를 가지고 그것을 무효화할 필요는 없다. 어쨌거나 이 관점은 대립하는 것들의 타협이 전체의 균형에 어떻게 이바지할 수 있는지를 이해할 수 있게 해준다. 더욱이 시민과 대면한 이방인이, 정착민과 마주친 유랑민이, 그리고 권력자와 평민이 각자 자신에게 필요한 광대한 정보 교환을 어떻게 할 수 있는지 이해할 수 있게 해준다. 그밖에 이 관점은 존재하는 것을 정식으로 인정하게 해주는 이점이 있다. 왜냐하면 카스트 제도 안에 체계화되어 있건, 신의 섭리에 부합하는 것처럼 신학화되어 있건, 아니면 평등주의적 합리화에 의해 더욱 교묘하게 은폐되어 있건, 위계는 우리 모두가 저마다 확인할 수 있는 상수常數이기 때문이다. 위계의 가장 해로운 결과를 교정하기 위해서라도, 그것을 정식으로 인정하는 편이 낫다. 해로운 결과의 교정은 근접성이라는 용어로 사고하는 사회 구조화 속에서, 즉 균형의 형식을 찾는 임무를 관련 집단들에 맡기는 사회 구조화 속에서 더욱 효과적일 것이다.

왜냐하면 이 경우 모든 사회적 삶의 상호의존에 의해, 각자는 언젠가 타자를 필요로 한다는 것을 알고 있기 때문이다. 여기에는 가역성이 있다. 즉 당장 내일이든 아니면 다른 형식으로든, 내가 수혜자가 될 수 있으므로 나는 특권에 반론을 제기하지 않을 것이다. 프랑스에서 중대한 역할을 하는 특권의 필요성(수많은 신문 기사나 크게 성공한 책들이 최근 그 점을 밝혀냈다)이 이렇게 정당화된다. 기계론적 관점에서는 이해 불가능하지만, 모든 사물이 서로 관련되어 있다고 보는 유기적 관점에서 특권은 제자리를 발견한다. 그러나 이는, 개인이 사회적 전체의 시작과 끝이 아니라는 것, 또한 지배적인 것은 전체성으로서의 집단, 공동체, 집합임을 의미한다. 독일 철학의 한 가지 개념을 사용해본다면 위계와 차이에 대한 고려, 그리고 그것이 이끌어내는 동등성과 가역성의 모델은 '자연발생적 조절Naturwüchsig'과 관련 있다. 여기서 우리는 앞서 살펴본 생기론을 재발견한다. 합리적 활동을 강화시킬 시기들과 반대로, 이 [자연발생적] 조절은 각 집단의 내재적 주권을 더 신뢰하는 시기의 과업이다. 이 집단들은 일련의 시행착오와 우연적 절차를 거치면서, 자신의 목표와 존재방식을 어떻게 조정해야 할지 알게 된다. 이렇듯 역설적으로 '제3자'는 사회적 존재의 위계적 차원을 선험적으로 부정하지 않는 사회 유형 안에서 보다 쉽게 자기 자리를 찾을 수 있다. 매우 전형적인 역사적 사례 말고도, 이 사실은 오늘날 관찰 가능한 많은 사회적 상황에서도 관찰될 수 있다. 카니발이 그런 예이다. 카니발에 대해서는 적절한 분석이 이미 많이 이루어졌다. 사회인류학적 관점에서 나는 로베르토 다 마타의 훌륭한 분석을 예로 들어보겠다. 그의 분석을 되풀이하기보다는 다만 우리 논의와 잘 연결되는 몇 가지 중요한 점을 강조하려 한다. 먼저 전체론적이고 위계적인 사회 속에 편입된 축제 활동이다. '브라질의 의례 삼각형'과 관련해 다 마타는 국민

국가와 군대를 표상하는 '조국의 날' 옆에서, 교회가 주역인 성주간聖週間 옆에서, 카니발은 근본적으로 민중 및 대중과 관련 있음을 보여준다.[32] 이 삼분할은 여러 이유에서 흥미롭고, 서로 시간을 나누어 갖는 공존을 잘 설명해준다. 분명 서로 구별은 되지만, 일반화된 연극화의 틀 속에서 각 집단에게 역할을 부여하는 그러한 분할이다. 나는 기계적이고 합리적이며 하나의 목적을 지향하는 사회적 작동과 관계된 기능과 대비되는 역할을 말하고 있다. 역할과 연극성은 여러 순간들을 나누어 갖는 순환적 시간 속에 자리를 잡는다. 이러한 순환적 움직임은 각 집단으로 하여금 예정된 때가 되면 자기 집단에게 다시 혜택이 돌아오리라는 확신을 준다. 이와 관련해서 각 집단이 모두 오래전부터 카니발을 준비하게 된다는 것을 충분히 알 수 있다. 이 확신이 중요해지는 시점은 내가 말한 '운명과의 대결' 속에서 흘러가는 시간을 관리하는 것이 무엇보다 중요한 요소임을 알게 될 때이다. 정해진 때가 되면 민중은 자신이 주권을 행사하리라는 것을 알고 있다.

이어서 민중이 주권을 행사하는 이 순간은 아노미적인 것과 이방인을 통합할 수 있게 해준다. 이 점과 관련해 다 마타는 '외곽'과 '변방'에 대해 말한다.(『카니발, 강도와 영웅』, 65쪽) 내가 앞서 말한 바를 참고한다면 이것은 상기와 관계가 깊다. 강도, 창녀, 그리고 죽음(절대적 타자의 형식)조차도 상징적 형상으로 표현될 수 있다. 사회체는 양립 가능한 모순적 요소들이 복잡하게 뒤얽힌 복합체라는 것을 자각한다. 다양한 변장과 그로 인해 발생하는 여러 상황은 이 점에서 시사하는 바가 크다. 마찬가지로 어느 한 개인이 매일 옷을 갈아입는 일은 일상적이다. 외적 다양성과 내적 다양성이라고 할 수 있을까. 이처럼 대립은 유희적 방식으로 작동하거나, 아니면 삼바 스쿨*들의 경쟁 및 개인들이 옷 가격

* 브라질에서 삼바를 배우고 공연하는 클럽. 카니발의 삼바 퍼레이드에 참가하기 위한 경연대회를 준비하려는 목적에서 생겨났고 지역공동체 성격을 띤다.

을 두고 벌이는 경쟁 속에서 소진된다. 아무도 이 경쟁에서 벗어날 수 없다. 이해타산적인 사람들은 이에 관해 전해지는 일화들과 직접 관찰한 사실들에 놀라움을 금치 못할 것이다. 앞서 언급한 명예욕은 여기서 대중에게 적용될 수 있을 것이다. 즉 지출—심지어 아무것도 가진 것 없는 자들의 경우라도—은 돈과 성性 같은 사유화된 것을 집단적 순환 속으로 되돌려놓는 한 가지 방식이다. 고대의 권력자가 사원을 지으면서 자신의 죄를 씻었듯, 우리 시대 사람들은 축제 때 빛의 성당을 지으면서 평상시의 자기 개체성을 사죄한다.

더욱이 집단적으로 벌어지는 대립 옆에서도, 옷으로 표현되는 다양한 개성 옆에서도 이방인을 받아들이는 일이 일어난다. 이방인이 상징적 지위를 가지게 된 것은 인정의 한 가지 방식이다. 브라질의 일상생활에서 인종차별이 없지는 않지만, 이렇듯 카니발의 흥분과 연극화는 인종차별을 상대화하는, 즉 어느 정도 완화하는 하나의 방식이다. 카니발의 몇 가지 특징적 요소를 통해 우리가 경험하는 것은 바로 유기성의 형식이다. 카니발은 삼분할된 축제의 유기성 안에 새겨지고, 거기서 우리는 기능과 특성의 다양성을 실질적으로 허락하는 특수한 유기성을 재발견하게 된다. 그리고 이 다양성이 그저 연기演技된 것이라 해도 달라지는 것은 전혀 없다. 우리가 점점 더 동의하는 바처럼 상상계는 사회를 구조화하는 역할도 수행한다.

일상생활에서 집합체에 참여하고 있다는 감정을 강화시켜주는 것은 주기적으로 되돌아오는 의례적 흥분과 양립 가능한 모순이다. 카니발에서 누군가 어떤 장군, 어떤 백작, 이 세상의 어떤 거물을 연기한다면, 이후로는 그 장군의 운전기사인 것을 자랑스러워할 수 있다. 혹은 다 마타가 이야기하듯, 주인이 남작의 지위를 얻은 것에 기뻐하는 하인의 경우도 마찬가지다.[33] 이것은 거의 신비주의적 의미에서의 '참여'와 관련 있다. 참여는 (재정, 특권, 특혜 등) 구체적이고 부차적인, 그러나 또한 상징적인 결과를 강조한다. 자신을 능가하는 상위 실체와 한몸을 이루면서 나는 내 고유한 존재 속에서 힘을 얻는다. 이는 우리로 하여금 연대에 확장된 스펙트럼을 부여할 것을, 그리고 그 스펙트럼을 단지 평등주의적 및/혹은 경제적 차원에만 국한시키지 말 것을 촉구한다.

위계 안에서 경험한 차이는 지금 우리가 그토록 주목하는 사회적 균형의 매개체가 될 수 있다. 거시적 관점에서는 무시할 만한 것으로 여겨졌지만 근접성이 부각되면서 그 중요성을 되찾은 매일의 특색 없는 삶, 동네에서의 삶은 사회성의 기반에 해당하는 또다른 일상적 사례일 수 있다. 여기서도 우리가 방금 이야기했던 것과 동일한 참여의 메커니즘을 관찰할 수 있다. 동네, 집단, 상징적 동물, 구루, 축구팀, 혹은 지역의 하급 관리자[를 중심으로 모인 소그룹]에 참여하기. 이것은 위계 구조가 다시 작동하는 후견주의라는 형식의 문제다. 우리는 한 장소, 한 무리, 혹은 지역의 한 명망가에 '소속된다.' 고위 공무원, 대학, 기업 간부들에 대한 연구는 이 과정을 잘 보여준다. 지식인들의 소우주는 어쨌든 가장 '자유로운 정신들'로 이루어져 있는 것이 사실이라 해도 여기서 벗어나지 못한다. 예컨대 스승이 맹비난한 경쟁자들의 저작은 읽지 않는다. 다양한 위원회는 온갖 야비한 짓거리가 일어나는 곳이다. 여기서 우리가 명심할 것은, 사람들이 주인의 영광과 분노에 참여한다는 사실이다. 프랑스어로 "나는 그의 사람이다Je suis son homme"라는 표현은 이제 잘 사용하지 않지만—그러나 그런 현실은 존재한다—, 이탈리아어에서는 여전히 "나는 한 사람이고 또한 다른 사람이다Io sono di l'uno, io son dell'altro"라는 말을 자주 들을 수 있다. 나는 그의 씨족, 그의 집단에 속한다.[34] 그렇다면 우리는 이 사실을 유감스럽게 여기고, 여기에 맞서 싸워야 할까? 어쨌든 이것이 가져오는 효과를 인지할 필요가 있다. 어느 한 분야에서 집단들이 서로를 상대화할 수 있는 한, 이런 씨족적 절차는 차이의 유희, 모두에게 해당되는 표현, 따라서 균형의 형식을 허락한다. 그렇기에 내가 마피아는 "사회의 은유"[35]일 수 있다고 말했던 것이다. 선행善行의 규칙이 존중받을 때, 규제와 유기적 질서도 있는 법이다. 이는 틀림없이 모두에게 유익하다.

모든 행위자는 저마다 역할이 다르고 위계화되어 있으며 가끔 갈등을 빚지만, 그들은 모두 같은 무대에 서야 할 당사자들이다. 상호 규제는 확실히 인간에게 고유한 상수, 인류학적 구조로, 우리는 이를 거대한 사회문화 집단 모두에서 발견할 수 있다. G. 뒤메질이 이 점을 잘 보여주었고, 근대 물리학은 자기 식으로 이를 재발견했다. 아인슈타인의 일반상대성이 그 증거다. 우리는 이 거대집단들 각각에서, 명시적으로 드러나 있든 다소간 가려져 있든, 분명한 다신교를 재발견한다. 하나의 가치(하나의 신)라는 명백한 일가성一價性이 있을 때조차, 우리는 사회 구조화 및 균형 속에서 분명히 작동하는, 중간 소리로mezzo voce 존재하는 대안적 가치 하나 혹은 여럿을 발견한다. 엄격한 중세 기독교 한복판에서 벌어진 수많은 이단 운동, 혹은 심지어 완강한 모세의 일신교에 구멍을 뚫는 민중적 하시디즘* 등이 그런 예이다.[36]

화학의 이미지에서 착안해, 우리는 모든 것이 화합化合[화학적 결합]의 문제라고 말할 수 있다. 즉 [다양한] 요소들의 분화된 결합으로 어떤 특수한 물질을 얻을 수 있지만, 아주 작은 변화 혹은 한 가지 요소의 치환에 의해서 전체의 모습이 바뀔 수도 있다. 이렇게 해서 마침내 하나의 사회적 균형에서 다른 사회적 균형으로의 이행이 이루어진다. 우리는 이러한 화학적 결합의 틀 안에서 제3자, 즉 사회를 구성하는 요소이면서도 너무나 자주 망각되는 숫자 '3'의 역할을 제대로 평가하고자 시도했다. 이론적이든 일화적이든 역사 문헌들은 창설적 시기, 문화의 시기에는 항상 제3자

* hassidisme. 18세기 동유럽에서 나타난 경건주의에 의지한 유대교 혁신운동.

가 중시되었음을 강조해왔다. 반대로 문화가 문명으로 약화되면, 단일성으로 수축되기 쉽고 이방인에 대한 공포가 생겨나기 마련이다. 또다른 중심 개념은, 제3자에 의해 촉발된 흥분이 민중에 대한 강조와 상관관계가 있다는 가정이다. 이 민중은 차이의 유희를 통해 강해지고, 그것이 누구에게나 이롭다는 것을 알고 있다. 이런 측면에서 종교적, 신비주의적 이미지들은 많은 것을 해명해준다. 그 이미지들은 집단적 유토피아, 즉 천상의 공동체라는 상상계를 상기시키고 이를 그럭저럭 일상생활에서 구현한다. 이 천상의 공동체에서, "우리는 모두 같으면서 다르다. 원 중심과의 관계에 있어 원둘레의 모든 점이 같으면서 다른 것과 마찬가지다."[37]

우리가 보는 바와 같이, 암시적이고 은유적인 이 성찰은 오늘날의 현실과 관련이 없지 않다. 나는 분석의 각 국면에서 이 점을 지적했다. 우리 눈앞에 그 윤곽을 드러내고 있는 사회성은, 상황에 따라 더 강력하거나 덜 강력하며, 유랑민과 정착민 사이의 아주 오래된 대립에 근거를 두고 있다. 하나의 화학적 결합에서 또다른 화학적 결합으로의 모든 이행이 그렇듯, 이는 사회의 주역이면서 관찰자이기도 한 이들에게조차 두려움과 동요를 안겨준다. 그러나 우리가 재판관의 태도에서 벗어나 통찰력 있는 행동을 할 수 있다면, 우리의 유일한 책무는 발터 벤야민이 말했듯 "어떤 문화의 기록도 야만의 기록이 아닌 것이 없다"는 점을 인정하는 일일 것이다.

6장

근접성에 대하여

1. 운명공동체

18세기부터 사람들을 압도하기 시작했던 거대한 실체들—역사, 정치, 경제, 개인—로 혼미해진 우리는 "지극히 구체적인 것"(발터 벤야민), 즉 있는 그대로의 [평범한] 삶에 눈길을 주는 데 어려움을 느낀다. 하지만 이는 향후 수십 년 동안 우리가 간과할 수 없고, 적어도 피할 수 없는 쟁점으로 보인다. 물론 이것이 그리 새로운 것은 아니지만, 내 방식대로 이 쟁점의 인류학적 뿌리 및 오늘날 그것이 취할 수 있는 특수한 변조들을 동시에 보여줄까 한다.

개인보다 그 개인이 속한 공동체를 더 중시하는 시기가 있다. 마찬가지로 중대한 사건 중심의 역사보다 하루하루 겪어낸 역사, 그리고 공동체의 뼈대를 이루는 대수롭지 않은 상황들이 더 중요해지는 시기가 있다. 내가 보기에 바로 이 두 가지 측면이 '근접성'이라는 용어로 설명할 수 있는 것의 특징들이다. 이는 자연히 우리가 사회적 삶의 관계적 요인에 주목할 것을 요구한다. 관계 속의 인간. 이는 단지 개인들 간의 관계가 아니라, 영토, 도시, 그리고 내가 타인들과 공유하는 자연환경과의 결속도 포함한다. 이것이 바로 매일의 작은 역사들이다. 즉 공간 속에서 결정화結晶化된 시간. 그때부터 장소의 역사는 개인의 역사가 된다. 대수롭지 않은 모든 것—의례, 냄새, 소리, 이미지, 건축물—이 침전작용을 거쳐 니체가 말한 '그림일기'가 된다. 무엇을 말하고 행하고 생각하고 사랑해야 하는지를 배우게 되는 일기. "여기서 우리가 살 수 있는 것은 바로 그곳에 살고 있기 때문"이라고 가르쳐주는 일기. 이렇게 해서 '우리'가 만들어진다. '우리'는 각자가 "덧없고 괴상한 개인의 삶 너머를" 볼 수 있게 하고, 자기 자신을 "가족의, 혈통의, 도시의 사람처럼" 느끼게 만든다. 시각視覺의 변화를 이보다 더 잘 표현할 수는 없다. 이런 변화의 실행은 내가 보기에 대단히 중요하다. 초점을 달리하기. 미시적인 방식일지라도 모두에게 공통된 것, 모두가 행하는 것에 방점이 찍힐 것이다. "아래로부터의 역사."[1]

이 같은 강조는 규칙적으로 나타난 바 있다. 우리는 그것이 발효의 순간, 즉 거대한 이상들이 포화되면서 신비로운 연금술에 의해 앞으로 우리 운명을 지배할 존재의 방식들이 형성되는 순간과 관련된 것은 아닌지 자문해볼 수 있다. 아무것도 창조되지 않기에, 이는 단지 변환의 문제다. 즉 하찮게 여겨졌지만, 늘 새로운 모습으로 존재하는 요소가 무대의 전면에 나서게 되고, 특별한 의미를 지니면서 마침내 결정적인 것이 된다.

모든 사회 구조화의 기본 요소가 되는 다양한 형식의 기초 모임들이 이런 경우에 해당한다. 헬레니즘 문명을 분석하면서 프랑수아 샤무는 우리가 쉽사리 쇠퇴기라고 규정하는 시대가 "그리스 도시국가의 황금기"로 간주될 수 있었다는 사실에 주목한다. [쇠퇴기의] 그리스 도시국가는 더이상 대문자 역사의 전진을 결정하지 못하겠지만, 그리스 도시국가의 강렬한 일상적 활동은 "모든 문명의 기반인 공동체적 세포 단위"[2]를 공고히 하는 데 투여되는 고유한 생명력과 특별한 힘을 증명한다. 사실 강대국들은 세계 전체를 좌지우지하거나 대문자 역사를 만들기 위해 대결할 수 있다. 반면 도시국가는 자신의 영속을 보장하고 자기 영토를 지키며 공통의 신화를 중심으로 자기 삶을 조직하는 데 만족한다. 신화 대 역사. 공간의 이미지로 표현해본다면, 인력과 척력이라는 자기 고유의 메커니즘을 공유하는 것을 우선시하는 신화의 '내포'(안으로 뻗다in-tendere)는 역사의 '외연'(밖으로 뻗다ex-tendere)과 대립한다.

그런데 바로 이것이 우리가 앞서 5장에서 논의했던 다문화주의의 다양한 요인 중 하나이다. 사실 도시국가를 조직하는 원칙인 영토-신화라는 쌍은, 그 구조가 회절하게 된 원인이자 결과이다. 즉 지고뉴 인형처럼 도시국가는, (실제적이거나 상징적인) 영토와 공통의 신화를 중심으로 조직되는 동네, 민족 집단, 단체, 다양한 부족 등 같은 종류의 여러 실체를 안에 감추고 있다. 이런 그리스 도시국가들은 기본적으로 세계시민주의cosmopolitisme와 뿌리내리기enracinement(이것이 분명 우리가 아는 특수한 문명을 만들어냈다)라는 양극단[3]에 기반하고 있다. 공통 감정으로 강력하게 결집한 집단들의 다원성이 하나의 집합기억을 구조화하리라는 것 말고 무슨 말을 할 수 있겠는가? 이 집합기억은 그 다양성 자체로 창설적이다. 집단들은 종류가 다양한데(민족집단, 사회집단), 구조적으로 도시국가의 통일성을 보장해주는 것이 이런 다양성이다. 스테파네 루파스코가 물리적이거나 논리적인 '양립 가능한 모순'이라고 말했던 대로, 이 다양한 집단의 긴장이 전체의 영속성을 보장해준다.

이런 측면에서 피렌체는 이를 잘 설명해주는 사례다. 지롤라모 사보나롤라가 공화국의 이상형을 묘사하려 할 때 그 모델은 피렌체식 구조였을 것이다. 피렌체식 구조란 무엇인가? 그것은 실상 아주 단순하며, 보통 '피렌체식florentin'이라는 수식어에 붙는 경멸적 함의와는 완전히 다르다. 『정치에 관하여』에서 사보나롤라는 도시국가의 건축적 구조를 근접성의 개념에 근거하도록 했다. 도시civitas는 좀더 축소된 규모의 결사체들([도시 내의 작은]

구역들vici)의 자연스러운 결합이다. 최선의 정치 시스템을 보장해주는 것은 바로 이 요소들 간의 상호작용이다. 뒤르켐과 비슷하게 사보나롤라는 시스템의 견고성을, 극심한 빈곤만큼이나 극단적인 부에서도 벗어난 '중간지대'에 근거하도록 했다.[4]

이처럼 함께 살아온 경험이 도시의 위대함을 이룬다. 피렌체가 번영을 누린 것은 사실이다. 많은 연구자들은 이 번영이 고대의 '민중적 시민 전통'에 힘입었다고 강조한다. 우리가 잘 아는 작품들을 탄생시킨 고전적 인본주의는 이처럼 범속한volgare 문화로 인해 풍요로워질 수 있었다.[5] 이 사실을 기억해두는 것이 좋다. 왜냐하면 도시의 외부 정치가 그다지 괄목할 만한 것이 아닐 때 내부의 생명력이 모든 분야에서 오랫동안 지속되는 충격을 남기기 때문이다. 그런데 이 생명력은 다른 무엇보다도 문화를 발생시키는 극소 로컬리즘micro-localisme이라고 부를 수 있는 것에 기반하고 있다.

방금 '자연스러운 결합'이라고 말했는데, 이 자연스러운 것은 상당히 문화적이다. 말하자면 공통 경험의 결과이고, 일련의 조정, 즉 근본적으로 이질적인 요소들로부터 그럭저럭 일종의 균형을 이룰 줄 아는 조정의 결과이다. 어떤 의미에서는 갈등적 조화이다. 막스 베버가 여기에 사로잡힌 바 있다. 그는 도시에 관한 글에서 민중popolo과 정치 구조 사이의 교환에 대해 논했다. 물론 이것은 하나의 경향에 불과하지만, 우리 연구에 도움을 주며, 조금 전에 다루었던 도시와 [도시 내의 작은] 구역 간의 조정을 잘 설명해준다. 여기서 우리는 다시 그리스 도시국가의 세계시민주의/뿌리내리기의 변증법과 유사한 것을 발견하게 되는데, 이때 양극단은 세습귀족 가문과 민중이다. 우선 세습귀족 가문은 어떤 의미에서 그 힘이 상쇄된다고 할 수 있다. "군사적으로나 경제적으로 가장 강력한 가문의 우두머리는 도시국가의 관리를 떠맡은 공직의 자리와 책무를 나누어 가진다."[6] 가치의 다신교의 정치적 표현이라 할 이런 고위 관직의 분담은 권력을 부여하면서 약화시키는 한 가지 방편이다. 동시에 거의 국가에 가까운 이런 구조 덕분에, 도시국가는 고유한 (경제적, 군사적, 재정적) 자율성을 가지면서, 그와 마찬가지로 자율적인 다른 도시국가들과 교섭할 수 있었다.

그런데 이 자율성은 도시국가 한가운데에서 민중의 조직화로 인해 상대화되었다. 민중은 세습귀족과 대립하면서 '직업적 결사체의 우애관계'를 드러냈다. 따라서 그들도 민병대를 동원하고 봉급을 지불했다.(민중 대장Capitanus popoli과 그의 장교단將校團[7]) 이 우애관계는 근접성에 기인한다고 말할 수 있다. 즉 동네, 단체 등은 해당 도시의 기초를 이루는 사교성과 '역능'을 나타냈다. 이런 의미에서 가까운 것과 일상적인 것은, 어떤 모습으로 나타나든지 간에, 존재에 대한 주권을 보장해준다. 이런 사실은 일시적으로 강한 인상을 남기는데, 역사의 몇몇 경우가 이를 잘 보여준다. 그런데 늘 그렇듯 절정에 달한 이런 순간들은, 어떤 종류이건 평상시 사회적 집합체가 영속할 수 있게 보장해주는 심층구조를 표출해줄 뿐이다. '민중'이라는 단어에 뚜렷한 정치적 함의를 부여하지 않은 채, 우리는 상수로서의 민중—다양한 모습으로 표명되는—이 지역적인 것을 운명공동체로 인정하는 가장 단순한 표현이라고 말할 수 있다.

귀족은 기회주의 및/혹은 정치적 동맹을 통해 소유지를 다변화하거나 변경할 수 있고, 상인은 그 직업상의 필요에 따라 계속 돌아다닐 수밖에 없지만, 민중은 현상유지를 확고히 하고자 한다. 포르투갈에 대해 프레이리가 지적했듯, "국민감정을 위탁받은 자는 지배계급이 아니라"[8] 바로 민중이다. 물론 이 말의 미묘한 의미를 잘 파악해야겠지만, 확실한 것은 지배계급 속에서 빈번히 나타나는 타협에 비해 민중계층 속에서는 상당한 '비타협주의'를 확인할 수 있다는 점이다. 민중계층은 '조국'에 대해 더욱 책임감을 느낀다. 이때 조국이란 가장 단순한 의미를 담고 있다. 즉 조상의 땅. 당연하겠지만, 거의 움직이지 않는 민중은 엄밀한 의미에서 '장소의 정령'인 셈이다. 민중의 매일의 삶은 시간과 공간 사이의 연결을 공고히 한다. 민중은 '의식적인 건 아니지만non conscient' 사회성을 지키는 수호자이다.

이런 의미에서 우리는 집합기억, 일상성의 기억을 이해해야 한다. 그런데 가까이 있는 것과 현재에 대한 사랑은, 이 사랑을 불러일으킨 집단들과 무관하다. 벤야민식으로 표현하자면, 하나의 아우라, 전체를 감싸는 가치다. 나는 이것을 '내재적 초월성'이라 부르자고 제안한 바 있다. 이것은 시공간을 함께 나누는 다양한 집단을 이어주는 접합제 역할을 하는 윤리다. 이렇게 해서 이방인과 정착민, 세습귀족과 민중은 원하든 원치 않든 그들을 초월해 있으면서 전체의 안정성을 보장해주는 힘의 일부가 된다. 이 요소들 각각은, 중세 연금술사들에 따르면 전체적인 것과 개별적인 것의 조화를 보장해줄 세계의 풀에 한동안 사로잡혀 있다.

앞서 밝힌 대로, 공간과 일상 사이에는 밀접한 관계가 있다. 공간은 분명 우리가 더이상 소홀히 할 수 없는 사회성의 보존소이다. 도시에 관한 수많은 연구에서 두드러지는 점이 바로 이것이다. 영과 윌모트의 책 서문에서 H. 레이먼드가 제기했던 질문도 바로 이것이다. "어떤 경우에는 도시의 형태학과 노동자의 생활양식이 조화로운 총체를 이루게 된다고 생각해야 하는가?"[9] 당연히 그런 조화는 존재한다. 이는 내가 '운명공동체'로 부르자고 제안했던 바의 결과다. 프랑스 북부 [도시 안에 공용 수도와 변소가 있는] '작은 공용 마당', 프랑스 남부나 중부 광산촌의 '허름한 건물들'을 내부적으로 잘 아는 사람은, 이 '형태학'이 상이한 집단들 간의 조정에서 도가니 구실을 한다는 점을 의심치 않는다. 자연히 모든 조화는 일정량의 갈등을 통합한다. 이 점은 아무리 강조해도 지나치지 않다. 운명공동체는 자연적, 사회적 환경에 대한 적응이고, 그렇게 해서 다양한 형태로 이질성과 대면해야 한다.

이 이질성, 이 모순은 우리가 특히 정치적 행위라는 수단을 통해 영향을 미칠 수 있는 그런 역사의 이질성과 모순되지 않는다. 하지만 우리는 이런 이질성, 모순과 어떻게든 협상하고 타협해야 한다. 우리는 이를 소외당하지 않을 삶으로부터, [어떠해야 한다는] '당위'의 논리로부터 판단할 수 없다. '다리와 문'이라는 짐멜의 은유를 참고하자면, 연결하는 것과 갈라놓는 것, 즉 공간적인 것과 영토에 대한 강조는 관계 속의 인간을 개방성과 신중함의 혼합체로 만든다. 그리고 우리는 어떤 친절함은 대단히 자주 강한 '관망적 태도'의 지표가 된다는 것을 알고 있다. 이 모두는 근접성이란 결코 만장일치를 의미하지도 않고, 역사처럼 모순적인 것과 방해되는 것(들)의 극복을 의미하지도 않는다는 사실을 가르쳐준다. 진부하게 표현해보자면 이것은 "아쉬운 대로 어떻게든 해봐야지"이다. 여기서 상대적이긴 하지만 존재에 대한 전유appropriation가 발생한다. 사실 우리는 있을 법한 완벽한 삶, 천상의 혹은 지상의 천국에 기대를 걸지 않고, 우리가 가지고 있는 것을 있는 그대로 받아들일 수 있다. 그리고 많은 경우 변변치 못한 다양한 의사 표명 너머에서 일상적 삶의 주인공들은 대단히 실질적인 방식으로 타자, 타인들, 닥쳐오는 것에 대해 대단히 큰 관용을 베푼다. 이렇게 역설적인 방식으로, 경제적 빈곤 속에서 존재론적이고 관계적인 명백한 풍요로움이 솟아나도록 만드는 것이다. 이런 의미에서 근접성을 고려하는 것은 우리가 가진 습관적 의심을 넘어서는 훌륭한 방법이 되고, 이는 일상의 비극 속에서 표현되는 개인적인 또는 개인 상호간의 강렬한 에너지의 투여를 평가할 수 있게 해준다.

여기서 의도적으로 일상의 비극이란 표현을 사용했는데, 근접성에 기반을 둔 관계가 사람들에게 휴식을 주는 것만은 아니기 때문이다. 널리 알려진 표현을 빌리자면, 이른바 '도시 마을villages urbains'은 친밀한 관계와 냉혹한 관계를 동시에 가질 수 있다. 사실 타자를 정확히 인식하지는 못하면서 그에 대해 무엇인가를 늘 알고 있다는 사실은 일상의 생활양식에 주목할 만한 결과를 반드시 가져온다. 기본적으로 합리적 관계를 맺는 자유로운 개인들로 형성된 도시라는 개념—이 점에 대해서는 "도시의 공기는 인간을 자유롭게 한다Stadtluft macht frei"라는 유명한 격언을 떠올리는 것으로 충분하다—과 반대로, 현대의 거대도시는 절대적 상호의존에 기반을 둔 다양한 소영역들을 만들어낸다. 부족주의의 타율성이 부르주아주의의 자율성(개인주의)의 뒤를 잇는 중이다. 그것은 동네, 이웃, 다양한 이익집단, 네트워크 등 다양한 이름으로 불릴 수 있다. 우리는 정동적이고 열정적인 에너지 투여의 회귀를 목도하고 있으며, 그것이 가지고 있는 구조적으로 모호하고 양가적인 측면을 알고 있다.

앞서 말했듯, 내가 여기서 기술하는 것은 모태로서의 '형식'이다. 사실 이런 정감적 경향은 하나의 아우라로, 이는 사람들을 감싸지만 오직 일회적이고 일시적으로만 나타난다. 바로 이것이 아우라가 가진 가혹한 측면이다. 울프 한네르스가 말했듯, 여기서 "짧고 빠른 접촉"[10]이 생기는 것은 모순이 아니다. 순간의 이해관계에 따라, 취향과 상황에 따라, 열정적 에너지의 투여는 이런저런 집단 혹은 이런저런 활동 쪽으로 움직인다. 나는 이를 공동체의 '통일성unicité' 혹은 점조직형 연합이라 불렀다. 이는 자연스레 가입과 이탈, 인력과 척력을 야기한다. 이는 온갖 종류의 분열과 갈등을 수반한다. 바로 여기서 우리는 현대 도시의 한 특성인 대중-부족의 변증법과 맞닥뜨린다. 대중이 모든 것을 총괄하는 극점이라면, 부족은 특수한 결정작용의 극점이다. 모든 사회적 삶은 끝없는 움직임 속에서 이 두 극점을 중심으로 형성된다. 이때의 움직임은 장소와 사람에 따라 속도가 더 빠르거나 느릴 수 있고, 강도가 더 세거나 약할 수 있으며, '스트레스'를 더 유발하거나 덜 유발할 수 있다. 어떤 의미에서 이런 끝없는 움직임이 이끌어낸 순간의 윤리는, 보통은 서로 이율배반적이라고 여겨지는 정학(공간, 구조)과 동학(역사, 불연속성)의 조화를 가능케 한다. 예컨대 과거와 전통, 공간적 기입 등을 우선시하는, 차라리 '반동적'이라 할 문명의 총체 옆에서, 혹은 미래와 진보, 앞날을 향한 질주에 주안점을 둘 '진보주의적' 문명의 총체 옆에서, 우리는 이 두 가지 관점과 '양립 가능한 모순을 이루고' 있으며, '현재의 정복'이 자신들의 핵심 가치인 사회 집단들을 상상해볼 수 있다. 따라서 대중-부족의 변증법은 이 우연적 일치concurrence(함께 달린다cum-currire)를 표현하는 데 유용할 수 있다.[11]

뒤랑과 모랭 이후 지식인들이 더이상 무관심하게 내버려둘 수 없게 된 주제로 돌아가자면, 자연의 문화화에서 문화의 자연화로 나아가는 끝없는 과정이 존재한다는 것을 인정해야 한다. 이는 주체를 자연적 환경 및 사회적 환경 속에서 동시에 이해하도록 만든다. 이런 점에서 우리 사회에서 진행중인 변화에 관심을 기울여야 한다. 알다시피 세계화를 허용했던 순전히 합리적이고 진보적인 서구의 모델은 지금 포화상태에 있고, 우리는 조금 전에 다루었던 세번째 용어(양립 가능한 모순)를 상기시키는 문화들 간의 상호침투를 목도하고 있다. 19세기 말부터 시작된 맹렬한 서구화 옆에서 우리는 세계의 '동양화'라 부를 만한 다양한 징조를 관찰할 수 있다. 세계의 동양화는 특정한 생활양식, 새로운 패션 습관뿐 아니라 공간의 점유 및 몸에 대한 관심과 관련된 새로운 태도 등에서 표출된다. 특히 몸에 대한 관심의 경우 많은 '민간요법'과 다양한 집단치료법의 발전에 주의를 기울일 수 있다. 현재 진행중인 연구들은 이런 실천들이 결코 주변적이지 않고, 다양한 형태로 사회체 전체에 퍼져나가고 있음을 보여준다. 이는 자연스럽게 혼합주의적 이데올로기의 도입과 궤를 함께한다. 혼합주의적 이데올로기는 전통적인 신체/정신의 이분법을 약화시키면서, 사회학자가 결코 무관심할 수 없는 새로운 시대정신을 은밀하게 만들어낸다. 어김없이 우리는 '이방인성'의 틈입을 보게 되는데, 유르기스 발트루샤이티스는 이집트에 열광하는 현상을 두고 이를 잘 보여주었다. 하지만 그가 처음 밝혀낸 이 과정은 이제 엘리트에 한정되지 않으며, 특히 다양한 연쇄와 상호교차를 통해 문화의 효력을 만들어내는 작은 부족들에 퍼져 있는 듯하다.[12]

그런데 방금 지적했던 여러 징조의 핵심 특성은 시간과 공간의 관계 속에 있는 새로운 상황이다. 처음에 제시한 개념들로 돌아가면, 방점은 가까이 있는 것과 정감적인 것, 즉 타인들과 함께 경험을 공유하는 어느 장소와 연결해주는 것에 찍혀 있다. 이해를 돕기 위해 여기서 오귀스탱 베르크를 참조하고자 한다. 그는 이렇게 단언했다. "오늘날 서구 문화의 몇몇 측면이 일본 문화의 몇몇 전통적 측면과 일치하는 일이 불가능하진 않다."[13] 그런데 베르크의 분석을 주의깊게 따라가다보면, 이런 일치가 가진 강점은 전체적인 것, 자연, 환경과의 관계, 공동체 유형의 행동으로 이끄는 모든 것에 대한 강조와 연관 있음을 알게 된다. 즉 "자연/문화의 관계, 주체/타자의 관계는 공간에 대한 지각과 확고하게 연결되어 있다."(『일본에서 공간을 체험하기』, 35쪽) 자신의 환경—여기서는 가장 넓은 의미에서 이해해야 한다—으로부터 가장 덜 초연하려는 것은 엄밀한 의미에서 존재의 상징적 관점을 가리킨다. "즉각적 지각과 근접 기준"(37쪽)을 우선시하는 존재. 공간적인 것, 전체적인 것, "직관-감정적인 것"(32쪽)과의 관계는, 망각되고 거부되고 비난받은 사회학적 전체론holisme의 전통 속에 완전히 기입된다. 유기적 연대의 전통, 토대를 마련하는 함께-하기의 전통 말이다. 이 전통은 존재하지 않았을 수도 있지만, 그렇다 해도 우리의 여러 분석에서 직접적으로든 대조적으로든 향수에 젖은 기반이 된다는 사실에는 변함이 없다. 독일 낭만주의에서 유래한 감정이입Einfühlung이라는 주제는 바로 이 연구 방향을 더없이 잘 표현해준다.[14]

역설적으로 보일 수 있지만, 일본의 예는 이 전체론, 사회적인 것을 신화muthos처럼 강화하는 이 신비적 교감의 특수한 표현이라 할 수 있다. 실제로 기업이든, 일상생활이든, 여가활동이든, 이 전체론을 벗어나는 것은 거의 없다. 이것이 이끌어내는 양립 가능한 모순의 혼합은 오늘날 정치, 경제, 산업 등 모든 차원에 영향을 미친다. 또한 우리 현대인들에게 분명한 매혹으로 작동한다. 베르크처럼 "일본식 패러다임"(201쪽)이라고 말해야 할까? 물론 가능하다. 특히 패러다임이란 용어가 모델과 반대로 유연하고 개선될 수 있는 구조를 염두에 둔 것이라면 말이다. 분명한 것은, 이 패러다임이 내가 여기서 역점을 두는 대중-부족의 변증법을, 그 끝이 없고 다소 불확정적인 움직임을, 중심도 주변도 없는 '형식'을, 즉 현재 진행형의 상황과 경험에 따라, 그리고 이미 확립된 몇몇 원형에 따라 가지각색으로 변화하면서 서로 맞추어 가는 요소들로 이루어진 모든 것을 제대로 설명해준다는 점이다. 이 우글거림, 이 문화의 부글거림은 우리의 개인주의적이고 개인주의화하는 이성을 뒤흔드는 무언가를 지니고 있다. 그런데 결국 이것은 진정 새로운 것인가? 다른 문명들은 탈개인주의화된 페르소나의 의례적 연기演技와 집단적으로 경험하는 역할에 기반을 두고 있다. 이것이 견고하고 '재건'의 힘을 지닌 사회의 건축적 구조를 틀림없이 생산해낸다. 디오니소스 신화의 정감적 혼란이 중대한 문명의 업적을 만들어냈다는 사실을 잊지 말자. 또한 우리의 거대도시는 이 문명의 업적들이 재생되는 근간으로 사용될 수 있다는 것도 잊지 말자.

2. 장소의 정령 Genius loci

일상에 대한 강조는 나르시시즘적 편협함이나 개인주의적 움츠림이 아니라, 가까이 있는 대상에 중심을 두는 일이자 현재를 살면서 흘러가는 시간에 대한 불안을 집단적으로 경험하는 하나의 방식임을 여러 차례 지적하고자 했다. 이런 시대의 특성인 비극적 분위기(그 반대는 진보주의적 드라마)는 여기서 연유한다. 흥미롭게도 이런 시대는 공간적인 것과 그것의 다양한 영토적 변주를 우선시한다. 간결하게 표현하면 공간은 농축된 시간이라 말할 수 있다. 역사는 그날그날 체험한 이야기들로 축소된다.

이와 관련해 한 의학사가는 놀랍게도 '히포크라테스의 내부열'*과 인도-유럽식 가내家內 제단의 불을 나란히 놓고 비교했다. 둘 모두 "특별한 종류의 열의 원천들처럼" 느껴진다. "둘 모두 중심의 숨겨진 곳에 위치한다. 외부에서는 보이지 않는 집 한가운데 있고 집안 제사에 쓰이는 고대의 제단, 그리고 인체의 가장 깊은 곳에 감춰져 있는 심장 부분에서 발생하는 내부의 열. 이 둘 모두 보호하는 힘을 상징한다……."[15] 이는 지하의 중심성이 사회성의 특징이라는 내 가설과 만나는 지점이다. '장소의 정령'의 중요성이 여기서 생겨난다. 집합적 감정은 특정 공간을 만들고, 이 공간은 다시 집합적 감정에 영향을 미친다. 모든 사회적 형식은 몇 세기에 걸쳐 패인 고랑 속에 기입되고, 거기로 흘러들며, 사회적 형식을 구성하는 존재의 방식들은 오직 이 기층과 관련해서만 파악될 수 있다는 사실에 주목하게 하는 것은 바로 이 집합적 감정이다. 요컨대 이는 토마스 아퀴나스의 하비투스 혹은 아리스토텔레스의 헥시스 테마이다.

* 히포크라테스는 유기체를 유지시키는 것이 열이라고 보았다. 그는 이 열이 외부 영양분에만 의존할 수 없기에 유기체 고유의 열을 가정했고, 피가 없는 좌심실 내부에 그런 열의 근원인 '내부의 불'이 있다고 보았다.

이는 고대의 기억에 대한 하나의 실마리와 관련된다. 아테네 도시국가를 상징하는 아글라우로스 숭배, 혹은 로마 가정의 라레스 신들이 이를 증명한다. 르낭은 보편 종교의 자격을 얻지 못하게 했던 "고대 로마 자치시의 과오"를 조롱했다.[16] 이는 매우 손쉬운 조롱이다. 왜냐하면 이 문화적 '시유화市有化municipalisation' 과정은 실제로 '연결reliance'의 기능을 가졌기 때문이다. 이 연결을 통해 막연한 전체가 조화로운 체계로 정립되었고, 그 속에서 모든 요소는 양립 가능한 모순의 방식으로 서로 조정하고 전체를 강화시켰다. 이런 식으로 로마인들은 아우구스투스의 영광을 기리는 제단을 세우면서, 자신들이 정복한 도시들을 로마 제국이라는 견고하면서도 유연한 성운에 통합시켰다. 따라서 시민종교는 엄밀한 의미에서 상징적 기능을 갖는다. 시민종교는 내재적 초월성을 가장 잘 표현한다. 내재적 초월성은 개별적 원자화를 능가하지만 그 일반적 특성은 자신을 구성하는 요소들에 빚지고 있다. 이렇듯 '가내 제단'은, 집안의 제단이건 아니면 도시의 제단으로 변질되었건 간에, 사회성의 접합제의 상징이다. 가정은 어느 한 공동체의 공간과 시간을 읽을 수 있는 곳, 함께한다는 사실을 언제나 새롭게 정당화하는 곳이다. 모든 창설적 순간은 이런 장소를 필요로 한다. 즉 창설적 순간은 다양한 축제의 순간처럼 상기의 형태로 이루어지기도 하고, 식민지 개척자나 모험가가 고향에서 한줌의 흙을 가져와 새로운 도시가 될 장소의 토대로 삼는 때처럼 분열 번식에 의해 이루어지기도 한다.

우리가 아는 바와 같이 태동기의 기독교는 로컬리즘에 집중했다. 기독교는 지역의 집합적 장소들을 중심으로 기반을 다졌다. 이 점을 납득하기 위해서는 피터 브라운의 연구를 참고하는 것으로 충분하다. 그는 심지어 "(고대 로마) 자치도시의 성인 숭배"에 대해서도 이야기한다. 성인이 가르침을 전하던 장소이자 땅에 묻힌 장소, 토포스topos를 중심으로 교회가 세워지고 체계를 갖추며 전파된다. 이어 이 토포스들은 점차 앞서 다루었던 유연한 관계에 의해 서로서로 연결된다. 우리가 아는 지배적 조직이 되기 이전의 초기 교회는 저마다 고유의 전통과 종교적 존재방식, 그리고 가끔은 특수한 이념(신학)까지도 지니고 있는 자율적인 개별 단위들의 자발적인—어쩌면 연방에 가까운—동맹이었다. "지역 결사들은 매우 강력했다." 이런저런 토포스는 "강렬한 애향심"[17]을 불러일으켰다. 브라운은 지중해 연안에서 기독교의 급성장에 대해 이런 용어들로 기술한다. 브라운에 따르면, 교회가 뿌리를 내리고 문명을 일으킬 수 있었던 까닭은 집합적 감정을 투여하는 토포스들이 있었기 때문이고, 각 공동체가 저마다 '자신의' 성인을 갖고 있었기 때문이다. 이 로컬리즘의 전통은 견고하고 지속적인 발전을 이루게 되며, 제도화된 교회의 중앙집권화 경향에 의해 완전히 근절되지도 않을 것이다.

몇 가지 예만 들어보면, 수도원이 장차 이 같은 준거점의 역할을 하게 된다는 점을 떠올릴 수 있다. 기본적으로 수도원은 성유물聖遺物의 보관소였기 때문이다. 이와 관련해 조르주 뒤비는, 성인은 "지상에 존재했던 때의 유물을 통해 거기에 육체적으로 거주했다"[18]고 말한다. 기본적으로 이 같은 점에 힘입어 수도원들은 평화의 안식처가 될 것이다. 수도원들은 한편으로 교양, 농업, 기술 등의 영역으로 그 보관 기능을 확대해나갈 것이며, 다른 한편으로 촘촘한 수도원 네트워크를 구축하고 확산시킬 것이다. 이 네트워크는 훗날 이루어질 기독교화된 서구를 위한 빛의 온상이라 할 만하다. 단순히 은유에 그치지 않는, 성聖의 보존 및 삶의 보존에 대해 성찰할 필요가 있다. 생성중인 역사의 온상foyer—불을 피우는 장소라는 원래의 의미에서—이 되는 성인의 (다소간 신화적인) 뿌리내리기. 말장난을 해보면, 장소는 관계가 된다lieu devient lien고 말할 수 있다. 이는 어느 한 공간을 중심으로 형성된 모임이 모든 형식의 사회성의 기초 여건이라는 인류학적 구조와 우리가 마주하고 있음을 상기시킨다. 공간과 사회성.

어쨌든 내가 여기서 제안하는 성찰적 가설의 틀 안에서, 이 관계는 민중종교의 본질적 특성이다. 모든 것을 다 아는 자인 사제는 지배적 관점을 취하지 않을 수 없고, 자신이 서술하려는 것에서 스스로를 떼어놓기란 어렵다는 것이 사실인 한, 민중종교라는 말은 여러 사람을 전율케 하는 용어이다. 그럼에도 불구하고 민중종교라는 용어는 적절하다. 게다가 이 용어는 근접성의 질서에 속한 것을 함축하는 동어반복에 가깝다. 종교는 신학이기 이전에, 심지어 명확한 윤리이기 이전에 무엇보다 먼저 장소이다. 우리는 이름, 교구, 가족을 가지듯이 "종교를 가진다."[19] 그것은 하나의 실재이다. 마치 자연의 일부이면서도 내가 자연의 수취인으로 느끼듯이 말이다. 여기서 우리는 전체론이라는 개념을 재발견한다. 즉 하나의 공간에서 출발하여 정의되는 종교는, 질서정연한—사회적이면서 동시에 자연적인—전체 속에 응집시키는 접합제이다. 이는 눈에 띄는 상수와 연관되며, 구조적으로 의미 있는 것은 이 상수이다. 실제로 민중종교에서 성인 숭배는 우리 시대의 구루나 축구선수, 각지의 인기 스타, 카리스마 있는 유명인사의 사회적 효과를 평가하는 데 유용할 수 있다. 이런 목록은 얼마든지 더 늘어날 수 있다. 그런데 이와 관련해 전문가들의 분석을 따른다면, 신앙심, 순례, 성인 숭배 등 민중종교의 실천을 특징짓는 것은, 그 실천들이 가진 지역적 특성과 일상적 뿌리내림, 그리고 그 실천들이 집합적 감정의 표현이라는 사실이다. 이 모두가 근접성의 질서에 속한다. 제도는 이런저런 성인에 대한 지역적 숭배를 회수하고 규제하며 관리할 수 있다. 그럼에도 불구하고 자발성은 여전히 존재한다. 우리는 이 자발성을 돌발적으로 생겨나는 것으로, 고유한 생기론을 표현하는 것으로 이해해야 한다.

우리는 자연적이고 현재에도 지속되는 이 종교를 에르비외 레제의 도움으로 개괄할 수 있다. 그는 이 종교에서 "지역공동체의 근접성, 접촉, 연대에 기초한 뜨거운"[20] 관계들의 표현을 목격했다. 어느 한 전체의 토대가 되는 두 극점인 종교와 공간의 연관을 이보다 더 잘 말할 수도 없다. 물리적 근접성과 일상적 실재는 종교가 전파하려는 교리만큼이나 중요하다. 사실 여기서 내용contenu보다 더 중요한 것은 용기容器contenant이다. 이 '땅의 종교'는 '도시 마을들'의 증가, 이웃관계, 동네의 재활성화 등 상호주관성, 친연성, 공유감정을 강조하는 이 모든 것을 평가하기에 더없이 적절하다. 이와 관련해 나는 앞에서 내재적 초월성을 언급했는데, 이제 우리는 민중종교가 "신성한 것을 인간의 일상적 정신의 지평과"[21] 결부시킨다고 말할 수 있다. 이는 틀림없이 방대한 연구 실마리를 제공해준다. 그러나 이런 지적들은 무엇보다도 종교적 차원이 가진 영토라는 상수를 강조한다. 땅은 탄생과 성장을 가능케 하며, 모든 사회적 회합과 그 상징적 승화가 소멸하는 곳이기도 하다.

이는 꽤 신비주의적으로 보일 수 있다. 그러나 에른스트 블로흐가 아주 잘 보여주었듯, 이는 유물론적 정신성의 문제다. 나는 여기에 '깊이 뿌리내린' 정신성이라 덧붙이려 한다. 혹은 더 적절하게 말하자면, 집단적 상상계와 그 공간적 기반의 불가해한 혼합의 문제이기도 하다. 따라서 존재의 두 극점 사이에 우위는 존재하지 않고 항구적 가역성, 작용-반작용의 움직임이 있다. 비유하자면, 사회적 삶이란 끝없는 과정 속에서 방금 말한 두 경계 사이를 지나가는 흐름이라 할 수 있다. 구약성서 『시편』의 표현을 빌리자면, 집합적 감정과 공간의 연결은 '모두 한몸이 되는' 조화로운 건축적 구조의 표현이 아니고 무엇이겠는가?

여기서 더 논의를 끌고 나갈 수는 없지만, 브라질의 칸돔블레만큼은 참고해볼 수 있다.[22] 관심사는 칸돔블레의 혼합주의적 표상들보다는 그 영토 기반적 조직이다. 사실 한 테레이로* 내부의 상징적 조화는 놀라울 정도이다. 주거, 종교의식, 교육을 위한 장

* terreiro. 칸돔블레 종교의식이 거행되는 넓은 평지.

소들의 배치, 자연이 수행하는 역할, 게다가 이 역할이 거대한 테레이로의 경우처럼 대자연의 역할이든 아니면 방 안에서 볼 수 있는 것처럼 축소된 모델의 역할이든, 이 모든 것은 다양한 사회적 요소의 긴밀한 혼합과 전체론을 잘 보여준다. 그곳에 사는 이들은 물론이고 가끔 방문하는 이들에게도 테레이로는 준거가 되는 장소이다. 우리는 이런저런 테레이로에 '속한다.' 흥미롭게도 이 모델에서 나온 상징체계는 이후의 사회적 삶 전체에서 단조短調로 회절한다. 다양하게 표현되는 종교의식의 절정은, 심지어 그렇게 보이지 않을 때조차, 모든 도시와 작은 마을을 가로지르면서 다양한 일상적 실천과 신앙에 영향을 미치기 마련이다. 이 과정은 주목할 만하다. 왜냐하면 지금 모든 사람이 브라질의 기술적, 산업적 잠재력을 인정한다고 하지만, 칸돔블레에서 나온 '전체론적' 관점은 전혀 약화되지 않기 때문이다. 파레토처럼 말해본다면, 이는 모든 사회적 이해에 근본적인(본질적인) '잔기'를 나타낸다. 어쨌거나 이는 공간과 사회성의 관계, 전통적인 뿌리내리기와 포스트모던한 관점의 관계가 특수하게 변조된 것과 관련 있다. 간단히 말해 이는 마침내 조화롭게 연결되는, 정적인 것과 동적인 것 사이의 양립 가능한 모순이라는 논리와 관련 있는 것이다.

그렇다면 내가 말한 유물론적 정신성으로 되돌아온다면, 이 논리는 우리에게 무엇을 가르쳐주는가? 기본적으로 공간은 사회성에 꼭 필요한 안정감을 보장해준다는 점이다. 우리는 경계가 삶을 가두지만 또한 삶을 부여한다는 사실을 안다. 모든 '형식주의' 사회학은 바로 이 명제로 요약할 수 있다.[23] 상기의 의례들이나 앞서 말한 한줌의 흙처럼, 우주의 정수인 테레이로, 로마나 일본의 가정 제단처럼, 공간의 안정은 집단에겐 준거점이자 정박점이 된다. 공간의 안정은 영원히 다시 시작하는 삶의 우글거림과 흥분이 얼마간 지속되게 해준다. 알박스가 가족의 거처를 두고 말한 "평온함을 주는 지속의 이미지"는 현대의 부족들에게도 적용할 수 있다. 제자리에 고정되면서 한 집단은 변화(동적)하고 적응(정적)한다. 바로 이런 의미에서 공간은 나를 만들고 또 자신도 만들어지는 하나의 사회적 소여다. 우리가 다시 그 중요성을 인정하기 시작한 모든 개인적, 집단적 의례는 이런 영속성의 원인 혹은 결과이다. 이는 진정 "물질적 환경의 역능"(알박스)을 가진 "침묵의 사회"와 연관된다.[24] 물질적 환경의 역능은 전체로서의 집단의 균형과 마찬가지로 각자의 존재론적 균형에도 반드시 필요하다. 가정의 가구이건 도시의 '노상 시설'이건, 나의 친밀성을 제한하는 것이건 친밀성의 틀로 쓰이는 건축 구조물(잘 알고 있거나 친숙한 벽, 집, 거리)이건, 모두 창설적 근접성의 일부이다. 그리고 이 창설적 근접성은 공간적 틀의 중요성을 강조한다. 이 모두는 안심시키는 동시에 저항을 허용한다. 이는 단순한 의미에서 영속할 수 있게 해주는 것, 자연적이고 사회적인 여러 강제에 굴복하지 않게끔 해주는 것을 뜻한다. 이것이 바로 운명공동체이다. 이런 의미에서 '장소의 정령'은 하나의 추상적 실체가 아니라, 사회체에 지속적으로 작용하고 수많은 세부적 변이를 넘어서/통해서 전체의 안정을 기할 수 있게 해주는 영리한 정령이다.

여기에는 이상하게도 사람들이 주의를 기울이지 않았던 하나의 변증법이 있다. 사람들이 인류의 진화적 측면을 강조하고 강화해왔다는 점에 주의하자. 그러나 빌헬름 보링거가 발전시킨 구분을 적용해본다면 사회적 생산, 즉 세계에의 적응이 근본적으로 '추상적인'(기계적, 합리적, 도구적) 시기가 있다면, 사회적 생산이 감정이입(유기적, 상상적, 정감적)으로 돌아가는 시기도 있다. 내가 지적했듯, 분화된 힘의 균형에 따라 이 두 관점이 함께 발견되기도 한다. 이렇게 주어진 공간과의 조화라는 단순한 의미에서 이해해야 하는 도시 건축은, 분명 기술 발전의 응용인 동시에 함께-하기의 감각적 표현일 수 있다. 전자[기술 발전의 응용]가 사회동학을 가리킨다면 후자[함께-하기의 감각적 표현]는 사회

정학을 우선시한다. 여기서 우리의 관심을 끄는 것은 후자이다. 이른바 안정감에 대한 근심은 이로부터 나온다. 이와 관련해서 A. 메당은 도시(들)에 관한 고찰의 발단이 된 한 연구에서 "조상 전래의 보호에 대한 필요"를 언급했고, 이를 집단 상상계 및 일상 생활과 연결시켰다.[25] 사회의 모든 삶이 가지는 은밀하고도 지배적인 실재로서의 보호소이자 은신처. 경제-사회적 구조의 권력과 굳이 대립하지는 않으면서 그에 대응하는 사회성의 역능. 이 역설적 긴장을 무시하게 되면, 19세기 이후 이론적으로도 실천적으로도 우세했던 추상적인 정치적 책임 말고도, 경험적 공간과 공동의 영토에 대한 책임이라는 훨씬 구체적인 책임이 존재한다는 사실을 망각할 위험이 있다. 물론 추상적인 정치적 책임은 그 본성상 거시적이지만, 공동의 영토에 대한 책임은 공유된 체험에서 연유하기에 소수에 한정된다. 나는 이 공유된 체험을 실존적 미학이라 부르고자 한다.

이러한 관점은 계몽철학에서 태동한 개인주의적 이데올로기나 해방 테마에는 별로 적합하지 않다. 부글레의 분석을 인용하자면, 땅에 대한 "공동 책임감"과 그것이 유발하는 연대는 "개개인의 독립적이고 주도적인 행동"과는 어울리지 않는다. 부글레의 분석은 카스트 체제에 대한 고찰과 관련 있지만, '마을 연합체joint-villages'에서의 근접성에 대한 가치 부여는 부족의 재부상을 해명해줄 수 있다. 사회주의 이전 러시아의 유명한 옵시나도 마찬가지다. 카스트 계급들 및 그 상호의존에 관한 것과 마찬가지로, 이런 시골 코뮌은 중세적 구조와 연관되어 있으므로 세계 합리화의 일환으로 파괴되어야 마땅하겠지만, "농민의 관점에서" 볼 때는 주목할 만한 연대의 이상들을 품고 있었다. 민중주의자들이나 무정부주의자들은 이 사실을 결코 간과하지 않았다.[26]

어느 경우에나 예속 혹은 소외시키는 사회구조는 집단적 저항에 부딪힌다. 운명공동체는 영토에 대한—설령 상징적일지언정—공동 책임에 기반을 둔다. 우리는 종속과 굴종이 정감적 관계의 틀 속에서 상대화되고 공유될 때는 전적으로 부차적일 수 있다는 가설을 세워볼 수 있다. 여기서 나는 '고상한 영혼들'이 내는 날카로운 쇳소리를 듣는다. 그 가설은 좋게 말하면 시대착오적이고 나쁘게 말하면 반동적이라고 규탄하는 소리를. 그래도 상관없다. 우리가 미몽에서 깨어나 차분하게 사회의 구조화 과정을 평가해본다면, 이 과정은 추상적 자율성에 대한 요구를 넘어서 강한 타율성의 임무를 지기 때문이다. 우리는 이 타율성과 협상해야 하는데, 이 협상은 정치적 대립(역사적 지배 요인)으로 귀결될 수 있고, 가끔은 집단 대피소(공간적 지배 요인)를 만드는 데 매달릴 수도 있다. 무엇이 더 나은지를 결정하는 것은 우리 소관이 아니지만, 우리는 두번째 태도가 효율적인 속성을 지니고 있음을 증명할 수 있다.

이와 관련해 주목할 만한 하나의 역설이 있다. 우리는 유대민족과 농업의 관계를 여기저기서 확인할 수 있다. 그러나 이 관계가 유대민족의 역사에서 지배적 특성은 아니었다. 물론 이 관계는 단순화시킬 수 없는 복수複數의 원인에서 기인한다. 그렇다 해도 프레디 라파엘이 대단히 적절하게 말했듯 "유대인들이 땅과 맺는 관계는 아주 복잡하면서도 아주 양가적"[27]이라는 사실에는 변함이 없다. 실제로 유대인들은 세계에 대한 동적(역사적) 전망에서 더할 나위 없는 주인공처럼 보인다. 이는 부분적으로만 사실이다. 그러나 동시에 유대인의 디아스포라, 외부자 신분은 오직 가나안과의 관계 속에서만 의미를 지닌다. 말 그대로 '신화적인' 땅이 존재한다. 이 땅은 통합의 근거가 되고 공동체를 견고하게 한다. 공동체는 흩어질 수 있어도 이 땅의 유기적 결속에는 변함이 없다. 이런 결속은 땅의 항구적 상기 과정에서 나온다. 특정 장소에 대한 애착은 엄밀한 의미에서 하나의 에토스로, 이 에토스는 우리가 아는 수많은 변천을 거치면서도 공동체가 영속할 수 있게 보장해준다. 여기에 역설이 있다. 지나간 역사의 전개 과정을 점철하면서, '신화적인' 땅은 덧없고 빈약하며 항상 위협을 받을 수 있지만 그럼에도 여전히 피난처가 되는 영토들로 회절할 것이다. 이 피난처는 언제나 새롭게 재탄생하는데, 여기서 다양한 유대 공동체들이 서로에게 힘을 불어넣을 것이다.

이 점에서 게토[유대인 거주지]는 우리가 기술하려는 바의 원형에 가깝다. 이제 고전이 된 저서에서 루이스 워스는 유럽과 마찬가지로 미국에서도 어떻게 게토가 안전한 공간을 제공했는지, 어떻게 이 '가족의 품'이 자신들의 기원을 상기시키면서 위안의 기능을 갖게 되었는지 보여준다. 유대인이 이방인들의 세계에서 맺는 관계를 지배하는 형식주의와 반대로, 유대인은 게토에서 하나의 언어, 일상적 의례, 우애의 모임, 요컨대 삶을 견딜 만하게 만들어주는 친밀성을 발견한다. 워스의 분석은 게토 내부에서 매우 중요했던 '소그룹' 구조와 여기서 비롯된 '감정적' 분위기에 역점을 둔다.[28] 지그뉴 인형처럼 게토는 거대한 전체 도시 속에 포함되면서 그 자체로 여러 하위 그룹을 아우르는 역할을 한다. 이 하위 그룹들은 공동의 영토를 나누어 쓰는 부족들처럼 출신지와 교리적, 문화적 선호에 따라 집결한다.

이 사례에서 무엇인가를 끄집어낼 수 있다면, 바로 공간적 기입과 감정적 유대의 접합이다. 이런 의미에서 게토는 영토로부터, 정감적 공유로부터 결정되는 현대의 많은 집단을 해명할 수 있게 해준다. 여기서 문제의 영토 혹은 정감의 내용은 문화적 관심사, 성적 취향, 옷차림에 대한 관심, 종교적 표현, 지적 동기, 정치적 참여 등 무엇이든 될 수 있다. 우리는 결집의 요인들을 얼마든지 나열할 수 있다. 그런데 이 요인들은 공간과 상징(공유, 연대의 특수한 형식 등)이라는 두 극점으로부터 그 경계가 정해질 수 있다. 바로 이것이 내가 말하는 신부족주의에 여러 방식으로 부식토 역할을 하는 강력한 커뮤니케이션 활동을 가장 잘 특징짓는다.

이 점은 '이차집단'에 대해 숙고하면서 "영토적 기반"과 "물질적 이웃관계"[29]를 동시에 주목했던 뒤르켐에게서도 나타난다. 『사회분업론』의 평판이 최고조에 달했을 때 뒤르켐이 근접성에 주목했다는 사실은 기억해둘 만하다. 이는 모든 사회가 산 자와 죽은 자, 그리고 앞으로 태어날 이들 간에 맺는 일종의 계약에 기반하고 있음을 잘 보여준다. 나는 여기서 사회적 존재는, 그것이 무엇이건 간에, 어떤 장소에서만 가능하다는 것을 말하고 싶다. 왜냐하면 특별한 아우라가 존재하며, 좋든 싫든 우리는 그 아우라에 참여하고 있기 때문이다. 영토는 이 아우라가 특별하게 결정화된 것이다. 자잘한 의례들을 지닌 동네에서의 삶은 이 기이한 [생물적] 근원에서 출발해 분석할 수 있다. 뒤르켐이 그나마 덜 은유적인 용어로 전체론이라 부른 것이 바로 이것이다.

일상의 힘은, 인지되지 않은 채로 지나가는 순간조차, 이 근원에 기반하고 있다. 이렇게 사회성 혹은 근접성은 흔적을 남기고 '영토'를 만드는 영속적인 퇴적작용을 통해 형성된다. 이방인, 떠돌이는 이 퇴적작용에 합류하거나 이를 거부하고, 심지어 아예 다른 무엇(가령 다문화주의)을 만들 수도 있다. 하지만 이 퇴적작용과의 관계를 통해 자신을 규정할 수밖에 없다. 이를 생생하게 표현하고자 마리 폰 에브너에센바흐의 경구를 빌려오겠다. "지난 시대의 암브로시아*는 미래에는 일용할 양식이다." 이 경구에는 세 단계의 시간이 축약되어 있으며, 의식적이지도 화려하지도 않게 유물론적 정신성을 잘 설명해준다. 이 유물론적 정신성은 일상적 삶과 집단 경험을 깊이 있게 알려준다. 이미 여러 차례 지적했듯, 이것은 사회 전체를 특징짓는 역동적 뿌리내림을, 양립 가능한 모순적 방식으로 표현한다.

공간적 기입과 내가 방금 밝혀낸 그 상징적, 신비주의적 함의

* 그리스 신화에 나오는 신들의 음식.

는 전적으로 바쿠스제-디오니소스적 전통과 다시 만난다. 몇몇 사회학자(베버, 만하임, 셸러)에 따르면 이 전통은 불변하는 사회적 상수이다.(디오니소스는 땅에 뿌리내린 '관목형' 신성임을 잊지 말자.) 그런데 이 전통의 특성은 '망아ex-tase', 즉 자기로부터의 벗어남에 기반한다. 막스 셸러는 이를 동일시 과정에 견주었다. 즉 나는 이런저런 장소, 토템, 돌멩이와 나를 동일시하는데, 이것들이 나를 조상들의 계보에 편입시켜주기 때문이다. 셸러는 심지어 '인간 돌멩이'라고 말하기도 했다. 물론 이 동일시는 감정적이고 집단적이어서, "상징적인 정서적 융합"[30]을 초래하기도 한다. 이는 이제 많이 알려진 주제이며, '디오니소스적'이라는 용어 자체는 침울한 이론가들을 불편하게 만들면서 다시 수많은 사회학적 분석 속에 들어오기 시작한다. 우리가 반드시 강조해야 하는 것은 이 주제가 가진 지하세계의 측면, 즉 영토화되고 물질화된, 혹은 육화된 것을 가리키는 표현들이다. 우리는 심지어 환생, 부활, 윤회의 테마가, 영속성을 가정하고 [생물적] 근원을 확고히 다지면서, 강력한 공간적 협화음을 띤 동일시 과정에 다가가고 있지는 않은지 살펴봐야 할 것이다. 어쨌거나 이러한 신화-인류학적 관점은 다양한 형식으로 이루어지는 현대의 황홀한 흥분(음악, 성, 소비, 스포츠 등에 연관된)을 반드시 해명해야 할 것이다. 이 흥분은 얼마간 지속할 수 있는 방식으로 '하나가 되고' 영토를 구획한다. 간단히 말해, 합리주의가 다 근절시켰다고 너무도 안이하게 믿었던 근접성의 고대적, 원시적 가치들을 되살려낸다.

앞서 든 사례들과 평가들을 정리하면서, 우리는 영토와 집합기억 사이에 긴밀한 관계가 있다고 말할 수 있다. 알박스의 말을 인용하자면 도시, 주택 혹은 아파트 등과 관련해 인간 집단은 "어떻게 보면 땅 위에 그들의 형태를 그리고, 이런 식으로 정해진 공간적 틀 속에서 그들의 집단적 추억을 되찾는다."[31] 이는 사회의 역사와 그 역사의 장소적 기입 사이에 세워진 아주 엄격한 장벽을 산산조각내버리는 강력한 표현이다. 게다가 내가 여기서 다시 드러내 보이려는 것, 즉 공간에 대한 재평가는 좀더 제한된 집합들(집단, '부족')에 대한 재평가와 상관관계가 있다는 사실까지 설명해준다. 상징적, 공간적 근접성은 자신의 흔적을 남기려는, 다시 말해 자신의 영속을 증명하려는 관심을 중요시한다. 이것이 바로 이러저러한 공간적 기입이 갖는 진정한 미학적 차원이다. 즉 집합기억을 이용하고, 그 집합기억을 만들어낸 집단성의 기억에 봉사하는 것. 물론 그다음에는 이 공간적 기입이 엄밀한 의미에서 미학적 분석의 대상이 될 수 있고, 또 이런 의미에서 문화의 작품이 될 수 있다. 하지만 이 공간적 기입은, 대개 추상적이고 지적인 환원에 불과한 것을 월등히 뛰어넘을 수 있음을 잊지 말아야 한다. 이런 관점에서 볼 때 대성당이 노동자정원*의 키치적 장식보다 더 가치 있는 것도 아니다. 또한 그라피티graffiti나 스텐실 기법을 이용한 도시 벽화는 선사시대의 동굴 벽화에 비견될 수 있다.[32] 이들 각각의 경우, 하나의 집단은 스스로를 표명하고 자기 영토를 구획하며, 그럼으로써 자기 존재를 강화한다.

마지막으로, 자세히 살펴볼 수는 없지만 사회적 삶 속에서 상상계가 (다시) 취하는 중요성과 근접성을 대조해봐야 할 것이다. 그리고 이 분야에서 사회학적 '법칙'을 세워야 할 것이다. 이미지에 대한 불신이 지배적 경향을 띨 때마다(성상파괴주의, 합리주의적 단일가치), '먼 곳'을 공통분모로 가지는 이론적 표상들과 사회 조직 방식들이 만들어진다. 따라서 우리는 정치, 역사적 선형주의線形主義, 근본적으로 미래 지향적인 모든 것의 우세를 목격한다. 반면 다양한 형태로 변조되는 이미지가 무대 전면에 등장할 때면, 로컬리즘이 불가피한 현실이 된다.

* 19세기 말에 등장해서 20세기 초에 유행한 것으로, 노동자와 빈민에게 제공된 도시 내부 혹은 도시 근교의 채소 경작용 텃밭.

우리 분석의 발판으로 사용될 수 있는 한 가지 역사적 예를 들어보겠다. 기독교 문명이 성립하던 시기에 성상파괴주의는 이데올로기적 깃발로서, 그 휘하에 중앙집권제의 옹호자들이 도열해 있었다. 반면 성상옹호주의는 지역적 감정의 표현을 중시하는 이들에게 한정되었다. 물론 이 갈등에는 나름의 이론적, 신학적 합리화가 더해졌다. 하지만 핵심은 사회의 조직이 어떤 형식을 취할 것인지 아는 일이다. 이 갈등을 분석한 피터 브라운은 "성상파괴의 자코뱅주의"라고까지 말했다. 지역적 숭배의식은 중앙의 통치 활동에 방해가 되기 때문에 이를 근절하기 위해서는 어떠한 수단도 용인되었다. 지역적 숭배의식은 성인과 특별한 도상을 중심으로 이루어졌다. 즉 "성인과 특별한 도상은 아래로부터 축성祝聖되었다." 거기서부터 어떤 복잡한 시스템이 세워졌다. 이 시스템은 이미 자리잡은 중앙집중식 조직을 피하면서 그와 나란히 존재하는 진정한 사회를 구성하는 다양한 토포스들의 상호관계로 만들어진다.[33] 우리는 이 과정에서 도상의 역할을 이해할 수 있는데, 이 도상은 권력에 대항하는 존재로서의 성인을 정당화하고, 지역 집단들의 감정 표현을 구체화하는 구실을 한다.

요컨대 도시 환경에 내재된 고독 속에서, 친근한 도상은 일상에 기입된 하나의 지표가 된다. 도상은 복잡하고 구체적인 상징 질서의 중심으로, 각각의 도상은 전체적인 연극성의 틀 속에서 수행해야 할 나름의 역할이 있다. 이렇게 도상은 자신에 의한 자기 인정, 타인에 의한 자기 인정, 그리고 마지막으로 타인들의 인정을 가능케 한다. 이것이 바로 이미지가 지닌 감정이입의 힘으로, 이 힘은 획일화와 그것이 초래하는 교환 가능성의 치명적 결과들을 완화시키기 위해 규칙적으로 다시 나타난다. 마땅히 우리가 방금 도상이라고 불렀던 것의 현대판 변이형들을 평가해봐야 한다. 그 변이형들은 다양하게 존재하며, 각각 특수하고도 심화된 분석을 필요로 할 것이다. 나는 거기서 논리와 '형식'을 끌어내는 것으로 만족한다. 그런데 이 '형식'은 반드시 다양한 지역적 상징물들의 '이미지적' 기능을 드러내줄 것이다. 앞서 밝혔듯, 지역적 상징물은 어떤 종류인가는 상관없는 유명인사, 집단이 자신과 동일시하는 동물, 특별한 장소, 해당 지방의 생산물 등이 될 수 있다. 당연히 이것들 각각은 여러 명칭名稱의 기원이 된다.

우리는 상징적 이미지의 중요성이 기술 발전으로 더욱 증대한다고 덧붙일 수 있다. 사실 광고나 텔레비전 이미지도 처음에는 누군가를 소외시키는 균일한 이데올로기적 메시지를 담고 있다는 식의 의심을 많이 받았다. 그러나 우리는 광고가 한편으론 몇몇 원형적 형상을 자기 근원으로 삼으며, 다른 한편으론 그 '타깃'인 대중, 즉 내가 이 책에서 말하는 부족들에 호소한다는 사실을 깨닫는다. 이 부족들은 이런저런 재현과 상상의 방식 속에서 생산물, 재화, 서비스, 존재방식 등을 만들어내면서 스스로를 확인한다. 텔레비전은 채널의 분산으로 더이상 모두에게 가치 있는 유일무이한 메시지를 담을 수 없게 되었다. 사실 지금 여기서 제시하는 바가 하나의 경향일 뿐이라 해도, 텔레비전이 점점 더 특수한 집합—연령, 지역, 도시, 심지어 동네 등으로 묶인 집단—에 호소하고 있다는 것은 인정해야 한다. '케이블이 깔린' 건물들은 이 과정을 더 강화할 뿐이다. 이미지는 더이상 멀리 떨어져 있거나 지배적이거나 온전히 추상적이지 않을 뿐 아니라 근접성 속에 기입되어 있다는 것 말고 무엇을 말할 수 있겠는가? 분명 텔레비전은 사람들과 고락을 함께하며 친근한 도상의 역할을 할 것이다. 어느 한 건물이나 구역은 그 자체로 구경거리가 될 것이다. 거대도시의 틀 속에서 텔레비전 이미지는 촉각적, 감정적, 정감적 관계 속에 기입될 것이다. 따라서 부족은 자신에게 안정을 주는 공간을 창조하면서 견고해질 것이다. 함께-하기의 이 새로운 표현들은 분명 '아래로부터' 솟아나는데, 거기에 주의를 기울인다면 그와 관련된 이론적 쟁점이 중요하다는 것을 알게 된다.[34]

분명한 것은 이 모두가 공간을 가리킨다는 점이다. 여기서 제시한 다양한 사례 속에는 영토와 관련된 함의가 있다. 언어학적 연구에 기대면서 베르크는 '자아 중심적' 언어와 '장소 중심적' 언어를 구별했다.[35] 그의 분석을 확대 적용하여, 한편엔 '자아 중심적' 문화가 우세한가 하면 다른 한편엔 '장소 중심적' 문화가 있다는 것을 알아볼 수 있다. 자아 중심적 문화는 개인 및 개인들이 합의한 행위를 중시한다면, 장소 중심적 문화는 자연적이거나 사회적인 환경에 방점을 둔다. 마찬가지로 우리는 같은 문화 안에도 차별화된 장면들이 존재한다고 예상할 수 있다. 가끔은 개별화하는 현상에 방점이 찍히지만, 반대로 집합적이고 탈개별화하는 측면에 방점이 찍히기도 하는 것이다. 어쨌거나 내 가설은 우리의 문화와 관련 있다. 이런 의미에서 이미지, 신체, 영토를 경유하여 공간에 가치를 부여하는 일은 더 큰 전체 속에서 개인의 한계를 넘어서는 원인이자 결과가 될 것이다. 이러한 역학에 기반을 둔 사회에서는 기존의 핵심 가치가 전복될 우려가 있다. 바로 이것이 근접성에 기반을 둔 모든 사회적 상황과 경험이 초래하는 현대의 도전이 될 것이다.

3. 부족과 네트워크

사실 공간에 대한 강조가 그 자체로 목적은 아니다. 우리가 동네, 이웃간의 실천, 그리고 거기서 생겨나는 정감적인 것에 다시 의미를 부여한다면, 이는 무엇보다 그것들이 관계의 네트워크를 이루도록 해주기 때문이다. 근접성은 근본적으로 '우리'가 계승되는 기반을 가리키며, '우리'는 모든 사회성의 바로 그 실체를 구성한다. 앞서 말했던 바의 연장선상에서 나는 점점이 공간을 차지하고 있는 소집단들과 부족들은 소속감이라는 감정에서 출발해, 고유한 윤리에 따라, 커뮤니케이션 네트워크의 틀 속에서 구성된다는 점을 강조하고 싶다. 이러한 것들이 우리 분석의 중심어가 될 것이다.

그저 은유에 불과하더라도, 우리는 '다수의 마을'에 대해 논하면서 이 세 가지 개념[소속감, 윤리, 네트워크]을 간추릴 수 있다. 이 마을들에서 우리는 각자 자기 자신으로 남아 있으면서도 서로 얽히고 대립하고 돕는다. 이 관점은 이제 어떤 사변적 분석이나 현장 조사를 통해 강화될 수 있다.[36] 대상이 되는 도시는, 사람들이 다소 임의적인 방식으로 정착하고 물러나고 피난처와 안전을 찾는 영토를 계승한 것이다. '마을'이라는 단어를 사용하면서 나는 그것이 하나의 은유임을 분명히 했다. 사실 이 단어가 가리키는 범위는 당연히 구체적인 공간에 한정될 수도 있지만, 또한 정신적인 것cosa mentale이 될 수도 있고 상징적 영토가 될 수도 있다. 무엇이 되었건 간에 그것이 덜 실재적인 것은 아니다. 부족 혹은 마을이라는 은유가 발견을 위한 기법이라는 것을 이해하려면, 지식인들이 자신들만 출입 가능한 사냥터를 지키고자 구획해 놓은 [학문] '영역들'만 참고해도 충분하다. 지식, 문화, 종교, 상업, 정치의 모든 분야에서 우리는 사회'체'가 그 자체로 존재할 수 있게 해주는 이런 뿌리내리기가 존재한다는 것을 보게 된다.

게다가 부족적 소속감은 기술 발달로 더욱 강화될 수 있다. "전자 은하계"를 언급하면서 A. 몰스는, 약간 주저하기는 했으나, "새로운 지구촌village global 모델"[37]을 제안한 바 있다. 이는 기본적으로 지구촌 모델에 의해 가능해진 상호작용성 덕분이다. 그러나 사실 잠재적으로는 '유선통신'과 (유희적이고 관능적이며 기능적인) 전자우편이 커뮤니케이션 촉진의 모태를 만들었고, 이 속에서 다양한 목적과 외형을 지닌 여러 집단이 등장하고 견고해지다가 또 사라져갔다. 이런 집단은 부족이나 마을 씨족의 고대적 구조를 상기시킨다. 전자 은하계를 특징짓는 유일한 차이점은 이 부족들에게 고유한 시간성이다. 사실 통념과 달리 여기서 논하는 부족주의는 더없이 일시적이어서, 그때그때 발생하는 상황에 따라 조직된다. 오래된 철학 용어를 사용하자면, 그것은 현실태現實態acte 속에서 고갈된다. 여러 통계조사에서 보듯, 점점 더 많은 사람이 '독신'으로 살아간다. 하지만 혼자라는 사실이 고립을 의미하지는 않는다. 여러 상황에 따라—특히 미니텔Minitel이 제공하는 통신 광고 덕분에—'독신자'는 이런저런 집단, 이런저런 활동에 참여한다. 이런 식으로 다양한 수단(미니텔도 그중 하나인)을 통해 스포츠, 친교, 성, 종교 등의 관심사에 따라 '부족들'이 성립한다. 각 부족의 생존 기간은 그 활동 주역들이 거기에 얼마나 자신을 투자하느냐에 따라 가변적이다.

마치 연인관계에서 잇달아 생겨나는 진실들이 존재하듯, 과학은 연속적인 근사치에서 출발해 성립한다. 우리는 그 자체로 분화되고 개방된 사회성의 이 다양한 '형식'에 참여하는 것을 상상해볼 수 있다. 이는 정보통신 과정에 내재한 수요-공급 순환의 신속성 덕분에 가능해졌다.

부족들에게 좋은 기회—반드시 비극적 차원이 수반되는—가 확실하게 주어지기는 했어도 이 부족들이 소속의 메커니즘을 우선시한다는 사실에는 변함이 없다. 어느 분야이건 사람들은 집단정신에 얼마간 참여해야만 한다. 통합이냐 거부냐의 문제는 집단 구성원들, 그리고 자격을 부여받은 사람이 느끼는 기분feeling의 정도에 달려 있다. 이어 이 감정은 다양한 입문 의례를 수용하느냐 거부하느냐에 따라 강화되거나 약화될 것이다. 부족의 지속 기간이 얼마였든 이런 의례는 필수적이다. 게다가 이 의례들은 일상생활에서도 점점 더 중요한 역할을 하고 있음이 관찰된다. 어떤 술집이나 나이트클럽에서 '단골'이 되어 편안함을 느낄 수 있게 해주는, 다소 인지하기 어려운 의례들도 있다. 3연승식 경마나 로또 용지를 사는 데도 위반해서는 안 될 의례들이 있다. 동네 상인들에게 제대로 대접받을 때, 혹은 특별하고 매우 전형화된 어떤 거리를 산책할 때도 마찬가지다. 소속감을 주는 의례는 사무실과 작업실에서도 발견된다. 노동을 다루는 사회인류학은 여기에 점점 더 관심을 기울인다. 마지막으로 우리는 대중의 여가나 관광이 다른 무엇보다도 여기에 기반하고 있음을 떠올릴 수 있다.[38]

이런 사례는 얼마든지 있다. 그러나 여기서는 현대 세계에서 이미지와 신화(각 집단에 전해지는 이야기)의 재부상과 함께 의례가 우리 거대도시들에 감도는 종교성(다시 연결함)을 가장 잘 구축하는 효과적인 기술이라는 점만 지적하기로 하자. 우리는 이 부족들의 한시적 측면과 그에 따른 비극이 의례의 실행을 일부러 더 강조한다고까지 말할 수 있다. 사실 의례는 그 반복성과 매우 작은 부분들에 대한 관심 때문에, '현재주의présentéisme' 특유의 불안을 경감시킨다. 동시에 기획, 미래, 이상 등이 더이상 사회의 접합제 구실을 하지 못하기 때문에, 소속감을 강화하는 의례가 이 역할을 수행하여 집단들의 존속을 가능케 할 수 있다.

그렇지만 의례가 [사람들을 끌어당기는] 인력(여러 가지일 수 있다)을 조장하는 바로 그 순간, 소속감은 배척까지는 아니더라도 적어도 배타적 태도를 통해 발생한다는 점을 지적해야 한다. 사실 부족의 속성은 가까이 있는 무엇(사람 혹은 장소)을 강조하면서 자기 폐쇄의 경향을 지닌다. 여기서 짐멜이 제시한 문門Tür의 은유를 떠올릴 수 있다. 추상적 보편성은 특수한 구체성에 자리를 내준다. 여러 연구자를 놀라게 한 '로컬리즘'의 존재는 바로 여기서 연유한다. 우리는 동네 내부에서도 일련의 동호회를 발견한다. 우정에 기반한 이런 집단은 경계가 분명하게 정해진 곳에서 이루어진다. 끊임없는 이동도 제한된 수의 거리에 한정될 것이다. 이 현상은 유럽 남부 도시들에서 잘 알려져 있는데, 영과 윌모트의 연구는 런던을 대상으로 똑같은 점을 도출해냈다.[39] 로컬리즘은 '마피아 정신'이라 부를 만한 것을 조장한다. 즉 거주할 집을 찾거나 일자리를 얻을 때, 그리고 일상적 특권 사항에 관한 것에서 우선권은 부족에 속한 자, 혹은 부족의 영향권 내에서 맴도는 자에게 주어질 것이다. 일반적으로 이런 과정은 가족이라는 틀 안에서 분석되지만, 분명 확대된 가족으로 확장될 수 있다. 즉 친족관계뿐 아니라 친교, 후원, 혹은 상호적 서비스 등 다양한 관계에 기반을 둔 집합 말이다.

(가족, 친교 등의) '관계'라는 용어는 이 말이 지니는 가장 강력한 뜻으로 이해해야 한다. 즉 필연성의 관계. 이는 중세의 동업조합이 '책무'의 항목에 포함시켰던 것이다. 여러 형태의 상호부조는 의무, 즉 부족주의를 지배하는 암묵적 명예 규칙의 시금석이다. 이것은 자신과 가깝지 않은 모든 것을 경계하는 배타주의를 초래한다. '일상의 마을'에 관한 연구에서 영과 윌모트는 이 현상을 강조하는 한 가지 언급을 인용한다. "이들은 신참이다. 겨우 18년 전에 여기 왔다." 역설임이 분명한데, 이는 '신참들'이 또다른 관계, 또다른 상호부조의 네트워크를 만들어냈고, 또다른 집단의 형성에 참여했다는 것을 의미한다. 그들은 자신들만의 근접성에 따라 움직인다. 대도시에서는 너무나 명백한, 그러나 모든 명백한 것이 그렇듯 마땅히 상기할 필요가 있는 그런 현실이다. 집단은 자신의 안전을 위해 자연적, 사회적 환경을 가꾸고, 동시에 다른 집단들도 그 자체로 형성되도록 사실상 강제한다. 이런 의미에서 영토(물리적 영토이자 상징적 영토)의 경계를 정하는 일은 구조적으로 다양한 사회성의 토대가 된다. 직접적 재생산 옆에는, 사회적 주역들의 의지가 아니라 '인력-척력' 구조의 결과에 종속되는 간접적 재생산이 존재한다. 강력한 소속감에 기반을 둔 집단은, 각 집단의 생존을 위해서 다른 집단들도 같은 종류의 요구[강력한 소속감]에서 출발해 만들어지게 할 필요가 있다.

그런데 이 과정은 대단히 평범한 모습으로 나타난다. 이런 구조의 중요성을 파악하려면 사람들이 자주 찾는 카페, 도시 특정 구역의 특수성, 심지어 이런저런 학교와 공연장, 공공 공간의 고객을 살펴보면 된다. 이런 다양한 장소 내부에서도 배타적인 집단의 형성을 볼 수 있다. 이 배타적 집단은 소속감 및/혹은 차별감에 대한 미묘하지만 뿌리 깊은 의식에 기반을 둔다. 어쩌면 부글레가 제안한 대로 우리는 여기서 "카스트 정신의 흔적"[40]을 봐야 할지도 모른다. 확실한 것은 평등주의라는 외관 옆에는 언제나 대단히 복잡한 사회의 건축 구조가 존재한다는 것이다. 이 건축 구조를 이루는 다양한 요소는 서로 완전히 대립하면서도 동시에 서로를 필요로 한다.

이런 집단들의 상호 인정은 실제로 존재한다고 볼 수 있다. 앞서 지적했듯 배타적이라고 해서 배제를 의미하지는 않는다. 이렇게 집단들의 상호 인정은 특별한 조정 방식을 이끌어낸다. 거기에 갈등이 있을 수 있지만, 이 갈등은 나름의 규칙에 따라 발현되고 완전히 의례화될 수 있다. 마피아라는 극단적인 은유를 떠올려보자. 일반적으로 영토의 공유는 존중되고, 씨족 혹은 '가족' 간의 전쟁은 이러저러한 이유로 '명예로운 사회'의 균형이 깨졌을 때에만 발생한다. 이 모델을 도시인들의 부족에 적용해본다면, 우리는 대단히 정교한 조절 메커니즘의 존재를 볼 수 있다. 정치사회학(프로인트, 슈미트)에서 아주 잘 설명한 '제3자'의 역할이 여기에 적용된다. 분화된 동맹 시스템은 이 부족들 중 하나가 언제나 중재자 위치에 있도록 해준다. 이런 동맹은 대단히 일회적이며, 바로 이런 측면이 완벽하게 균형 잡힌 시스템을 늘 불안정하게 만든다. 제3자의 역할은 사실 단 한 사람의 문제가 아니다. 집단 전체가 그 역할을 담당할 수도 있다. 이 집단 전체는 평형을 이루고 중재자 역할을 한다. 간단히 말해 '수를 채우고', 그렇게 해서 전체의 균형을 공고히 한다.

우리는 이것을 고대 그리스 도시국가에 존재했던 '프록세니'*의 기능에 견줄 수 있다. 이것은 도시를 구성하는 다양한 인

* proxénie. 다른 나라나 도시에서 온 이방인을 접대하도록 하는 협약. 이 일을 담당하는 사람이 '프록세노스proxenos'로, '이방인xenos을 대신하다pro'라는 뜻이다.

종, 민족 집단들 사이에서 관계를 맺는 중개 기능이다. 말장난을 해보면 프록세노스는 사람들을 가깝게proche 만든다고 할 수 있다. 이방인이 그 자체로 존재하면서 동시에 도시의 이해 관계자가 되도록 허용해주는 것은 바로 이 영속성이다. 이방인은 사회의 건축 구조 속에 자리잡는다. 그런데 바슬레가 말했듯, 프록세노스의 역할을 하면서 동시에 도시국가의 명예를 위해 디오니소스 찬가를 만든 이가 다름 아닌 시인 핀다로스라는 사실은 우연일까? 도시에서의 의식 거행은, 이방인을 제 편으로 만들어 통합하는 도시의 능력을 가리킨다고 상상할 수 있다.[41]

이런 식으로 다양성을 인정하고 그 다양성이 야기하는 불편을 의례화함으로써 특별한 조정에 이르게 되며, 어떤 의미에서 이 조정은 도시에 유용한 균형의 요소들만큼이나 긴장과 결함도 활용한다. 우리는 여기서 이미 여러 번 분석한 바 있는 양립 가능한 모순의 논리(루파스코, 베그베데, 뒤랑)를 재발견한다. 도시의 다양한 부족은 서로 다르고 가끔은 대립하기 때문에 '도시를 만든다.' 모든 흥분은 구조적으로 창설적이다. 이는 물론 뒤르켐에게서 벗어날 수 없는 사회학의 기본 규칙과 관련 있다. 핵심은 이 흥분을 어떻게 활용하고 어떻게 의례화할지 아는 것이다. 방금 개진한 논리 속에서, 좋은 방법은 각 부족이 스스로 존재하도록 내버려두는 것이다. 그렇게 되면 더욱 자연스러운 조정이 이루어진다. 나는 이미 다른 곳에서 이 점을 밝혔다. 사회체의 체감은 인간 신체의 체감에 견줄 만하다. 즉 일반적으로 기능과 기능장애는 서로를 보완하고 상쇄한다. 이는 특수한 '악'이 보편적 '선'을 돕도록 하는 것과 관련 있다. 샤를 푸리에는 이 동종요법적 과정을 자신의 팔랑스테르의 기초로 삼았다. 이렇게 해서 그는 자신이 '작은 패거리' 혹은 '작은 무리'라 불렀던 것의 능력치를 최대한 끌어내 활용하자고 제안했다. 비록 그 능력이 아노미적이라 할지라도 말이다. "내 이론은, 자연이 준 (거부당한) 열정을 아무것도 변화시키지 않고 그대로 활용하자는 것일 뿐이다. 바로 이것이 열정인력Attraction passionnée의 마법이고 신비한 계산이다."[42]*

정밀하면서도 당시에는 다소 유토피아적이었던 그 계산은 우리 시대에 이르러 충분히 실현될 만하다. 이질화는 통상적인 것이 되었고, 다문화주의와 다민족주의는 현대 대도시를 대변하는 특징이다. 우리는 이렇게 생각할 수 있다. 합의는 선험적인 이성적 조절이라기보다 경험적인 '정감적' 조정의 행위이다. 이런 의미에서 우리가 아주 편리하게 주변성이라 부르는 것에 주목할 필요가 있다. 분명 주변성은 미래 생활양식의 실험실이다. 하지만 앞서 논했던 집단 입문의례의 (재)신입자는, 획일화된 나머지 의미가 없어진 옛 의례(감히 이렇게 부르지도 못했던)를 대신할 뿐이다. 섣부른 비난도, 교만도 충분하지 않다. 이 의례들은 분명 특별한 분석을 필요로 한다. 이런 의례의 활기는 새로운 형식의 사회적 결집이 생겨나고 있다는 사실을 잘 표현해준다. 이를 개념화하기는 어렵겠지만, 과거의 형태들에서 도움을 받아 그 윤곽을 그리는 것은 분명 가능하다. 바로 여기서 부족과 부족주의라는 은유가 도출된다.

이 은유는 감정적 측면, 소속감, 그리고 이런 감정이 초래하는 갈등적 분위기를 잘 표현해준다. 동시에 이 은유는 구조적 갈등 너머에서, 좀더 쾌락주의적인, 다시 말해 덜 목표 지향적이고 '어떠해야 한다는 의무'와 노동에 의해 덜 규정된 일상생활에 대한 연구를 부각시킨다. 시카고 학파의 민족지학자들이 수십 년 전에 알아보았던 이 모든 것은 지금 더욱 불안정하게 확산되었다. 이 '현재의 정복'은, "세계를 방랑하고 탐험하는 데 대부분의 시간"을 보내는 소집단들 속에서 비공식적인 방식으로 표출된다.[43]

* 푸리에의 팔랑스테르에는 사람들 간의 차이와 위계가 존재하지만, 열정인력의 마술적인 계산으로 사람들 사이에 우정과 조화가 가득차 있다.

이는 자연스럽게 소집단들로 하여금 새로운 존재 방식을 실험하게끔 이끈다. 거기서는 '(카페, 술집) 순례', 영화, 스포츠, 함께하는 '간단한 식사'도 선택지로 주어진다. 게다가 시간이 흘러 나이를 먹으면서 이 소규모 무리들이 점차 안정화되는 모습을 기록하는 일도 흥미롭다. 이런 무리는 어쩌면 (스포츠나 문화) 동호회, 혹은 강한 감정적 요인을 갖춘 '비밀결사'가 될 수도 있다. 한 형식에서 다른 형식으로 변화하는 이 과정은 부족의 앞날에 유리하게 작용한다. 분명 이 모든 집단이 다 살아남지는 않을 것이다. 하지만 특정 집단이 여러 단계의 사회화 과정을 거친다는 사실은 이 집단을 탄력적이고 약간 굴곡이 있는 조직화의 사회적 '형식'으로 만든다. 이 사회적 형식은 현대 도시라는 특별한 자연적 환경과 사회적 환경의 다양한 제약에 실용적으로 잘 대응한다. 이런 관점에서 부족은 새로운 사회적 논리를 세우도록 만든다. 이 새로운 논리는 우리를 안심시키는 많은 사회학적 분석을 뒤집어엎을 위험이 있다. 이렇게 해서 '주변적인' 것처럼 보였던 것을 더이상 그렇게 볼 수 없게 된다. 시카고 학파 이전에 베버는, 산 경험과 정감적 삶에 큰 가치를 부여하는, 내가 여기서 '부족의 낭만주의'라 부르려는 것의 존재를 알아차렸다. 그는 미묘한 차이로 가라지에서 알곡을 구별해내는 데 몰두했다. 몇몇 주석자들의 견해와 달리, 비의적인 소집단들에 관한 베버의 분석은 오늘날 우리가 관찰하고 있는 것을 평가할 수 있게 해주는 수많은 요소를 핵심만 간략하게in nuce 포함하고 있다. 이런 점에서 장 세기의 용의주도함은 더이상 통용되기 어려워 보인다. 왜냐하면 그의 시대에 고유한 신중함을 넘어서, 세계의 합리화를 벗어나는 것에 대한 묘사는 현대 도시 부족들을 은밀하게 추동하는 합리적이지 않은 것non-rationnel과 완전히 일치하기 때문이다.[44] 이 말을 강조해야 한다. 즉 합리적이지 않은 것은 비합리적인 것irrationnel과 다르고, 또한 합리적인 것과의 연관 속에서 규정되지도 않는다. 그것은 계몽주의 이래로 지배적이었던 논리와 다른 논리를 적용한다. 18세기와 19세기의 합리성이 사회적 삶 속에서 작동 가능한 이성의 모델들 중 하나일 뿐이라는 사실은 이제 점점 더 많은 사람에게 인정받고 있다. 정감적인 것이나 상징적인 것과 같은 요인들은 자기 고유의 합리성을 가질 수 있다. 논리적이지 않은 것non-logique이 비논리적인 것illogique은 아닌 것과 마찬가지로, 우리는 공유된 경험에 대한 연구, 유명한 영웅을 중심으로 결집하는 것, 비언어적 커뮤니케이션과 몸짓 등이 합리성에 기반하고 있다는 사실에 합의할 수 있다. 이 합리성은 그래도 여전히 효과적이고, 여러 측면에서 폭이 더 넓으며, 단순한 의미에서 더 관대하다. 즉 이는 합리성을 사회 관찰자의 관대한 정신에 초청하는 것이다. 사회 관찰자는 우리로 하여금 증대하는 부족들에 주목하도록 만들 수 있을 뿐이다. 이 부족들은 주변부에 위치해 있는 것이 아니고, 명확한 중심이 없는 성운처럼 점점이 산재해 있다.

자기 고유의 가치를 퍼뜨리는 다양한 장소들loci, 이 가치를 만들고 여기에 소속되는 이들을 묶는 접합제 기능을 하는 장소들이 존재한다는 사실을 인정하자. 19세기의 합리성은 역사. 즉 내가 확장적 태도(외연)라 불렀던 것에 의거했다. 반면 지금의 합리성은 주로 근접적이고 집약적이며(내포), 사람들을 서로 묶어주는 동시에 풀어주는 어떤 축軸(구루, 활동, 즐거움, 공간)을 중심으로 조직된다. 이 새로운 합리성은 구심적이면서 원심적이다. 여기서 부족들의 표면적 불안정성이 발생한다. 즉 소속의 정도는 절대적이지 않다. 누구나 다수의 집단에 참여하면서, 각각의 집단에 자신의 상당 부분을 투자할 수 있다. 분명 이 변덕스러움은 현재 모습을 드러내고 있는 사회조직의 본질적 특성 중 하나이다. 이는 역설적으로 다음과 같은 사실을 가정할 수 있게 해준다. 한편으로 대중과 부족이라는 양극이 존재한다는 점, 다른 한편으로 이 둘이 항구적인 가역성을 띤다는 점. 즉 정적인 것과 동적인 것 사이를 왕복하는 것이다. 이를 초현실주의자들의 '객관적 우연'에 견주어야 할까? 사람들이 점점 더 폐쇄적인 관계에 둘러싸여 있는 것은 사실이다. 하지만 동시에 언제든 전대미문의 새로운 것, 사건, 모험으로 인해 강한 충격을 받을 수 있다. 한네르스는 도시의 본질을 다음과 같이 규정했다. "무언가를 찾다가 우연히 다른 무언가를 발견하는 것."[45] 이는 우리 주제에도 적용 가능하다. 자기 영토, 자기 부족, 자기 이데올로기에 한정되어 있던 사람이라도 아주 짧은 시간이 경과한 후에 다른 영토, 다른 부족, 다른 이데올로기 속에 불쑥 들어갈 수 있다.

바로 이런 점 때문에 나는 개인주의와 그에 대한 다양한 이론화를 시대에 뒤떨어진 것으로 여긴다. 각각의 사회적 행위자는 영향을 미치기보다는 영향을 받는다. 각자는 카이로스kairos[적절한 때], 즉 기회와 상황에 따라 끝없이 회절한다. 이로써 사회적 삶은 하나의 연극 무대가 되고, 거기서 한순간 결정화結晶化가 일어난다. 그렇게 해서 작품이 공연될 수 있다. 하지만 한 번 상연되고 나면 또다른 결절이 나타날 때까지 전체 집단은 느슨해진다. 이런 식의 은유는 전혀 황당한 것이 아니다. 이 은유가 일반적인 방식으로 순간의 분위기를 가장 잘 특징짓는 '현재'의 연쇄를 이해할 수 있게 해준다는 점에서 그렇다.

4. 네트워크들의 네트워크

이 패러다임이 도출해낸 사회조직이 우리가 가지고 있는 대단히 기계론적인 표상들과 충돌할 수는 있지만, 그래도 이 사회조직은 제대로 작동한다. 이 사회조직이 구조를 만든다. 내가 짐멜에게서 영감을 받아 지적했던 의미대로, 이 사회조직은 하나의 형식이다. 이 형식 속에서 사회적 소여의 다양한 요소는 통일을 이루고 하나가 된다. 바로 이 점이 나로 하여금 유기성을 거론하게 하고, 유기적 연대라는 개념을 다시 사유하게끔 했다. 이는 역설적으로 보일 수도 있다. 이 성찰이 끝난 뒤에 우리의 탐색이 시작된다. 우리 눈앞에서 만들어지는 이 세계의 풀은 대체 무엇인가?

이미 네트워크 문제에 착수한 건실한 연구들이 존재한다는 사실을 떠올려보자. 미시심리학이나 수학적 형식화가 그런 예이다.[46] 게다가 현대 수학은 정교하게 자신의 해석 모델을 개선해가고 있다. 그런데 나는 그런 분석을 활용할 능력도 욕망도 없다. 다만 방법은 다양해도 목표는 같다는 점만 지적하고자 한다. 여기서 목표란 고유한 논리를 가진 성운을 설명해내는 것이다. 이로써 다음과 같이 문제를 공식화하려 한다. 근접성의 유희는 다중심적 성운으로 조직된다. 다중심적 성운은 차별의 표현과 관용의 표현을 동시에 허용한다. 사실 사회집단들은 각자에게 고유한 가치를 중심으로 자기 영토와 이데올로기를 가다듬는다. 이어 이 사회집단들은 어쩔 수 없이 서로 맞추어나가지 않을 수 없다. 이 거시사회 모델은 자기 순서가 오면 회절하고, 차별과 관용, 척력과 인력이라는 동일한 규칙을 따르는 부족들을 무수히 양산한다. 다시 한네르스의 표현을 빌리면, 이 "도시의 모자이크"에 대한 분석이 끝나려면 아직 한참 멀었다. "도시에는 구성원들의 충성심이 동일한 집단은 존재하지 않는다."[47]

이 성운을 특징짓는 우글거림을 이해하기 위해 분리 및 살해 욕망을 완곡하게 표현하는 형식인 뒷담화를 예로 들어보자. 그것은 특정 집단에 접합제 역할을 하고, 명망과 적합성, 심지어 타인의 존재 자체도 거부할 수 있게 한다. 우선 뒷담화의 속성인 익명적 살해 행위는, 집단의 존재 혹은 집단 행위의 정당성 속에서 집단을 강화하는 데 쓰인다. 뒷담화는 이론적, 실존적, 이데올로기적 측면에서는 진리이고 '다른 곳'[집단 밖]에서는 오류이다. 그런데 뒷담화가 엄청나게 빨리 퍼지는 것을 보면 경이로울 지경이다. 작은 사회집단들은 저마다 소문의 메커니즘을 가지고 있다. 이 메커니즘을 그 자체로 연구하지 않고도 우리는 그것이 어느 특정 집단 내부에서 수많은 구성원이 다양한 부족에 속한다는 사실을 잘 보여준다고 말할 수 있다. 이런 방식으로 뒷담화는 소문이 된다. 이런 상호침투는 서로 상이한 집단들에게 똑같이 유효하다. 예를 들자면, 학문 부족의 한 유명인사에 대한 판단, 단호하고 확정적이고 근거도 없지 않으며 당연히 부정적인 어떤 판단이 대학에서 연구소로, 위원회에서 위원회로, 콜로키움에서 학회로, 학술지에서 보고서로 이어진다고, 즉 학계를 세계일주한다고 지적할 수 있다. 사적인 대화 속의 험담에서부터 침묵까지, 혹은 출판물에 대한 검열에 이르기까지, 그 방법은 다양하게 변조된다. 그러나 순식간에 사회체 전체가 여기에 관여한다. 직장 회식부터 회의까지, 뒷담화는 출판인 부족을 건드리고, 이어서 언론인 부족에게 퍼진다. 심지어 때로는 고위 관리나 사회복지사, 소비자들로 이루어진 부족, 그리고 기회가 닿으면 이론을 만들어내는 부족에까지 전염된다. 이렇게 이어지는 연쇄를 통해 우리는 다양한 소속과 충성심이 얼마나 실효성이 있는지 지켜볼 수 있다. 이런 의미에서 쑥덕공론은 네트워크 구조의 훌륭한 폭로자인 셈이다. 여기서 예외인 집단을 찾기란 대단히 어려운 일이다.[48]

사실 뒤얽힘 entrelacement(영미권의 네트워크 이론가들이 연결성 connectedness이라 부르는 것)이란 우리가 여기서 다루는 사회적 결집의 형태학적 특성이다. 대여섯 사람만 거치면 미국에서 정반대 방향으로 멀리 떨어진 두 지역에 사는 두 사람 사이에 연결점을 만들어낼 수 있음을 보여주었던 밀그램의 실험을 기억할 것이다.[49] 우리는 밀그램의 연구를 근거로, 사람들을 잇는 연결고리가 개인들보다는 '극소 환경 micro-milieu'으로 구성된다는 점을 지적할 수 있다. 밀그램의 실험에서처럼 앞서 살펴본 사례에서도 정보는 순환한다. 즉 정보는 작은 노드 node에서 작은 노드로 전달되며,

종종 링크 속에는 더 중요한 결절점이 존재한다. 이는 경우에 따라 술집, 카페, 유명 대학의 실험실, 교회 등이 될 수 있는데, 사실 어디인가는 그다지 중요하지 않다. 이 결절점에서는 받은 정보를 구조화하고 수정하고 쓸데없는 부분을 제거하고, 야비한 무언가를 살짝 보충해 집어넣은 뒤 다음 노드로 전달한다. 결국에는 이 정보에 연관된 개인은 중요하지 않게 된다. 하물며 정보를 전달한 사람은 더 말할 것도 없다. 즉 이 사람이나 저 사람이나 모두 특수한 '구조적 효과'의 호환 가능한 점들일 뿐이다. 따라서 아무도 정보나 뒷담화에 책임을 지지 않는다.(즉 그것에 대해 답하지 않는다.) 이 정보나 뒷담화는 시류를 따라 퍼져나가면서 허약하기 그지없는 명망을 높였다가 곤두박질치게 만든다. 세상의 영광은 이렇게 지나간다 Sic transit gloria mundi.

여기 제시한 사례들은 물론 무언가를 가리키는 지표에 불과하지만, 어쨌든 이 사례들이 강조하는 바는 네트워크 구조의 비자발적이고 비능동적인 측면이다. 네트워크 구조는 강제된 것, 적어도 선先강제된 것이라 말할 수 있다. 그러므로 이 구조의 주역들도 마찬가지의 특성을 지니게 된다. 즉 그들은 정보를 생산해낸다기보다는 오히려 정보에 영향을 받는다. 우리가 판단하는 정신을 잠시 잊어버린다면, 그리고 이 정신에 경멸적 함의를 부여한다면, 이는 혼돈에 관한 디오니소스적 은유를 가리키게 된다. 즉 사물, 사람, 표상은 근접성의 메커니즘에 따라 서로 조응한다. 이런 방식으로 연쇄적 전염에 의해 이른바 사회적 실재가 만들어진다. 일련의 다양한 겹침과 교차를 통해 네트워크들의 네트워크가 구축된다. 여러 요소가 서로 연관되면서 복잡한 구조를 형성한다. 그렇지만 거기서 기회와 우연, 현재는 결코 무시할 수 없는 부분을 차지하게 된다. 이것이 우리가 잘 아는 우리 시대의 불확실하고 우발적인 측면을 초래한다. 그렇다고 해서 이것이 새로운 형식의 연대와 사회성의 기반으로 사용되는 유기성, 현재 작동하고 있는 이 견고한 유기성의 존재를 막을 수는 없다.

분명 새로운 형식의 연대와 사회성은, 자기 자신의 주인이 되는 개인 및 끊임없이 전진하는 진보에 기반을 둔 개발 이데올로기와 아무 상관이 없다. 즉 그것은 선형적 전망 속에 혹은 고립된 원자들의 병렬로 구축된 물리학 속에 포함되는 모든 것과 아무 상관이 없다. 다른 영역에서와 마찬가지로, 진정한 코페르니쿠스적 혁명이 일어나려면 시간이 필요하다. 천체 공간에 국한되지 않고 분산된 사회 세계의 특수한 진화와 회전/혁명을 잘 보여주는, 새로운 『천체의 회전에 관하여』(코페르니쿠스)를 써야 옳을 것이다. 이렇게 해서 네트워크들의 네트워크는 더이상 다양한 요소가 더해지고 병치되는 공간, 사회적 행위들이 분리의 논리에 따라 정렬되는 공간을 가리키지 않고, 오히려 이 모든 요소가 다각화되고 변덕스러운 윤곽을 지닌 변화무쌍한 모습을 만들면서 변화하고 증식하며 확산하는 공간을 가리킨다.

아마도 이것은 베르크가 말한 '면面적 공간espace aréolaire'에 견줄 수 있을 것이다. 이 공간은 점들의 연속으로 규정되는 선적 공간과 반대되는 것으로, 평면과 관계가 있다. "선적 공간이 외인성이라면, 면적 공간은 차라리 내인성일 것이다."[50] 베르크가 일본에 적용했던 이 주제를 좀더 확대해 적용해볼까 한다. 이 '면 연구aréologie'[본래 의미는 태양계의 '화성 연구']와 상관관계가 있는, 맥락에 대한 강조는 지역적인 것 혹은 근접성의 효력을 더 명확하게 규정할 수 있게 도와준다고 가정할 수 있다. 내가 앞에서 정식화한 대로 외연ex-tension은 '내포in-tension'에 자리를 내준다. 그때부터 우리는 네트워크 논리를 다소 인과론적인 메커니즘으로, 혹은 연속적 정보의 총합으로 해석하는 대신, 전체론적 방식으로 접근해 그 논리를 분화된 평면들의 조화로 평가할 수 있다. 복잡한 사회의 틀 속에서 각 구성원은 더 넓은 맥락 속에서만 의미를 갖는 일련의 경험을 하게 된다. 각자는 다양한 부족—서로 관련 있는—에 참여하면서 자기 안에 내재된 다양성을 경험할 수 있을 것이다. 자신이 가진 여러 가지 '가면들'은 서로 얼마간 갈등을 일으키면서 정리되어가고, 그를 에워싸고 있는 다른 사람들의 '가면들'과 조화를 이루어간다. 말하자면 이것이 네트워크의 형태학을 설명할 수 있는 방식이다. 이는 '액자 구조'[미장아빔 mise en abyme] 그림처럼, 아무리 작고 하찮은 것들이라도 모든 요소를 돋보이게 하는 구성인 것이다.

여기서 내 중심 가설을 다시 떠올린다. 점점 더, 부족과 대중 사이에는 끊임없는 왕복운동이 있다는(있으리라는) 것. 혹은 한정된 모태 속에서 다양한 인력의 축들이 결정화하고 있다는 것. 이런 이미지들 중 무엇이 되었건 간에 그 속에는 결집의 접합제—경험, 체험, 감각적인 것, 이미지 등으로 불릴 만한 것—가 있고, 이는 근접성과 정감적인 것(혹은 감정적인 것)으로 구성된다. 면으로 된 것, 미세한 것, 일상적인 것이 가리키는 바가 바로 이것이다. 이렇게 네트워크들의 네트워크는 건축적 구조로 나타나며, 이를 구성하는 요소들에 의해서만 유효하다. 사회학자 트뢸치의 유형학類型學을 참고하자면, 네트워크가 초래한 사회성은 비의적 유형에 속할 것이다.[51] 이 용어는 현대적 '연결'을 지배적인 것으로 규정한다. 우리는 거기서 모호한 것, 유동적인 것, 경험, 감정적 체험을 재발견한다. 내가 이 책의 분석에서 내내 강조하고자 했던 모든 것은 개별적 모나드를 넘어서고 집합적 감정을 강화한다. 인간사에서 일어나는 통상적 단락短絡에 의해서, 포스트모던적 사회성은 최소한 시대에 뒤떨어진 몇몇 가치들을 되살려내는 것처럼 보일 수 있다. 부르주아의 기념비적 특성, 그 제도적 표현, 기투에 대한 관심에 의거해본다면, 문제가 되는 것은 '시대에 맞지 않는' 가치들이다. 그럼에도 불구하고 이 가치들은 꽤 현실적이며, 조금씩 사회적 집합체 전체로 확산되고 있다.

네트워크의 패러다임은 이렇게 공동체의 고대 신화를 다시 현실화하는 것으로 이해할 수 있다. 여기서 신화란 실제로는 결코 존재하지 않았던 무언가가 현재의 상상계 속에서 효율적으로 작동한다는 의미다. 따라서 이 작은 부족들의 존재는 한시적으로 현실화되긴 하지만 그럼에도 계속 지속될 것처럼 보이는 정신 상태를 만들어낸다. 여기서도 비극적이고 순환적인 회귀를 보아야 하는가? 그럴 수 있다. 어쨌거나 이는 '장소'와 '우리'를 연결하는 수수께끼 같은 관계를 재사유하도록 강제한다. 이것은 반드시 제도화된 지식의 옹호자들을 자극할 수밖에 없으며, 굴곡지고 불완전한 매일매일의 삶은 진정한 '일상적 앎co-naissance'[함께 태어남], 즉 섬세한 마키아벨리가 '공공장소의 사유'라 불렀던 것을 확산시킬 수밖에 없기 때문이다.

그레스삭과 파리에서,
1984~1987년

부록

공공장소의 사유

1. 두 개의 문화

'야생의 사유'가 존재한다는 것은 이제 기정사실이 되었다. 원시 사회와 접촉해 얻은 경험에 힘입어 인류학은 현대 사회의 일상생활, 가령 '기업 문화', 혹은 분석적 노력을 기울이기엔 너무 가까이 있어 보였던 영역으로 시선을 돌리고 있다. 다른 문화의 존재, 즉 공통 감정의 존재를 인정하기 시작한 지식 문화 쪽도 사정은 마찬가지다. 우리는 이러한 문화가 출현했다는 데 동의할 수 있다. 이를 입증하는 연구도 많다.[1] 그렇지만 이 두 문화 사이에, 때로는 결코 뛰어넘을 수 없는 단절이 있다는 사실에는 변함이 없다. 물론 그 차이를 극복할 방법을 모색한다거나 그 차이가 일상적 실천의 영역과 지식의 영역에 가져올 실제 결과를 부정할 생각은 전혀 없다. 오히려 그 결과를 제대로 제어하기 위해서는 차이를 인정하는 편이 더 낫다. 관건은 두 문화가 초래하는 역설적 긴장을 살아내는 것이다. 이 긴장은 다음과 같이 요약할 수 있다. 희미해져가고 일회적이며 한시적인 차원에 속한 것을 어떻게 사유의 관점(이렇게 말할 수 있다면, 일반적 관점) 속에 통합할 것인가. 이것은 바로 '일상적 앎'의 문제로서, 이때의 지식은 자신의 성찰적 관심을 결코 잃지 않고 자신의 자연적 토대, 즉 기반이 되는 사회성에 가장 가까이 머물려는 지식을 의미한다.

사방에서 이 자연적 토대와 연관된 다양한 문제들이 떠오르고 있다. 우리는 유명한 선례를 본떠 이를 '자연Nature의 문제'라 부를 수 있다. 그러나 움브리아의 동굴들*에서 아르데슈 공동체†까지 '성 프란체스코회'의 주제였던 것과 반대로, 자연의 문제는 더이상 틀에 박힌 용어로 제기되지 않는다. 이제는 한쪽에 문화가, 다른 한쪽에 자연이 있는 것이 아니다. 이 확고한 이분법이 초래하는 모든 결과도 함께 고려해야 한다. 중요한 결과는 바로 자연의 축이 지속적으로 상대화된다는 점이다. 다양한 모습으로 변조—민중적, 민속적, 상식적 변조 등—하면서, 자연의 축은 대체로 주변화되어 있었다. 기껏해야 자연의 축은 우리가 넘어서야 하는 단계, 늘 다시 태어남으로써 완전히 없애버리는 편이 좋은 인류의 유년기로 간주되었다. 지적 사유는 이 과제에 전념해야만 했다. 오늘날 겨우 가시화되고 있는 자연의 축과 문화의 축이 만들어내는 시너지를 증명하거나 최소한 지적하기에 앞서, 무엇보다도 대중적 사유(신화의 차원이든 일상의 차원이든)에 대한 변함없는 불신과 경시의 태도를 간략히 분석해보는 것이 좋다.[2] 이렇게 거꾸로 추론하는 것이 우리 논의에는 더욱 이로울 수 있다.

질베르 뒤랑의 개념을 다시 빌리자면, 문화의 축과 자연의 축 사이의 '인류학적 도정'(베르크라면 '도정성trajectivité'이라 불렀을 것이다)은 이미 오래전에 중요한 문제로 제기되었다. 가령 카발라[유대 신비사상] 전통에서는 '인식의 나무'와 더불어 '생명의 나무'가 문제시된다. 숄렘에 따르면, 이 두 나무가 분리되면서 악이 세계 속으로 침입해버렸다.[3] 은유적인 방식으로, 우리는 바로 여기에 삶과 철학의 분리의 근원, 즉 삶과 철학의 근본적 대립 및 철학이 삶의 풍부한 경험을 통합해내지 못하는 이유가 있다고 말

* 성 프란체스코와 그의 동료들이 은거하던 움브리아 지방 아시시의 동굴들을 가리킨다.

† 생태 농업의 개척자인 피에르 라비가 프랑스 남부 아르데슈에 세운 농업 공동체.

할 수 있다. 일찍이 우리는 '철학적-합리주의적' 문화와 '민중적-신화적' 문화 사이에 중대한 구별이 나타나기 시작하는 것을 보았다. 이 구별은 인류의 기나긴 여정 속에서, 하나의 실마리처럼 규칙적으로 발견된다.[4] 여기서 그 역사를 개괄할 수는 없지만(물론 그럴 만한 가치가 있긴 하다), 서로 대립하기 마련인 다양한 '인식의 관심사들'(하버마스)이 존재한다는 사실만 강조하도록 하자. 이와 더불어 대중의 감성은 언제나 학자들의 불만을 야기했다는 사실도 강조할 수 있다.

이는 삶을 설명하고(평평하게 만들고) 지배하려는 사람과 항상 설명을 비껴가려는 삶 그 자체 사이에 존재하는 고대의 역설과 연관된다. 전자의 감성은 구별짓기 및 그뒤를 잇는 분석적 사고로 움직인다. 반면 후자의 감성은 세속적 소여의 여러 요소를 포괄적으로 파악하고 결합하기를 선호한다. 역사학자들과 사회학자들은, 막스 베버가 내세운 자본주의 정신과 프로테스탄티즘 사이의 연관성(이상형)에 대해 자주 반론을 제기했다. 사실 프로테스탄티즘은 이 책에서 말하는 부르주아주의의 핵심 특징들을 양식화한 것이다. 특별히 부르주아주의의 에피스테메와 관련해서 말이다. 이 에피스테메의 특징은 분리하는 사고방식을 합리적이고 체계적으로 적용해 (사회적, 자연적) 본성을 제어하는 데 있다. 이 분리하는 사고방식은 프로테스탄트 운동과 관련한 로제 멜의 언급으로 요약할 수 있다. 즉 "가톨릭 사유를 특징짓는 것"과는 달리 프로테스탄트 운동은 "결합 거부를 통한 단절"로 전진한다.[5] 이런 의미에서 부르주아주의와 그 프로테스탄트 이데올로기, 그리고 이 둘을 매개하는 앵글로색슨적 가치는 구별과 분리의 논리를 부추겨 극단적인 결과에 이르게 했다. 좋건 싫건 이 모든 것이 모더니티를 특징지었다. '존재에 앞선' 합리적 질서의 논증을 특권화하면서, 모더니티는 실재의 질서를 '보여주는 법'을 잊어버렸다. 이 실재의 질서는 대단히 복잡한 것이어서, 근대의 사유는 매우 빈번하게도 이를 제대로 이해하지 못했다. 러시아 민중주의를 연구한 한 역사가가 지식인들에게 했던 경고("추상, 사변, 수입된 개념 따위로 민중을 끌고가려 하지 말아야 한다. 다만 스스로 있는 그대로의 민중에 적응하도록 하라……"[6])가 바로 그 증거이다. 그러나 당위의 논리에서 체화된 논리로 이행하는 것은 쉬운 일이 아니다. 지적 문화의 기반이 되었던 평범한 것, 일상적인 것, 일상생활에 대한 불신, 온갖 정치적 경향이 뒤섞인 채 사회적 실재에 관한 수많은 분석을 은밀하게 부추기는 이 불신을 안다면 말이다.

2. 민중의 행복으로

이제 지난 십여 년 전부터 수많은 분석의 대상이 되어왔던 오래된 문제로 되돌아가고자 한다. 그것이 유행이 아니던 시절에도 나는 이 논쟁에 기여했다. 어쨌거나 언제나 민중에게 외부로부터 자기 고유의 의식을 가져다주는 것이 바람직하다고 여겼던 것을 상기해보자. 레닌주의는 이 관점을 잘 정식화했고, 지식인들 가운데 이 영향력에서 벗어났던 사람은 거의 없었다.[7] 오늘날에도 여전히 자연발생적 사회학, 선별되지 않은 것에 관한 사회학을 불신하는 사람들은 그와 동일한 철학, 즉 개념의 차원에서 해결되지 않는 것에 대한 불신, 어쩌면 심지어는 체험 그 자체에 대한 불신에서 영감을 얻는다.

우리는 "민중은 자신이 무엇을 원하는지 모른다. 오직 군주만이 그것을 안다"는 헤겔식 주장을 기억한다. 그런데 이 군주의 전유물은 점차 정치적인 것의 논리를 사고하는 사람들, 즉 보편적인 것을 전달하고 집단 책임의 기초를 세운 지식인들에게 이양되었다. 과거에 법이나 개념의 장엄한 행진을 공포했던 정신의 군주들에서부터, 이 군주들과 어렴풋이 겹쳐 보이는 미디어의 정찰병인 오늘날의 역사가들에 이르기까지, 그 메커니즘은 동일하다. 그것은 어디서건 어떤 상황에서건 '보증을 하고' '책임을 지는' 일과 연관된다. 이런 점에서 지식인의 논설에서든 다수의 언론 기사나 인터뷰에서든, 도덕적 관심이 여전히 수많은 지적 분석의 토대로 남아 있음은 분명한 사실이다. 이런 자연적 경향을 거부하는 자들은 유미주의자라는 불명예스러운 분류 항목에 들어간다!

이런 의미에서 민중의 우매함과 백치상태, 한마디로 말해 특수주의particularisme에 대한 민중의 집착을 경멸하는 표현들을 나열해보면 교훈적일 것이다. 레닌이 "인민대중의 삶에 대한 옛 러시아 귀족"의 불신을 몸소 지녔다고 평했던 고리키부터, 사르트르가 사람들은 모든 사물이 가진 좋은 점을 볼 수 있지만 민중은 "언제나 나쁜 점에 주목한다"고 했던 바로 그 민중에 이르기까지, 자신의 비판적 '선험' 때문에 '근접성'의 질서를 통해 삶의 질을 만들어내는 가치들을 제대로 이해하지 못하는 사람들은 아주 많다. 이런 태도는 폴 발레리가 했던 한 가지 농담으로 요약할 수 있다. "정치는 감각들을, 그 감각들과 관련된 것에서 떼어내는 기술이다."[8] 실제로 방금 다루었던 이 몰이해는 멀리 있는 것, 기투, 완벽함, 한마디로 말하자면 마땅히 어떠해야 한다는 당위에 전념하는 도덕-정치의 논리를 띤다. 반면 우리가 더 나은 이름이 없어 부득이하게 민중 혹은 대중이라 부르는 이들의 특성은 가까이 있는 것, 구조적으로 이질적이고 괴물 같은 일상에 전념한다. 즉 한마디로 그들은 [어떠해야 한다고] 명령을 내릴 수 없는 존재의 한가운데 있고자 한다. 여기서 무엇이 되라는 것을 거의 의도적으로 거부하는 민중의 태도가 발생한다.

이 점을 감안해 나는 지하의 중심성이라는 은유를 제안했다. 이는 목표가 설정되지 않은 채 고유한 특수성을 가지고 있는 사회 현상이 많다는 사실을 강조하기 위한 것이다. 이렇게 해서 나는 신부족주의라는 가설을 공식화한다. 즉 다양한 형태의 대중 속에는, 사회 분석가들이 습관적으로 표명하는 동일성의 명령과 예측에서 벗어나는 수많은 소집단이 존재한다. 물론 그렇다고 해서 이 부족들이 의심의 여지가 없다는 것은 아니다. 그럼에도 그들의 문화가 존재한다는 것은 여전히 사실이다. 하지만 부족들 및 부족들의 문화는 당연히 정치-도덕적 질서 속에 결코 포함되지 않는다. 그런 [정치-도덕적] 범주에서 출발해 이루어진 분석은 아무것도 설명하지 못하거나, 불행하게도 그보다는 더 자주 아무것이나 장황하게 떠들어댄다. 내가 이미 말했듯, [어떠해야 한다고] 명령을 내리는 것은 불가능하다. 하물며 아무리 최종 심급의 규정이라 해도 이렇고 저런 규정으로 사회성을 환원시키거나 단순화시키는 것은 모두 불가능하다. 우리는 아주 흥미로운 순간을 살고 있다. 이는 경험의 중요성이 커지면서 다원적 앎을 요청하는 순간이고, 선언적選言的 분석, 분리의 기술 및 개념적 선험론apriorisme이 참여, 묘사, 삶의 이야기, 집단 상상계의 다양한 표명 등을 통합할 줄 아는 복잡한 현상학에 자리를 내주는 그런 아주 흥미로운 순간이다.

삶을 고려하는 이런 절차는 현대의 우글거림을 표현할 수 있어야 한다. 내가 이미 말했듯, 이는 정신을 포기하는 것과는 아무 상관이 없다. 오히려 그 반대이다! 사실 이렇게 함으로써 우리는 오늘날 작동하고 있는 특별한 질서를 발견할 수 있다. 따라서 논리적 생기론이 사회성의 생기와 교감하게 될 것이다. 달리 말하면, 정념(혹은 혼란)의 논리가 우리에게 익숙한 정치-도덕적 논리를 계승할 것이다. 우리는 "Ou kairoi alla kurioi" (PG 25, 252C)라는 성 아타나시우스의 경구를 알고 있다. 이 말은 [중요한 것은] "여기 나타나 있는 것이 아니라, 신들"이라고 옮길 수 있다. E. 마르티노는 이 경구를 "Ou kurioi alla kairoi"라고 뒤집어서 제시했다. [중요한 것은] "위로 솟은 권위들이 아니라, 거기에 있는 것", 즉 공동으로 경험하는 기회, 순간이라는 의미다.[9] 우리는 이 도치된 경구에서 우리 시대를 이해하는 데 도움이 될 만한 것을 도출해낼 수 있다. 종교적이거나 세속적인 단일가치들은 이미 낡았다. 지금 우리가 다루는 부족들은, 다양한 종류의 지배적 심급보다는 흘러가는 시간과 그 고유한 가치, 지금 펼쳐지고 있는 기회들에 더욱 주의를 기울일 수 있다. 이 기회들은, 더 우발적이고 더 잠재적임에도 불구하고 여전히 실제적인 질서를 결정한다. 이것이 바로 지하의 중심성이 제시하는 쟁점이다. 즉 내부의 질서 혹은 역능에 기반하고 있고, 어떤 목표가 미리 정해져 있지 않으며, 우리가 반드시 고려해야 하는 내재적 힘을 가지고 있는, 분화된 건축적 구조를 이해할 줄 아는 것.

내가 방금 지적한 이런 접근방식에서 나온 생기론은 무로부터의 창조가 아니다. 문제는 반드시 규칙적으로 다시 나타나고 일관된 성과를 이끌어내는 하나의 관점이다. 근대의 몇몇 중요한 인물들의 이름을 들자면, 쇼펜하우어의 '생의 의지', 베르그송의 '생의 약동', 짐멜의 생의 사회학Lebensoziologie, 레비스트로스의 '모호한 의지'를 참고할 수 있다. 이 각각의 경우에서 강조점은 결합 시스템에 놓여 있다. 혹은 현재 유행하는 단어를 사용해본다면, 강조점은 사회 전체의 다양한 문화적, 사회적, 역사적, 경제적 요소들의 시너지에 놓여 있다. 이 결합은 현재의 중대한 사회학적 특징들과 합치되는 것처럼 보인다. 우리는 객체 혹은 목표가 지배하는 세계를 구분하고 분리하고 제한할 수 있다. 그럼에도 또한 내가 '삶의 귀환'이라 부르려는 것과 마주치게 될 것이다. 우리는 여기서 막스 베버가 이해Verstehen라는 개념으로 잘 정식화한 유명한 주제를 다시 만나게 된다. 우리는 이 개념이 앎과 일상적 삶 사이에서 하는 중재 역할을 강조할 수 있었다. "이해라는 개념은 신비로움과 함께 창조되었다. 그러나 이 신비로움에도 불구하고, 역사적이거나 사회학적인 이해가 일상적 삶의 이해와 근본적으로 다르다고 가정할 이유는 없어 보인다."[10] 사실 이해라는 개념은, 직접적이고 직관적이며 동시에 포괄적인 앎에 기반하고 있다는 의미에서 분명 신비로운 점이 있다. 이 개념은 분석적 계기가 갈라놓은 다양한 요소를 모으고 함께 보존한다.

이 신비로운 용어[이해]를 가장 넓은 의미로, 즉 어떻게 사물들이 함께 머물러 있는가를 이해하고자 애쓰는 용어로 받아들이자. 이는 어쩌면 역설적인 방식일 것이다. 그러나 모든 사회의 특징인 갈등적 조화가 바로 여기에 놓여 있다. 한마디로 무언가가 존재하도록 만들어주는 세계의 풀이다. 사르트르의 비판적 정신과 마주해서, 모든 것에서 작동하는 좋은 점을 보고 느끼고 말하는, 이런 종류의 민중의 놀람은 신비롭다. 분열적인 '아니오'에 긍정적인 '예'가 대립한다. 분리 절차는 개체화 원리와 짝을 이룬다. 구별하는 비판적 개인은, 구별되는 동일한 개인이다. 아도르노의 모든 저서는 이 전통에 속하지만, 그는 명석하게 "그 누구도 엘리트적 거만함으로, 자기 자신도 어느 한 순간에 속하게 되는 대중과 대립할 권리가 없다"고, 혹은 "나라고 말하는 것은 이미 불손하다"[11]고 지적했다. 사실상 대중의 담론을 고려하는 이해가 갖는 신비로운 태도는 사실 이해 특유의 한 가지 표현일 뿐이다. 이런 방식으로 우리는 다음과 같이 훌륭하게 말할 수 있었다. "우리의 관념은 모든 사람의 머릿속에 있다." 문제가 되었던 외재성과 반대로, 이해는 총체성을 인정하고, 그 자신이 바로 이 총체성의 내부에 위치한다.

이는 상호작용—커뮤니케이션의 상호작용이건 자연적, 우주적 상호작용이건 간에—을 중시하는 특별한 분위기와 관련된다. 앞서 출간한 책에서 나는 우리 학문의 방식으로 상응과 유비를 제안하면서, 아무것도 중요하지 않기 때문에 모든 것이 중요해진 세계에서 총체적 관점이 갖는 타당성을 강조했다. 이 세계에서는 가장 큰 것부터 가장 작은 것까지 모든 요소가 서로 상응한다. 이는 마치 단색화처럼 사회적 삶이 서로 겹쳐져 있는 경험, 상황, 현상—이 현상, 상황, 경험은 유비적으로 서로를 참고한다—의 감지하기 힘들 만큼 미세한 변화에 기초해 있음을 드러내주는 것과 관련된다. 이유를 찾고 설명하지는 못해도 그런 비규정성을 기술하는 것은 가능하다. 이를 위해 베르크는 자기 나름의 방식으로 '메디앙스'*라는 개념을 사용한다. 이 개념은 분위기(환경)라는 의미를 함축하며, 방금 논한 바 있는 다양한 형태의 반향을 인정한다. 객관적인 것에서 주관적인 것으로, 공생의 추구에서 은유적 절차로의 왕복운동. 더 분명히 하자면 우리는 이 기억장치 안에서 서로에게 전염된다고 말할 수 있다. 이 모두는 한편으론 외부의 시선을, 다른 한편으론 이런저런 개념적 및/혹은 이성적 단일가치를 무효로 만들지는 않지만, 적어도 그것들을 상대화한다.[12]

3. 내부의 질서

사회 세계를 설명하는 이성적 단일가치를 넘어서는 일은 추상적 과정이 아니다. 그것은 사실 이 세계의 이질화, 혹은 이른바 사회적 생기론과 긴밀한 관련이 있다. 르낭에 따르면, 고대의 신은 "좋지도 나쁘지도 않다. 그는 힘이다."[13] 교화하는 것과 아무 상관없는 이 역능은 다양한 특성을 통해 표현된다. 우리는 이 특성을 가장 강한 의미에서 이해해야 한다. 이 특성은 모두 광범한 세속의 교향곡 속에서 자기 자리를 차지하고 있다.

다원화하는 현상은 사회적 사유가 단일 차원적 학문의 울타

* médiance. 한 사회가 주어진 공간, 자연, 역사의 시간 등과 맺는 관계를 지칭하며, 일본 철학자 와쓰지 데쓰로의 풍토風土 개념에 착안해 베르크가 정립한 개념이다.

리를 부서뜨리도록 만든다. 이것이 바로 막스 베버의 가장 중요한 가르침이다. 즉 가치의 다신교는 인과적 다원론에 호소한다. 내가 앞서 지적했듯, 19세기에 부과된 개념적 도식 속에서는 어떤 하나의 가치가 좋은 것으로 인정받았고, 이런 의미에서 지식인은 보편적인 것이 어떻게 해서든 법과 같은 효력을 갖도록 만드는 것을 목표로 삼았다. 이것이 바로 정치-도덕적 관점이다. (갈등을 일으키며) 시장을 공유했던 몇몇 이데올로기는 이와 동일한 메커니즘으로 작동했다. 그러나 전적으로 대립하는 가치들이 침입할 때는 그대로 있을 수 없다. 이 침입은 이런 도덕, 저런 정치의 이해 범위에 미묘한 차이를 만들면서 보편주의자의 주장을 상대화한다.

이런 상대주의가 반드시 나쁜 것은 아니다. 어쨌거나 존재하고 있으니, 그것을 인정하는 편이 더 낫다. 그 결과들을 잘 이해하기 위해, 우리는 피터 브라운의 표현을 빌려 "'유신론'과 '다신론'이라는 사유 방식들 사이의 항구적 긴장"[14]이 인류 역사를 관통한다는 사실을 떠올릴 수 있다. 나라면 이들 사이에 존재하는 항구적 균형이라고 말할 것이다. 소로킨이 문화적 집합들을 대상으로 잘 설명했던 포화의 법칙에 따르면, 정치적 조직, 개념적 시스템, 도덕적 표상 등의 용어로 통합하는 것을 특권화하는 패러다임이 있고, 반대로 동일한 영역 속에서 분열, 흥분, 군집 등을 특권화하는 패러다임이 있다. 전능하고 홀로 존재하는 순수한 정신인 신에서부터, 무절제하고 다수이며 육체를 지닌 우상에 이르기까지. 하지만 '다수'에서 '단일'로의 변화만을 고려하는 단순한 선형주의와 반대로, 인류 역사는 사회적 표현의 이 두 가지 방식 사이를 오가는 수많은 사례를 제공한다.

이 현상을 제대로 조명한 훌륭한 연구도 많다. 뛰어난 신화 감식가인 질베르 뒤랑은 기독교조차 일신교적 비타협성 속에 있는 혼합적 토대 없이는 이해 불가능함을 잘 보여주었다.[15] 그리고 우리 시대에도 여전히 당파의 발전, 영적 은사주의恩賜主義, 자선 행사, 기초 공동체, 다양한 형태의 미신 등은 오래된 이교적, 민중적 기반을 지닌 표현으로 해석될 수 있다. 이런 기반은 민중종교 속에서 그럭저럭 존속하면서, 대단히 오랜 세월 동안 교회 제도가 만든 통합의 방벽을 깨뜨린다. 사실 흥미롭게도 교리나 조직의 통합적 측면은 교회 제도가 겉으로 보이는 만큼 견고하지 않다는 것, 그리고 언제나 분열할 수 있고 어디까지나 한시적임을 보여준다. 이런 점에서 교회의 다양한 분열이나 이단은 이 현상의 좋은 사례가 된다. 단일가치적 입장의 가장 견고한 버팀목으로 차후에 밝혀진 교리들은, 다원주의가 구축되는 시기가 오면 바로 그 다원주의의 가장 견고한 받침대로 바뀌게 된다. 그 교리들이 불관용에 대립하고, 미지의 것에 맞서며, 자유에 대한 욕망에 기반하고 있기 때문이다. 이런 식으로 청년기 루터에 정통한 [스트라스부르 대학의] 스트롤 학장을 따라, 우리는 루터가 육안으로 보이는 교회 제도에 "증인들을 매개로 움직이는 보이지 않는 교회"[16]를 대립시켰던 것을 볼 수 있다. 여기서 루터는 성도들의 교제 속에서 신비롭게 결합하는 지역 단위의 작은 모임들로 이루어진 에클레시아[교회]의 본질을 재발견했다고 말할 수 있다. 루터가 볼 때 기존의 확고한 교의를 관리하는 교회 제도에 대립하는, 제도화하는 힘이 존재하며 그것이 가장 중요하다. 권력 대 역능.

흥미롭게도 교회에 대한 이 다원적 통찰의 필연적 귀결은 완고한 스콜라철학과 단절하는 지적 브리콜라주*이다. 루터는 "아리스토텔레스 학설과 성 아우구스티누스 학설의 원칙에 개의치 않으면서 그 학설의 단편들을 결합하는 법"을 배웠다. "그는 생소한 원칙에서 유래한 것이지만 자신의 원칙으로 흡수할 수 있는

* bricolage. 레비스트로스가 부족사회 특유의 지적 활동을 지칭하기 위해 사용한 용어. 전통적 요소들 혹은 과거의 지적 산물들을 능동적으로 새롭게 응용하여 현실에 적용하는 기술을 말한다.

관념이라면 쉽게 채택할 수 있었다…….” 루터의 사례는 이 두 가지 측면에서 의미심장하다. 왜냐하면 루터주의의 승리는 민중적인 것의 특징인 다원주의적 기반을 직관적으로 파악한 데서 기인하기 때문이다. 게다가 스트롤은 다른 무엇보다 “민중의 아들” 루터 “그 자신도 민중의 장점과 단점을 지니고 있었다”[17]고 강조했다. 이런 주장에 대한 책임은 당사자에게 맡겨두자. 분명한 사실은 그 시대에 루터를 열정적으로 따랐던 민중 계층은 그에게 속았던 것이 아니다. 그의 가르침에서 논리를 이끌어낸 민중 계층은, 루터가 재상vizir 대신에 그 자신이 재상이 됨으로써 자기 목적을 달성한 후 하층민의 무질서를 진압하기 위해 기독교 귀족에게 호소할 때까지 기성 권력에 대해 반란을 일으켰다. 그런데 이는 또 다른 이야기, 즉 ‘엘리트들의 순환’에 관한 이야기다!

무엇보다 중요한 것은, 단일성unité에 저항하고 전형적이거나 조직적인 일차원성에 저항하는 사회적 기반이 존재한다는 점이다. 대중화의 과정과 대중 내부의 가치 분열이 동시에 관찰되는 순간에 이 기반은 기능적으로 제 모습을 드러내는 듯하다. 방금 종교개혁과 관련해 이를 설명했는데, 르네상스에 대해서도 마찬가지로 말할 수 있다. 르네상스에 정통한 위대한 역사가 야코프 부르크하르트의 지적대로 이 시기에는 “서로 다른 사회 계층들의 혼합”이 일반적 경향이었지만, 그와 함께 교리, 예술, 사교, 정치 구조화 등 모든 영역에서 생기론의 폭발을 목격하게 된다. 새로운 사회적 여건을 만들고, 또 그에 관한 새로운 형식의 해석을 요청하는 흥분 말이다. 뒤르켐은 프랑스혁명과 관련해(그 종교적 측면을 강조하면서), 그리고 좀더 일반적으로는 “유일한 숭배의식으로 환원되지 않고, 어떤 자율성을 부여받은 숭배의식들의 체계로 구성된”[18] 모든 형식의 종교와 관련해 이 점을 지적했다.

이런 몇 가지 사례와 인용에서 두드러지는 점은, 사회가 복잡한 절차를 요구하면서 스스로 복잡해지는 순간들이 있다는 것이다. 화려한 바로크가 정화된 고전주의의 뒤를 이을 수 있다. 고전적인 것이 선형적, 시각적, 폐쇄적, 분석적이고 명확한 분석이 가능하다면, 변화하는 성질을 지닌 바로크적인 것은 복합적, 개방적, 종합적이고 상대적 어둠, 혹은 최소한 명암의 대조효과에 기반한 접근을 강조한다. 하인리히 뵐플린[19]이 예술사와 관련해 제안했던 이런 연구의 실마리는 인식론적 고찰에도 완벽하게 적용될 수 있다. 이때 강조점은 바로크에 해당하는 개념들의 집합에 주어질 것이다. 우리는 현재 생성중인 바로크적 사회성의 내적 전개 논리가 무엇인지 해독할 줄 알아야 한다. 거듭 말하지만, 지하의 사회성에 고유한 질서가 존재하기 때문이다. 이 내부의 질서는 분열과 전복, 흥분의 순간이면 어김없이 모습을 드러낸다. 그런데 이 순간은, 전문가들의 정밀한 분석으로도 포착할 수 없을 정도로 아주 조용히, 혹은 적어도 거의 눈에 띄지 않게 다가올 수 있다. "풀 한 포기가 돋아나는 소리도 들을 줄 알아야 한다"*는 격언을 잊지 말라.

에른스트 윙거는 이집트인들이 쓴 글에서 출애굽에 대한 어떠한 암시도 발견하지 못한다고 날카롭게 지적했다.[20] 출애굽은 이집트 내부 정치에서 그리 대단한 역할을 하지 않았다. 그럼에도 우리는 별로 중요하지 않은 이 노예들의 탈출을, 우리 역사의 기반이 되는 신화적 구성 속에서 역사의 귀결인 것처럼 생각한다. 이런 식으로 별로 중요하지 않아 보이는 것, 무심코 지나치는 것, 주변적인 것으로 간주하는 것이 한편으론 [역사의] 주역들이 실질적으로 집중하는 장소가 되고, 다른 한편으론 사회적 변화에 중대한 결과를 초래하기도 한다. 내가 말하고자 하는 질서는 이 현상을 염두에 둔 것이다.

* 마르크스는 자신의 동료에게 보낸 한 편지에서 "혁명가는 풀 한 포기가 돋아나는 소리도 들을 줄 알아야 한다"고 밝혔다.

우리는 이미 '물렁물렁한 배'[취약 부분], '관망적 태도', 책략 등의 개념을 통해 이를 분석한 바 있다. 나는 기권의 과정을 해명하고자 이중성duplicité이라는 범주를 제안하기도 했다.(『현재의 정복』) 그런데 이 테마는, 그 자체로도 미래 전망적인 이점을 가질 뿐 아니라 어떤 인식론적 가능성을 열어준다는 점을 알아두어야 한다. "너무나 보잘것없는 자신의 대표자들에게 붙들린 채 침묵하는 민중이 말하게끔 하려는"[21] 삶의 이야기들에 대한 J. 푸아리에의 지적도 완전히 이 관점에 속한다. 말하는 침묵이 존재한다는 사실을 인정하고, 그 침묵을 다그치는 것이 아니라 침묵의 풍부함이 온전히 살아나도록 해석해야 옳다. 이 침묵은 매우 빈번히 불화, 저항, 혹은 내적 거리의 형식이 되기 때문이다. 사물의 실증성만을 보려는 실증주의적 규범을 따른다면, 침묵은 비존재, 일종의 '마이너스'이다. 그러나 이런 태도와 반대로, 침묵의 절차는 한 가지 고유한 성질을 지닌다. 즉 삶의 중요한 기반이 되는 '무無'이다. 우리는 여기서 비실재의 특성들로 실재를 이해한다는 베버의 공식을 재발견한다. 사실 불투명성, 책략, 이중성, 침묵의 메커니즘, 명암이라는 범주는 다른 무엇보다 오랜 기간 사회성의 보존 혹은 자가생성을 보증해주는 생기론의 표현이다. 여기서 내가 앞서 말한 인식론적 쟁점이 발생한다.

침묵의 실천 뒤에서 제기되는 것은 생존의 문제로, 나는 이 문제를 다른 곳에서 다룰 기회가 있었다. 이때 생존은 강압에 짓눌리지 않고 그에 순응하는 적응 능력을 가리킨다. 거기에는 반드시 힘 혹은 역능의 문제가 있다. 이를 권력과 혼동해서는 안 된다. 생존의 사회학적 측면에서, 유대민족의 생존은 아마 내가 지금 보여주는 전략들을 가리킨다고 말할 수 있다. 즉 유대인들의 익살과 말장난, 그뒤를 잇는 침묵과 책략은 삶에 대한 유대인들의 크나큰 경의, 크나큰 사랑과 어깨를 나란히 한다. 이 현상을 놓치지 않고 강조했던 수많은 관찰자가 존재한다.[22]

그리고 이와 동일한 맥락에서, 우리는 말하라는 명령 및 '스스로 말하도록 하는' 치료법을 벗어나는 사랑의 관계만이 영속할 수 있음을 강조하면서, 일상생활에 대한 한 전쟁학자의 뛰어난 분석을 따라갈 수 있다.[23] 나는 일부러 대단히 넓은 스펙트럼 속에서 다양한 예시를 가져왔다. 이 예시들은 서로 아무 연관도 없지만, 어떻게 모든 사회성이 교제와 유보, 인력과 척력 등에 기반을 두고 있는지 잘 보여준다. 사람들은 교제와 인력만 너무 고려한 나머지 유보와 척력의 풍부함을 잊어버린다. 19세기부터 계승된, 모든 것을 이성에 회부하고 모든 것에서 이유를 찾으려는 관심 속에서 질레지우스의 아름다운 표현을 인용하자면, 우리는 "장미꽃에는 이유가 없다"라는 사실을 잊어버렸다. 인식론적 관점에서 보자면, 사회적 관계에서의 '말해진 것'을 너무 신뢰하다가 사회적 관계가 '말해지지 않은 것'에도 기반하고 있음을 잊어버린 것이다. 그런데 이런 비어 있음이 우리가 탐색해봐야 하는 보관소이다. "내 비밀은 나만의 것secretum meum mihi"이라는 고대의 지혜가 잘 표현하는 이 관점은 우리를 구체적 사회성의 기초 그 자체로 이끈다. 이 구체적 사회성은 우리가 가진 생각들의 단순한 반영이 아니라 자기 고유의 정합성을 지니고 있다. 이것은 학자적 지식으로는 용납하기 어려운 단순한 양식良識bon sens과 관련된 것으로, 분명 상대화된 것처럼 느껴지지만, 일상생활 속에서 그리고 사상들의 토론 속에서 규칙적으로 반드시 다시 나타나는 것이다.

4. 체험, 근접성, 유기적 지식

관습적으로 인정하는 것과 달리 거대 담론의 종말은, 사상적 지도자가 이제 존재하지 않는다는 사실에서 기인하지 않는다. 지적 연구의 질이 다른 시대보다 훨씬 더 나쁜 것은 아니다. 만일 지배적이고 멀리 떨어져 있는 이데올로기에 흥미를 잃었다면, 그것은 사람들이 가까이 있는 가치에 기반을 두고 있으며 매일 다양한 이데올로기의 탄생을 몸소 목격하기 때문일 것이다. 체험과 근접성. 존재의 구체성에 대한 이 감각은 이때부터 건강함의 표현으로, 고유한 생기의 표현으로 간주될 수 있다. 이 생기론이 어떤 의미로는 유기적 사유 및 이 사유에 고유한 특질들을 확산시킨다. 이때 유기적 사유에 고유한 특질들은, 내부로부터의 시선인 직관적 통찰력에 대한 강조, 상황의 다양한 요소에 대한 총괄적이고 전체론적인 파악인 이해에 대한 강조, 그리고 체험된 지식을 구성하는 것처럼 타인들과 함께 느끼는 공통 경험에 대한 강조 등이다. 이런 유기적 사유를 강조한 저자가 아주 드물기는 하지만 있다. 우리는 자연스레 빌헬름 딜타이를 참고할 수 있겠고, 또한 디오니소스적인 것과 그 촉각적, 감정적, 집단적, 결합적 측면을 중요시하는, 니체로부터 영감을 받은 모든 사유를 참고할 수 있다. 마찬가지로 상식이 은닉하고 있는 진리를 강조하는 조지 에드워드 무어와 그의 『상식에 대한 변호』를 인용할 수 있다. 무어는 "대부분의 철학자는 상식을 거슬러간다. 그럼에도 불구하고 그들은 일상생활 속에서 상식에 관여한다"[24]는 사실을 섬세하게 지적했다. 우리는 이 계보 속에서 유사한 연구 주제를 탐구했던 몇몇 저자를 인용할 수 있다. 예컨대 알프레트 슈츠, 피터 버거, 토마스 루크만과 함께 사회학적 현상학은 이런 관점의 주제와 인식론에 큰 관심을 기울였다. 사실 우리가 생기론이라 부를 수 있는 것과 '상식학sens-communologie'은 서로 연결되어 있다. 이 둘의 결합 덕분에 우리는 지금 여기hic et nunc의 내적 특질 및 현재주의—우리는 현재주의가 가진 풍부한 자원을 아직 다 조사하지 못했다—의 가치를 강조할 수 있다.

그렇다고 해도 지적 과정 속에서 좀처럼 승인하기 힘든 무언가가 있다는 점에는 변함이 없다. 지적 과정은 그 자연스러운 성향(구조적 중력?)에 의해 멀리 있는 것, 규범적인 것, 보편적인 법의 제정 등의 방향으로 이끌리기 때문이다. 우리가 '어떠해야 한다는 당위의 논리' 아래 포섭할 수 있는 모든 것이 바로 그렇다. 그리고 이 모든 경향은 혼재되어 있다. 우리는 다소 단정적으로, 모든 설명적 절차는 원심성을 띠고, 항상 분석된 대상 너머의 탐구를 모색한다고 말할 수 있다. 그 반대편에는 구심성을 띠는 이해의 과정이 있다. 이해의 과정은 아무리 사소한 대상이라도 진지하게 다룰 것이다. 각 대상은 그 자체로, 그 자체에 의해 분석될 것이고, 헛된 통합 속에서 자신의 안티테제를 지양하지 않을 것이다. 루파스코와 뒤랑이 처음 사용한 관점의 틀 속에서 우리는 "양립 가능한 모순의 논리"[25]를 말할 수 있다. 역사, 멀리 있는 것, 원심적 설명이 당위에 속하고, 신화, 가까이 있는 것, 구심적 설명이 양립 가능한 모순에 속한다.

공간의 중요성을 강조하는 이들이 사회적 앎의 범주들을 다시 사유하도록 촉구한다는 사실은 흥미롭게 들린다. 나는 특별히 오귀스탱 베르크의 연구를 떠올린다. 그는 한편으로는 어떻게 "거주자가 외부의 시선을 의식하지 않고 있는 그대로 사는지를" 보여주었다. 이와 관련해 그는 개인보다는 집합적인 것 위에서 유지되는 "면面 혹은 세포" 시스템이라는 가설을 정식화했다. 바로 이 가설을 가지고 베르크는 다른 한편으로 주체와 객체, 나와 타자 사이에 구별이 없다는 점을 말할 수 있었다.[26] 이것은 은유적이거나 유비적인 교감 과정을 떠올리게 해준다. 어쨌든 이 결합은 사회적 삶이 수행되는 "물리적 환경" "구체적 영역" 등과 연관된 내재적 질서ordre immanent를 끌어낼 수 있게 한다.[27] 이것이 바로 우리가 여기서 개괄적으로 보여주고자 하는 성찰의 주된 쟁점이다. 즉 단일-인과론적 합리주의의 단순한 규칙을 따르지 않는, 그렇다고 해서 덜 실재적인 것도 아닌 사회성의 논리가 존재한다는 사실을 이해하는 것 말이다. 좀더 분명하게는 개방된 합리성이 존재한다고 말할 수 있다. 이 개방된 합리성은 사회적 실재의 다양한 요소들을 몇몇 체계적 통찰 속으로 환원시키지 않으면서 그것들과 모순 없이 결합되어 있다. 파레토식으로 설명하자면, 이 요소들 속에서 작동하는 논리적인 것과 '논리적이지 않은 것'은 시너지를 낳고, 그렇게 함으로써 우리가 잘 아는 건축적 구조를 만들어낸다.

사실 교과서를 제외하고는, 사회적 삶의 한가운데 있는 어떠한 것도 단일차원적이지 않다. 여러 측면에서 사회적 삶은 괴물스럽고 산산조각나 있으며, 사람들이 그것을 붙들었다고 믿었던 곳이 아닌 다른 곳에 존재한다. 사회적 삶을 은밀하게 작동시키는 것은 바로 다원주의이다. 이 세상물정을 이해하는 것이 좋다. 이러한 이해가 바로 일상생활의 사회학이 하고자 하는 바이다. 그런데 이것이 전제로 삼는 지적 행위보다 더 난해한 것은 없다는 사실을 알아야 한다. W. 우스웨이트가 이해에 대한 짐멜의 열망을 다음과 같이 지적한 것처럼 말이다. "이것은…… 단지 일상적 이해는 고도로 복잡한 활동이라고 말하는 것이다."[28] 일상생활은 우리가 아는 다양한 합리화와 정당화를 넘어서 정서, 제대로 규정되지 않은 감정, 한마디로 온갖 모호한 순간들로 빚어져 있기 때문이다. 이 모호한 순간들을 피할 수 없지만 우리는 점차 이 순간들이 사회적 삶에 미치는 영향을 헤아려보게 된다. 이 모든 것은 관념의 단순함, 완벽한 단순화, 혹은 존재를 그것이 당위적으로 되어야 하는 상태로 환원시키는 단순성의 환상 등을 수용하지 못한다.

사실 관념적 세계에 대해 궁리하거나 관념적 세계 속에서 궁리하기는 쉽다. 관념적 세계는 우리 마음대로 주무를 수 있고, 온갖 종류의 묘기와 방향전환, 개념적 폭력의 대상이 된다. 정신의 순수한 행위 속에는 난폭한 면이 있다. 그리고 이제 더이상 반복하지 않겠지만, 당위의 논리란 편리하고 부득이한 수단이고, 일부가 잘려나간 형태의 지식이다. 지식은 삶의 복잡성을 훨씬 더 소중히 여긴다. 따라서 지식은 이 복잡성의 다양한 요소를 다시 드러내는(현현顯現하는) 지적 가능성의 조건을 만들면서, 선험적 정의를 거부하게 된다. 내가 이미 설명했듯 '형식주의'의 목적이 바로 이런 것이다. 즉 사회성의 삶이 가진 잡다한 외관에 적합하면서 동시에 그 삶의 인식론적 타당성을 보여줄 수 있는, 엄밀한 절차에 따른 기술記述을 활용하는 것.

사실 무엇보다 우리는 모든 종류의 지적 구성물의 받침대는 주어진 것(슈츠의 '당연시taken for granted' 참고), 보이도록 주어지는 것임을 기억해야 한다. 우리는 뒤르켐이 속담에 관해 언급한 것을 예로 들 수 있다. 뒤르켐은 속담에서 "어떤 집합적 감정이나 사고의 압축된 표현", 혹은 때때로 많은 학구적 논쟁보다 더 중대한 앞으로 다가올 문제들에 대한 감각 및 존재의 철학을 포함하는 일상적 대화를 발견했다.[29] 이는 문화의 발현, 엄밀한 의미에서 사회의 근거를 제공하는 일과 관련된다. 우리는 학술적 문화가 그런 문화의 발현에 대단히 무감각하다는 데 놀랄 것이다. 우리는 이 무감각이 대부분의 인문사회과학의 특징인 불모성의 주요 원인이라고 가정할 수 있다.

사실 문화를 형성하는 일은 사람들의 의견, '공공장소의 사유', 사회성의 감정적 접합제를 구성하는 모든 것이다. 그리고 학술적 지식이 만들어지는 것은 오직 경험에 의거해서다. 나는 여기서 페르낭 뒤몽의 구별을 인용해보겠다. 뒤몽은 '제1문화'와 '제2문화'에 대해 말한다. '제1문화'는 사람들이 신경쓰지 않으면서도 거기에 젖어드는 문화이며, '제2문화'는 나를 특수한 집단에 참여하게 만드는 문화이다.[30] 우리의 논의 틀에서 볼 때 전자의 경우 어떤 의미로는 분위기, 즉 사회의 모든 삶을 감싸고 영양분을 제공하는 것, 다양한 전통을 낳거나 적어도 싹을 틔우게 해주는 것이라 부를 수 있다. 이때 이 전통들은 공동의 모태에 연결될 때만 지속될 수 있다. 따라서 집단의 수만큼 전통이 존재하게 된다.

지식인 집단도 그런 집단 중 하나이지만, 지나치게 자신의 지식을 가장 정당한 것처럼 내세운다. 사실 우리는 다양한 지식들 사이에 선호나 위계를 세우기보다 이 지식들을 결합시키는 교감, 시너지, 상보성을 강조하는 데 더 이끌린다. 그럼으로써 우리는 이 지식들이 가진 친근한 풍요로움을 감지할 수 있게 된다. 이를 위해서는 당연히 우리의 평가 기준을 다양화하는 것이 옳다. 사실 어떤 진술이나 행위의 타당성을 판단하기 위해, 형식적 정합성이나 단순한 인과론적 논리를 유일한 기준으로 사용한다면, 우리는 동어반복적인 평가를 내릴 수밖에 없을 것이다. 프랑스 사회학과 관련해 말하자면, '실천적 신앙'에 관해 과장되게 이야기하는(혹은 자신의 관점으로 이론화하는) 피에르 부르디외가 가장 의미심장한 사례이다. 이런 태도가 유발한 경멸에 대해서는 재론할 여지가 없다. 이런 태도는 자기를 심판하는데, 무엇보다도 무능함에 대한 자백이 된다. 여전히 사람들이 유일한 이론적 관점의 척도를 통해서만 상식을 판단하기 때문에, 내 생각에 "대중의 이론적 감각"에 대해 말하는 것보다 더 반가운 일은 없다.[31] 이 경우나 저 경우나, 내가 지적했듯 '원심성의' 관점과 연관된다. 이 관점은 다소 설명적인 재판관의 태도로 대상의 저 너머를 가리킨다.

이것은 모든 사물을 역사와 그 역사의 발전이라는 틀 속에 위치시켰던 근대성의 힘이었다. '원심주의'는 그런 관점을 취하는 것을 지적으로 번역한 표현일 뿐이다. 하지만 힘을 지녔던 것은 무력해지기 마련이다. 사실 대문자 역사는 소문자 역사들을 쫓아냈다. 대문자 역사는 경험을 상대화한다. 그런데 이 경험은, 억눌렸던 것이 되돌아오듯, 우리 시대에 다시 강력하게 발현되고 있다. 경험의 변이형은 대단히 다양하지만, 모두 경험에 의거한다는 점과 근접성을 공통점으로 갖는다. 바로 이것이 우리로 하여금 분석의 중심을 다시 잡고, "지극히 구체적인 것"(벤야민), 즉 매일의 삶에 시선을 집중하지 않을 수 없게 한다. 일상의 복잡성 및 '제1문화'는 특별히 관심을 기울일 가치가 있다. 이를 가리켜 나는 일상적 지식이라 부르자고 제안했던 것이다.[32]

이 쟁점은 중요하다. 왜냐하면 근접성이 점점 더 타인들과의 관계를—가장 단순한 의미에서—규정하기 때문이다. 그것이 '체험된 사회적 세계'이든 산 경험이든 관계주의이든 상호관계이든 간에, 딜타이에서부터 만하임을 거쳐 슈츠에 이르기까지 모든 사회학적 범주, 자연적 사회성과 그 건축적 구조를 선험적인 것으로 간주하는 여러 가지 표현이 있다.[33]

이는 전前과학적인 무엇인가? 자연발생적 사회학과 관련된 것인가? 사변적인 방식과 관련된 것인가? 이런 절차는 현실화되고 있는 어떤 형상을 일시적으로라도 표시해준다는 점에서, 그것이 어떤 지위를 가지는가는 그다지 중요하지 않다. 안정적 구조화는 동일성의 논리 및 그와 연관된 도덕적 판단에 의해 분명하게 표현되었다. 불명확한 성좌星座는 우리가 연속적 동일시 및 이를 잘 표현해주는 유미주의(공통 감정들)를 강조하도록 해준다. 모더니티 기간 내내 점진적으로 수용되었던 평가는 그 대상, 즉 정치 질서와 완벽하게 일치한다. 그런데 모더니티의 이 평가가 사람들의 우글거림에 적용 가능할지는 확실하지 않다. 이 우글거림은 부족에서부터 대중에 이르기까지, 생성중인 사회성에 모태 구실을 할 것이다. 어쨌거나 생성중인 사회성은 정치 도덕의 이쪽 혹은 저쪽에서 새로운 지적 도전장을 던진다. 열정의 질서가 갖는 사회-인류학적 구조들은 대체 어떤 모습일 것인가?

주

제3판 서문

1. 이에 대해서는 M. Maffesoli, *La violence totalitaire* (1979), rééd. Desclée de Brouwer 1999, 1장 '권력과 역능' 참조.
2. F. Casalegno, *Les Cybersocialité*, CEAQ-Paris V, juin 2000 참고.
3. Chaoying Sun et Gilbert Durand, "Du côté de la montagne de l'Est", in *Montagnes imaginaires*, dir. A. Siganos et S. Vierne, Grenoble, Ellug, 2000, 69쪽 및 같은 책에 실린 A. Pessin의 논문, *La Montagne des géants de la route*, 255쪽 참고.
4. P. Tacussel, *Charles Fourier, le jeu des passions*, Paris, Desclée de Brouwer, 2000 참고.
5. P. Le Quéau, *La Tentation bouddhiste*, Paris, Desclée de Brouwer, 1998 참고.
6. 내 책 *La Transfiguration du politique, la tribalisation du monde*, Paris, Grasset, 1992의 분석과 참고문헌 참조.

서론을 대신하여

1. A. 슈츠, G. H. 미드, E. 고프만 같은 학자들이 택했던 이러한 접근방법에 관해서는 U. Hannerz, *Explorer la ville* (Paris, Minuit) 6장, 그리고 이 양극 사이의 왕복에 대해서는 같은 책, 277쪽 참고. 또한 같은 맥락에서 P. Berger, Th. Luckmann, *La Construction sociale de la réalité* (Méridiens Klincksieck, 1986)도 인용할 수 있다.
2. C. Lévi-Strauss, *La Pensée sauvage*, Paris, Plon, 1962, 19쪽 이하.
3. M. Scheler, *Nature et formes de la sympathie, contribution à l'étude des lois de la vie émotionnelle*, Paris, Payot, 1928, 117쪽 참고.
4. G. Scholem, *La Mystique juive*, Paris, Cerf, 1985, 59쪽 이하 참고.
5. 이 문제에 관해서는 내 책 *La Connaissance ordinaire* (Méridiens Klincksieck, Paris,

1985) 및 *Eloge de la raison sensible* (Paris, Grasset, 1996) 참고.
6. R. Nisbet, *La Tradition sociologique*, Paris, PUF, 1981, 33쪽.
7. 이 주제에 관해서는 W. Outhwaite, *Understanding social life* (London, Allen and Unwin, 1975) 중에서 'a certain community of outlook' 참고.
8. U. Hannerz, 같은 책, 263쪽.
9. G. Durand, "La Beauté comme présence paraclétique: essai sur les résurgences d'un bassin sémantique", in *Eranos*, 1984, 53권, Insel Verlag, Frankfurt-Main, 1986, 128쪽 참고. 강박적 이미지에 관해서는 Ch. Mauron, *Des métaphores obsédantes au mythe personnel*, Paris, J. Corti, 1962을 참고할 수 있다.

1장

1. G. Durand, "Le Retour des immortels", in *Le Temps de la réflexion*, Paris, Gallimard, 1982, 207, 219쪽. 미학적 패러다임에 관해서는 내 책 *Au creux des apparences* (1990), Le Livre de Poche, 1995, 개인주의의 벙커에 관해서는 T. Adorno, *Notes sur la littérature*, Paris, Flammarion, 1984, 210쪽 참고.
2. P. Brown, *Le Culte des Saints*, Paris, Cerf, 1984, 72쪽.
3. A. Berque, *Vivre l'espace au Japon*, Paris, PUF, 1982, 54쪽. 유니폼의 예는 F. Valente, "Les Paninari", in *Sociétés*, Paris, Masson, 10호, 1986년 9월, 동양화에 관해서는 P. Le Queau, *La Tentation bouddhiste*, Paris, DDB, 1998 참고.
4. M. Weber, *Economie et Société*, Paris, Plon, 1971, 475~478쪽 참고.
5. M. Perniola, *Transiti*, Bologna, Cappeli, 1985.
6. E. Durkheim, *De la division du travail social*, Paris, Alcan, 1926, 70쪽.(강조는 인용자)
7. M. Halbwachs, *La Mémoire collective*, Paris, PUF, 1968, 78쪽. 초개인주의 trans-individuelle 이데올로기에 관해서는 J. Freund, *Sociologie du conflit*, Paris, PUF, 1983, 204쪽 참고.
8. G. Durand, *La Foi du cordonnier*, Paris, Denoël, 1983, 222쪽. 점성술에 관해서는 E. 테시에(파리 5대학 '현재와 일상 연구소CEAQ')가 작성중인 박사학위논문도 참고할 수 있다. 우리는 전체론적 관점에서 유대 신비철학 안에 존재하는 영혼들의 '이주' 현상을 언급할 수도 있다. 이 점에 관해서는 G. Scholem, *La Mystique juive*, Paris, Cerf, 1985, 215쪽 및 253쪽 이하 참고. 파리 5대학 부설 연구소인 CEAQ의 연구에 관한 문의는 http://www.univ-paris5.fr/ceaq 또는 ceaq@univ-paris5.fr.
9. A. Berque, "Expressing Korean Mediance", colloque *The conditions and visions of Korea's becoming an advanced country*, Seoul, 1986년 9월. 여기서도 에드가 모랭의 뛰어난 분석을 참고해야 한다. 이 분석은 모랭을 가장 열성적으로 비방하는 사람들을 불안하게 만들 것이다. E. Morin, *La Méthode*, 3, *La Connaissance de la*

connaissance/1, Paris, Seuil, 1986 참고. '환경의 개념'에 대해서는 J.-F. Bernard-Becharies, in *Revue française du marketing*, 1980/1, cahier 80 참고.

10. A. Medam, *Arcanes de Naples*, Paris, Ed. des Autres, 1979, 202쪽에서 인용.
11. A. Berque, *Vivre l'espace au Japon*, Paris, PUF, 1982, 167, 169쪽.
12. 이 장을 막 완성했을 때, 이 주제에 관한 날카롭고 다소 혁신적인 분석이 등장했다. J.-L. Nancy, *La Communauté désœuvrée*, Paris, C. Bourgois, 1986. '형식주의'에 관해서는 M. Maffesoli, *La Connaissance ordinaire*, Paris, Klincksieck, 1985 참고. 부족주의와 기술에 관해서는 박사학위논문인 F. Casalegno, *Cybersocialités*, Paris V, juin 2000 참고.
13. 이에 관해 수바린의 뛰어난 분석을 참고할 수 있다. B. Souvarine, *Staline, Aperçu historique du bolchevisme*, Paris, Lebovici, 1985, 44쪽.
14. F. Venturi, *Les Intellectuels, le peuple et la révolution*, Paris, Gallimard, 1972, 230쪽 참고. 타퀴셀의 뛰어난 책도 참고할 수 있다. P. Tacussel, *Charles Fourier, le jeu des passions*, Paris, DDB, 2000.
15. L.-V. Thomas, *Rites de mort*, Paris, Fayard, 1985, 16, 277쪽. 앞서 언급한 낭시의 책에서도 공동체와 죽음의 인접성을 논의하고 있음에 주목하라. 의례의 순환적이며 비극적인 측면에 관해서는 M. Maffesoli, *La Conquête du présent*, rééd., Paris, DDB, 1998 참고.
16. G. Le Bon, *Psychologie des foules*, Paris, Retz, préf. A. Akoun, 1975, 42쪽.
17. 진지함에 억눌린 사람들에게 어떻게 보일지는 몰라도, 망아와 황홀경이라는 주제는 사회학의 전통에서 일관되게 나타난다. 이 점에 관해서는 M. Weber, *Economie et Société*, 565쪽, K. Mannheim, *Idéologie et Utopie*, Paris, Rivière, 1956, 154쪽, 그리고 당연히 뒤르켐의 저서도 참고할 수 있다. E. Durkheim, *Les formes élémentaires de la vie religieuse*, Paris, PUF, 1968, rééd. Le livre de Poche, 1991. 내 책 역시 참고할 수 있다. M. Maffesoli, *L'Ombre de Dionysos, contribution à une sociologie de l'orgie* (1982), rééd. Le livre de Poche, 1991.
18. 이에 관해서는 워스의 고전적 저술을 반드시 참고해야 한다. L. Wirth, *Le Ghetto*, Paris, Champ Urbain, 1980. 오스트리아-헝가리 제국의 은유에 관해서는 W. M. Johnston, *L'Esprit viennois*, Paris, PUF, 1985, 25~28쪽 참고. 시카고 학파의 연구에 관해서는 U. Hannerz, *Explorer la ville*, Paris, Minuit, 62~67, 91쪽 참고.
19. G. Rist, "La Notion médiévale d'habitus dans la sociologie de P. Bourdieu", in *Revue européenne des sciences sociales*, XXII, 1984, 67, 201~212쪽, M. Maffesoli, *La Connaissance ordinaire*, 224쪽 및 주 60, 61 참고.
20. G. Simmel, "Problèmes de la sociologie des religions", in *Archives des sciences sociales des religions*, Paris, CNRS, 1974(17호), 17, 21쪽. 그리고 P. Watier, G. Simmel, *la sociologie et l'expérience*, Paris, Klincksieck, 1986 참고.
21. '지하의 중심성'이라는 개념은 이 책에 인용한 내 책들에서 다루어졌다.

알박스에 관해서는 M. Halbwachs, *La mémoire collective*, 130~138쪽 참고. 이런 의미에서 분석된 고프먼의 저서들에 관해서는 U. Hannerz, *Explorer la ville*, 271쪽 이하 참고.

22. 전율tremendum에 관해서는 R. Otto, *Le Sacré*, Paris, Payor, 1921 참고. 대중 종교에 대해서는 M. Meslin, "Le Phénomène religieux populaire", in *Les Religions populaires*, Presses Université Laval, Québec, 1972 참고.
23. P. Brown, *Le Culte des Saints*, trad. A. Rousselle, Paris, Cerf, 1984, 118쪽. 현대적 '연결reliance'에 관해서는 M. Bolle de Bal, *La Tentation communautaire, les paradoxes de la reliance et de la contre-culture*, Bruxelles, Université de Bruxelles, 1985와 *Voyages au cœur des sciences humaines. De la reliance*, L'Harmattan, 1996을 참고할 수 있다. 그러나 나는 볼 드 발의 비관적 분석과 그가 내세운 희망에는 동의하지 않는다.
24. 팔로 알토 학파는 현재 프랑스에 잘 알려져 있다. 베이트슨과 바츨라빅의 저서는 쇠유Seuil 출판사에서 번역 출간되었다. 팔로 알토 학파에 관해서는 벵캥이 편집한 '요약본' 참고. Y. Winkin, *La Nouvelle Communication*, Paris, Seuil, 1982. '투과적'이라는 용어는 베르크가 자신의 글 "Expressing Korean Mediance"에서 사용했다. 구역에 관해서는 K. Noschis, *La Signification affective du quartier*, Paris, Librairie des Méridiens, 1983과 F. Pelletier "Lecture anthropologiqu du quartier" in *Espace et Société*, Paris, Anthropos, 1975, 15호 참고.
25. E. Morin et K. Appel, *New York*, Paris, Galilée, 1984, 64쪽. '인류학적 도정'에 관해서 나는 당연히 뒤랑의 고전을 참고했다. G. Durand, L*es Structures anthropologiques de l'imaginaire*, Paris, Bordas, 1969.
26. 파리 5대학(소르본)에 있는 '현재와 일상 연구소CEAQ(Le Centre d'Etudes sur l'Actuel et le Quotidien)'는 이 분야의 연구를 전문적으로 해오고 있다. 이에 관해 학술지 『소시에테*Sociétés*』(Paris, Masson) 8호(여행Tourisme), 7호(요리 Cuisine) 및 9호에 실린 스트롤H. Strohl의 논문 「가전제품L'électroménager」 참고.
27. J. C. Kaufmann, *Le Repli domestique*, Ed. Méridiens Klincksieck, 1988. 연결망과 그 형성에 관해서는 V. Hannerz, *Explorer la ville*, 210~252쪽 참고. 일상적인 것 일반에 관해서는 M. Maffesoli, *La Conquête du présent* (1979), rééd. DDB, 1998 참고.
28. E. Poulat, *Catholicisme, Démocratie et Socialisme (le mouvement catholique et Mgr Benigni, de la naissance du socialisme à la victoire du fascisme)*, Paris, Casterman, 1977, 58쪽.
29. 아프리카의 사례는 E. de Rosny, *Les Yeux de ma chèvre*, Paris, Plon, 1981, 81쪽과 3장, 소문과 그 기능에 관해서는 J.-B. Renard et V. Campion, *Légendes urbaines*, Payot, 1992과 G. Simmel, "Les sociétés secrètes", in *Nouvelle Revue de psychanalyse*, Paris, Gallimard, 1977 참고.

30. 공공장소에 관한 연구는 상당 부분 아직 미완의 상태로 남아 있다. 술집bars에 관한 연구가 현재 S. 위곤의 지도 아래 CEAQ에서 진행중이다. 이 주제에 관해서는 C. Bouglé, *Essais sur le régime des castes*, Paris, PUF, 1969, 47쪽, U. Hannerz, *Explorer la ville*, 249쪽 이하, 그리고 J. M. Lacrosse et alii, "Normes spatiales et Interactions", in *Recherches sociologiques*, Louvain, 6권 3호, 1975, 336쪽, 특히 '개방된 영역régions ouvertes'으로서의 술집에 대한 분석 참고.
31. M. Halbwachs, *La Mémoire collective*, 51쪽 이하.
32. 미셸 드 세르토와 뤼스 지아르의 연구 보고에 대해서는 *L'ordinaire de la communication*, Paris, 1984 (Rapport du ministère de la Culture) 참고. 더 전문적인 분야에 관해서는 다음의 세 박사학위논문 참고. P. Delmas, *L'Elève terminal, enjeux sociaux et finalité des nouvelles technologies éducatives*, Université Paris VIII, 1986, F. Casalegno, *Cybersocialités*, Paris V, juin 2000, S. G. Lee, *Médias et expérience de l'espace public*, Paris V, 1999.
33. 민중문화culture populaire 개념의 탄생에 관해서는 F. Dumont, *Cultures populaires et sociétés contemporaines*, Presses de l'Université du Québec, Québec, 1982, 39쪽. 같은 저자의 책 *L'Anthropologie en l'absence de l'homme*, Paris, PUP, 1981도 참고.
34. A. 베르크는 일본에 있어서 '알로노미allonomie'의 원칙을 분석했다. *Vivre l'espace au Japon*, Paris, PUF, 1982, 52쪽 참고. 브라질에서 관례가 지니는 의미심장함에 대해서는 R. Da Matta, *Carnavals, bandits et héros*, Paris, Seuil, 1983, 브라질 일반에 관해서는 J. Machado, *Le Brésil, pays du présent*, Paris, DDB, 1999 참고.

2장

1. E. Durkheim, *Les formes élémentaires de la vie religieuse*, rééd. Le Livre de Poche, 1991.
2. 예술사의 이러한 논의에 대해서는 W. Worringer, *Abstraction et Einfühlung*, traduction française, Klincksieck, Paris, 1978, 13~14쪽 참고.
3. M. Maffesoli, *Essais sur la violence banale et fondatrice*, 2판, Paris, Librairie des Méridiens, 1984 참고.
4. '과도hyper'와 '과소hypo'의 균형에 관한 논의는 브라운세카르의 내분비학에서 빌려왔다. M. Maffesoli, *L'Ombre de Dionysos*, Paris (1982), rééd. Le livre de Poche, 1991 참고. 이 논의는 질베르 뒤랑에게도 빚지고 있다. G. Durand, "La notion de limite" in *Eranos*, 1980, Jahrbuch ed Insel, Frankfurt am Main, 1981, 35~79쪽.
5. 예를 들어 A. Faivre, *Eckartshausen et la théosophie chrétienne*, Paris, Klincksieck, 1969, 14쪽. 그리고 루아지에 관한 연구는 E. Poulat, *Critique et Mystique*, Paris,

Le Centurion, 1984 및 E. Teissier et H. Laborit, *Etoile et molécules*, Paris, Grasset, 1992 참고.

6. C. Bouglé, *Essais sur le régime des castes*, 4판, Préface L. Dumont, Paris, PUF, 1969 참고. 나는 다음 책도 참고했다. A. Daniélou, *Shiva et Dionysos*.
7. '역동적 뿌리내림'은 1973년 그로노블 대학에 제출한 내 학위논문의 제목이기도 하다. 내 책 *Logique de la domination*, Paris, PUF, 1976에서 이 개념을 다시 다루었다.
8. 생기론에 관해서는 M. Maffesoli, *L'instant éternel*, Paris, Denoël, 2000 참고.
9. M. Lalive d'Epinay, *Groddeck*, Paris, Ed. Universitaires, 1984, 24쪽 참고. 같은 책 125~134쪽에는 그로데크에 관한 참고문헌이 잘 소개되어 있다.
10. 질베르 뒤랑의 다음 분석을 참고하라. G. Durand, *Les Structures anthropologiques de l'imaginaire*, Paris, Bordas, 1969, 76쪽 이하. 뒤랑이 인용한 바슐라르에 관해서는 G. Bachelard, *La Terre et les rêveries du repos*, Paris, Corti, 1948, 56, 60, 270쪽 참고.
11. G. Simmel, "Problèmes de la sociologie des religions", traduction française in *Archives de sociologie des religions*, Paris, CNRS, 17호, 1964, 15쪽 참고. P. Watier, *G. Simmel et les sciences humaines*, Paris, Klincksieck, 1992도 참고할 수 있다.
12. J.-E. Charron, *L'Esprit, cet inconnu*, Paris, Albin Michel, 1977, 65~78, 83쪽 참고.
13. G. Dorflès, *L'Intervalle perdu*, traduction française, Paris, Librairie des Méridiens, 1984, 71쪽 이하, 그리고 G. Durand, *Les Structures anthropologiques de l'imaginaire*, 55쪽 참고. 상황주의와 미로에 대해서는 *Internationale situationisme*, Amsterdam, Van Gennep, 1972 참고. 제네바의 미로에 관한 내 소논문(Doct. Polycop. UER d'urbanisation, Université de Grenoble, 1973)도 참고할 수 있다. 나폴리의 활력을 설명해주는 작은 동굴의 중요성에 관해서는 A. Medam, *Arcanes de Naples*, Paris, Ed. Autres, 1979, 46쪽과 F. Matteuoi, *La Cité des cataphiles*, Librairie des Méridiens, 1983 참고.
14. M. Maffesoli, *La Conquête du présent, pour une sociologie de la vie quotidienne* (1979), rééd. DDB, 1998, 3장 'L'espace de la socialité', 61~74쪽.
15. G. Simmel, "La société secrète", in *Nouvelle Revue de psychanalyse*, Gallimard, 14호, 1976, 281쪽.
16. G. Freund, *Sociologie du conflit*, Paris, PUF, 1983, 214쪽.
17. G. Simmel, "Problèmes de la sociologie des religions," in *Archives de sociologie des religions*, Paris, CNRS, 17호, 1964, 24쪽.
18. E. Durkheim, *Les Formes élémentaires de la vie religieuse*, 5판, Paris, PUF, 1968, 3쪽, rééd. Le Livre de Poche, 1991.
19. 사회적으로 주어진 것에 관해서는 M. Maffesoli, *La Violence totalitaire*, Paris, PUF, 1979와 슈츠의 저작들(A. Schutz, *Collected Papers*, 1, 2, 3권, Amsterdam,

Ed. Martinus Nijhoff) 참고.

20. 이 주제에 대해서는 G. Zylberberg et J. P. Montminy "L'esprit, le pouvoir et les femmes……", in *Recherches sociographiques*, Québec, XXII, 1, janvier-avril 1981 참고.
21. R. Bastide, *Eléments de sociologie religieuse*, 197쪽. 나는 C. Lalive d'Epinay, "R. Bastide et la sociologie des confins I), in *L'Année sociologique*, 25권, 1974, 19쪽의 인용을 참고했다.
22. E. Poulat, *Critique et mystique*, Paris, Ed. du Centurion, 1984, 219, 230쪽 참고. 발랑슈와 라므네의 인용은 Ballanche, *Essais de Palingénésie sociale* 과 Lamennais, *Paroles d'un croyant*, 주 26 참고.
23. B. Jules-Rosette, *Symbols of change: Urban transition in a Zambian community*, New Jersey, Ablex Publishing, 1981, 2쪽 참고. 브라질의 헤시피 같은 대도시에서 혼합종교가 지닌 중요성에 관해서는 R. Motta, *Cidade e devoção*, Recife, 1980 참고.

주

24. E. Durkheim, *La conception sociale de la religion dans le sentiment religieux à l'heure actuelle*, Paris, Vrin, 1919, 104쪽 이하. 나는 풀라의 인용을 참고했다. E. Poulat, *Critique et mystique*, 240쪽. 현재 CEAQ는 도시 안에서 일어나는 사회적 공생('온기를 유지하기')에 관한 연구를 진행중이다. 짐멜의 다음 정의도 참고. "우리는 사회적 관계의 내적, 외적 측면을 형성하고 있는 감정적 요소들을 종교적 요소라 부른다." G. Simmel, *Problèmes de la sociologie des religions*, 22쪽.
25. 모든 사회적 삶, 모든 사교성, 모든 사회성에 있어서 관계의 점진적 변화에 대한 자세한 논의는 M. Maffesoli, *La Violence totalitaire*, Paris (1979), rééd. DDB, 1999, 2장, 70~115쪽 참고.
26. K. Mannheim, *Idéologie et Utopie*, Paris, Librairie Marcel Rivière, 1956, 157쪽 이하. 그리고 E. Bloch, *Thomas Münzer, théologien de la révolution*, Paris, Julliard, 1964 참고.
27. 폭발과 이완이라는 주제에 관해서는 E. Durkheim, *Les Formes élémentaires de la vie religieuse*, Paris, PUF, 1968, rééd. Le Livre de Poche, 1991 참고.
28. G. Le Bon, *Psychologie des foules*, Paris, Retz, 1975, 73쪽.
29. L.-V. Thomas, *Fantasmes au quotidien*, Paris, Méridiens, 1984와 M. Maffesoli, *La Conquête du présent*, Paris (1979), rééd. DDB, 1998, "Le fantastique au jour le jour", 85~91쪽 참고.
30. E. Durkheim, *Montesquieu et Rousseau, précurseurs de la sociologie*, Paris, Librairie Marcel Rivière, 1966, 40, 108쪽.
31. J. Freund, *Sociologie du conflit*, Paris, PUF, 1983, 서문, 31쪽 참고.
32. 엘리트와 대중의 관계에 대해서는 A. Albertoni, *Les Masses dans la pensée des doctrinaires des élites* (Mosca-Pareto-Michels), in *Doctrine de la classe politique et théorie des élites* (Méridiens-Klincksieck, 1987) 참고.

33. 이 주제에 관해서는 에밀 풀라의 교회 연구 *Catholicisme, démocratie et socialisme*, Casterman, 1977, 121쪽 혹은 E. Renan, *Marc Aurèle*, Paris, 1984, 11장, 40쪽 참고.
34. J.-E. Charron, *L'Esprit cet inconnu*, Pari, Albin Michel, 1977, 216쪽.
35. C. Bouglé, *Essais sur le régime des castes*, 4판, Paris, PUF, 1969, 140쪽. 시칠리아에 대해서는 M. Maffesoli, *Logique de la domination*, Paris, PUF, 1976.
36. 예를 들어 M. Augé, *Le génie du paganisme*, Paris, Gallimard, 1983와 D. Jeffrey, *Jouissance du sacré*, Paris, Armand Colin, 1998를 참고할 수 있다.
37. E. Poulat, *Eglise contre bourgeoisie*, Paris, Casterman, 1977, 131쪽. 관망적 태도에 관해서는 M. Maffesoli, *Essais sur la violence banale et fondatrice*, Paris, Méridiens, 1984, 3장, 139쪽을, '악마적 지혜'에 관해서는 내 논문 "L'Errance et la conquête du monde", 157쪽 참고.
38. E. Morin, *L'Esprit du temps*, Le Livre de Poche, 1984, 87쪽. TV에 관해서는 D. Wolton, *La Folle du logis*, Paris, Gallimard, 1983 참고.
39. J. Freund, *Sociologie du conflit*, Paris, PUF, 1983, 212쪽 이하.
40. 풀치넬라에 관한 언급과 참고문헌은 A. Medam, *Arcanes de Naples*, Paris, Ed. des Autres, 1979, 84쪽 및 118쪽 이하 참고.
41. G. Freyre, *Maîtres et esclaves, la formation de la société brésilienne*, traduction française, Paris, Gallimard, nouv. éd. 1974, 253쪽 참고. 전복적 웃음에 관해서는 M. Maffesoli, *Essais sur la violence banale et fondatrice*, Paris, Librairie des Méridiens, 2판. 1984, 78쪽.
42. E. R. Dodds, *Les Grecs et l'irrationnel*, Paris, Flammarion, 1959, 7장, Platon, l'âme irrationelle, 209쪽 + citation de Platon, 주 2, 224쪽. 현대의 자유시간에 대한 분석은 J. Dumazedier, *Révolution culturelle du temps libre*, Paris, Klincksieck, 1992 참고.
43. H. Lefebvre, *Critique de la vie quotidienne*, 2권, Paris, l'Arche éditeur, 1961, 70~71쪽. 르페브르의 이 언급은 그 자신이 막다른 골목에 처해 있음을 보여주는 징후인데, 그의 곤경은 실재는 선험적인 것에 부합하지 않는다는 사실 때문에 생긴다.
44. R. Hoggart, *La Culture du pauvre*, traduction française Ed. de Minuit, 1970, 183쪽. 호가트 자신이 바로 이 책에서 기술한 가난한 환경에서 자랐다는 점은 아무리 강조해도 지나치지 않다.

3장

1. Z. Yavetz, *La Plèbe et le prince, foule et vie politique sous le Haut-Empire romain*, Paris, Maspéro, 1983. 대중에 대한 불신과 관련한 여러 인용은 이 책 25쪽을 참고했다. 또한 M. De Certeau, *Art de faire*, Paris, 10/18, 116쪽과 P. Bourdieu,

Esquisses d'une théorie de la pratique, Genève, Droz, 1972, 202쪽도 참고할 수 있다. 자신이 늘 경멸했던 민중이 일시적으로 반란을 일으키면 숨어서 몰래 지켜보다가 그들의 뒤꽁무니를 좇아가는 우리의 박식한 사회학자가 최근에 얼마간 민중 선동적으로 자신의 태도를 급작스럽게 바꾸는 것을 지켜보자니 흥미롭기도(애처롭기도) 하다. '신화'로서의 민중 개념을 수용하면서 나는 소렐이 민중에게 부여했던 의미를 그대로 적용해야 한다고 생각한다. 이에 관해서는 J. Zylberberg, "Fragment d'un discours critique sur le nationalisme", in *Anthropologie et société*, 2권, 1호 및 F. Dumont, "Sur la genèse de la notion de Culture populaire", in *Cultures populaires et sociétés contemporaines*, Presses Universitaires Québec, 1982, 33쪽 참고.

2. R. A. Nisbet, *La tradition sociologique*, Paris, PUP, 1984, 54쪽, 그리고 G. Renaud, *A l'ombre du rationalisme. La société québécoise de sa dépendance à sa quotidienneté*, Montréal, Ed. St Martin, 1984, 182쪽도 참고.
3. R. A. Nisbet, *La tradition sociologique*, Paris, PUP, 1984, 54쪽.
4. 피터 브라운은 어떻게 대중종교를 이러한 관점에서 분석할 수 있는지 보여준다. P. Brown, *Le Culte des Saints*, Ed. du Cerf, 1983, 32쪽 이하 참고.
5. F. Venturi, *Les intellectuels, le peuple et la révolution*, Histoire du populisme russe au XIXe siècle, Paris, Gallimard, 1972, 1권, 50쪽.
6. 이 표현은 모랭이 사용한 것이다. E. Morin, *L'esprit du temps*, Paris, Le Livre de Poche, 1984, 20쪽. 일상적 지식에 연루된 지식인에 관해서는 내 책 *La Connaissance ordinaire*, Paris, Klincksieck, 1985와 *Eloge de la raison sensible*, Paris, Grasset, 1996 참고.
7. G. Le Bon, *Psychologie des foules*, Paris, Retz, 1975, 88쪽.
8. E. Canetti, *La Conscience des mots*, Paris, Albin Michel, 1984, 280쪽, rééd. Le Livre de Poche, 1989.
9. K. Mannheim, *Idéologie et Utopie*, Paris, Librairie Marcel Rivière, 1956, 96쪽.
10. K. Schipper, *Le Corps taoïste*, Paris, Fayard, 1982. 로버르트 판 휠릭의 소설을 참고하면서 나는 도교에서 기인한 민중의 혁명이 오늘날까지 이어지고 있음을 보여준 바 있다. M. Maffesoli, *L'Ombre de Dionysos, contribution à une sociologie de l'orgie*, Paris (1982), 67쪽, rééd. Le Livre de Poche, 1991.
11. 경험과 상징적 전체의 결합에 관해서는 하버마스가 딜타이를 참고한 부분을 보라. J. Habermas, *Connaissance et intérêt*, Paris, Gallimard, 1976, 182쪽.
12. 내면성과 구원에 관해서는 W. F. 오토의 분석을 따랐다. W. F. Otto, *Les Dieux de la Grèce*, préface de M. Detienne, Paris, Payot, 1981. 24쪽 및 서문 10쪽 참고. '수다스러운 신들'과 그들이 초래하는 집단적 생기에 관해서는 P. Brown, *Genèse de l'Antiquité tardive*, Paris, Gallimard, 1983, 83쪽 참고.
13. '다신교'와 대중적 종교성이 유도하는 사회성에 관해서는 E. Poulat, *Eglise contre*

bourgeoisie, Paris, Casterman, 1977, 21, 24쪽 참고. 또한 랑베르의 대중종교에 대한 뛰어난 분석(Y. Lambert, *Dieu change en Bretagne*, Paris, Cerf, 1985), 특히 '영적 보험증서로서의 면죄'(206~208쪽) 부분 참고.

14. E. Renan, *Marc Aurèle, ou la fin du monde antique*, Paris, Le Livre de Poche, 1984, 354쪽. 국가주의에 대한 비판은 Q. Zylberberg, "Nationalisme-Intégration-Dépendance", *Revue d'intégration européenne*, 1979, II, 2호, Canada, 269쪽 이하 참고.
15. M. Weber, *Economie et Société*, Paris, Plon, 1971, 41~42쪽 및 *La Ville*, Paris, Aubier, 1984 참고.
16. K. Marx, *Oeuvres* présentées par M. Rubel, Paris, Pléiade, 2권, 1451쪽. 러시아의 옵시나에 대한 마르크스주의의 망설이는 태도에 관해서는 F. Venturi, *Les Intellectuels, le peuple et la révolution*, 1권, 45쪽 참고. 반면 이와는 상반된 푸리에의 감성에 관해서는 P. Tacussel, *Charles Fourier, Le jeu des passions*, Paris, DDB, 2000 참고.
17. F. Venturi, 같은 책, 29쪽.
18. 민중을 계급으로 대체한 것에 관해서는 K. Mannheim, *Idéologie et Utopie*, 60쪽 이하 참고. 계급투쟁에 관한 비판은 J. Freund, *Sociologie du conflit*, Paris, PUF, 1983, 72쪽 이하 참고.
19. M. Maffesoli, *La Connaissance ordinaire*, 167쪽 및 *La Conquête du présent*, Paris (1979), rééd. DDB, 1998.
20. 황제들의 빈번한 교체 혹은 칼리굴라에 대한 태도에 관해서는 Z. Yavetz, *La Plèbe et le prince*, 38쪽 이하 및 54쪽 참고. 이데올로기의 변덕에 관해서는 G. Le Bon, *Psychologie des foules*, 144쪽 참고.
21. E. Canetti, *La Conscience des mots*, 33쪽, rééd. Le Livre de Poche, 1989.
22. G. Simmel, *Les Problèmes de la philosophie de l'histoire*, Paris, PUF, 1984, 104쪽 및 G. Renaud, *A l'ombre du rationalisme*, 257쪽. 르노가 퀘벡의 사회성에 적용한 연구 프로그램은 향후 커다란 성과를 올릴 것으로 보인다.
23. E. Durkheim, *Leçons de sociologie*, Paris, PUF, 1969, 103쪽. 또한 내 책 *La Violence totalitaire*, Paris (1979), rééd. DDB, 1999, 6장과 7장, 그리고 『디오니소스의 그림자』의 서문을 참고했다.
24. M. Weber, *Essais sur la théorie de la science*, Paris, Plon, 1965. "Essai sur quelques catégories de la sociologie compréhensive", 1913, traduction française, 360쪽.
25. N. Elias, *La Civilisation des moeurs*, Paris, Calmann-Lévy, 1973 참고.
26. G. Le Bon, *Psychologie des foules*, 51쪽 및 J. Beauchard, *La Puissance des foules*, Paris, PUF, 1985 참고. 생애사 및 '나'에서 '우리'로의 이동에 관해서는 M. Catani, *Tante Suzanne*, Paris, Librairie des Méridiens 1982, 12, 15쪽 참고. '흥분'이라는 용어는 당연히 뒤르켐의 것이다.

27. M. Mauss, *Sociologie et Anthropologie*, Paris, PUF, 1968의 'Un catégorie de l'esprit humain. La notion de personne', L. Dumont, *Homo hierarchicus*, Paris, Gallimard, 1967 그리고 R. DaMatta, *Carnavals, bandits et héros*, Paris, Seuil, 1983, 210쪽 이하 참고. 마피아에 관해서는 M. Maffesoli, "La Maffia comme métaphore de la socialité", in *Cahiers internationaux de sociologie*, Paris, PUF, 73권, 1982 참고.
28. W. Benjamin, *Sens unique*, Paris, L. N. Maurice Nadeau, 1978, 72쪽.
29. M. Halbwachs, *La Mémoire collective*, Paris, PUF, 1950, 2쪽.
30. Y. Lambert, *Dieu change en Bretagne*, Paris, Cerf, 1985, 45쪽. E. Renan, *Marc Aurèle, ou lafin du monde antique*, Paris, Le Livre de Poche, 1984, 126쪽. 장소topos에 관한 분석은 P. Brown, *La société et le sacré dans l'Antiquité tardive*, Paris, Seuil, 1985, 15쪽 이하 참고.
31. M. Lalive d'Epinay, *Groddeck*, Paris, Editions Universitaires, 24, 40쪽의 뛰어난 소개 참고.

32. M. Halbwachs, *La Mémoire collective*, 92쪽 참고.
33. 나는 짐멜이 형식에 부여했던 의미를 나름대로 해석했다. G. Simmel, *Les problèmes de la philosophie de l'histoire*, Paris, PUF, 1984, 74쪽 이하 및 P. Watier, *G. Simmel et les sciences humaines*, Paris, Klincksieck, 1992 참고.
34. 하버마스가 인용한 딜타이 참고 J. Habermas, *Connaissance et intérêt*, Paris, Gallimard, 1976, 189쪽 이하.
35. E. Durkheim, *L'année sociologique*, 1권, 307~332쪽 및 2권, 319~323쪽, C. Bouglé, *Essais sur le régime des castes*, Paris, PUF, 1969, 36, 51쪽 참고.
36. M. Young et P. Willmott, *Le Village dans la ville*, Paris, CCI, Centre Georges-Pompidou, 1983와 E. Raynaud, "Groupes secondaires et solidarité organique: qui exerce le contrôle social?" in *L'Année sociologique*, Paris, 1983 참고. 유감스럽게도 레이노의 분석은 잘 알려진 집단들의 중요성을 은연중에 상대화하고 있다.

4장

1. 권력과 역능의 관계에 대해서는 내가 *La violence totalitaire*, Paris (1979), rééd. DDB, 1999에서 했던 분석 참고.
2. 스타일에 관해서는 P. Brown, *Genèse de l'Antiquité tardive*, Paris, Gallimard, 1983, 16쪽 및 폴 벤의 서문 참고. G. Durand, *La beauté comme présence paraclétique, Eranos*, 1984, Insel Verlag, Frankfurt, 1986, 129쪽 및 M. Maffesoli, "Le Paradigme esthétique", in *Sociologie et Sociétés*, Montréal, 17권, 2호, 1985년 10월, 36쪽.
3. W. Benjamin, *Essais*, Paris, Denoël-Gonthier, 1983, 40쪽 및 P. Tacussel, *Charles Fourier, le jeu des passions*, Paris, DDB, 2000 참고.
4. A. Schutz, "Faire de la musique ensemble, Une étude des rapports sociaux",

traduction française in *Sociétés*, Paris, Masson, 1984, 1권, 1호, 22~27쪽. "Making music together"에서 발췌, *Collected Papers II*, Nijhoff, La Haye, 1971, 159~178쪽. M. Gaillot, "Multiple Meaning", "Techno", 장뤽 낭시와 마페졸리의 인터뷰, Paris, Dis Voir, 1999도 참고.

5. 예컨대 L. Gumplowicz, *Précis de sociologie*, Paris, 1896, 337쪽 이하 참고. O. 슈판에 대해서는 W. Johnston, *L'esprit viennois, une histoire intellectuelle et sociale, 1848~1938*, Paris, PUF, 1985, 365쪽의 분석 참고.
6. 공동체에 대한 사회학의 매혹에 대해서는 R. A. Nisbet, *La tradition sociologique*, Paris, PUF, 1984, 30쪽 참고. 미국 사회학의 선구자에 대해서는 P. St-Arnaud, *W. G. Sumner et les débats de la sociologie américaine*, Presse Universitaire Laval, Québec, 1984, 107쪽 참고.
7. T. W. Adorno, *Théorie esthétique*, Paris, Klincksieck, 1974, 13쪽. 내가 미학을 정의하는 방식에 대해서는 M. Maffesoli, *Au creux des apparences*, Paris (1990), rééd. Le livre de poche, 1995 참고.
8. P. Watzlawick, *La réalité de la réalité*, Paris, 1978, 91쪽 및 M. Scheler, *Nature et formes de la sympathie*, Paris, Payot, 1928, 특히 113, 83쪽 이하, 88, 35쪽 참고. 군중에 대해서는 J. Beauchard, *La puissance des foules*, Paris, PUF, 1985. 스포츠에 관해서는 F. Griffet, O. Sirost의 연구 및 D. Femenias가 CEAQ에서 작성중인 박사학위논문 참고. 관광에 관해서는 *Sociétés*, 8호, Paris, Masson, 2권, 2호1986, R. Amirou, *Imagiaire du tourisme*, PUF, 2000 참고.
9. M. Scheler, 같은 책, 149~152쪽. 디오니소스적 경향에 관해서는 M. Maffesoli, *L'ombre de Dionysos, contribution à une sociologie de l'orgie*, Paris (1982), rééd. Le livre de poche, 1991 참고. 그리고 '디오니소스제의 천년왕국설'에 대해 말하는 K. Mannheim, *Idéologie et utopie*, Paris, Marcel Rivière, 1956, 154쪽 참고. '집단의 개입'에 대해서는 M. Halbwachs, *La mémoire collective*, Paris, PUF, 1968, 28쪽 참고. 그밖에 M. Xiberras, *La société intoxiquée*, Klincksieck, 1989 참고.
10. G. Hocquenghem, R. Scherer, *L'Ame atomique*, Paris, Albin Michel, 1986, 17쪽 및 J. Baudrillard, *Amérique*, Paris, Grasset, 1986, 107쪽 참조. 거리와 불을 뿜는 곡예사에 관해서는 스트라스부르 1대학 사회심리학연구소 몰A. Moles의 연구 참고.
11. 외양에 관해서는 내 분석을 참고하라. *La conquête du présent*, Paris (1979), rééd. DDB, 1998 및 *Au creux des apparences* (1990), rééd. Le livre de poche, 1995. 또한 Ph. Perrot, *Le travail des apparences*, Paris, Genève, 1984 참고. 싸구려 미학Parva esthetica에 관해서는 G. Hocquenghem, R. Scherer, 같은 책, 25쪽 참고. '감성적인 것'에 대해서는 P. Sansot, *Les formes sensibles de la vie sociale*, 감각의 사회학적 접근에 관해서는 G. Simmel, *Mélanges de philosophie relativise*, Paris, Félix Alcan, 1912 참고.

12. R. Da Matta, *Carnavals, bandits et héros*, Paris, Seuil, 1983, 116쪽.
13. 유기적 결합에 대해서는 내 연구 *La connaissance ordinaire*, Paris, Méridiens, 1985 참고. '연결reliance'에 대해서는 M. Bol de Balle, *La tentation communautaire*, Ed. Université de Bruxelles, 1985 및 P. Le Quéau, *Le tentation bouddhiste*, Paris, DDB, 1998 참고.
14. Y. Lambert, *Dieu change en Bretagne*, Paris, Cerf, 1985, D. Hervieu-Léger, *Vers un nouveau christianisme*, Paris, 1986. 이 책 49쪽에서 에르비외레제는 노동자의 종교성이 지닌 특징들을 보여주고 있고, 217쪽에서는 근대 세계와 종교성의 유사성에 대해 밝히고 있다. '친화적 소교구'에 대해서는 12쪽을 보라. 또한 D. Jeffrey, *Jouissance du sacré*, Paris, Armand Colin, 1998도 참고.
15. M. Weber, *Economie et société*, Paris, Plon, 475, 478쪽.
16. L.-V. Thomas, *Rites de mort*, Paris, Fayard, 1985.
17. 중세 연구와 사회학에 대해서는 R. A. Nisbet, *La tradition sociologique*, Paris, PUF, 1984, 30쪽의 분석과 사례 참고.
18. 마르크스에 관련해서는 F. Lévy, *K. Marx, histoire d'un bourgeois allemand*, Paris, Grasset, 1973, 뒤르켐에 대해서는 R. A. Nisbet, 같은 책, 110~111쪽 참고. 기계적 연대와 유기적 연대에 관한 문제는 M. Maffesoli, *La violence totalitaire*, Paris, PUF, 120쪽 참고.
19. M. Halbwachs, *La mémoire collective*, Paris, PUF, 1968, 119~120쪽 참고. 짐멜의 비개인주의에 관해서는 내 논문 M. Maffesoli, "Le paradigme esthétique", in *Sociologie et Société*, Montréal, 17권, 2호(1985년 10월)에서 상세히 밝혔다. 그리고 P. Watier, *G. Simmel, la sociologie et l'expérience du monde moderne*, Paris, Klincksieck, 1986도 참고.
20. B. Nicolescu, *Nous, la particule et le monde*, Paris, Ed. Le Mail, 1985 참고. 공시성 synchronicité에 관해서는 E. T. Hall, *Au-delà de la culture*, Paris, Seuil, 1979, 75쪽, 하비투스에 관해서는 M. Maffesoli, *La connaissance ordinaire*, Paris, Klincksieck, 1985, 225쪽 이하 참고. 토마스 아퀴나스에서 시작된 하비투스의 기원에 관해서는 G. Rist, "La notion médiévale d'*habitus* dans la sociologie de P. Bourdieu", *Revue européenne des sciences sociales*, Genève, Droz, 22권, 1984, 67, 201~212쪽 참고. 또한 B. Valade, *Pareto, la naissance d'une autre sociologie*, PUF, 1990도 참고.
21. 나는 여기서 짐멜의 탁월한 분석을 참고한다. G. Simmel, *Sociologie et épistémologie*, Paris, PUF, 1981, 125쪽. 이 책의 불어 번역자인 L. 가스파리니와 달리 나는 *Geselligkeit*를 사교성sociabilité이 아닌 사회성socialité으로 번역하기를 제안한다.
22. 뒤르켐, 베버, 프로이트의 저작은 인용할 필요가 없을 것이다. 나는 이 표현을 P. Tacussel, *L'attraction sociale*, Paris, Librairie des Méridiens, 1984에서 가져왔다.

23. P. Berger, T. Luckmann, *The Social Construction of Reality*, New York, Anchor Books éditions, 1967, 2쪽. 프랑스어판은 *La construction sociale de la réalité*, Paris, Méridiens Klincksieck, 1987.
24. 이 점에 관해서는 M. Bourlet, "L'orgie sur la montagne", *Nouvelle revue d'ethnopsychiatrie*, Paris, 1983, 1호, 20쪽. 디오니소스 형상의 일반적인 사용에 관해서는 내 책 *L'ombre de Dionysos, contribution à une sociologie de l'orgie*, Paris (1982), rééd. Le livre de poche, 1991 참고. 그밖에 M. Xiberras, *La société intoxiquée*, Klincksieck, 1989도 참고.
25. E. Renan, *Marc Aurèle, ou la fin du monde antique*, Paris, Le livre de poche, 1984, 317~318쪽.
26. J. Séguy, *Christianisme et société*, introduction à la sociologie de Ernst Troeltsch, Paris, Cerf, 1980, 112쪽. '종파 유형'에 관한 분석은 111쪽 이하 참고.
27. Gibbon, *Histoire du déclin et de la chute de l'Empire romain*, Paris, Ed. Laffont, 1983, 1권, 23장, 632쪽 이하 참고. 중세 시대의 종파에 대해서는 J. Séguy, 같은 책, 176~179쪽 참고.
28. '지하수층'이라는 표현은 E. Poulat, *Catholicisme, démoncratie et socialisme*, Paris, Casterman, 1977, 486쪽에서 대중적 가톨릭을 가리켜 썼던 것이다. 가톨릭의 기반이 되는 '현실 국가'의 영구불변함에 대해서는 E. Poulat, *Eglise contre bourgeoisie*, Paris, Casterman, 1977, 155쪽 참고. 그리고 퀘벡에 있는 라발 대학 사회학부의 J. 질베르베르그와 P. 코테의 연구도 참고.
29. 동업조합에 관해서는 A. Guedez, *Compagnonage et apprentissage*, PUF, 1996, '프레리'에 관해서는 Y. Lambert, *Dieu change en Bretagne*, Paris, Cerf, 1985, 40, 264쪽 참고.
30. 우리는 버거와 루크만이 제안했던 '상황적 규정situational determination' 혹은 '삶 속의 자리seat in life' 등의 역사주의적 개념을 일상사의 방향 속에서 해석할 수 있다. P. Berger et T. Luckmann, *The Social Construction of Reality*, 같은 책, 7쪽 이하. 초현실주의나 상황주의에 관해서는 P. Tacussel, *L'attraction sociale* 참고.
31. 짐멜이 무엇보다 관계주의를 우선시한다는 점을 인식하면서 나는 여기서 J. Séguy, "Aux enfances de la sociologie des religions: Georg Simmel", in *Archives de sociologie des religions*, Paris, CNRS, 1964, 17호, 6쪽에서 제시된 개인주의적 해석을 대립시키고 있다. 미학주의에 관해서는 내 논문 "Le paradigme esthétique", in *Sociologie et Sociétés*, Montréal, 17권, 2호(1985년 10월) 참고. 또한 Y. Atoji, "La philosophie de l'art de Georg Simmel: son optique sociologique", in *Sociétés*, Paris, Masson(근간)도 참고. 연결reliance이라는 단어는 M. Bolle de Bal, *La tentation communautaire*, Université de Bruxelles, 1985에서 인용한 것이다.
32. 사적 숭배의 예에 관해서는 E. R. Dodds, *Les Grecs et l'irrationnel*, Paris, Flammarion, 1958, 240쪽 참고. 마니교도들의 네트워크에 대해서는 P. Brown, *La vie de saint Augustin*, Paris, Seuil, 1971, 51쪽 참고.

33. C. Bouglé, *Essais sur le régime des castes*, Paris, PUF, 1969, 32~35쪽 참고. '퀘벡 사회에서 인간 열정의 작용'에 관해서는 G. Renaud, *A l'ombre du rationalisme*, Montréal, Ed. St. Martin, 1984, 167쪽 참고.
34. E. Durkheim, *De la division du travail social*, Paris, Librairie Félix Alcan, 1926, 261쪽. '삶의 원천'으로서의 집단에 관해서는 제2판 서문 XXX쪽 참고. 집단들 간의 교차 관계에 대해서는 M. Halbwaches, *La mémoire collective*, 66쪽 참고.
35. 이 점에 관해서는 니스벳의 사회학적 분석 R. A. Nisbet, *La tradition sociologique*, Paris, PUF, 1984, 78쪽 참고.
36. G. Simmel, *Les problèmes de la philosophie de l'histoire*, Paris, PUF, 1984, 75쪽.
37. 내가 *La conquête du présent*, Paris, (1978), rééd. DDB, 1998에서 연극성에 대해 할애한 장 참고. 비밀에 대해서는 짐멜의 탁월한 논문 G. Simmel, "La société secrète", in *Nouvelle Revue de psychanalyse*, Paris, Gallimard, 1976, 14호, 281~305쪽 참고.

38. E. Renan, *Marc Aurèle, ou la fin du monde antique*, 294쪽.
39. '이방인'의 사회학에 관해서는 E. Morin, *Commune en France: La métamorphose de Plozevet*, Paris, Fayard, 1967, Le livre de poche, 37쪽, 가톨릭 신도회에 관해서는 E. Poulat, *Intégrisme et catholicisme intégral*, Paris, Casterman, 1969 참고. 사회학자가 가진 환원에 대한 환상에 관해서는 G. Renaud, *A l'ombre du rationalisme*: "La société devient un laboratoire et elle doit se conformer à la réalité définie par le sociologue", 235쪽.
40. 내 책 『현재의 정복』, 그리고 '집단 이기주의'에 관해서는 G. Simmel, 같은 글, 298쪽 참고.
41. 이 점에 대해서는 K. Schipper, *Le corps taoïste*, Paris, Fayard, 1982, 28~37쪽. 그는 어떻게 비밀결사가 '현실 국가'에 근거하는지를 잘 보여준다.
42. 비스마르크에 대한 회상은 G. Simmel, *La société secrète*, 303쪽에서 인용했다. 동성애에 대한 훌륭한 입문서로는 G. Ménard, *L'homosexualité démystifiée*, Ottawa, Leméac, 1980 참고.
43. E. Canetti, *La conscience des mots*, Paris, Albin Michel, 1984, 164쪽, rééd. Le livre de poche, 1989.
44. 이런 의미에서 피터 브라운의 탁월한 전기 P. Brown, *La vie de saint Augustin*, traduction française, Paris, Seuil, 1971, 226쪽 참고.
45. 나는 여기서 고위 간부들에 대해 조사한 A. Wickham, M. Patterson, *Les carriéristes*, Paris, Ramsay, 1983을 참고했다. 또한 부두노동자들에 대해 조사한 M. Young, P. Willmott, *Le village dans la ville*, Paris, CCI, Centre Georges-Pompidou, 1983, 124쪽 이하 참고.
46. H. de Montherlant, R. Peyrefitte, *Correspondance*, Paris, Plon, 1983, 53쪽 참고.
47. 상징의 이중성과 관련해, 서양 전통 밖에서는 '푸'라고 읽는 중국어 낱말의 기능을 참고할 수 있다. K. Schipper, *Le corps taoïste*, 287쪽, 주 7 참고.

48. G. Simmel, *La société secrète*, 293쪽.
49. 고대 문명과의 비교에 대해서는 P. Brown, *La société et le sacré dans l'Antiquité tardive*, Paris, Seuil, 1985, 110쪽 참고.
50. 로마 사회에서 '따로 무리짓기' 현상이 가져온 결과에 대해서는 E. Renan, *Marc Aurèle, ou la fin du monde antique*, Paris, Le livre de poche, 1984, 77쪽 참고.
51. '융합 집단'에 대해서는 J.-P. Sartre, *Critique de la raison dialectique*, Paris, Gallimard, 1960, 391쪽 참고. 공동체 형식들의 창조성, 그리고 고대 문명에 대해서는 P. Brown, *Genèse de l'Antiquité tardive*, Paris, PUF, 1984, 22쪽, 연대의 영속성과 경청에 대해서는 G. Renaud, *A l'ombre du rationalisme, La société québécoise*, Montréal, Ed. St. Martin, 1984, 179쪽.
52. M. Young, P. Willmott, *Le village dans la ville*, Paris, CCI, Centre Georges-Pompidou, 1983, 153쪽.
53. E. Raynaud, "Groupes secondaires et solidarité organique: qui exerce le contrôle social?", in *L'Année sociologique*, Paris, 1983, 184쪽. '갱'의 중요성에 대해서는 E. Morin, *L'esprit du temps*, Paris, Le livre de poche, 1983, 130쪽 참고.
54. 내 논문 "Le paradigme esthétique: la sociologie comme art", in *Sociologie et Sociétés*, Montréal, 17권, 2호(1985년 10월) 및 *La connaissance ordinaire*, Klincksieck, 1985, 4장 "Vers un 'formisme' sociologique" 참고.
55. G. Dorflès, *L'intervalle perdue*, Paris, Librairie des Méridiens, 1984, 30쪽 이하 참고. 나는 부족주의 및 그 '공백에 대한 두려움'을 염려하는 점에서는 당연히 도르플레와 의견을 달리한다.
56. '원시 연극'에 대해서는, G. Dorflès, 같은 책, 163쪽에서 언급하는 연구들 참고. 무도병舞蹈病은 F. De Martino, *La terre du remords*, traduction française, Gallimard, 1966에서 잘 분석하고 있다. 칸돔블레candomblé에 대해서는 R. De Matta, *Cidade e Devoçao*, Recife, 1980 및 "Le Syllogisme du sacré", in *Sociétés*, Paris, Masson, 5호, 그리고 V. Costa Lima, *A Famiglia de Santo nos candomblés, jejenagos do Bahia*, Salvador, 1977 참고. A. Schutz, "Making Music Together", in *Sociétés*, Paris, Masson, 1권 1호, 1984. 탄트리즘tantrism에 대해서는 J. Varenne, *Le Tantrisme*, Paris, 1977. 종파에 관해서는 훌륭한 글인 J. Zylberberg, J. P. Montminy, "L'esprit, le pouvoir et les femmes", polygraphie d'un mouvement culturel québécois. *Recherches sociographiques*, XXII, 1, 1981 및 박사학위논문인 P. Coté, *De la dévotion au pouvoir: les femmes dans le Renouveau charismatique*, Montréal, Universté Laval, 1984 참고.
57. C. Bouglé, *Essais sur le régime des castes*, Paris, PUF, 1969, 152쪽.

5장

1. 내 견해로는 이런 뒤르켐식 개념은 뒤바꿔 사용할 필요가 있다. 이에 관해서는 M. Maffesoli, *La violence totalitaire*, Paris (1979), rééd. DDB, 1999, 210쪽, 주 1 참고. G. Simmel, *Problème de philosophie de l'histoire*, Paris, PUF, 1984, 131쪽. '혼종문화hétéroculture'라는 개념은 푸아리에J. Poirier가 소개한 것이다.
2. M. Maffesoli, *L'ombre de Dionysos, contribution à une sociologie de l'orgie*, Paris (1982), 개정판, Le livre de poche, 1991, '서문' 참고. '우리-디오니소스'에 관해서는 M. Bourlet, "Dionysos, le même et l'autre", *Nouvelle revue d'ethnopsychiatrie*, Paris, 1983, 1호, 20쪽 참고. 그밖에 M. Xiberras, *La société intoxiquée*, Klincksieck, 1989도 참고.
3. J. Freund, *Sociologie du conflit*, Paris, PUF, 1983, 14쪽, 그리고 당연히 *L'Essence du politique*, Paris, Sirey, 1965, 7장 참고. 제3자에 대한 훌륭한 분석은 한국 부산의 사회학자 박재환의 박사학위논문 J. H. Park, *La communication et le conflit dans le mode de pensée coréen*, Paris V, 1985, 57쪽 이하 참고.
4. '이른바 이원론적 조직'의 모순에 관한 예로는 Lévi-Strauss, *Anthropologie structurale*, Paris, Plon, 1974, 179쪽 참고. 마찬가지로 G. Dumézil, *Jupiter, Mars, Quirinus*, Paris, Gallimard, 1941 및 G. Durand, *L'Ame tigrée, les pluriels de psyché*, Paris, Denoël-Méridiation, 1980, 83~84쪽 참고. 심리학적 경험에 대해서는 P. Watzlawick, *La réalité de la réalité*, Paris, 1978, 90쪽 참고.
5. 상징주의적 비전에서의 삼분법에 관해서는 G. Durand, *La foi du cordonnier*, Paris, Denoël, 1984, 90쪽, 정신분석학자인 그로데크의 삼위일체식 분류에 대해서는 M. Lalive d'Epinay, *Groddeck*, Paris, Edition Universitaire, 1983, 56~57쪽 참고.
6. K. Schipper, *Le corps taoïste*, Paris, Fayard, 1982, 146쪽(강조는 인용자) 및 16쪽. 또한 박사학위논문 Wonki Choi, *Etude sur la méthodologie non dualiste*, Pars V, 1996 참고.
7. E. Morin, *La nature de l'URSS*, Paris, Fayard, 1983, 181쪽 참고. K. Schipper, *Le corps taoïste*, Paris, Fayard, 1982, 181쪽. 분화된 '현실'에 관해서는 G. Simmel, *Problème de la sociologie des religions*, Paris, CNRS, 1964, 17호, 13쪽, 아리스토텔레스의 텍스트 분석은 J. Freund, *Sociologie du conflit*, 36쪽 이하 참고.
8. 타쿠셀이 분석한 '일반적 커뮤니케이션'에 관해서는 P. Tacussel, *L'attraction sociale*, Paris, Librairie des Méridiens, 1984, 네트워크에 관해서는 박사학위논문인 F. Casalegno, *Cybersocialités*, CEAQ, Paris V, juin 2000 및 S. G. Lee, *Médias et expérience de l'espace public*, Paris V, 1999 참고.
9. L. Réau, *L'Europe française au siècle des Lumières*, Paris, Albin Michel, 1951, 303쪽.
10. M. Maffesoli, *La violence totalitaire*, Paris (1979), rééd. DDB, 1999.
11. F. Hoffet, *Psychanalyse de l'Alsace*, Strasbourg, 1984, 48쪽 및 38쪽. 또한 시칠리아

왕국과 프리드리히 2세의 조치도 참고할 수 있다.

12. O. Revault d'Allones, in *Musiques, variations sur la pensée juive*, Paris, Editoins C. Bourgois, 1979, 47쪽.
13. P. Brown, *La vie de saint Augustin*, Paris, Seuil, 1971, 251~259쪽.
14. 디오니소스적인 것에 관한 내 연구 이후에 나온 다음 논문은 해박한 지식과 풍부한 자료를 갖추고 있다. M. Bourlet, "Dionysos, le même et l'autre", *Nouvelle revue d'ethnopsychiatrie* 참고.
15. M. Maffesoli, *La connaissance ordinaire, précis de sociologie compréhensive*, Paris, Klincksieck, 1985, 132쪽. 프랑스혁명에 관해서는 L. Réau, *L'Europe française au siècle des Lumières*, 368쪽. 마찬가지로 E. Cœurderoy, *Hourra, la révolution par les Cosaques*, Paris, Ed. Champ Libre, 1972도 참고.
16. M.-F. Baslez, *L'Etranger dans la Grèce antique*, Paris, Les Belles Lettres, 1984, 75쪽.
17. G. Freyre, *Maîtres et esclaves*, Paris, Gallimard, Tel, 1974, 210쪽. 또한 R. Motta, "La sociologie au Brézil", *Cahiers internaitonaux de sociologie*, Paris, PUF, 78권, 85쪽 참고. 짐멜에 관해서는 G. Simmel, *L'Ecole de Chicago*, Paris, Aubier, 1984 참고. 그리고 내 책 *Du nomadisme*, Paris, Le livre de poche, 1997 참고.
18. C. Bouglé, *Essais sur le régime des castes*, Paris, PUF, 1969, 203쪽, 주 2.
19. 이 구분과 기독교적 다신교에 대해서는 내 책 『디오니소스의 그림자』 참고. 그리고 뒤랑의 책 중에는 G. Durand, *La foi du cordonnier*, Paris, Denoël, 1984 참고. 민중종교에 대해서는 Y. Lambert, *Dieu change en Bretagne*, Paris, Cerf, 1985 참고. 특히 다음 구절을 강조할 만하다. "만일 대다수 전문가가 활동가와 책임자들을 참조하는 걸로 만족하지 않았다면 민중종교에 관한 중대한 오류들이 그토록 끈질기게 지속되지는 않았을 것이다"(17쪽) D. Jeffey, *Jouissance du sacré*, Paris, Armand Colin, 1998 참고.
20. 예를 들면 A. Faivre, *Eckartshausen et la théosophie*, Paris, Editions Klincksieck, 1969, 14쪽과 M. E. Coughtrie, *Rhythmomachia: a propaedeutic game of the middle ages*, Université Cape Town, 1985, 26쪽 참고.
21. E. Poulat, *Eglise contre bourgeoisie*, Paris, Ed. Casterman, 1977, 59, 130쪽. 공동교회에 대해서는 87쪽 참고. 또한 *Catholicisme, démocratie et socialisme*, Paris, Ed. Casterman, 1977, 486쪽 참고. 나도 그런 마을을 알고 있는데, 그것은 스테인드글라스의 비호 아래 개신교 예배와 가톨릭 미사가 거행되는 방엔 Wangen이라는 마을이다. 이 스테인드글라스에는 창조주의 눈이 이등변삼각형 속에 들어 있는 그림이 그려져 있는데, 이것은 프리메이슨의 상징이자 삼합회의 완벽한 은유이다.
22. M. Weber, *Le savant et le politique*, traduction française J. Freund, Paris, Plon, 1959, 93쪽.

23. 나는 짐멜의 글에서 출발해서 자유롭게 논지를 전개했다. G. Simmel, “Problèmes de la sociologie des religions”, traduction française J. Séguy, in *Archives de sociologie des religions*, Paris, CNRS, 1964, 17호, 19쪽.
24. E. Durkheim, *De la division du travail social*, Paris, Félix Alcan, 1926, 17~18쪽 이하 참고. 부부 사이의 상이성에 대해서는 I. Pennacchioni, *De la guerre conjugale*, Paris, Mazarine, 1986 참고.
25. ‘본질적 다양성을 감추고 있는’ 일상성에 관해서는 M. de Certeau, L. Giard, *L'ordinaire de la communication*, Paris, Dalloz, 1983, 21쪽 참고. ‘이중성’에 대해서는 책의 한 장章을 여기에 할애한 M. Maffesoli, *La conquête du présent, pour une sociologie de la vie quotidienne*, Paris(1979), rééd. DDB, 1998 참고.
26. P. Brown, *Genèse de l'Antiquité tardive*, Paris, Gallimard, 1983, 83쪽.
27. 프로이트적 관점에서 이루어진 이런 종류의 확신에 대해서는 A. G. Slama, *Les chasseurs d'absolu, Genèse de la gauche et de la droite*, Paris, Grasset, 1980, 21~22쪽, 헤라클레이토스에 대해서는 24쪽 참고.
28. C. Bouglé, *Essais sur le régime des castes*, 1934, 4판, Paris, PUF, 1969, 59쪽 및 L. Dumont, *Homo hierarchicus*, Paris, Gallimard, 1967 참고.
29. E. Poulat, *Catholicisme, démocratie et socialisme*, Paris, Casterman, 1977, 85쪽 주 33 및 86쪽.
30. P. Brown, *Genèse de l'Antiquité tardive*, 79쪽. 명예욕에 대한 분석 참고. 이는 G. Renaud, *A l'ombre du rationalisme*, 215쪽에서 말하는 ‘사회국가주의social-étatisme’와는 거리가 멀다.
31. G. Freyre, *Maîtres et esclaves*, 93쪽 참고.
32. R. Da Matta, *Carnavals, bandits et héros*, Paris, Seuil, 1983, 57쪽 이하 참고. ‘연극성’과 ‘운명과의 대결’에 관해서는 내 책 『현재의 정복』 참고. 삼바에 관해서는 M. Sodré, *Samba o dono do corpo*, Rio, Ed. Codecri, 1979 참고.
33. 같은 책, 183쪽. 그리고 다 마타가 인용하는 마샤두 지 아시스에 관해서는 주 2 참고.
34. A. Medam, *Arcanes de Naples*, Paris, Edition des Autres, 1979, 78쪽. 이 책은 나폴리에서의 후견주의에 대한 훌륭한 분석을 보여준다. 기업에 관해서는 A. Wickham, M. Patterson, *Les carriéristes*, Paris, Ramsay, 1984 참고.
35. M. Maffesoli, “La Maffia comme métaphore de la socialité”, in *Cahiers internationaux de sociologie* 73권, Paris, PUF, 1982, 363~369쪽.
36. 이런 측면에서 뒤랑이 제공하는 사례들 참고. G. Durand, *L'Ame tigrée, les pluriels de psyché*, Paris, Denoël, 1980, 143쪽 및 주 참고. 아인슈타인과 일반상대성이론에 관해서는 J.-E. Charron, *L'esprit cet inconnu*, Paris, Albin Michel, 1977, 56쪽 참고.
37. J. Lacarrière, *L'Eté grec*, Paris, Plon, 1976, 54쪽. 그리스 신비주의에 대한 분석.

6장

1. 니체. F. Ferrarotti, *Histoire et histoires de vie*, Paris, Librairie des Méridiens, 1983, 32쪽 이하의 분석 참고.
2. F. Chamoux, *La civilisation hellénistique*, Paris, Arthaud, 1981, 211쪽.
3. 같은 책, 231쪽. 이 양극성을 다르게 적용한 사례에 대해서는 시카고 학파가 고안해낸 도시의 이상형, 특히 E. 버제스의 논의 참고. U. Hannerz, *Explorer la ville*, Paris, Minuit, 1983, 48쪽.
4. 『정치에 관하여』에 대한 분석으로는 D. Weinstein, *Savonarole et Florence*, Paris, Calmann-Lévy, 1965, 298~299쪽 참고.
5. 같은 책, 44~45쪽 및 도시 피렌체의 번영에 관해서는 주 18, 19 참고. '우리 오성悟性의 범주로서의 공간'에 대해서는 A. Moles, E. Rohmer, *Les labyrinthes du vécu*, Paris, Méridiens, 1982 참고. '감각의 공동체'에 관해서는 J. F. Bernard-Bécharies in *Revue française du marketing*, 1980/1, cahier 80 참고.
6. M. Weber, *La ville*, Paris, Aubier-Montaigne, 1984, 72쪽 참고.
7. 같은 책, 129쪽.
8. G. Freyre, *Maîtres et esclaves, la formation de la société brésilienne*, Paris, Gallimard, 1970, 201쪽.
9. M. Young, P. Willmott, *Le village dans la ville*, Paris, CCI, Centre Georges-Pompidou, 1983, 9쪽.(레이먼드의 서문)
10. U. Hannerz, 같은 책, 22쪽. '도시 마을'에 관해서는 H. Gans, *The Urban Villagers*, New York, Free Press, 1962 참고. 인력에 관해서는 P. Tacusssel, *L'attraction sociale*, Paris, Klincksieck, 1984 참고.
11. 이 주제와 주요 카테고리에 관해서는 M. Maffesoli, *La conquête du présent*, Paris (1979), rééd. DDB, 1998 참고. 나는 여기서 변증법이라는 용어를 아주 단순한 (아리스토텔레스적) 의미로, 즉 한 극에서 다른 극으로의 끊임없는 방향전환이라는 의미로 사용했다. 그런데 이것은 작용-반작용 혹은 '에드가 모랭식의' 피드백 회로와 가까운 것인데, 이 점에 관해서는 E. Morin, *La méthode*, 3권, *La connaissance de la connaissance*, 1, Paris, Seuil, 1986 참고.
12. 우리는 이에 관한 예로 CEAQ에서 E. 테시에가 집필중인 점성술에 관한 박사학위논문을 들 수 있다. 그리고 S. Joubert, *La raison polythéiste*, Paris, L'Harmattan, 1991 참고. 마찬가지로 J. Dumazedier, *La révolution du temps libre*, Klincksieck, 1988도 참고.
13. A. Berque, *Vivre l'espace au Japon*, Paris, PUF, 1982, 34쪽 및 31~39쪽의 분석 참고.
14. 내가 뒤르켐의 '유기적 연대'와 '기계적 연대' 개념을 전도시키자고 제안했음을 상기해보라. 이에 대해서는 M. Maffesoli, *La violence totalitaire*, Paris (1979), rééd. DDB, 1999 참고. 감정이입에 관해서는 내 책 *La connaissance ordinaire*,

Paris, Klincksieck, 1985 참고. 사회학의 아버지들에게서 나타나는 공동체에 대한 향수에 관해서는 R. A. Nisbet, *La tradition sociologique*, Paris, PUF, 1984 참고.

15. C. Lichtenthaeler, *Histoire de la médecine*, Paris, Fayard, 1978, 100쪽.
16. E. Renan, "La Réforme", in *Oeuvres complètes*, Paris, Calmann-Lévy, 230쪽. 그리고 Gibbon, *Histoire du déclin et de la chute de l'Empire romain*, Paris, Ed. Laffont, 1983에 나오는 다음 대목 참고. "아우구스투스는…… 몇몇 지방 도시에서의 사원 건립을 허용했다. 하지만 군주에 대한 숭배의식과 함께 로마에 대한 숭배의식을 거행하도록 강제했다."(51쪽) "몇몇 사람들은 가정의 수호신들 사이에 마르쿠스 아우렐리우스의 초상을 놓아두었다."(58쪽)
17. P. Brown, *La société et le sacré dans l'Antiquité tardive*, Paris, Seuil, 1985, 214~217쪽 참고. 또한 *Le culte des Saints*, Paris, Cerf, 1984, 1장 '성스러운 것과 무덤le sacré et la tombe' 및 D. Jeffey, *Jouissance du sacré*, Paris, Armand Colin, 1998 참고.
18. G. Duby, *Le temps des cathédrales. L'art et la société, 980~1420*, Paris, Gallimard, 1976.
19. E. Poulat, *Eglise contre bourgeoisie*, Paris, Ed. Casterman, 1977, 112쪽.
20. D. Hervieu-Léger, *Vers un nouveau christianisme*, Paris, Cerf, 1986, 109쪽. 마찬가지로 107, 123쪽에 나오는 H. Hubert, R. Hertz, S. Bonnet의 연구도 참고.
21. M. Meslin, "Le phénomène religieux populaire", in *Les religions populaires*, Québec, Pressses de l'Université Laval, 1972, 5쪽 참고.
22. 예를 들어 R. Motta, "Estudo do Xango", *Revista de antropologia*, Sao Paulo, 1982, V. de Costa-Lima, *A Famila de santo nos candomblés jeje. Nagos de Bahia: un estudo de relaçoes intragroupais*, UFBA, Salvador, 1977. M. Sodré, *Samba, o dono do corpo*, Codecri, Rio, 1979 참고.
23. 이에 대해 나는 *La connaissance ordinaire, précis de sociologie compréhensive*, Paris, Klincksieck, 1985에서 상세히 밝혔다. 파레토에 대해서는 B. Valade, *Pareto, la naissance d'une autre sociologie*, PUF, 1990 및 T. Blin, *Phénoménologie et sociologie*, L'Harmattan, 1996 참고.
24. 알박스가 공간에 대한 집합기억을 다룬 글은 *La mémoire collective*, Paris, PUF, 1968, 130~138쪽 참고.
25. A. Medam, *La ville censure*, Paris, Anthropos, 1971, 103쪽 참고. 보링거의 구별에 관해서는 W. Worringer, *Abstraction et Einfühlung*, Paris, Klincksieck, 1978, 공유된 경험에 대해서는 M. Maffesoli, *Au creux des apparences* (1990), rééd. Le livre de poche, 1995 참고.
26. 이 두 가지 역사적 사례에 관해서는 C. Bouglé, *Essai sur le régime des castes*, Paris, PUF, 1969, 184쪽 및 F. Venturi, *Les intellectuels, le peuple et la révolution. Histoire du populisme russe au XIXe siècle*, Paris, Gallimard, 1972, 211쪽 참고.
27. F. Raphaël, *Judaïsme et capitalisme*, Paris, PUF, 1982, 201쪽.

28. L. Wirth, *Le Ghetto*, Paris, Champ Urbain, 1980 참고.
29. E. Durkheim, *De la division du travail social*, Paris, Félix Alcan, 1926, XXXIII쪽.
30. 바쿠스-디오니소스에 관해서는 M. Scheler, *Nature et formes de la sympathie*, Paris, Payot, 1928, 36쪽(37쪽 주 1) 참고. 또한 K. Mannheim, *Idélogie et utopie*, Paris, Rivière, 1956, 158쪽 및 M. Weber, *Economie et sociétés*, Paris, Plon, 1971 참고.
31. M. Halbwachs, *La Mémoire collective*, Paris, PUF, 1968, 166쪽.
32. 스텐실 예술에 관해서는 M. Deville, "Imaginaires, pochoirs, tribus, utopies", in *Sociétés*, Paris, Masson, 1986, 10호, 그래피티에 관해서는 J. Baudrillard, *L'Echange symbolique et la mort*, Paris, Gallimard, 1976, 118쪽 이하 참고.
33. P. Brown, *La société et le sacré dans l'Antiquité tardive*, Paris, Seuil, 1985, 218, 224, 226쪽.
34. 이 다양한 항목에 관해 나는 몇 가지 연구를 지적하겠다. A. Sauvageot, *Figures de la publicité, figures du monde*, Paris, PUF, 1987, M. Deville, *Les Vidéo-clips, et les jeunes* (CEAQ).
35. A. Berque, *Vivre l'espace au Japon*, Paris, PUF, 1982, 47쪽 참고.
36. 시카고 학파와 밀접한 용어인 '다수의 마을'은 J. Beauchard, *La puissance des foules*, Paris, PUF, 1985, 25쪽에서 인용한 것이다. 이웃간의 관계 및 갈등, 혹은 연대에 관해서는 F. Pelletier, "Quartier et communication sociale", in *Espaces et Sociétés*, 15호, 1975 참고. 또한 F. Ferrarotti, *Histoire et histoires de vie*, Paris, Librairie des Méridiens, 1983, 33쪽 참고.
37. A. Moles, *Théorie structurale de la communication et sociétés*, Paris, Masson, 1986, 147쪽 이하. 또한 F. Casalegno, *Cybersocialités*, Paris V, CEAQ, 2000 참고.
38. E. T. Hall, *Au-delà de la culture*, Paris, Seuil, 1979, 67쪽은 일본 공장의 사례를 제공한다. 관광에 관해서는 R. Amirou, "Le Badaud, approche du tourisme", in *Sociétés*, Paris, Masson, 1986, 8호 참고. 마지막으로 일반적 의례에 관해서는 L.-V. Thomas, *Rites de mort*, Paris, Fayard, 1985, 16쪽 및 C. Rivière 참고.
39. M. Young, P. Willmott, *Le village dans la ville*, Paris, CCI, Centre Georges-Pompidou, 1983, 137~138, 143쪽 등등. 그리고 마피아에 관해서는 M. Maffesoli, "La Maffia: notes sur la socialité", *Cahiers internationaux de sociologie*, Paris, PUF, 1982, 73권, 그리고 한국에 관해서는 박사학위논문인 M. Kim, *Les micro-groupes en Corée*, Paris V, 1990 참고.
40. C. Bouglé, *Essais sur le régime des castes*, Paris, PUF, 1969, 5쪽.
41. 나는 여기서 M.-F. Baslez, *L'Etranger dans la Grèce antique*, Paris, Les Belles Lettres, 1984, 40쪽 이하의 분석을 자유롭게 해석했다. '제3자'의 역할에 대해서는 J. Freund, *L'Essence du politique*, Paris, Sirey, 1965 및 박사학위논문 J. H. Park, *La communication et le conflit dans le mode de pensée coréen*, Sorbonne, Paris V, 1985 참고. 마피아의 영토에 관해서는 J. Ianni, *Des affaires de famille*, Paris, Plon, 1978 참고.

42. Ch. Fourier, *Oeuvres complètes*, Paris, Anthropos, 5권, 157쪽. 그리고 E. Durkheim, *Les formes élémentaires de la vie religieuse*, Paris, PUF, 1968, rééd. Le livre de poche, 1991도 참고. 폭력의 사용에 관해서는 내 책 *Essais sur la violence banale et fondatrice*, 2판, Paris, Librairie des Méridiens, 1985에서 상세히 설명했다. 그리고 P. Tacussel, *Charles Fourier, le jeu des passions*, DDB, 2000.
43. 이 민족지학자들에 대해 분석했던 U. Hannerz, *Explorer la ville*, Paris, Seuil, 1983, 59~60쪽 참고. 현재라는 테마에 관해서는 내 책 *La conquête du présent*, Paris, (1978), rééd. DDB, 1998 참고. 비밀의 표본에 관해서는 G. Simmel, "Les sociétés secrètes", in *Revue française de psychanalyse*, Paris, PUF, 1977 참고. 청소년기 집단들의 의례에 관해서는 L.-V. Thomas, *Rites de mort*, Paris, Fayard, 15쪽 참고. 좀더 일반적인 방식으로는 J. Dumazedier, *Révolution culturelle du temps libre*, Paris, Klincksieck, 1988 참고.
44. M. Weber, *Le savant et le politique*, Paris, Plon, 1959, 85, 105쪽 이하 참고. 이 책에서 우리는 막스 베버의 규범적 신중함을 볼 수 있다. 이 책은 『경제와 사회』보다 더욱 '교육적인' 글들을 모아두었다. '감정공동체'에 관해서는 *Economie et sociétés*, Paris, Plon, 478, 565쪽 참고. 또한 J. Séguy, "Rationalisation, modernité et avenir de la religion chez M. Weber", in *Archives de sciences sociales des religions*, Paris, CNRS, 1986, 61. 1., 132, 135쪽 및 주석 참고. 막스 베버가 '주신제 orgiastique'에 관해 글을 썼던 당시의 분위기에 관해서, 그리고 그가 '바알Baal 선지자들' 및 루트비히 클라게스를 중심으로 한 뮌헨 코스믹 서클과 가까웠다는 점에 관해서는 W. Fietkan, "A la recherche de la révolution perdue", in *Walter Benjamin*, Paris, éd. du Cerf, 1986, 291쪽 이하 참고.
45. U. Hannerz, 같은 책, 154쪽.
46. 한네르스의 저술 외에도 다음 박사학위논문도 참고할 수 있다. S. Langlois, *Les réseaux sociaux et la mobilité professionnelle*, Sorbonne, 1980. 이 글은 다양한 관점으로 길을 내면서 상황 판단을 총괄적으로 하고 있다.
47. U. Hannerz, 같은 책, 88~89쪽.
48. 뒷담화나 소문의 문제는 새롭게 관심을 기울일 만한 가치가 있다. 모랭과 시부타니의 연구들(*Sociétés*, Paris, Masson, 0호, 1984) 외에 J.-B. Renard, V. Campion, *Légendes urbaines*, Payot, 1992도 참고.
49. S. Milgram, *The Experience of Living in Cities*. U. Hannerz, 같은 책, 245~247쪽 및 228쪽의 분석 참고.
50. A. Berque, *Vivre l'espace au Japon*, Paris, PUF, 1982, 119쪽.
51. E. Troeltsch, "Christianisme et société", in *Archives de sociologie des religions*, 11호, 1961, 15~34쪽. 당파적 집단들에 대해서는 D. Hervieu-Léger, *Vers un nouveau christianisme*, Paris, Cerf, 1986, 145, 343, 353쪽 등 참고.

부록

1. F. Dumont, "Cette culture que l'on appelle savante", in *Questions de culture*, IQRC, Québec, 1981, 19쪽.
2. 뒤부아의 분석 참고. C. G. Dubois, *L'imaginaire de la renaissance*, Paris, PUF, 1986, 959쪽.
3. G. Scholem, *La mystique juive*, Paris, Cerf, 1985, 86쪽 참고.
4. 이 구별에 대해서는 G. Scholem, *Sabbatai Tsevi*, La Grasse, éd. Verdier, 1983, 25, 39쪽 참고.
5. R. Mehl, *La théologie protestante*, Paris, PUF, 1967, 121쪽.
6. R. Pipes, cité par Venturi, *Les intellectuels, le peuple et la révolution*, Paris, Gallimard, 1972, 49쪽.
7. 이 점에 관해서는 내 책 *Logique de la domination*, Paris, PUF, 1976, *La violence totalitaire*, Paris, PUF, 1979 참고. 마찬가지로 B. Souvarine, *Staline*, éd. Gérard Lebovici, 1985, 64쪽 참고. 우리는 아나키즘의 영향을 받은 몇몇 집단, 예컨대 평의회주의자 혹은 상황주의자만이 개념적 레닌주의에 복종하지 않았음을 떠올릴 수 있다.
8. M. Gorki, *Pensées intempestives*, Lausanne, L'Age de l'homme, 1975, cité par B. Souvarine, 같은 책, 181쪽. *Lettres de Sartre in Temps* III, 1983, 1630쪽. P. Valéry, *Oeuvres complètes*, La Pléiade, 2권, 615쪽.
9. 하이데거의 『존재와 시간』 프랑스어판에 실린 마르티노의 서문 참고. *Être et temps*, éd. Authentica, H.C., 14쪽.
10. W. Outhwaite, *Understanding Social Life*, London, George Allen and Unwin Ltd, 1975, 13쪽. 결합conjonction 개념에 대해서는 G. Durand, "La notion de limite", in *Eranos 1980*, Frankfurt, Insel Verlag, 1981, 43, 46쪽 참고.
11. T. Adorno, *Minima moralia*, Paris, Payot, 1980, 47쪽 및 *Notes sur la littérature*, Paris, éd. Flammarion, 1985, 426쪽.
12. 상응correspondance과 유비analogie에 대해서는 *La connaissance ordinaire*, Klincksieck, 1985 참고. 메디앙스médiance에 관해서는 A. Berque, *Vivre l'espace au Japon*, Paris, PUF, 1982, 41쪽 및 *Le sauvage et l'artifice*, Paris, Gallimard, 1986, 162, 165쪽 참고.
13. E. Renan, *Marc Aurèle, ou la fin du monde antique*, Paris, Le livre de poche, 1984, 314쪽.
14. P. Brown, *La société et le sacré dans l'Antiquité tardive*, Paris, Seuil, 1985, 18쪽 참고.
15. G. Durand, *La foi du cordonnier*, Paris, Denoël, 1984 참고.
16. H. Strohl, *Luther*, Paris, PUF, 1962, 294쪽 이하 및 308쪽 참고.
17. 같은 책, 200, 233쪽.
18. E. Durkheim, *Les formes élémentaires de la vie religieuse*, Paris, PUF, 1968, 36쪽 이하, rééd. Le livre de poche, 1991.

19. H. Wölfflin, *Renaissance et baroque*, Brionne, éd. G. Monfort, 1985, *Principes fondamentaux de l'histoire de l'art* 참고.
20. E. Jünger, *Graffiti*, Paris, éd. C. Bourgeois, 1977, 35쪽.
21. J. Poirier, *Les récits de la vie*, Paris, PUF, 1984, 23쪽.
22. W. J. Johnston, *L'esprit viennois. Une histoire intellectuelle et sociale*, Paris, PUF, 1985, 26~28쪽.
23. I. Pennacchioni, *De la guerre conjugale*, Paris, Mazarine, 1986, 79쪽.
24. G. E. Moore, "Apologie du sens commun", 135~160쪽, in F. Armengaud, *G. E. Moore et la genèse de la philosophie analytiaue*, Paris, Klincksieck, 1986, 13쪽 참고. '현재와 일상 연구소 CEAQ'(파리 5대학)는 바로 이런 관점과 사회학적 현상학이 합류되는 지점에 위치해 있다. 그리고 이 주제에 관한 나의 두 저서 M. Maffesoli, *La conquête du présent, pour une sociologie de la vie quotidienne*, Paris(1979), rééd. DDB, 1998, *La connaissance ordinaire, précis de sociologie compréhensive* 및 T. Blin, *Phénoménologie et sociologie* 참고.
25. G. Durand, *Structures anthropologiques de l'imaginaire*, Paris, Bordas, 1969에 실린 뒤랑의 후기 참고. 신화비평이 구심성의 과정을 어떻게 사용하는가에 대해서는 G. Durand, *Figures mythiques et visages de l'oeuvre*, Paris, Berg, 1982, 308쪽 참고.
26. A. Berque, *Vivre l'espace au Japon*, 124쪽 및 56쪽.
27. A. Berque, *Le sauvage et l'artifice*, Paris, Gallimard, 1986, 267쪽 참고.
28. W. Outhwaite, *Understanding Social Life. The Method Called Verstehen*, London, G. Allen und Unwin, 1975, 13쪽.
29. E. Durkheim, *De la division du travail social*, Paris, 1926, 145쪽. 학구적 담론의 무익함에 대해서는 K. Mannheim, *Idéologie et utopie*, Paris, Marcel Rivière, 1956, 69쪽 참고. 그리고 르낭의 다음과 같은 훌륭한 가르침도 참고하라. "인류에게 제 2의 성서는 바로 일반 대중이 더듬거리며 하는 말이다." E. Renan, *Marc Aurèle*, 291쪽.
30. F. Dumont, "Cette culture que l'on appelle savante", in *Questions de culture*, IQRC, Québec, 1981, 27쪽 이하 참고.
31. Y. Lambert, *Dieu change en Bretagne*, Paris, Cerf, 1985, 225쪽. 랑베르의 저작은 대단히 흥미로운데, 우리는 랑베르의 이 표현을 하나의 유비로 생각할 수 있다. 그런데 이것은 내가 보기에 불길한 유비인데, 왜냐하면 부르디외의 관점과 반대 방향을 향하면서 서로 연관되어 있는 셈이기 때문이다.
32. M. Maffesoli, *La connaissance ordinaire* 및 T. Blin, *Phénoménologie et sociologie* 참고.
33. 모두 다 언급할 수는 없지만 Dilthey, *Le monde de l'esprit*, Paris, Aubier, 1947, K. Mannheim, *Idéologie et utopie*, Paris, Rivière, 1956, A. Schutz, *Le chercheur et le quotidien*, Paris, Klincksieck, 1986 등을 예로 들 수 있다.

미셸 마페졸리 연보

1944 11월 14일, 프랑스 남부 그레스삭에서 태어난다. 부친은 이탈리아 이민 가정 출신으로 평생 탄광의 막장 광부로 일했다. 이러한 가정 배경은 마페졸리가 민중의 삶에 고유한 지혜와 의지를 탐색하는 데 중요한 토양이 된다.

1970 스트라스부르 대학에서 논문 『마르크스와 하이데거에 있어서의 기술技術』로 석사학위를 받는다. 지도교수인 뤼시앙 브롱은 연금술과 과학, 신비주의, 점성술의 경계를 오가며 의학과 화학의 기초를 닦은 파라켈수스 전문가였다. 석사과정에 재학중이던 1960년대 후반 마페졸리는 조로아스터교에 관심을 기울이면서 하이데거 철학에 심취하며 상황주의자들과도 교류한다.

1972~ 그르노블 대학에서 도시사회학연구소를 주도적으로 이끈다.(1977년까지 활동) 이 시기 도시 안에서 형성되는 새로운 사회관계를 비롯해 자기만의 주관성이 표출되는 방식에 관심을 갖는다. 도시 공간에 대한 연구는 이후 노마디즘nomadisme이라는 주제로 발전한다.

1973 질베르 뒤랑의 지도하에 그르노블 대학에서 논문 『역동적 뿌리내림: 전체적인 사회적 사실로서의 역사*L'enracinement dynamique. L'histoire comme fait social total*』로 사회학 박사학위를 받는다.

1976 첫 저서 『지배의 논리*Logique de la domination*』 출간.

1978~ 질베르 뒤랑의 지도하에 논문 『사회동학: 갈등적 사회*La dynamique sociale. La société conflictuelle*』로 국가 박사학위를 취득한다. 마페졸리의 학문적 동지가 될 쥘리앵 프로인트, 조르주 발랑디에, 장 뒤비뇨, 피에르 상소가 심사위원으로 참석한다. 이후 1981년까지 스트라스부르 대학에서 전임강사로 재직하며, 쥘리앵 프로인트에 이어 전쟁학 연구소를 이끈다. 사회적 갈등과 폭력의 문제에 매달린다.

1979 기술관료제의 통제하에서 모든 것을 체계화, 서열화, 합리화하는 폭력의 문제를 다룬 『전체주의적 폭력: 정치인류학 논고*La violence totalitaire. Essai d'anthropologie politique*』, 착취와 소외, 지배의 개념으로 포섭할 수 없는 일상의 작고 구체적인 사실들을 파헤친 『현재의 정복: 일상생활의 사회학을 위하여*La conquête du présent. Pour une sociologie de la vie quotidienne*』를 출간한다.

1981 파리 5대학 사회학과 교수로 부임한다. 초기의 정치인류학적 관심을 넘어 사회성의 새로운 형식으로 연구의 초점을 옮긴다.

1982~ 조르주 발랑디에와 함께 '현재와 일상 연구소CEAQ'를 창설한다. 생산성과 효율성의 이데올로기에 맞선 집단적 광란, 폭력, 성적 방탕 등의 에로틱한 에너지를 다룬 『디오니소스의 그림자: 광란의 사회학을 위하여*L'ombre de Dionysos. contribution à une sociologie de l'orgie*』(1982), 실증주의적 편견에서 벗어나 일상의 평범한 상식에 관심을 쏟아야 하는 이유를 지식사회학의 관점에서 논한 『일상적 지식: 이해사회학 개요*La connaissance ordinaire. Précis de sociologie compréhensive*』(1985), 근대성의 종말과 포스트모던 부족주의를 논한 『부족의 시대*Le temps des tribus*』(1988)를

출간한다. 자신의 주저가 될 이 책들로 학계의 커다란 주목을 받는다.

1990 1990년대 들어 사회과학의 주변부에 머물러 있던 감성, 감정, 미학적인 것 등에 관심을 기울인다. 이미지, 육체, 감성적인 것 등을 통해 사회적 관계를 창조하는 미학의 윤리를 다룬 『외양의 공동空洞에서: 미학의 윤리를 위하여 *Au creux des apparences. Pour une éthique de l'esthétique*』를 출간한다.

1992 이성에 억눌린 감정을 폭발시키고 무익하고 덧없는 것을 욕망하는 포스트모던 사회의 새로운 문화현상을 정치적 격변의 관점에서 해석한 『정치의 변모*La transfiguration du politique*』(1992)를 출간한다. 이 책으로 아카데미 프랑세즈로부터 사회과학 분야 대상을 수상하면서 장 보드리야르의 뒤를 잇는 포스트모던 사회학의 새로운 기수로 등장한다.

1993 사회학의 초점을 거창한 이데올로기나 공식적인 정치 교의가 아닌 지극히 평범한 일상으로 옮길 것을 역설하는 『세계에 대한 명상*La contemplation du monde*』을 출간한다.

1996 폭력, 일탈, 비합리적인 것의 사유를 통해 지적인 것과 정동적인 것 사이의 균형적 사고를 지향하는 『감각적 이성에 대한 찬사*Eloge de la raison sensible*』를 출간한다.

1997 인간사의 끝없는 방랑과 순환을 통해 일상생활의 긍정적 관습을 파헤친 『노마디즘: 방랑의 시작*Du nomadisme. Vagabondages initiatiques*』을 출간한다.

2000 '지금 여기'의 순간적 삶을 강렬하게 체험하는 일상의 여러 측면을 적극적으로 조명하는 『영원한 순간: 포스트모던 사회에서의 비극의 회귀*L'instant éternel. Le retour du tragique dans les sociétés postmodernes*』를 출간한다.

2001 프랑스의 유명한 배우 출신 점성술사 엘리자베트

테시에가 마페졸리의 지도로 사회학 박사학위를 취득한다. 이로 인해 프랑스 사회학계는 사회과학의 방법론적 규준을 둘러싼 논쟁에 돌입한다. 에드가 모랭, 메리 더글러스, 파올로 파브리, 프랑코 페라로티 등이 마페졸리를 지지하며 논쟁에 참여했다.

2002 '집합흥분'이 생산하는 파괴적 에너지를 통해 현대사회의 악惡이라는 까다로운 문제를 제기하는 『악마의 몫: 포스트모던적 전복 개요*La Part du diable. Précis de subversion postmoderne*』를 출간한다.

2003 30년 넘게 대학에서 가르치며 뛰어난 학문적 성과를 남긴 공로를 인정받아 레지옹도뇌르 훈장을 수여받는다.

2005~ 2005년 프랑스 국립과학연구원CNRS 이사로 임명된다. 그러자 엘리자베트 테시에의 박사학위 수여와 관련하여 다시 한번 격렬한 논쟁이 벌어진다. 마페졸리는 2006년 「조류독감에 대한 몇 가지 고찰」을 발표해 자신에 대한 비판에 직접 대응한다. 2007년 대학교수 및 전임강사를 위한 자문기구인 프랑스 국립대학위원회CNU 위원으로, 다음해에는 최고 수준의 연구 업적을 가진 이들로 구성되는 프랑스대학학사원IUF 정회원으로 임명된다. 이에 학계의 일부 인사들이 자격을 문제삼자 마페졸리는 2010년 「돼지독감에 대한 논고」를 발표해 프랑스 학계의 지적 편협함과 위선, 관료주의를 강력하게 고발한다.

2008 투명성, 합리성, 평등 같은 모더니티의 이상적 관념에 강박적으로 매달리는 사회를 비판하는 『도상학: 포스트모던 시대 우리의 우상@숭배자들*Iconologies. Nos idol@tries postmodernes*』을 출간한다.

2009 『묵시록*Apocalypse*』 출간. 이 책에서 경제 침체, 도덕적 혼란, 정치적 갈등처럼 흔히 '위기'라고 일컫는 현상들이 사실상

사라져가는 문명의 경련에 불과할지 모른다는 해석을 내놓는다.

2011 롤랑 바르트의 신화학적 방법을 응용해 니콜라 사르코지 대통령을 둘러싼 격렬하고 히스테리적인 논쟁의 의미를 파헤친 『사르콜로지: 왜 그토록 미움을 받는가? *Sarkologies. Pourquoi tant de haine(s)?*』를 출간한다.

2014~ 프랑스의 현실 정치에서 벌어지는 논쟁에 적극적으로 뛰어들면서 디오니소스적 역능에 대한 자신의 고유한 사상을 옹호한다. 자크 아탈리, 알랭 맹, 알랭 바디우, 에드비 프레넬 등을 이른바 올바른 도덕 담론의 공식적인 생산자로 간주하고 이들의 담론 속에 감춰진 순응주의를 고발하는 『새로운 보수주의자들*Les nouveaux bien-pensants*』(2014)을 출간한다. 이듬해 『옹졸한 프랑스*La France étroite*』(2015)를 펴내면서 좌우를 막론하고 공동체주의로 기우는 프랑스 정치인들이 어떻게 차이와 다양성의 가치를 축출하는지 고발한다. 프랑스의 풍자 주간지 『샤를리 엡도*Charlie Hebdo*』에 대한 테러가 자행되고 1년이 지난 2016년, 언론의 자유라는 명목으로 공동의 가치마저 서슴지 않고 파괴하는 정치 풍자의 문제를 검토한 『침묵의 발언*La parole du silence*』을 출간한다. 2012년 정년퇴임 이후 프랑스뿐 아니라 세계 각국의 강연회와 학술대회에 참석하면서 집필 활동을 계속하고 있다. 또한 1997년부터 시작된 대중적 학술모임 '상상계로의 초대Invitations à l'imaginaire'와 매년 6월 개최되는 전문 학술모임 '현재와 일상 연구소 연구발표회Journées du CEAQ'를 지금까지 이끌고 있다.

해설

일상에 대한 긍정

신지은·박정호

나는 사람들의 말이 무섭다.
그들은 이것은 개, 저것은 집,
여기가 시작, 저기가 끝이라 한다.
……나는 경고하며 항의하고 싶다. 그것들을 그냥 내버려두라고.
내가 즐겨 듣는 사물들의 노랫소리.
그러나 너희가 손을 대면 그것들은 굳어져 입을 다문다.

라이너 마리아 릴케, 「나는 사람들의 말이」

Yes. ……Yes.

제임스 조이스, 『율리시스』

사회학계의 '트릭스터'

1990년대, 장 보드리야르의 뒤를 이어 포스트모던 사회학의 새로운 기수로 떠오른 미셸 마페졸리는 일상생활의 실천에 각별한 의미를 부여하고, 철학·문학·사회학·인류학을 섞어놓은 듯한 연구 방법으로 독특한 입지를 다져온 학자이다.

마페졸리는 1970년 스트라스부르 대학에서 석사과정을 마친 후, 그르노블 대학의 도시사회학연구소에서 연구자 생활을 시작했다. 이곳에서 사회성에 대한 공간의 역할을 연구했는데, 이 주제는 평생 그에게 중요한 화두가 되었다. 또한 그르노블 시절 장 보드리야르, 피에르 상소, 질베르 뒤랑 등과 만나 지적 교류를 이어가게 되고, 특히 뒤랑은 그의 박사학위논문 지도교수이기도 했다. 이성과 상상력의 이분법적 분류에 대한 거부, 형식의 중요성에 대한 강조, 순환적 시간관, 실증주의에 반대하는 상대주의적 방법론, 미학적/시학적 언어와 사회학적 언어의 결합 같은 마페졸리의 핵심 견해에는 뒤랑과 상소 등의 영향이 분명하게 확인된다. 혹자는 『부족의 시대』를 피에르 상소의 『도시의 시학』에 대한 반향이라 평가하기도 한다.

마페졸리는 보통 지식인들이 연구 대상으로 삼지 않았던 주제들, 예컨대 록이나 테크노 음악, 외모에 집착하는 루키즘lookism, 감각, 연금술, 디오니소스제 등을 진지하게 다루고 이런 일상생활의 실천들에 새로운 의미를 부여하는 독창적인 연구방법을 선보였다. 현상학적 접근과 감각을 통해 사회적 삶에서 상상력의 무게를 드러내 보여주는 그의 연구는 시학적 리얼리즘이라 부를 수 있다. 주류 아카데미즘의 변방에서, 과학과 시의 결합을 선호했던 작업 스타일 때문에 그는 온갖 스캔들에 휘말리고 비난을 사기도 했다. 그러나 해석의 독점 아래 있던 수많은 기성복-사유에 새로운 의문을 제기하면서 동료들 및 제자들과 더불어 우정과 환대, 유머가 넘치는 학문 공동체를 이룬 그는 진정 사회학계의 '트릭스터trickster'라 부를 만하다. 신화 속에 등장하는 장난꾸러기 혹은 어릿광대인 트릭스터는 선과 악, 창조와 파괴, 현자와 바보의 양면성을 가지고 일상의 도덕을 조롱한다. 마페졸리의 연구와 그의 삶 한가운데에도 바로 이 양가성이 놓여 있으며, 엘리트주의적 도덕과 편견을 비꼬면서 가볍게 벗어나는 트릭스터의 모습을 발견할 수 있다.

현재 우리 사회에서는 학술 영역뿐 아니라 사회 전반에서 융합과 트랜스trans의 중요성이 강하게 부각되고 있다. 또한 로컬리즘과 세계시민사회 논의가 동시에 진행되며, 다문화주의와 다양성/차이에 대한 인정을 요구하는 목소리가 높아지고, 정치·성·취미·직업 등 다양한 목적을 가진 모임('부족')이 활성화되고 있다. 특히 집단적인 분노와 슬픔, 열광을 생생하게 경험하고 있는 현재, 마페졸리의 오랜 논의는 우리 사회의 맥락에 맞게 다시 새롭게 조명될 수 있다.

부족, 교감, 비합리성

『부족의 시대』는 1988년 출판된 이후 영어, 스페인어, 포르투갈어, 이탈리아어, 독일어, 일본어 등으로 번역되어 세계적으로 읽히고 있는 마페졸리의 주저主著 가운데 하나이다. 『부족의 시대』 이전에 마페졸리는 『전체주의적 폭력』(1979), 『현재의 정복: 일상생활의 사회학을 위하여』(1979), 『디오니소스의 그림자』(1982) 등을 저술했다. 『부족의 시대』는 전작들에서 다루었던 주제를 새롭게 발전시키면서, 향후 자신이 다루게 될 핵심 주제들을 드러내놓은 책이다. 평생 그를 사로잡았던 관심사들, 예컨대 포스트모더니티, 새로운 사회성의 형식과 현대의 공동체, 감성, 부족주의, 이방인, 사회적 역동성과 뿌리내림, 공간, 운명 등의 주제가 모두 이 책에 등장한다.

포스트모던 사회를 설명하면서 '부족'이라는 표현을 쓰는 것은 상당히 아이러니해 보인다. 마페졸리에 따르면, 현대 사회는 흔히 생각하는 것처럼 합리적이고 개인주의적인 사회가 아니라, 토템을 중심으로 구성원들이 강렬한 집합적 감정에 휩싸이고 망아忘我의 상태에서 공동체의 일부가 되는 일종의 부족사회이다. 월드컵이 열릴 때마다 축구공을 중심으로 거대한 부족을 이루며 하나가 되는 전 세계 사람들을 떠올려본다면 이를 쉽게 이해할 수 있을 것이다.

마페졸리는 특히 에밀 뒤르켐의 논의를 바탕으로 현대 사회의 연대와 집합흥분, 공동체의 가능성과 그 형식을 탐색한다. 뒤르켐은 프랑스대혁명의 전통과 신화, 상징에 깊은 관심을 가졌고 이를 사회학의 중요한 주제로 전환시켰다. 『종교생활의 원초적 형태』(1912)에서 뒤르켐은 종교의 기원을 찾기 위해 원시 사회, 특히 오스트레일리아 원주민 아룬타 족에 대한 민족지학적 자료를 검토했다. 그는 강렬한 집합흥분을 불러일으키는 코로보리 축제에서 원시 부족민들이 자기 자신을 거의 의식하지 못하며 "원래의 자신보다 더 큰 존재로 고양"되고, "일상적으로 살아가는 방식과는 다른 삶을" 경험한다는 점에 주목했다. 흥미롭게도 뒤르켐은 집합흥분에 빠진 이들의 모습과 프랑스대혁명 당시의 민중의 모습을 겹쳐 읽었다. 둘 사이에 존재하는 문명의 거리를 없애는 것은 과연 무엇일까?

뒤르켐은 대혁명의 유산 속에서 애국심, 공적인 것에 대한 헌신, 국가의 결속이라는 보물을 경건하게 다시 모으길 바랐다. 그가 보기에 대혁명은 국가적 열망에 부합했기에 그 당위성을 인정받을 수 있었다. 사람들은 대혁명의 원리를 과학적 정리定理가 아니라 종교적 신조信條처럼 믿었다. 그래서 마침내 대혁명은 순교자들과 사도들을 데리고 대중을 감동시키며 엄청난 일들을 일으키는 종교가 되었다.(뒤르켐, 「1789년 혁명의 원리와 사회학」, 1890) 뒤르켐은 인류를 이끌어갈 새로운 이상이 생겨나고 새로운 삶의 형식이 발견되는 창조적 열광을 제3공화국 프랑스가 다시 경험하길 원했다. 그리고 혁명적 축제의 열광 속에서 이기적이고 고립된 개인을 넘어서는 새로운 인간, 병적 아노미와 자살을 부추기는 흐름에서 벗어나 새로운 교류와 활력을 경험하는 인간을 꿈꾸었다.

마페졸리는 이러한 뒤르켐의 논의를 적극 수용하면서 공동으로 강렬하게 경험되는 집합적 감정과 이에 기반을 둔 공동체, 부족의 성립과 유지에 큰 관심을 기울인다. 특히 마페졸리는 뒤르켐의 종교 연구가 제도화된 종교 자체에 대한 연구라기보다 종교religion의 어원 중 하나인 religare(다시 연결함), 즉 '연결reliance'과 밀접하게 관련된다고 강조한다. 자연적이고 사회적인 '교감correspondance'을 통해 각 개인은 자신에게 고유한 육체의 벽을 '깨부수고' '파열하고' '자기 자신을 상실'하면서 타자, 환경, 절대적 존재와 '연결' '융합'되고 마침내 더욱 광대한 실체 속에 가담하게 된다. 이렇게 해서 '나는 타자다'라는 랭보의 표현이 마페졸리에게서 중요한 사회적 의미를 띠게 된다. 우리는 분명 이러한 '사회적 무아경'의 순간을 알고 있다. 이 순간에 각 개인은 자아에서 벗어나 역설적이게도 이타성과 결합한다.

포스트모던 사회의 새로운 사회성의 형식을 추적하는 마페졸리가 볼 때, 종교에서의 성찬식과 소교구 모임에서부터 친구들 간의 소박한 식사, 그리고 정치인들의 연회와 지식인들의 학술대회, 심지어 근대 혁명기 때 등장했던 세포조직에 이르기까지, 이 모든 것은 형제애를 확인하고 동맹을 맺으며 우정을 다지는 네트워크의 원리를 담고 있다. 분명한 목적과 이해관계로 형성된 집단이라 할지라도 집단이 유지되기 위해서는 합리적 계산과 계약 이전에 비합리적인 감정적 토대가 필요하다. 이는 정동적 열기, '느낌feeling' '분위기' 등이 사회의 구조화나 목표 안에서 특별하게 중대한 역할을 한다는 사실을 보여준다.

정서적 공동체, 사회성

마페졸리는 공리주의적인 '개인'과 '사회적인 것le social'을 대신하는, 감정이나 '정서적 공동체' '사회성socialité'이 현대 포스트모던 사회를 설명하는 데 더욱 적절한 개념이라고 주장한다. 이는 경제적, 정치적으로 결정론적 틀 속에서 사회적인 것을 규정하고 해석하는 전통, 혹은 사회적인 것을 단순히 합리적으로 사고하는 개인들이 맺은 기능적 계약의 결과로 보는 전통이 더이상 현대 사회와 소집단들을 제대로 설명해내지 못한다는 진단에 근거하고 있다.

사회학에서 흔히 쓰이는 social이라는 용어는 '사회의' '사회적' 등의 의미를 갖는다. 마페졸리가 제안하는 sociétal과 그 명사형인 socialité는 social과 마찬가지의 의미를 가지면서도 이를 보완하기 위해 고안된 말이다. 그 이유는 '사회란 무엇이며 사회는 어떻게 출현하는가?'라는 고전적인 질문에 새롭게 답하기 위해서이다. 흔히 사회학은 홉스적 전통 속에서 사회의 발생을 설명하고 사회를 정의한다. 즉 만인의 만인에 대한 투쟁 상태인 자연상태에서 각 개인은 자신의 안전을 위해 해야 하는 것과 하지 말아야 하는 것을 분별해주는 이성에 의해 발견된 원칙인 자연법을 인식하게 된다. 그리고 자연법을 이행하기 위해 자신에 대한 지배권을 이른바 '리바이어던'에게 양도하기로 서로 계약을 맺게 되었고 이 사회적 계약으로부터 사회, '사회적인 것'이 탄생했다고 보는 것이다. 여기서 social은 각 개인에게 외재적이고 초월적이며 강제적인 사실로서 제도화된다.

그러나 마페졸리는 이런 설명이 사회적인 것을 완전히 설명해주지 못한다고 본다. "나는 social이라는 용어를 개인들 간의 합리적, 기계적 관계를 묘사하기 위해서 사용한다. 이때의 social은 이데올로기적 의미를 지닌다. ……내가 함께하기의 본질적 특징, 즉 단순한 합리적 연합을 넘어서는 특징을 강조하고자 할 때는 sociétal이라는 용어를 사용한다. ……사회성socialité은 기초적인 연대성, 작동중인 sociétal의 일상적이고 구체적인 표현이다.” (『디오니소스의 그림자』, 1982, 16쪽)

마페졸리는 이런 사회성을 사교성sociabilité과 분명하게 구분한다. 왜냐하면 보통 사교성은 근대의 생산과 재생산 영역 바깥의 잉여적이고 잔여적인 사회적 관계로 간주되는데, 마페졸리가 보기에 사회성은 사회적 관계, 더 나아가 사회의 구성에서 필수적인 것이기 때문이다. 그가 가정하는 새로운 ‘사회적인 것’, 즉 사회성은 개인에게 외재적이지도 강제적이지도 않으며, 오히려 ‘내재적 초월성’을 지니고 있다. 사회성은 개인의 의식(무의식) 속에 스며들어 자신의 일부가 된다는 면에서 ‘내재적’이지만, 개인을 넘어서 있다는 점에서는 ‘초월적’이다. 인과성의 논리나 공리주의만으로는 사람들이 서로 연합하려는 경향을 설명할 수 없다. 사람들의 이기주의와 이해관계의 차이에도 불구하고, 사회의 영속성을 보장하는 어떤 정신적 유대가 존재한다. 마페졸리는 공유된 감정 안에서 그 유대의 근원을 찾을 수 있다고 본다. ‘내재적 초월성’을 지탱하는 것은 이성적 계산이 아니라, 어떤 집단에 소속되어 있다는 공동의 감정과 열정이다. 뚜렷한 목적과 조직 형태, 지속성을 지니지 않더라도 그저 사람들이 함께 모여 있다는 사실 그 자체가 사람들에게 불러일으키는 강력한 감정, 다른 사람들에게 전이되면서 다시금 더욱 강력해지는 감정이 있다. 이런 감정의 공유와 확산은 멀리 있는 이상과 중대한 토템을 중심으로 이루어지기도 하지만, 포스트모던 부족들의 경우에는 보통 더 가까이 있기 때문에 더 힘이 있는 일상생활의 ‘사소한 아무것도 아닌 것들’에 기반한다. 이는 마페졸리에게서 로컬리즘과 근접성에 대한 강조로 발전한다.

마페졸리는 유럽 문화권이 전통적으로 신의 나라 혹은 이상사회에 대한 지향을 본질로 삼는다면, 포스트모던 사회의 신부족주의는 '지금 여기'의 삶 자체를 체화된 지식으로 알고 인정하는 관용을 특징으로 갖는다고 본다. 천국 혹은 완전무결한 사회를 향한 역사 발전의 주체인 '강하고 합리적인 성인' 대신 신부족주의의 행위자는 '영원한 아이'다. 이 아이는 자신의 행위와 존재방식을 통해서 무엇보다도 존재하는 것에 대한 신뢰를 재확인한다. 물론 그렇다고 이 신뢰가 정치적, 경제적, 사회적 현상태를 그대로 인정하고 수용한다는 것을 의미하지는 않는다. 마페졸리에게 디오니소스는 '영원한 아이'를 상징적으로 보여주는 존재인데, 디오니소스는 삶의 아노미적인 것들, 이교도적이며 유희적이며 무질서한 측면을 나타낸다. 과도하게 합리화되고 살균된 근대 사회, 필사적으로 모든 위험을 막아내려는 사회, 바로 그러한 사회 속으로 야만스러운 것이 되돌아온다. 그것이 바로 부족주의의 의미다.

> 너무도 합리화된 사회적인 것으로 인해 발생한 존재론적 쇠약에 맞서, 도시의 부족들은 공감의 사회성이 절박하게 필요하다고 강조한다. 감정과 정서의 공유. 나는 모든 함께-하기의 토대인 '교류commerce'가 단지 재화의 교환만 의미하지 않는다는 점을 상기시키고자 한다. 그것은 '관념들의 교류'이자 '애정에 찬 교류'를 뜻하기도 한다. 좀더 인류학적인 용어로 말하자면, 그것은 중요한 이행, 즉 '폴리스Polis'에서 '티아소스Thiasos'[디오니소스의 추종자들]로의 이행, 정치적 질서에서 혼동의 질서로의 이행이 발생하는 계기들을 관찰할 수 있는 순간이다. 『부

> 족의 시대』가 묘사하고자 하는 것이 바로 이 이행이다. 우리는 근대적 보편주의, 계몽주의의 보편주의, 승리를 구가하는 서양의 보편주의에서 멀리 떨어져 있다. 이 보편주의란 사실상 특수한 자민족중심주의의 일반화일 뿐이다. 세계의 조그마한 지역의 가치들이 모두에게 유효한 모델처럼 확대 적용된 것이다. 부족주의는 경험적으로 어떤 장소에 대한 소속감, 그리고 어떤 집단에 대한 소속감이 중요하다는 점을 상기시켜준다. 이 소속감은 모든 사회적 삶의 본질적 토대이다.(「제3판 서문」)

마페졸리는 문명화되고 합리적으로 운영되지만 약간 쇠퇴한 도시 테베에 디오니소스가 들어옴으로써 고전적 헬레니즘이 막을 내리고 후기 헬레니즘이 출현할 수 있었다고 본다. 여성스럽고 남다른 외양을 가진 디오니소스, 다소 충격적인 그의 삶과 사유 방식은 테베의 억압된 잠재력을 현실화시키고 새로움이 출현할 수 있게 해주었다. "긴장과 역설은 필수적이다. 마치 죽어가는 나무에 다시 싱싱한 열매를 맺게 해주는 접붙이기처럼 말이다." (198쪽) 이처럼 마페졸리는 침체된 문명을 되살리기 위해서는 야만인 혹은 이방인이 필요하다고 역설한다. 인류의 역사는 모든 거대 제국이 이방인성의 틈입 후 생겨난 혼합에서 탄생했음을 분명하게 보여준다. "그리스 문명에 대한 로마인들의 역할, 로마제국 후기에 야만인들의 역할, 가까운 예로는 프랑스혁명 주동자들에게 붙인 '서구의 훈족'이라는 호칭…… 이 모든 것은 새로운 것을 창건해내는 이방인성의 문화적 중요성을 강조한다."(199쪽)

이런 마페졸리의 주장은, 뒤르켐과 동시대인이면서 뒤르켐이 집합흥분 상태의 파리 대중에게 보냈던 긍정적인 기대와 정반대로 우려와 불쾌감을 표했던 군중심리학자들의 의견과 분명하게 대립된다. 특히 귀스타브 르봉은 로마가 야만인들의 발아래에서 서서히 멸망해갔다고 썼다. "새로운 지도자들이 파괴된 세계를 다시 건설하기 위해서는 천 년의 전쟁과 전복이 필요했다. 현재는 과거로부터 만들어지지만, 과거는 다시 창조되지 않는다. 오늘날 야만인들은 우리의 성벽 안에 있다. 우리는 그 야만인들이 우리가 겨우 건설해놓은 사회 체계를 시시각각 무너뜨리는 걸 내버려두고 있다. 어떤 사회는 종종 대단히 빠르게 멸망하기도 하는데, 이를 다시 세우기 위해서는 수세기가 필요하다."(『정치 심리학과 사회의 방어』, 1910, 178쪽)

그러나 마페졸리는 이와 반대로 "야만인들은 우리의 성벽 안에 있다. 그런데 우리도 부분적으로는 야만인일진대, 이를 두려워해야 하는가?"(201쪽)라고 반문한다. 다양한 역사적 문헌은 어떤 새로운 문화가 창건되는 시기에는 항상 제3자, 이방인에 대한 고려가 있었음을 밝혀준다. 반면 문화가 쇠퇴할 때는 이방인에 대한 공포가 생겨나는 경향이 있었다. 마페졸리에 따르면, 우리가 두려워해야 하는 위기는 야만인, 이방인이 아니라 이들을 배척하면서 균질한 문명을 이룰 수 있다고 믿는 그 순간이다. 사실 이방인, 즉 다름에 대한 배척은 마페졸리의 초기 저작, 특히 폭력을 다룬 저서들에서부터 발견되는 평생의 주제이기도 하다.

'있는 그대로의' 대중에 대한 신뢰

마페졸리가 정서적 공동체, 교감, 부족 등의 단어를 통해 묘사하는 포스트모던 사회의 소집단은 단순히 조화롭고 이상적인 집합체가 아니다. 오히려 서로 대립하는 것들이 갈등적 조화를 이루는 상태, 다소 야만적으로 보이기도 하지만 놀랄 만한 방식으로 이질적인 것들이 공통의 시공간을 점유하며 함께 머물러 있는 상태이다.

마페졸리는 15세기 니콜라우스 쿠사누스가 절대자인 신의 무한성을 표현하기 위해 사용했던 '반대의 일치' 개념을 자주 사용한다. 쿠사누스는 수학적 도형을 통해 신의 속성을 증명하려 했다. 예컨대 원을 작게 하면 원주는 점차 원의 중심에 접근하는데 원을 무한히 작게 하면 결국 원주와 원의 중심이 일치하게 되듯, 신에게서는 모든 반대와 대립이 소멸하고 일치하게 된다는 것이다.

흥미로운 점은 마페졸리가 이런 쿠사누스의 논의를 포스트모던 사회에서 대중의 지혜와 삶의 방식에 적용하고 있다는 것이다. 대중은 경직된 엘리트들이 당위의 원리로 부정하고 배척했던 것들을 수용하면서, 이질적인 것들의 공존을 지향하는 지혜를 발휘한다. 이를 마페졸리는 베버가 말한 '가치의 다신교'를 따라 '민중적 다신교'라고 표현한다. 마페졸리는 알자스 지역의 한 작은 마을을 예로 들어 설명한다. 이곳에는 가톨릭 교인들과 개신교 교인들이 같은 교회에서 번갈아가며 예배를 드리게 하는 '공동교회' 제도가 존재한다. 이 제도는 공존의 기초를 쌓는 민중의 지혜를 잘 보여주는 멋진 사례이다. 베버는 "민중의 지혜는 어떤 것이 비록 아름답거나 성스럽거나 선하지 않더라도 진리가 될 수 있음을 우리에게 가르쳐준다"고 했다. 마찬가지로 이 민중의 지혜에 따라 "이방인의 관습이 내 관습에 어긋난다 해도, 내가 그 관습을 '아름답지도' '성스럽지도' '선하지도' 않다고 생각하더라도, 심지어 내가 그것을 공격할지라도, 그것이 존재한다는 사실을 내가 부인할 수는 없다."(205쪽) 이를 마페졸리는 어떠해야 한다고 주장하는 당위에 전념하는 '도덕-정치'와는 전적으로 다른, "가까이 있는 것, 구조적으로 이질적이고 괴물 같은 일상에 전념"(267쪽)하는 대중의 태도라고 긍정했다.

이처럼 마페졸리는 이방인과 타자에 대한 대중의 환대와 개방성, 민중의 지혜를 줄곧 강조해왔다. 권력이 중앙집권화되고 전문화된 사회와 지식의 구성을 지향한다면, 대중이 모인 비밀결사는 항상 사회의 가장자리에 위치하면서 세속화와 탈중앙화를 지향한다. 대중의 관망적 태도에서 나온 저항은 이런 기초 위에서 수세기 동안 변하지 않고 계속될 수 있었다.

이와 관련하여 마페졸리는 표면상 드러나는 대중의 굴종이 어떻게 대중에게 실질적인 힘을 보장해주는지 보여준다. 침묵과 비밀에 대한 개인적 취향이 사회적으로 실천될 경우 책략과 기권 등으로 나타나는데, 이는 권력자의 입장에서 볼 때 조심해야 할 가공할 무기가 된다. 아이러니와 웃음의 경우도 마찬가지인데, 이런 것들은 중장기적으로 볼 때 가장 견고한 억압을 불안정하게 만든다. 저항은 정면대결에 비해 다소 소심한 듯 보이지만, 그것을 실천하는 이들 간의 공모를 용이하게 하는 이점을 지닌다. 사회의 엘리트와 도덕주의자들이 당위의 논리와 이상적 가치를 제시하고 공식적 도덕을 요구할 때, 대중은 이를 부정하거나 공격하지 않는다. 대중은 공손히 그 이야기를 듣는다. 다만 그것이 귀찮게 느껴질 때는 손쉽게 무시하거나 조롱한다. 강요되는 보편적 도덕에 대한 공손한 침묵, 일종의 단호한 무반응과 무관심은 어떠한 정면공격보다도 파괴적인 힘을 가진다. 그것은 일종의 적극적 수동성이라 할 만하다.

따라서 표면적으로 드러나는 대중의 굴종과 종속적 상황, 침묵과 관망적 태도가 곧바로 대중의 소외를 의미하지는 않는다. 마페졸리는 보드리야르의 『침묵하는 다수의 그늘에서』를 인용하며 다음과 같이 쓴 바 있다. “장 보드리야르가 지적했듯 대중은 응답하지 않는다. 우리는 여기에 덧붙여 대중은 참석하고 출석하고 노동하고 투표하는 등의 인상을 풍길 뿐, 응답하지 않는다고 말할 수 있다. 바로 그런 속임수는 현대적인 태도가 아니다. 그것은 말하자면 인류 역사를 통해 외부 권력의 공격에 맞서 방패 역할을 보장하는 인류학적 구조이다.”(마페졸리, 『현재의 정복』, 1979, 91쪽)

대중의 이중성. 마페졸리는 지금껏 역사의 직선적 발전을 주장해왔던 이론에 맞서, 그리고 민중을 언제나 억압받는 존재, 그러나 잠재적으로는 역사의 진보에서 승리할 수 있는 역사적 주체로 그려왔던 소외 이론과 달리, 인류의 다양한 역사 속에서 볼 때 민중은 영원한 소외를 따돌리는 속임수를 쓸 줄 알았다는 사실을 인식할 수 있어야 한다고 주장한다.(같은 책, 31쪽) 한편 마페졸리는 짐멜의 논의를 참고하여 민중적 비밀결사와 가면의 역할을 강조하기도 한다. 그에게 민중은 부르주아나 프롤레타리아와 같은 역사적 주체가 아니라 양립 가능한 모순적 실체이자, 다양한 척도와 규범에 따라서 이방인과 타자를 집단에 통합시키는 일상적 실천의 행위자인 것이다.

이런 민중의 모습을 마페졸리는 엘리트들의 당위적 '도덕'과 구별되는 '비도덕적 윤리'로 표현한다. 이는 분명 니체를 떠오르게 하는 표현이다. 니체는 서양 전통 도덕의 반도덕성을 폭로하면서, 진정한 도덕, 즉 허위 도덕에서 자유로우며 동의나 합의를 강요하거나 강제하지 않는 도덕, 인간 힘의 상승과 삶의 강화, 삶에 대한 긍정을 가져오는 진정한 도덕을 추구했다. 유사한 방식으로 마페졸리는 소통과 '감정이입'을 중요시하며 타인들과의 연결을 지향하는 민중의 윤리를 엘리트들의 추상적 도덕과 구분한다. 따라서 엘리트들의 눈에 비도덕적으로 보이는 행위가 오히려 윤리적인 의미를 가질 수 있다. 이것이 마페졸리가 말하는 '윤리적 비도덕주의'이다. 이런 도덕과 윤리의 구분은 오랜 기간 마페졸리의 동료이자 친구로 지낸 에드가 모랭에게서도 유사하게 발견된다. "윤리는 연결이고, 연결이 곧 윤리다."(『방법 6: 윤리』, 2004, 37쪽)

대중의 일상은 소외되어 있지만, 그럼에도 이 소외는 결코 완전하지 않으며, 대중은 자신이 가진 지혜를 통해 매 순간을 전유하는 역능을 가진다는 마페졸리의 주장은 앙리 르페브르와 '상황주의 인터내셔널'의 영향을 받은 것으로 보인다. 물론 르페브르가 마르크스주의 전통 속에서 소외된 일상 '비판'에 초점을 두고 있다는 점에서는 차이가 있다. 상황주의자들은 스펙터클이 현대 자본주의 소비사회를 점령한 새로운 통제 양식이라 보고 상황의 구축을 통해 스펙터클의 사회를 변화시킬 수 있다고 생각했다. 그들은 '표류' '심리지리' 등의 전략을 고안해 사용했다. 표류는 기존 도시 공간 내에서 다르게 살 가능성과 여러 낯선 것들을 대면할 수 있는 공간을 탐색해내는 전략이다. 상황주의자들은 이런 실천을 통해 소외되지 않은 인간, 즉 자기 존재를 자기가 전유하는 인간, 자신의 육체와 욕망, 시간과 공간을 스스로 장악하고 주체적으로 관리하는 인간이 가능하다고 주장했다. 마페졸리는 상황주의자들의 전략에 대해 "틈새에 존재하는 유토피아를 체험하는 것"이라고 말한다.(『노마디즘』, 1997, 82쪽) 마페졸리는 1966~1967년경 스트라스부르 대학에 있으면서 상황주의자들과 친밀하게 교류한 것으로 알려져 있다. 이 교류는 마페졸리를 도시 공간과 사회적 관계의 관련성에 대한 깊은 성찰로 이끌었다. "장소가 관계를 만든다le lieu fait le lien"라는 마페졸리의 유명한 명제에는 상황주의자들의 영향이 새겨져 있다.

마페졸리는 대중이란 위대함과 교활함, 적극성과 수동성, 저항과 순응주의를 모두 가진 존재라고 파악하며, 자신 역시 이 대중과 하나임을 결코 잊지 않는다. 그는 사회적 삶이 가진 양가적이고 모순적이며 잡다한 것들을 마음대로 주무르며 개념적 폭력을 행사하는 대신 오히려 "삶의 복잡성을 훨씬 더 소중히" 여기는 대중의 '일상적 지식'과 '상식학sens-communologie'을 강조한다. "모든 사회의 특징인 갈등적 조화가 바로 여기에 놓여 있다. 한마디로 무언가가 존재하도록 만들어주는 세계의 풀이다. ……모든 것에서 작동하는 좋은 점을 보고 느끼고 말하는, 이런 종류의 민중의 놀람은 신비롭다. 분열적인 '아니오'에 긍정적인 '예'가 대립한다."(270쪽)

이 책을 번역하는 데는 서강대학교 사회학과 김무경 선생님의 도움이 컸다. 김무경 선생님은 『부족의 시대』의 번역을 처음 제의했고 직접 번역한 부분을 역자들에게 보내주셨다. 오래전부터 뒤랑의 신화방법론과 마페졸리의 사회학을 깊이 있게 연구해오신 김무경 선생님의 도움과 가르침이 없었더라면, 쉽사리 이 책을 번역해보겠다고 나서기 힘들었을 것이다. 이 자리를 빌려 감사를 전해드린다. 또한 역자들의 게으름과 부족한 번역에도 격려와 배려를 아끼지 않고 심혈을 기울여 책을 만든 문학동네 편집부에게도 깊은 감사를 드린다.

찾아보기

부족의 시대

1판 1쇄 2017년 12월 28일
1판 4쇄 2024년 9월 15일

지은이 미셸 마페졸리
옮긴이 박정호·신지은
기획 고원효 **책임편집** 김영옥
편집 송지선 허정은 고원효
디자인 이혜진 최미영
저작권 박지영 형소진 최은진 오서영
마케팅 정민호 서지화 한민아 이민경 왕지경 정경주 김수인 김혜원 김하연 김예진
브랜딩 함유지 함근아 박민재 김희숙 이송이 박다솔 조다현 정승민 배진성
제작 강신은 김동욱 이순호
제작처 영신사
펴낸곳 (주)문학동네
펴낸이 김소영
출판등록 1993년 10월 22일 제2003-000045호
주소 10881 경기도 파주시 회동길 210
전자우편 editor@munhak.com
대표전화 031) 955-8888
팩스 031) 955-8855
문의전화 031) 955-3576(마케팅)
031) 955-3572(편집)
문학동네카페 http://cafe.naver.com/mhdn
인스타그램 @munhakdongne
트위터 @munhakdongne
북클럽문학동네 http://bookclubmunhak.com

ISBN 978-89-546-4990-2 93300

잘못된 책은 구입하신 서점에서 교환해드립니다.
기타 교환 문의 031-955-2661, 3580

www.munhak.com